Sarah Hundertmark | Xiaokang Sun | Simone Abels | Andreas Nehring |
Robin Schildknecht | Vanessa Seremet | Christian Lindmeier (Hrsg.)
Naturwissenschaftsdidaktik und Inklusion

D1722535

Sarah Hundertmark | Xiaokang Sun |
Simone Abels | Andreas Nehring |
Robin Schildknecht | Vanessa Seremet |
Christian Lindmeier (Hrsg.)

Naturwissenschaftsdidaktik und Inklusion

4. Beiheft Sonderpädagogische Förderung *heute*

Dieses Buch ist erhältlich als:
ISBN 978-3-7799-6496-4 Print
ISBN 978-3-7799-5817-8 E-Book (PDF)

1. Auflage 2021

© 2021 Beltz Juventa
in der Verlagsgruppe Beltz · Weinheim Basel
Werderstraße 10, 69469 Weinheim
Alle Rechte vorbehalten

Herstellung: Myriam Frericks
Satz: Helmut Rohde, Euskirchen
Druck und Bindung: Beltz Grafische Betriebe, Bad Langensalza
Printed in Germany

Weitere Informationen zu unseren Autor_innen und Titeln finden Sie unter: www.beltz.de

Inhalt

Praxisprojekte

Grundlegende fachliche Diskurse

Empirische Beiträge

Praxisprojekte

Alexander Küpper und Hannah Weck

Experimentelle Unterrichtsphasen im inklusiven Physikunterricht mit digitalen Medien gestalten

Zusammenfassung: Experimente im Physikunterricht üben eine besondere Faszination auf eine Vielzahl der Lernenden aus. Barrieren, die aus Wechselwirkungen zwischen Lernenden und Lernumgebung entstehen, können jedoch der eigenen Erfahrung nach schnell dazu führen, dass sich diese Faszination in Frustration umwandelt. Für die Partizipation aller Lernenden ist es daher notwendig, diese Barrieren zu reduzieren oder sogar zu vermeiden, wobei sich hierzu digitale Medien anbieten. Nach einem generellen Problemaufriss zur Verwendung digitaler Medien im Unterricht werden im Beitrag profunde Gedanken zum Experimentieren mit Tablets im inklusiven Physikunterricht präsentiert. Im Anschluss werden zwei, im Sinne des Design-Based Research-Ansatzes entwickelte, Lehr-Lern-Settings vorgestellt, bei denen Lernende von Tablets unterstützt experimentieren und auf diese Weise stärker partizipieren können.

Schlagwörter: Inklusion, Physikunterricht, Tablets, Abbau von Barrieren, Partizipation

Design experimental teaching phases in inclusive physics education with digital media

Abstract: Experiments in physics education fascinate many learners in particular. From our point of view, barriers, which arise in the interplay between the learner and the learning environment, can quickly lead to turn this fascination into frustration. For the participation of all learners, it is therefore necessary to minimize or even avoid those barriers, which digital tools are suitable for. After a general outline of the problem of using digital tools in classes, the article presents profound thoughts on experimenting with tablets in inclusive physics education. Subsequently, two teaching-learning-settings, developed in terms of the design-based-research approach, are presented, in which learners can experiment with tablets and thus participate more.

Keywords: inclusion, physics education, tablets, reducing barriers, participation

1. Experimentieren im inklusiven Physikunterricht

Das Konzept der Scientific Literacy beinhaltet, dass eine gesellschaftliche Partizipationsfähigkeit des*der Einzelnen als wichtiges Ziel naturwissenschaftlicher Bildung angesehen wird. Daher erscheint es Kircher (2015a) selbstverständlich, legitim und notwendig, dass naturwissenschaftliche bzw. physikalische Bildung keinem Menschen vorenthalten bleibt und alle Lernenden mit Kompetenzen ausgestattet werden, damit sie als Erwachsene in einer von Wissenschaft geprägten Welt zurechtkommen sowie kompetent an Entscheidungen teilnehmen können, die naturwissenschaftliche Probleme der Gesellschaft betreffen (vgl. ebd.).

In der naturwissenschaftlichen Bildung wiederum kommt dem Experiment als Methode der Erkenntnisgewinnung eine besondere Rolle zu (vgl. Emden, Hübinger & Sumfleth, 2010), damit Lernende Kompetenzen im Gebrauch der naturwissenschaftlichen Methoden entwickeln (vgl. Engeln & Euler, 2005). Deshalb sind (Schüler*innen-)Experimente ein fester Bestandteil des Physikunterrichts, deren herausragender didaktischer Stellenwert seit den Meraner Beschlüssen von 1905 unbestritten ist (vgl. Kircher, 2015b).

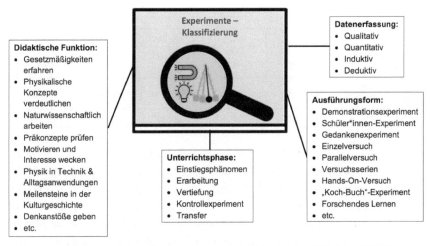

Abb. 1: Klassifizierung von Experimenten in Anlehnung an Girwidz (2015)

In der Schulpraxis lassen sich Experimente unterschiedlich klassifizieren und es werden „unterschiedliche methodische Möglichkeiten und/oder Anforderungsprofile [mit ihnen] verknüpft" (Girwidz, 2015, S. 233). Deshalb ist es hilfreich, die verschiedenen Formen zu unterscheiden sowie die Funktion(en), die ein Experiment im Lernprozess erfüllen kann bzw. soll. Für eine eindeutige Identifizierung ist es obligatorisch, dass ein Experiment in Bezug auf mehrere Aspekte (z. B. didaktische Funktion, Ausführungsform usw.) klassifiziert wird (ebd.). Eine Übersicht der verschiedenen Aspekte ist in Abb. 1 dargestellt.

Experimente können sich u. a. auch durch ein unterschiedliches Maß an Verantwortung auszeichnen, die an die Lernenden abgegeben wird (vgl. z. B. Bonnstetter, 1998). Im Sinne des Inquiry Based Learning (IBL), das sich nach der Europäischen Kommission (2007) bzw. Abels (2015) auch für heterogene bzw. inklusive Lerngruppen eignet, durchlaufen die Lernenden die experimentellen Phasen Thema, Fragestellung, Materialien, Durchführung, Beobachtungen und Auswertung sowie Schlussfolgerungen (vgl. Tab. 1). Dabei kann nicht erwartet werden, dass alle Lernenden von Beginn an die volle Verantwortung für alle genannten Phasen im Sinne des „Student Research" übernehmen (Bonnstetter, 1998). Daher schlägt z. B. Bonnstetter (ebd.) ein Stufenmodell vor (vgl. auch Abels, 2015).

Tab. 1: Modell zum IBL nach Bonnstetter (1998)

	Traditional hands-on	Structured	Guided	Student Directed	Student Research
Topic	teacher	teacher	teacher	teacher	teacher / student
Question	teacher	teacher	teacher	teacher / student	student
Materials	teacher	teacher	teacher	student	student
Procedures / Design	teacher	teacher	teacher / student	student	student
Results / Analysis	teacher	teacher / student	student	student	student
Conclusions	teacher	student	student	student	student

Ferner kann, je nach Stufe im IBL, ein Scaffolding in Form von „soft scaffolds" (Saye & Brush, 2002, S. 82), d. h. spontaner Unterstützung durch die Lehrkraft, oder „hard scaffolds" (ebd., S. 82) – materielle Unterstützung, z. B. in Form von gestuften Lernhilfen – eingesetzt werden, um den Cognitive Load zu reduzieren (vgl. z. B. Abels, 2015; Arnold, Kremer & Mayer, 2017). Insbesondere können auf diese Weise sprachliche, kognitive oder motorische Barrieren reduziert werden. Dies erscheint insbesondere für

Experimente relevant, weil von ihnen eine besondere Faszination ausgeht (vgl. Kircher, 2015c) und zu hohe Barrieren aus eigener Erfahrung schnell dazu führen können, dass sich diese Faszination in Frustration umwandelt.

Dieser Beitrag zeigt daher auf, wie sich mit digitalen Medien in Form von Tablets beim Experimentieren Barrieren für Lernende mit und ohne sonderpädagogischen Förderbedarf reduzieren und gleichzeitig individuelle Zugänge zum Experiment schaffen lassen können.

2. Digitale Medien im Unterricht

Digitale Medien sind heute aus dem Alltag von Kindern und Jugendlichen kaum noch wegzudenken und können diesen nicht nur bereichern, sondern auch gewinnbringend im Unterricht genutzt werden, da deren Verwendung u. a. einen Einfluss auf die Motivation der Lernenden haben kann (z. B. Eickelmann, 2010; Hillmayr, Reinhold, Ziernwald & Reiss, 2017). Nach Gerick, Schaumburg, Kahnert und Eickelmann (2014) sehen Lehrkräfte darüber hinaus den Mehrwert digitaler Medien im Zugang zu besseren bzw. andersartigen Informationsquellen und der stärkeren Berücksichtigung individueller Lernniveaus. Durch Multimodalität und Multimedialität können digitale Medien die für den inklusiven Unterricht notwendigen variierenden Aufgabenstellungen und Hilfen bieten (vgl. Bosse, 2018). So kann z. B. das Experimentieren individuell nach Leistung, Lerngeschwindigkeit oder Interesse differenziert und somit gefördert werden (vgl. Probst, Seibert & Huwer, 2020). Ferner wirken sich digitale Medien positiv auf den Lernerfolg aus, wobei dieser z. B. dann höher ist, wenn digitale Medien ergänzend zu analogen Verwendung finden (Hillmayr et al., 2017). Ferner lassen sich mit digitalen Medien grundsätzlich auch überfachliche Kompetenzen, wie z. B. die Selbststeuerung, fördern.

Den naturwissenschaftlichen Unterricht können Tablets insbesondere als Experimentier- und Arbeitsmittel bereichern (vgl. Kuhn et al., 2015). Neben der Möglichkeit, Tablets als Messinstrument zu nutzen, eignen sie sich auch als „Taschenrechner, Zeichen- und Schreibblock und können mit ihren vielfältigen integrierten Funktionen und Apps auch den experimentellen Erkenntnisprozess unterstützen" (Nerdel, 2017, S. 209). Nach Kuhn (2018) ermöglicht ferner die intuitive Bedienbarkeit von Apps, dass sich die Lernenden stärker auf die physikalischen Inhalte fokussieren sowie Selbstwirksamkeit, eigene Stärken und neue Handlungs-, Kommunikations- und Erfahrungsräume entdecken und erleben können (vgl. Pola & Koch, 2019).

Dies wird in einer Metastudie zum Einsatz digitaler Medien bestätigt: Die Ergebnisse der Untersuchung zeigen, dass deren Einsatz im naturwissenschaftlichen Unterricht „insgesamt als gewinnbringend bezeichnet werden kann" (Hillmayr et al., 2017, S. 9) und höhere positive Effekte auf die Lernleistung zu konstatieren sind, wenn Lernprogramme adaptiv sind (ebd.).

3. Mit digitalen Medien im bzw. am (inklusiven) Physikunterricht partizipieren

Der Einsatz geeigneter digitaler Medien im Unterricht wird u. a. auch von der UN-Behindertenrechtskonvention (2009) gefordert, um das Recht auf eine gleichberechtigte Teilnahme am öffentlichen Schulleben für jeden zu realisieren. Daher und vor dem Hintergrund einer steigenden Diversität der Lerngruppen gehört die Frage, wie Medien zur Individualisierung und Differenzierung beitragen können, zur aktuellen Forschungslage (vgl. Schaumburg & Prasse, 2019).

Im sonderpädagogischen Kontext spielen digitale Medien nach Liesen und Rummler (2016) insbesondere in drei Dimensionen eine wesentliche Rolle: Barrierefreiheit, Assistieren und Fördern. Die ersten beiden Aspekte, Barrierefreiheit und Assistieren, beziehen sich vor allem auf gesellschaftliche Teilhabe, die dritte Dimension auf Bildungs- und Erziehungsziele (ebd.). Digitale Medien bieten, im Vergleich zu klassischen, erweiterte Möglichkeiten, „spezifische Leistungsdefizite zu kompensieren […] und Mitarbeit im Unterricht" (Schaumburg & Prasse, 2019, S. 197) zu erleichtern, da Lernprozesse durch digitale Medien sowohl nach oben als auch nach unten optimaler differenziert (Hillmayr et al., 2017) sowie adaptiver, heterogener und multimodaler gestaltet werden können (Welling, 2017) „damit die [Lernenden] die Möglichkeit [durch die Reduktion von Barrieren] erhalten, besser am Unterricht zu partizipieren" (Schaumburg & Prasse, 2019, S. 197).

Insgesamt ist zu betonen, dass nicht ausschließlich der*die Lernende die Barrieren darstellt, erzeugt oder mitbringt. Vielmehr entstehen exklusive Elemente bzw. Barrieren in Lernprozessen u. a. durch das Zusammenspiel von Lernenden und der Lernumgebung (Booth & Ainscow, 2017). Mögliche auf das System Schule bzw. die Lernenden bezogene Barrieren im (experimentellen) Physikunterricht sind von den Autor*innen dieses Beitrags durch informelle Lehrkräftebefragungen ermittelt worden und exemplarisch in Abb. 2 dargestellt. Um diese zu reduzieren oder sogar zu vermeiden, können z. B. multimediale Materialien in Form von Arbeitsblättern, Animationen oder Schritt-für-Schritt-Anleitungen bei Aufgaben und Experimenten im inklusiven Naturwissenschaftsunterricht eingesetzt werden (vgl. Probst, Seibert & Huwer, 2020).

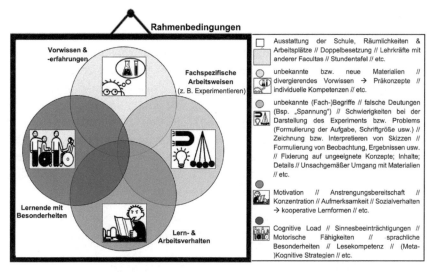

Abb. 2: Auswahl an möglichen Barrieren im (experimentellen) Physikunterricht

4. Zwei Praxisprojekte für den Physikunterricht

In diesem Abschnitt werden die Praxisprojekte „Wir bauen eine Batterie" und „Mit dem Licht durch unser Sonnensystem und darüber hinaus" vorgestellt, die im Sinne des Design-Based Research-Gedankens (kurz DBR; DBRC, 2003) in mehreren Iterationen aus den erhobenen Daten bzw. gewonnenen Erfahrungen und identifizierten Problemen (Edelson, 2002) kontinuierlich weiterentwickelt wurden. Dabei bietet DBR die Möglichkeit, neben der Formulierung lokaler Theorien, geeignete Unterrichtsmaterialien und -konzepte zu evaluieren, um sie darauf basierend zu optimieren und (weiter) zu entwickeln (DBRC, 2003).

Beide hier präsentierten Praxisprojekte nutzen Tablets als non-personelle Hilfe (Wocken, 2013) zum Abbau von Barrieren bzw. zur Unterstützung der Lernenden beim Experimentieren im Unterricht. Das jeweilige Projekt wird zunächst kurz präsentiert, bevor Gemeinsamkeiten und Unterschiede herausgearbeitet werden.

4.1 „Wir bauen eine Batterie"

Beim Unterrichtsvorhaben „Wir bauen eine Batterie" sind die Versuchsanleitungen als eBook gestaltet. Dieses umfasst sechs Einheiten, in denen die Lernenden in Einzelarbeit zuerst eine galvanische Zelle bauen und einen „Verbraucher" anschließen, in diesem Fall einen Motor. In den weiteren Einheiten wird die Polung der galvanischen Zelle untersucht, Variablen verändert (Elektrolyt bzw. Elektroden), verschiedene „Verbraucher" verwendet und am Ende mehrere galvanische Zellen in Reihe geschaltet, d. h. eine Batterie gebaut. Während der Einheiten werden im Sinne der Inquiry Phasen „Structured" bzw. „Guided" (Bonnstetter, 1998) die Fragestellungen und Hypothesen entweder vorgegeben oder mit den Lernenden gemeinsam entwickelt. Während der anschließenden Experimentierphase führen die Lernenden selbstständig mit dem eBook die Versuche durch und dokumentieren ihre Beobachtungen, wobei die Materialien sowie die abhängigen und unabhängigen Variablen vorgegeben und die Protokolle vorstrukturiert sind. Die Ergebnisse werden von den Lernenden entweder selbstständig, gemeinsam oder mit Unterstützung der Lehrkraft analysiert.

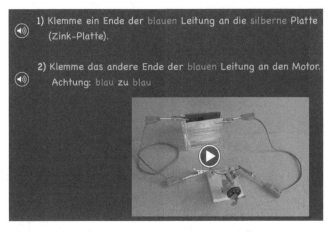

Abb. 3: Exemplarische Seite des eBooks mit mehreren Repräsentationsmitteln

Um der Diversität der Lernenden im Bildungsgang ‚Geistige Entwicklung' in den betrachteten Lerngruppen adäquat zu begegnen, wurden im Sinne von Nehring, Ȧbels, Rott und dem Netzwerk inklusiver naturwissenschaftlicher Unterricht (2019) geeignete fachdidaktische Ansätze und personenspezifische Materialien synergetisch miteinander verknüpft. Jede*r Lernende erhält ein Tablet mit eBooks, die neben einem Text z. B. noch farbliche Signale (Color Coding), Audiodateien, Videos als Tutorials oder Fotos beinhalten, die von den Lernenden je nach Bedarf genutzt werden können (s. Abb. 3). Die eBooks werden mit analogen Medien, wie Experimentiermaterialien bzw. Arbeitsblättern, gekoppelt.

Beim Design der eBooks und des analogen (Begleit-)Materials wurden Gestaltungsprinzipien aus der Physikdidaktik, der Medienpädagogik und der allgemeinen Pädagogik zu Grunde gelegt, um autonome(re)s Handeln bei den Lernenden zu realisieren (vgl. Stöppler & Wachsmuth, 2010) und somit Partizipation zu erleichtern. Da die Intervention im Bildungsgang

Geistige Entwicklung eingesetzt wurde und die verschiedenen Diversitäts-dimensionen unterschiedliche Unterstützungen benötigen (vgl. Bosse, 2018), sind auch Gestaltungsprinzipien aus der Geistigbehindertenpädagogik berücksichtigt worden. Im Sinne des DBR-Gedankens wurden diese (Begleit-)Materialien durch Pilotstudien und Mikro- sowie Mesozyklen in Iterationen und unter Berücksichtigung von Feedbacks der beteiligten Lehrkräfte bzgl. der Gestaltungsprinzipien weiterentwickelt. Zur besseren Verständlichkeit der eBooks sollen z. B. Fotos mit den tatsächlichen Materialien übereinstimmen (z. B. Marke der Salzverpackung), einige Symbole und Piktogramme durch eindeutigere ausgetauscht sowie eine step-by-step-Version als Auswahloption bereitgestellt werden. Die handlungsbezogenen Angebote, der multimediale bzw. mulitcodierte Zugang, die Verwendung Leichter Sprache und die damit verbundene Wahlmöglichkeit der Repräsentationsform sollen hingegen beispielsweise unbedingt beibehalten werden. Das Ziel war dabei, den Inhalt der eBooks, d. h. die Experimentieranleitungen, aber auch das Medium selbst, im Sinne des Universal Designs for Learning, barriereärmer zu gestalten, d. h. optimaler an die Bedürfnisse der Lernenden anzupassen.

4.2 „Mit dem Licht durch unser Sonnensystem und darüber hinaus"

In der Lernumgebung „Mit dem Licht durch unser Sonnensystem und darüber hinaus" erwerben die Lernenden über einen Zeitraum von 10–12 Unterrichtsstunden anhand eines Arbeitshefts im Sinne des Team-Kleingruppen-Modells (Schulz-Wensky, 1996) die in Abb. 5 genannten Kompetenzen zum Umgang mit Fachwissen in experimentellen sowie Übungs- und Anwendungsphasen. Unterstützt werden die Lernenden von ihren Gruppenmitgliedern, aber auch von einem (digitalen) Hilfesystem (vgl. Küpper, Hennemann & Schulz, 2020b). Dieses wurde im Sinne des DBR-Gedankens im Laufe der Iterationen von einem analogen Hilfesystem in Form von gedruckten Hilfekarten – ähnlich dem bei Franke-Braun (2008) bzw. Wodzinski (2013) oder Abels (2015) – zu einem digitalen Hilfesystem weiterentwickelt und an die ermittelten Bedürfnisse der Lernenden angepasst (Küpper et al., 2020a; 2020b). Dabei wurden die identifizierten Probleme, im Sinne von Problemanalysen (Edelson, 2002), und Wünsche der Lehrkräfte bei der Weiterentwicklung explizit berücksichtigt. Beispiele hierfür sind der Wunsch nach der Integration von Videos zur Durchführung möglicher Experimente, die Nutzung einer Vorlesefunktion oder die Problematik, dass die Lernenden Begriffe wie Vermutung häufig bereits beim nächsten Experiment nicht (mehr) kennen und diese Begriffe entsprechend bei jedem Experiment in den digitalen Hilfen wiederholt werden sollten (Küpper er al., 2020b). Ferner wurden die Ergebnisse von Schüler*innen-interviews beachtet, die von Studierenden der Universität zu Köln mit fünf Lernenden mit dem Förderschwerpunkt Lernen geführt wurden (Bonacker, Körner & Weyers, 2019). Die Begründung für die Wahl dieses Förder-schwerpunkts liegt dabei darin, dass diese Schüler*innengruppe den größ-ten Anteil an Lernenden mit diagnostiziertem Förderbedarf in NRW aus-macht (MSB NRW, 2020) und die vorherigen Zyklen im Design-Based Research-Projekt aufgezeigt haben, dass diesen Lernenden explizit noch einmal größere Aufmerksamkeit geschenkt werden sollte. Dabei hat sich u. a. herausgestellt, dass die digitalen Lernhilfen auch soziale Aspekte, wie z. B. die explizite Aufforderung zum Austausch in der Kleingruppe, enthal-ten sollten (Bonacker et al., 2019). Ferner sei angemerkt, dass in den betei-ligten Lerngruppen, anders als im 1. Praxisprojekt, keine Lernenden mit dem Förderschwerpunkt Geistige Entwicklung unterrichtet wurden.

In den insgesamt 12 Experimenten in der Lernumgebung werden im Sinne der Phasen „Student Directed Inquiry" bzw. „Student Research" (Bonnstetter, 1998) entweder Problemstellungen vorgegeben (Experiment 1 bis 11) oder von den Lernenden selbst formuliert (Experiment 12). Im An-schluss an die ausformulierte Problemstellung erhalten die Lernenden zur Strukturierung ihrer Vorgehensweise ein Versuchsprotokoll (vgl. Abb. 4). In den einzelnen Phasen des Versuchsprotokolls befinden sich jeweils QR-Codes. Werden diese mit einem Tablet gescannt, gelangen die Lernenden jeweils zu den entsprechend gestuften Lernhilfen auf der Website www.mitdemlichtdurchunsersonnensystem-hilfen.de. Man beachte, dass diese Hilfen nur über den jeweiligen QR-Code erreicht werden. Ein reines Auf-rufen der Website führt nicht zu den Hilfen (vgl. Küpper et al., 2020b).

Je nach Phase im Experiment (Aufstellen der Vermutung, Materialaus-wahl treffen, Durchführung planen, Beobachtung sowie Rückbezug auf die Vermutung und Beantwortung der Forschungsfrage) wurden ähnlich wie bei Abels (2015) für die Lernenden unterschiedliche Formen an Hilfen ent-wickelt, wobei anders als z. B. bei Franke-Braun (2008) oder Wodzinski (2013) keine Frage- und Antwortkarten genutzt wurden. Vielmehr wurden den Lernenden sprachliche, inhaltliche oder lernstrategische Anregungen gegeben, wobei diese durch die Verwendung von Text, Bild, Audiospur bzw. Video unterschiedliche Sinneskanäle ansprechen. Auf diese Weise wird das Ziel verfolgt, dass die Lernenden einen Teil der Verantwortung für den Experimentierprozess im Sinne des „Student Directed Inquiry" bzw. „Student Research" (Bonnstetter, 1998) an die Hilfen übertragen können, sodass individuell antizipierte Barrieren behoben werden können. Weitere Beispiele für denkbare Hilfen findet man z. B. bei Tschentscher und Kulge-meyer (2014) oder Bonacker et al. (2019).

18

Abb. 4: Doppelseite im Arbeitsheft zum Thema Tag und Nacht

4.3 Parallelen in beiden Projekten

Beide Praxisprojekte nutzen digitale Medien in Form von Tablets im Physikunterricht. Sie unterscheiden sich jedoch durch die Rahmenbedingungen (fachlicher Inhalt, Art der Experimente, Zielgruppe usw.) bzw. den genauen Einsatz. Daher zeigt Abb. 5 eine vergleichende Übersicht über die beiden Praxisprojekte.

In beiden Projekten wird ein Vorteil digitaler Medien gegenüber analogen Medien (vgl. Abels, 2015; Arnold et al., 2017) genutzt, indem u. a. Videos über die Durchführung (möglicher) Experimente integriert werden. Multiple Repräsentationsformen sollen helfen, den diversen Anforderungen der Lernenden gerecht zu werden (vgl. Bosse, 2018), indem sie z. B. die Möglichkeit eröffnen, sich Texte vorlesen zu lassen und so den Lernprozess zu individualisieren. Sprachliche Hilfen unterstützen die Lernenden bei der Formulierung bzw. Fixierung der Beobachtungen und Ergebnisse, wodurch ebenso Barrieren reduziert werden können (Leisen, 2016). Gleichzeitig verfolgen beide Projekte das Ziel, durch die Tablets als non-personale Hilfen (vgl. Wocken, 2013) die Selbstständigkeit der Lernenden durch die antizipierte Barrierenreduktion zu erhöhen.

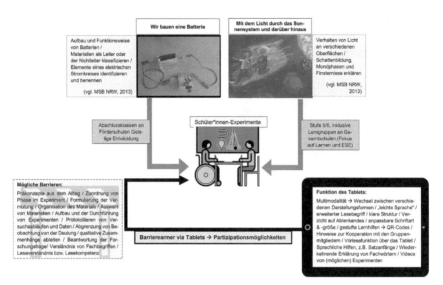

Abb. 5: Vergleichende Übersicht über die beiden Projekte

Durch die Verwendung der digitalen Medien geben die Lernenden die Verantwortung für den Lernprozess ab und reduzieren somit den Cognitive Load (vgl. auch Arnold et al, 2017). Gleichzeitig ist es nur schwer möglich, neben der Angleichung von Vorwissen sowie dem (individuellen) Maß an Unterstützung, adäquate Impulse so zu entwickeln, dass im Arbeitsgedächtnis Kapazität fürs Lernen freigehalten wird (Sweller, 2010). Dies ist insbesondere herausfordernd, wenn die Lernenden sich ein Experiment auf verschiedenen Aneignungsebenen erschließen oder sogar selbst unterschiedliche oder eigene Experimente planen. Es ist jedoch möglich, ein (Beispiel-)Experiment – z. B. in Form eines Videos – zu präsentieren.

Mit der Nutzung des digitalen Hilfesystems ist im Sinne des Modells dualer Unterrichtsplanung (z. B. Urban & Leidig, 2017) neben einer Förderung der Kompetenzen zum Umgang mit Fachwissen auch eine Förderung der Selbstständigkeit intendiert. Einerseits wird eine Förderung der Selbstständigkeit explizit im Referenzrahmen Schulqualität für NRW gefordert (MSB NRW, 2015), andererseits kann durch eine Förderung der Selbstständigkeit die Lehrkraft entlastet werden (Wocken, 2013). Auf diese Weise kann sich die Lehrkraft intensiver den Problemen einzelner Lernender bzw. Kleingruppen kümmern und sie mit „soft scaffolds" (Saye & Brush, 2002, S. 82) unterstützen. Ferner lässt sich das digitale Hilfesystem leicht und schnell an die Charakteristika der jeweiligen Lerngruppen anpassen und die motivierende Wirkung des Tablets nutzen, wobei diesbezüglich der Neuheitseffekt (Hillmayr et al., 2017) digitaler Medien berücksichtigt werden muss.

5. Ausblick

Die beiden Praxisprojekte zeigen zwei Möglichkeiten bzw. Ideen auf, wie sich Barrieren, die durch Wechselwirkungen zwischen Lernenden und Lernumgebung entstehen (können), im experimentell geprägten Physikunterricht reduzieren lassen.

Es ist es jedoch nicht das Ziel, alle Herausforderungen komplett aufzuheben, da diese eine wichtige Voraussetzung innerhalb des Lernprozesses sind. Sie zu überwinden, markiert häufig eine natürliche und wichtige Etappe der Entwicklung (Wygotski, 1987). Für die Lernenden sind Momente ganz entscheidend, in denen sie quasi oberhalb ihrer eigenen (physikalischen) Kompetenzen gefordert sind (vgl. Wygotski, 1987), denn nur so verlassen sie im Sinne Wygotskis ihre Komfortzone und erweitern ihr Repertoire. Ziel ist es also, Lernerfolge zu ermöglichen, ohne zu überfordern oder das Lernen durch zu simple Aufgaben zu bremsen. In diesem Sinne können digitale Medien den inklusiven Unterricht bereichern.

Die Erfahrungen zeigen jedoch auch, dass sich insbesondere die Feedback-Funktion durch Tablets, wie sie beispielsweise bei Bresges (2018) – in Form von regelmäßigen Selbsttests – beschrieben ist, beim Experimentierprozess an sich als schwierig erweist. Im Speziellen wenn die Schüler*innen freie Antworten formulieren, ist ein Vergleich über das Tablet kaum bis gar nicht möglich. Auch der eigene Vergleich mit Lösungen, die vom Tablet bereitgestellt werden, stellt sich im Einzelfall als problematisch heraus. Ferner wirkt sich die Tatsache, dass die Lernenden – je nach Phase im Sinne des Modells nach Bonnstetter (1998) – individuelle Experimente planen, negativ auf die Feedback-Funktion des Tablets aus. An dieser Stelle ist weitere Forschung notwendig.

Gleichzeitig muss beachtet werden, dass die Unterstützung durch digitale Medien nur einen Teil im Sinne des Angebots-Nutzungs-Modells von Helmke (2012) darstellt. Dabei hängt die Wirksamkeit einer Intervention u. a. „von zweierlei Typen von vermittelnden Prozessen auf Schülerseite ab: (1) davon, ob und wie Erwartungen der Lehrkraft und unterrichtliche Maßnahmen von den Schüler*innen überhaupt wahrgenommen werden und wie sie interpretiert werden, sowie (2) ob und zu welchen motivationalen, emotionalen und volitionalen (auf den Willen bezogenen) Prozessen sie auf Schülerseite führen" (ebd., S. 71). Da Barrieren in Lernprozessen u. a. durch das Zusammenspiel von Lernenden und der Lernumgebung entstehen (Booth & Ainscow, 2017; vgl. Abb. 2), hat dies einerseits einen entscheidenden Einfluss auf den Erwerb fachlicher und überfachlicher Kompetenzen sowie auf die Partizipation der Lernenden.

Die Erfahrung zeigt, dass das Design von Materialien für den inklusiven Physikunterricht herausfordernd ist, alle relevanten Barrieren zu antizipieren, die die Partizipation erschweren oder gar verhindern. Da die Naturwissenschaftsdidaktik erst vor wenigen Jahren begonnen hat, inklusive Lerngruppen sowie Lernende mit sonderpädagogischem Förderbedarf zu beforschen, wurde in den beiden beschriebenen Praxisprojekten ein iteratives Vorgehen im Sinne des DBR-Ansatzes gewählt, um diesem Desiderat zu begegnen. Gleichzeitig konnten auf diese Weise die entwickelten Unterrichtsmaterialien stärker an die ermittelten Bedürfnisse der Lernenden angepasst werden. Andere Pädagog*innen und Forschende sollen durch die vorgestellten Praxisbeiträge ermutigt werden, inklusiven naturwissenschaftlichen Unterricht sowohl aus naturwissenschaftlicher als auch aus sonderpädagogischer Perspektive zu planen und zu reflektieren (vgl. Ferreira González, Fühner, Sührig, Weck, Weirauch & Abels, 2021, in diesem Beiheft). Um das Forschungsdesiderat in Bezug auf Naturwissenschaftsunterricht für alle Lernenden zu schließen, müssen die vorgestellten Konzepte optimiert und ergänzt sowie neue entwickelt werden.

Danksagung

Die Autor*innen bedanken sich herzlich bei Annette Kitzinger, dass sie Metacom-Symbole in den Abbildungen 1, 2, 4 und 5 verwenden dürfen. (Kitzinger, A., METACOM8 – Symbolsystem zur UnterstütztenKommunikation. Bestellbar unter: http://www.metacom-symbole.de [02.08.2020])

Literaturverzeichnis

Abels, S. (2015). Implementing Inquiry-Based Science Education to Foster Emotional Engagement of Special-Needs Students. In M. Kahveci & M. Orgill (Hrsg.), *Affective Dimensions in Chemistry Education* (S. 107–131). Berlin, Heidelberg: Springer-Verlag.

Arnold, J., Kremer, K. & Mayer, J. (2017). Scaffolding beim Forschenden Lernen – Eine empirische Untersuchung zur Wirkung von Lernunterstützungen, *ZfDN, 23*, 21–37.

Bonacker, J., Körner, T. & Weyers, C. (2019). *Gestufte Lernhilfen im inklusiven Physikunterricht für Schülerinnen und Schüler mit dem Förderschwerpunkt Lernen*, unveröffentlichte Masterarbeit, Universität zu Köln.

Bonnstetter, R. J. (1998). *Inquiry: Learning from the Past with an Eye on the Future.* http://ejse.southwestern.edu/article/view/7595/5362 [02.08.2020].

Booth, T. & Ainscow, M. (2016). *Index für Inklusion. Ein Leitfaden für Schulentwicklung.* Weinheim. Basel: Beltz.

Bosse, I. (2018). Schulische Teilhabe durch Medien und assistive Technologien. In G. Quenzel & K. Hurrelmann (Hrsg.), *Handbuch Bildungsarmut* (S. 827–852). Wiesbaden: Springer Fachmedien.

Bresges, A. (2018). Mobile Learning in der Schule. In C. de Witt & C. Gloersfeld (Hrsg.), *Handbuch Mobile Learning* (S. 613–635). Wiesbaden: Springer Fachmedien.

DBRC (2003). Design-Based Research: An Emerging Paradigm for Educational Inquiry. *Educational Researcher, 32*(1), 5–8.

Dirks, S. & Linke, H. (2019). Assistive Technologien. In I. Bosse, J.-R. Schluchter & I. Zorn (Hrsg.), *Handbuch Inklusion und Medienbildung* (S. 241–251). Weinheim, Basel: Beltz Juventa.

Eickelmann, B. (2010). *Digitale Medien in Schule und Unterricht erfolgreich implementieren – eine empirische Analyse aus Sicht der Schulentwicklungsforschung*. Münster. New York, München, Berlin: Waxmann-Verlag.

Edelson, D. C. (2002). Design Research: What We Learn When We Engage in Design. *The Journal of the Learning Sciences, 11*(1), 105–121.

Emden, M., Hübinger, R. & Sumfleth, E. (2010). Erkenntnisgewinnung im naturwissenschaftlichen Anfangsunterricht – Unterrichtsmaterialien zur Unterstützung der Kompetenzförderung. *MNU, 63*(5), 279–286.

Engeln, K. & Euler, M. (2005). *Physikunterricht modernisieren – Erfahrungen aus Kooperationsprojekten zwischen Schule und Wissenschaft*. Kiel: IPN.

Europäische Kommission (2007). *Science Education Now: A Renewed Pedagogy for the Future of Europe*. Belgium: European Communities.

Franke-Braun, G. (2008). *Aufgaben mit gestuften Lernhilfen: ein Aufgabenformat zur Förderung der sachbezogenen Kommunikation und Lernleistungen für den naturwissenschaftlichen Unterricht*. Berlin: Logos-Verlag.

Gerick, J., Schaumburg, H., Kahnert, J. & Eickelmann, B. (2014). Lehr- und Lernbedingungen des Erwerbs computer- und informationsbezogener Kompetenzen in den ICILS-2013-Teilnehmerländern. In W. Bos, B. Eickelmann, J. Gerick, F. Goldhammer, H. Schaumburg, K. Schwippert, M. Senkbeil, R. Schulz-Zander & H. Wendt (Hrsg.), *ICILS 2013 – Computer- und informationsbezogene Kompetenzen von Schülerinnen und Schülern in der 8. Jahrgangsstufe im internationalen Vergleich* (S. 147–169). Münster, New York: Waxmann.

Girwidz, R. (2015). Medien im Physikunterricht. In E. Kircher, R. Girwidz & P. Häußler (Hrsg.), *Physikdidaktik. Theorie und Praxis* (3. Aufl., S. 193–245). Berlin, Heidelberg: Springer Spektrum.

Helmke, A. (2012). *Unterrichtqualität und Lehrerprofessionalität – Diagnose, Evaluation und Verbesserung des Unterrichts*. Seelze-Velber: Klett-Kallmeyer.

Hillmayr, D., Reinhold, F., Ziernwald, L. & Reiss, K. (2017). *Digitale Medien im mathematisch-naturwissenschaftlichen Unterricht der Sekundarstufe – Einsatzmöglichkeiten, Umsetzung und Wirksamkeit*. Münster: Waxmann.

Kircher, E. (2015a). Warum Physikunterricht?. In E. Kircher, R. Girwidz & P. Häußler (Hrsg.), *Physikdidaktik. Theorie und Praxis* (3. Aufl., S. 15–73). Berlin, Heidelberg: Springer Spektrum.

Kircher, E. (2015b). Elementarisierung und didaktische Rekonstruktion. In E. Kircher, R. Girwidz & P. Häußler (Hrsg.), *Physikdidaktik. Theorie und Praxis* (3. Aufl., S. 107–139). Berlin, Heidelberg: Springer Spektrum.

Kircher, E. (2015c). Über die Natur der Naturwissenschaften lernen. In E. Kircher, R. Girwidz & P. Häußler (Hrsg.), *Physikdidaktik. Theorie und Praxis* (3. Aufl., S. 809–841). Berlin, Heidelberg: Springer Spektrum.

KMK (2014). *Beschlüsse der Kultusministerkonferenz. Bildungsstandards im Fach Physik für den Mittleren Schulabschluss (Jahrgangsstufe 10).* http://www.kmk.org/fileadmin/ Dateien/veroeffentlichungen_beschluesse/2004/2004_12_16-Bildungsstandards-Physik-Mittleren-SA.pdf [02.08.2020].

Kuhn, J., Müller, A., Hirth, M., Hochberg, K., Klein, P. & Molz, A. (2015). Experimentieren mit Smartphone und Tablet-PC. Einsatzmöglichkeiten für den Physikunterricht im Überblick. *Naturwissenschaften im Unterricht Physik, 26,* 4–9.

Kuhn, J. (2018). Smartphones, Tablets & Co. im Physikunterricht: Lehren und Lernen mit mobilen digitalen Medien von heute und morgen. *Plus Lucis, 3,* 10–13.

Küpper, A., Hennemann, T. & Schulz, A. (2020a). Digitale Lernhilfen entwickeln und nutzen – Beispiel eines Hilfesystems für den inklusiven (Physik-)Unterricht. *Computer + Unterricht, 117,* 23–25.

Küpper, A., Hennemann, T. & Schulz, A. (2020b). (Weiter-)Entwicklung eines (digitalen) Hilfesystems für den Physikunterricht in stark heterogenen Lerngruppen der Klassen 5/6 – ein Design-Based Research-Projekt. In B. Brandt, L. Bröll & H. Dausend (Hrsg.), *Digitales Lernen in der Grundschule II – Aktuelle Trends in Forschung Praxis* (S. 187–203). Münster, New-York: Waxmann.

Leisen, J. (2016). *Handbuch Sprachförderung im Fach – Sprachsensibler Fachunterricht in der Praxis.* Stuttgart: Klett.

Liesen, C. & Rummler, K. (2016). Digitale Medien und Sonderpädagogik. Eine Auslegungsordnung für die interdisziplinäre Verbindung von Medien- und Sonderpädagogik. *SZH, 22*(4), 6–12.

Mayrberger, K. (2014). Tablets im Unterricht – mehr als ein Hype. *Praxis der Naturwissenschaften – Physik in der Schule, 63*(5), 5–7.

MSB NRW (2013). *Kernlehrplan Physik für die Gesamtschule für die Sekundarstufe 1.* https://www.schulentwicklung.nrw.de/lehrplaene/upload/klp_SI/GE/NW/KLP_GE_ NW.pdf [02.08.2020].

MSB NRW (2015). *Referenzrahmen Schulqualität NRW – Schule in NRW Nr. 9051.* https://www.schulentwicklung.nrw.de/e/upload/referenzrahmen/download/Referenzrahmen_Veroeffentlichung.pdf [02.08.2020].

MSB NRW (2020). Sonderpädagogische Förderung in Nordrhein-Westfalen. Statistische Daten und Kennziffern zur Inklusion – 2019/20. https://www.schulministerium. nrw.de/system/files/media/document/file/Inklusion_2019.pdf [22.12.2020].

Nehring, A., Abels, S., Rott, L. & Netzwerk inklusiver naturwissenschaftlicher Unterricht (2019). Kriterien und Effekte von digitalen Medien in inklusiven Lerngruppen. Ein Symposium des Netzwerks inklusiver naturwissenschaftlicher Unterricht („NinU"). In C. Maurer (Hrsg.), *Naturwissenschaftliche Bildung als Grundlage für berufliche und gesellschaftliche Teilhabe. Gesellschaft für Didaktik der Chemie und Physik Jahrestagung in Kiel 2018* (S. 105–108). Regensburg: Universität Regensburg.

Nerdel, C. (2017). *Grundlagen der Naturwissenschaftsdidaktik. Kompetenzorientiert und aufgabenbasiert für Schule und Hochschule.* Berlin, Heidelberg: Springer Spektrum.

Pola, A. & Koch, S. (2019). Berufsfeld Förderschulen. In I. Bosse, J.-R. Schluchter & I. Zorn (Hrsg.), *Handbuch Inklusion und Medienbildung* (S. 132–140). Weinheim, Basel: Beltz Juventa.

Probst, C., Seibert, J. & Huwer, J. (2020). Naturwissenschaftsdidaktik und Inklusion. Todo-Apps und Multitouch-Experiment-Instructions als Instrument zur Förderung der Selbstregulation. *Computer + Unterricht, 117,* 14–17.

Saye, J. W. & Brush, T. (2002). Scaffolding Critical Reasoning About History and Social Issues in Multimedia-Supported Learning Environments. *Educational Technology Research and Development, 50*(3), 77–96.

Schaumburg, H. & Prasse, D. (2019). *Medien und Schule.* Bad Heilbrunn: Klinkhardt.

Schulz-Wensky, G. (1996). Gruppenunterricht – Viel mehr als Wissensvermittlung. In A. Ratzki, W. Keim, M. Mönkemeyer, B. Neißer, G. Schulz-Wensky & H. Wübbels (Hrsg.), *Team-Kleingruppen-Modell Köln-Holweide – Theorie und Praxis* (S. 101–117). Stuttgart: Peter Lang.

Stöppler, R. & Wachsmuth, S. (2010). *Förderschwerpunkt Geistige Entwicklung. Eine Einführung in didaktische Handlungsfelder.* Paderborn: Schöningh.

Swelle, J. (2010). Element Interactivity and Intrinsic, Extraneous, and Germane Cognitive Load. *Educational Psychology Review, 22*, 123–138.

Trendel, G. & Lübeck, M. (2018). Die Entwicklung experimenteller Kompetenzen. Konstruktion von Aufgaben zur systematischen Kompetenzentwicklung und Kompetenzüberprüfung. In G. Trendel & J. Roß (Hrsg.), *SINUS.NRW: Verständnis fördern – Lernprozesse gestalten Mathematik und Naturwissenschaften weiterdenken* (S. 117–149). Münster: Waxmann.

Tschentscher, C. & Kulgemeyer, C. (2014). Mit Heterogenität beim Experimentieren umgehen – Hilfen und Tipps zur Erstellung differenzierter Versuchsanleitungen. *Naturwissenschaften im Unterricht Physik, 144*, 19–23.

Urban, M. &Leidig, T.(2017). Die duale Unterrichtsplanung am Beispiel der sozialen und emotionalen Entwicklungsförderung – didaktische Gestaltungsmöglichkeiten für den inklusiven Unterricht. *Potsdamer Zentrum für Inklusionsforschung (ZEIF), 5*, 1–12.

Welling S. (2017). Methods matter. Methodisch-methodologische Perspektiven für die Forschung zum Lernen und Lehren mit Tablets. In J. Bastian & S. Aufenanger (Hrsg.), *Tablets in Schule und Unterricht. Forschungsmethoden und -perspektiven zum Einsatz digitaler Medien* (S. 15–36). Wiesbaden: Springer VS.

Wocken, H. (2013). *Das Haus der inklusiven Schule.* Hamburg: Feldhaus.

Wodzinski, R. (2013). Lernen mit gestuften Hilfen. *Physik Journal, 12*, 45–49.

Wygotski, L. (1987). *Ausgewählte Schriften, Band 2: Arbeiten zur psychischen Entwicklung der Persönlichkeit.* Köln: Pahl-Rugenstein.

Björn Risch, Lara-Sophie Klein, Christoph Dönges
und Markus Scholz

BNE-spezifische Experimentierangebote für heterogene Lerngruppen zu ausgewählten Sustainable Development Goals

Zusammenfassung: Kinder und Jugendliche sollten unabhängig von ihren persönlichen Lernvoraussetzungen die Möglichkeit erhalten, an nachhaltigkeitsrelevanten naturwissenschaftsbezogenen Bildungsangeboten partizipieren zu können. Es mangelt jedoch bisher an differenzierten Lernmaterialien im Kontext einer Bildung für nachhaltigen Entwicklung (BNE). An diesem Defizit knüpft das Projekt BNEx an: Im Dialog mit Expertinnen und Experten aus Wissenschaft und Schulpraxis werden differenzierte Experimentierangebote zu ausgewählten Sustainable Development Goals (SDGs) für heterogene Lerngruppen konzipiert und mit Schülerinnen und Schülern mit kognitiven Beeinträchtigungen erprobt.

Schlagwörter: Bildung für nachhaltige Entwicklung, Sustainable Development Goals, Experimente, heterogene Lerngruppen, Wasser

ESD-specific experimental offers for heterogeneous learning groups on selected Sustainable Development Goals

Abstract: Children and young people should be given the opportunity to participate in sustainability-relevant science-related educational programs, irrespective of their individual learning requirements. So far, however, there is a lack of differentiated learning materials in the context of education for sustainable development (ESD). The BNEx project builds on this deficit: In dialogue with experts from science and school practice, differentiated experimental offers on selected Sustainable Development Goals (SDGs) are designed for heterogeneous learning groups and tested with pupils with intellectual disabilities.

Keywords: inclusion, education for sustainable development, sustainable development goals, experiments, heterogeneous learning groups, water

1. BNE, Inklusion und SDGs – gemeinsam denken und umsetzen

Ziel einer BNE ist es, Menschen zu zukunftsfähigem Denken und Handeln zu befähigen. Die Gestaltung einer nachhaltigen Entwicklung ist die zentrale globale Herausforderung des 21. Jahrhunderts und sollte für Kinder und Jugendliche nicht nur ein Thema neben vielen sein. Entsprechend gilt es, *allen* Kindern und Jugendlichen – *unabhängig von ihren persönlichen Lernvoraussetzungen* – die Möglichkeit zu geben, an nachhaltigkeitsrelevanten naturwissenschaftsbezogenen Bildungsangeboten zu partizipieren und sie so zur Mitgestaltung an einer nachhaltigen Entwicklung zu befähigen. Die UNESCO hat 2020 das Programm „Education for Sustainable Development: Towards achieving the SDGs (,ESD for 2030')" initiiert (UNESCO, 2018). Die globalen Nachhaltigkeitsziele der Vereinten Nationen (Agenda 2030) sollen dadurch noch stärker in den Fokus von Bildungsprozessen rücken. BNE trägt zu allen Nachhaltigkeitszielen (englisch: Sustainable Development Goals, SDGs) bei, ist aber besonders relevant für die Weiterentwicklung des SDG 4 („*Hochwertige Bildung*"). Zentrale Intention des SDG 4 ist es, für alle Menschen „inklusive, chancengerechte und hochwertige Bildung sicher[zu]stellen sowie Möglichkeiten zum lebenslangen Lernen [zu] fördern" (Deutsche UNESCO-Kommission, 2017, o. S.). Bezieht man das SDG 4 sowie die „Convention On The Rights Of Persons With Disabilities" (United Nations, 2006) aufeinander, so wird deutlich, dass die Kombination aus BNE und Inklusion hochaktuell ist und gemeinsam gedacht werden muss (Bhatia & Singh, 2015; Svinos, 2019; Vierbuchen & Rieckmann, 2020).

Inklusion bezeichnet die gesamtgesellschaftliche Aufgabe, die Ausgrenzung von Menschen aus benachteiligten Gruppen zu überwinden. Die Zielgruppen inklusiver Bildungsangebote sind somit ebenso heterogen wie die Barrieren, die deren Bildungsteilhabe im Wege stehen. Der vorliegende Beitrag fokussiert Kinder und Jugendliche mit kognitiven Beeinträchtigungen und die Barrieren, die ein selbstständiges Experimentieren in heterogenen Lerngruppen erschweren. Um die beiden Konzepte einer BNE und einer inklusiven Bildung im Zusammenhang mit der Erarbeitung der SDGs zusammenzubringen, benötigen Lehrerinnen und Lehrer Unterstützung für ihre tägliche Bildungsarbeit. Hierzu zählt beispielsweise die Bereitstellung von passgenauen Materialien und Methoden für differenziertes Lernen. Dies würde sicherlich viele Pädagoginnen und Pädagogen entlasten, die bisher BNE und inklusive Bildung „als zwei nebeneinanderstehende Querschnittsthemen und somit als zusätzliche Herausforderungen wahrnehmen" (Vierbuchen & Rieckmann, 2020, S. 5). Das Fehlen von geeigneten Lernmaterialien, beispielsweise für Schülerinnen und Schüler mit kognitiven Beeinträchtigungen, stellt ein grundsätzliches und auch international wahrgenommenes Problem dar (Bancroft, 2002).

2. Das Projekt BNEx – BNE-spezifische Experimentierangebote für heterogene Lerngruppen

Im Projekt *BNEx* werden im Dialog mit Expertinnen und Experten aus Wissenschaft und Schulpraxis naturwissenschaftliche Experimentierangebote im Kontext einer Bildung für nachhaltigen Entwicklung (BNE) zu den SDGs 6 („*Sauberes Wasser und Sanitäreinrichtungen*"), 7 („*Bezahlbare und saubere Energie*"), 13 („*Maßnahmen zum Klimaschutz*"), 14 („*Leben unter Wasser*") und 15 („*Leben an Land*") in verschiedenen Differenzierungsstufen konzipiert. Zur Förderung des selbstregulierten Lernens werden *hands-on* Experimente in zwei Varianten entwickelt: (Version 1) Lernmaterialien mit experimentunterstützten Lösungsbeispielen, die sich aus einer Aufgabenstellung und einer schrittweisen Musterlösung (Versuchsvorschrift) zusammensetzen und (Version 2) Lernmaterialien in Form experimenteller Problemlöseaufgaben, die mit Hilfe einer Auswahl von Materialien gelöst werden können (Koenen, Emden & Sumfleth, 2017). Die schrittweise Musterlösung des Experimentierprozesses ermöglicht das detaillierte Nachvollziehen eines abstrakten Prozesses (Paas & van Merriënboer, 1993). Diese Variante eignet sich besonders für Kinder und Jugendliche mit kognitiven Beeinträchtigungen, da die Vorgabe der einzelnen Lösungsschritte die kognitive Belastung des Arbeitsgedächtnisses reduziert (Chandler & Sweller, 1991; Choi, van Merriënboer & Paas, 2014; Sweller, Ayres & Kalyuga, 2011).

Die Erprobung der Experimentierangebote erfolgt unter anderem im Rahmen einer Langzeitstudie: Einmal pro Woche wird mit neun Schülerinnen und Schülern des Förderschwerpunkts geistige Entwicklung über ein Jahr lang experimentiert. Dabei geht es auch um die Beantwortung der Frage, ob durch die Materialien ein Aufbau sowie die Weiterentwicklung der Experimentierfähigkeit der Teilnehmenden bewirkt werden kann. Können sich die Schülerinnen und Schüler innerhalb eines Schuljahres von einer detaillierten schrittweisen Versuchsvorschrift lösen (Version 1) und ein Verständnis für den Ablauf eines Experimentierprozesses im Sinne eines „Forscherkreislaufes" entwickeln (Version 2)? Zur Beantwortung der Frage wird ein Beobachtungsbogen eingesetzt. Dieser wird zu jedem Termin von mindestens zwei teilnehmenden Beobachterinnen und Beobachtern ausgefüllt. Die Einschätzung der Entwicklung der Teilnehmenden erfolgt in Anlehnung an die Zwei-Dimensionale-Matrix zum offenen Experimentieren nach Baur und Emden (2020) beziehungsweise nach Baur, Hummel, Emden und Schröter (2020).

Ziel von BNEx ist es, einen Beitrag zur dringend geforderten Entwicklung von inklusiven BNE-Materialien für die Bildungspraxis zu leisten und diese auch unter wissenschaftlicher Begleitung zu erproben (Vierbuchen & Rieckmann, 2020).

3. Erstellung von differenzierten Experimentiermaterialien – Kriterien zur Vermeidung schriftsprachlicher Barrieren

Die Tätigkeit des Experimentierens ist zentraler Bestandteil des Kompetenzbereichs Erkenntnisgewinnung der deutschen Bildungsstandards für alle naturwissenschaftlichen Fächer (KMK, 2005; Krüger & Gropengießer, 2006). Die Vielfalt der Lernenden wird jedoch nicht selten als „Bedrohung" für einen guten Experimentalunterricht gesehen, insbesondere dann, wenn den Problemen und Herausforderungen als Einzelkämpfer begegnet werden muss (Nehring, Sieve & Werning, 2017). Dabei kann gerade das praktische Arbeiten beim Experimentieren trotz großer Leistungsunterschiede zur Motivation aller Schülerinnen und Schüler beitragen und besondere Chancen eröffnen, einen handlungsorientierten Unterricht zu gestalten (Menthe & Hoffmann, 2015; Öhsen & Schecker, 2015). Doch bereits die Versuchsanleitungen können Verständnisschwierigkeiten hervorrufen und eine individuelle Betreuung erfordern (Öhsen & Schecker, 2015). Die oft sehr textlastigen Materialien stellen insbesondere für Kinder und Jugendliche mit kognitiven Beeinträchtigungen eine hohe Barriere dar, da die in dieser Gruppe möglicherweise vorhandene eingeschränkte Lesekompetenz (u. a. Ratz, 2012; Scholz, Wagner & Negwer, 2016) nicht notwendigerweise ausreichend ist, um sich naturwissenschaftliche Phänomene selbstständig zu erschließen (Scholz, Dönges, Dechant & Endres, 2016).

Ein zentraler Fokus im Projekt BNEx liegt auf der Gestaltung von differenzierten Experimentiermaterialien, insbesondere in Bezug auf eine systematische Vermeidung schrift-sprachlicher Barrieren. Eigene Erfahrungen aus durchgeführten Erprobungen (Scholz, Dechant, Dönges & Risch, 2018) wurden hierzu durch praktische (vgl. u. a. Schmitt-Sody & Kometz, 2013), theoretische (vgl. u. a. Krauß & Woest, 2013; Kümmerling-Meibauer &

Pompe, 2015; Scholz et al., 2016) und empirische Erkenntnisse (vgl. u. a. Alberto, Cihak & Gama, 2005; Noll, Roth & Scholz, 2020; Poncelas & Murphy, 2007; Zentel, 2010) ergänzt. Ein Ergebnis waren Vereinfachungsstufen für schriftliche Elemente der Lernstationen (z. B. Versuchsanleitungen), die sich in drei Bereiche kategorisieren lassen (Scholz et al., 2016): (1) Die reine textliche Vereinfachung auf Wort und Satzebene („Vereinfachte Sprache"), (2) eine text- bzw. schriftunterstützende Version („Symbolschrift") und (3) eine text- bzw. schriftersetzende Version, die den tatsächlichen Handlungsablauf in Bildern eins-zu-eins repräsentiert („Fotografischer Handlungsablauf") (vgl. Tab. 1). Bei der Variante „Fotografischer Handlungsablauf" erhalten die Teilnehmenden zusätzlich die Möglichkeit, eine auditive Unterstützung zu nutzen. Mit Hilfe eines auditiven Stifts kann jeder Schritt des Experimentierprozesses (Kontexteinordnung, Materialliste, Schritte der Durchführung, Beobachtung, Ergebnis, Merksatz und Aufforderung zum Aufräumen) von den Schülerinnen und Schülern eigenständig angehört werden, wodurch ein zusätzliches Element zur Steigerung der Selbstständigkeit eingeführt wurde.

Tab. 1: Ausgewählte Differenzierungsstufen in Bezug auf die Lesekompetenz der BNEx-Experimentiereinheiten im Vergleich zur Standardsprache

Piktogramm	Differenzierungsstufe	Beispiel
	Standardsprache	Fülle das Becherglas bis zur Markierung mit 100 ml Wasser auf.
	Textliche Vereinfachung: *Vereinfachte Sprache*	Fülle das Becherglas bis zum Strich mit Wasser.
	Text- bzw. schriftunterstützende Vereinfachung: *Symbolschrift*	
	Text- bzw. schriftersetzende Vereinfachung: *Fotografischer Handlungsablauf*	

Die erstellten Materialien ermöglichen auch Schülerinnen und Schülern (ohne oder mit eingeschränkten schrift-sprachlichen Kompetenzen) an Angeboten mit naturwissenschaftlichen Experimenten und damit verbundenen Phänomenen teilhaben zu können. Zahlreiche Kinder und Jugendliche werden die Schriftsprache auch mit Unterstützung nicht erlernen können. Für sie bietet diese Vorgehensweise die einzige Möglichkeit, weitgehend selbstständig zu experimentieren. Zudem gibt es Schülerinnen und Schüler, bei denen Schriftsprache aufgrund von fehlenden Sprachkenntnissen noch nicht vorhanden ist. Hier bilden die erstellten Materialien eine Brückenfunktion, die über die Erfahrung von Phänomenen langfristig auch einen Zugang zur Fachsprache als „Symbole" für diese Phänomene schafft und so die Basis für eine gezielte Wortschatzarbeit darstellt. Denn nicht der Begriff ist die Voraussetzung für das Verstehen von Phänomenen oder Gegenständen, sondern Begriffe stehen für beobachtete Phänomene oder Gegenstände. Forschung in diesem Zusammenhang zeigt, dass ausgewählte Unterstützungsmaßnahmen auch für Schülerinnen und Schüler mit hoher Lesekompetenz zu einer Verbesserung bei der Lösung von – in dem Fall mathematischen – Problemen unterstützend sein können (Noll, Roth & Scholz, 2020).

Im Folgenden wird die Erstellung und Erprobung differenzierter BNE-spezifischer Lernmaterialien exemplarisch anhand des SDG 6 („Sauberes Wasser und Sanitäreinrichtungen") vorgestellt.

4. SDG 6 – Bildungsangebote im Kontext von Socio-Scientific Issues

Was verunreinigt Wasser und wie kann ich es wieder reinigen? Warum haben nicht alle Menschen Zugang zu Wasser? In naturwissenschaftsorientierten Bildungskontexten werden solche Herausforderungen auch als Socio-Scientific Issues (SSIs) bezeichnet (Sadler, 2011). SSIs umfassen Themen aus dem naturwissenschaftlichen Bereich, die eine potentiell große Auswirkung auf die Gesellschaft vermuten lassen. Sie stellen für naturwissenschaftliche Bildungsprozesse reale Kontexte dar, die allgemeine Problemlösefähigkeiten, naturwissenschaftliches Verständnis, kritisches Denken sowie wertebezogene Zugangsweisen erfordern (Sadler, Barab & Scott, 2007). Ihre Thematisierung in Bildungsprozessen innerhalb und außerhalb der Schule trägt so zu einer naturwissenschaftlichen Grundbildung bei. Übergeordnete Zieldimension ist dabei die Ermöglichung von Teilhabe an gesellschaftlichen Prozessen und Diskursen unter Anwendung naturwissenschaftlicher Kompetenzen (vgl. z. B. Fischler, Gebhard & Rehm, 2018).

Bildungsangebote zu den Themen des SDG 6 könnten eine Sensibilisierung für die Kostbarkeit der Ressource Wasser, einen nachhaltigen Umgang mit ihr und ein Bewusstsein für die global gesehen ungleiche und ungerechte Wasserversorgung initiieren (Rieckmann, 2020). Denn alles Leben auf der Erde ist abhängig von Wasser. Jeden Tag verwenden wir ganz selbstverständlich Wasser. Wir trinken Wasser, nutzen es zum Waschen und in der Landwirtschaft. Doch etwa zwei Milliarden Menschen haben keinen Zugang zu sauberem Trinkwasser. So sterben jeden Tag fast 1.000 Kinder an vermeidbaren wasser- und sanitärbedingten Durchfallerkrankungen. In vielen Ländern ist beispielsweise das Wasser aus den Brunnen häufig nicht sauber oder der Brunnen pumpt gar kein Wasser mehr an die Oberfläche. Es gibt zahlreiche Regionen, in denen weder Duschen noch Toiletten vorhanden sind, so dass die Menschen im Freien auf die Toilette gehen müssen. Mehr als 80 Prozent des Abwassers, das durch menschliche Aktivitäten entsteht, wird ohne Aufbereitung in Flüsse oder ins Meer eingeleitet (United Nations, o.D.).

Es liegt in der Natur und Dynamik des Prinzips nachhaltiger Entwicklung selbst, dass weder eine reine Wissensvermittlung noch ein instrumenteller Problemlösungsansatz ausreichen, um den Nachhaltigkeitsproblematiken adäquat zu begegnen. Vielmehr müssen Schülerinnen und Schüler mit Kompetenzen ausgestattet werden, die es ihnen ermöglichen, mit den komplexen Anforderungen erfolgreich umgehen zu können. Geeignete Lernmaterialien können hierzu initiierende Impulse geben, beispielsweise zur Förderung reflexiver Entscheidungsprozesse. Wie entsprechende (differenzierte) Materialien gestaltet sein können, wird nachfolgend anhand einer Lernstation zum SDG 6 vorgestellt.

5. „Wettlauf ums Trinkwasser" – Vorstellung einer Lernstation

Die Lernstation „Wettlauf ums Trinkwasser" bearbeitet den Aspekt „Zugang zu Wasser": Das SDG 6 sieht vor, dass jeder Mensch das Recht auf Zugang zu sauberem, gesundheitlich unbedenklichem Trinkwasser haben sollte. Das ist aber nicht überall so. In vielen Regionen unserer Welt gilt: „Das Recht der stärksten Pumpe". Wer Land besitzt, darf auf seinem Grundstück so viel Wasser pumpen, wie er will, ohne Rücksicht auf seine Nachbarinnen und Nachbarn. Große Fabriken nutzen das aus. Sie pumpen zum Beispiel in Entwicklungsländern das Grundwasser mit starken Pumpen aus tiefen Brunnen ab. Dadurch sinkt der Grundwasserspiegel und die niedrigeren Brunnen der lokalen Bevölkerung trocknen aus. In der Folge haben die dort lebenden Menschen nicht genug Wasser.

Modellpumpen in Holzvorrichtung   Modellbrunnen   Sammelbehälter

Abb. 1: Materialien zur Lernstation „Wettlauf ums Trinkwasser"

Zur Umsetzung des oben beschriebenen Kontextes stehen zwei Modellpumpen (zwei unterschiedlich lange Pipetten), ein Modellbrunnen (Becherglas) und zwei Sammelbehälter (Plastikfläschchen) zur Verfügung (vgl.
Abb. 1).

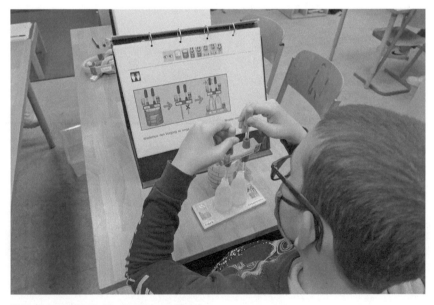

Abb. 2: Schüler beim Experimentieren

Im ersten Schritt wird der Modellbrunnen (Becherglas) mit Wasser befüllt.
Danach werden die zwei Modellpumpen (Pipetten) mit der Holzvorrichtung auf das Becherglas aufgelegt. Im Anschluss wird mit beiden Pipetten
gleichzeitig das Wasser aus dem Modellbrunnen aufgesogen und in die
Sammelbehälter gepumpt (vgl. Abb. 2). Es wird so lange gepumpt, bis zu-

nächst die erste Pumpe kein Wasser mehr bekommt. Um den Effekt deutlich zu erkennen, muss weiter gepumpt werden (vgl. Abb. 3).

Abb. 3: Experiment zur Lernstation „Wettlauf ums Trinkwasser"

Wie Expertinnen und Experten aus der Praxis in die Erprobung und Weiterentwicklung der Lernmaterialien einbezogen wurden, wird nachfolgend dargestellt.

6. Von Moringa bis zum Klärwerk – Erprobung und Weiterentwicklung von Lernstationen zum SDG 6

Die oben beschriebene sowie weitere Lernstationen zum SDG 6 wurden in der Pilotierungsphase von 34 Studierenden (Förderschullehramt oder ein Fach der Naturwissenschaften) und vier Wissenschaftlerinnen und Wissenschaftlern aus den Bereichen Sonderpädagogik und Chemie durchgeführt und beurteilt. Auf der Grundlage der Beobachtungen und Rückmeldungen wurden einige Änderungen im Design vorgenommen (u. a. Einfügen einer bebilderten Zeitleiste im fotografischen Handlungsablauf zur besseren

Übersicht über den Verlauf, Abdecken der möglichen Beobachtungen mit einem mit Kreppband angebrachten Papier etc.).

Nach der Überarbeitung der Lernstationen wurden die Materialien hinsichtlich zweier Fragestellungen evaluiert: (1) Wie beurteilen Lehrkräfte und Pädagogische Fachkräfte der Förderschwerpunkte geistige Entwicklung und Lernen die Lernstationen zum SDG 6? (2) Welche Probleme zeigen sich bei Schülerinnen und Schülern mit kognitiven Beeinträchtigungen bei der Durchführung der Lernstationen?

Zur Beantwortung der ersten Frage wurden zwei Zyklen durchlaufen. Im ersten Zyklus wurden mit sieben Lehrkräften und Pädagogischen Fachkräften Einzel- und Gruppeninterviews durchgeführt. Im zweiten Zyklus führten 15 weitere Lehrkräfte und Pädagogische Fachkräfte die Experimente in Partnerarbeit durch und wurden dabei teilnehmend beobachtet. Positiv empfanden die Expertinnen und Experten den einheitlichen Aufbau der verschiedenen Differenzierungsvarianten, die Möglichkeit, Materialien und Durchführungsschritte abzuhaken, sowie den Einsatz des Vorlesestifts. Auch die Zuordnung der Materialien mittels Bebilderung sowie die formulierten Problemstellungen wurden als gewinnbringend rückgemeldet. Zur Beantwortung der zweiten Frage wurden fünf Schülerinnen und Schüler des Förderschwerpunkts Lernen beim Erarbeiten der Lernstationen in Einzelsituationen mittels der Erhebungsmethode „Lautes Denken" begleitet (Sandmann, 2014).

Auf Grundlage der gewonnenen Erkenntnisse wurden erneut Änderungen hinsichtlich der Konzeption der Materialien vorgenommen, wie beispielsweise:

- Änderung der Schriftart: Die bis dahin verwendete Schriftart war zu eng und wies zu viele Serifen auf. Für jüngere Schülerinnen und Schüler ist das „a" in der Form „a" besser erkennbar. Mit der Schriftart DRUCK-SCHRIFT BY WOK sind die Bedingungen erfüllt.
- Austausch von Begriffen: Einige Begriffe waren den Probandinnen und Probanden unbekannt und mussten vereinfacht werden. So wurde beispielsweise der Begriff „Großkonzern" durch den Begriff „Fabrik" ersetzt.

Nach Abschluss der Erprobungs- und Evaluationsphase sind insgesamt acht Lernstationen in jeweils bis zu drei Differenzierungsstufen zum SDG 6 publiziert worden (vgl. Tab. 2). Die Lernmaterialien stehen zum freien Download bereit (https://www.uni-koblenz-landau.de/de/bnex).

Tab. 2: Übersicht über die Lernstationen zum SDG 6

Kurzbeschreibung der Lernstation	Kontext in Bildern
Wettlauf ums Trinkwasser *Jeder Mensch sollte das Recht auf Zugang zu sauberem, gesundheitlich unbedenklichem Trinkwasser haben. Das ist aber nicht überall so. In vielen Regionen unserer Welt gilt: „Das Recht der stärksten Pumpe". Wer Land besitzt, darf auf seinem Grundstück so viel Wasser pumpen, wie er will. Ohne Rücksicht auf seine Nachbarn.*	
Boden als Schadstofffilter *Der Boden schützt unser Grundwasser. Er kann nämlich schädliche Stoffe so binden („filtern"), dass sie nicht ins Grundwasser gelangen. Die Filterfunktion des Bodens kann jedoch durch Waschmittelabwasser geschädigt werden. Das passiert zum Beispiel, wenn wir unser Auto mit Seife waschen. Die vorher im Boden gebundenen schädlichen Stoffe werden frei. So können die Stoffe in das Grundwasser gelangen.*	
Gefahr aus dem Duschgel *Plastikmüll ist in der Umwelt überall zu finden. Eine besondere Gefahr geht von kleinen Kunststoffteilchen aus. Diese werden auch Mikroplastik genannt. Das Tückische ist: Die winzigen Partikel begleiten fast unbemerkt unseren Alltag. In einigen Duschgels und Cremes ist Mikroplastik enthalten. Beim Duschen werden die Partikel abgewaschen und gelangen in das Wasser.*	
Moringa – ein Wundersamen *Nicht alle Menschen haben Zugang zu sauberem Trinkwasser. Gerade die ländliche Bevölkerung des globalen Südens hat häufig kein sauberes Trinkwasser. Daher sind natürliche Aufbereitungsmethoden von besonderer Bedeutung. So kann mit Hilfe der Samen des Moringabaumes verschmutztes Wasser gereinigt werden.*	
Naturfilter *Durch Wasservorräte im Boden gelangen wir an unser Trinkwasser. Der Regen sickert durch den Boden und läuft auf seinem Weg durch vier unterschiedliche Schichten: Als erstes sickert das Wasser durch die Erde. Dann durch den Sand. Anschließend läuft das Wasser noch durch eine Kiesschicht. Zum Schluss sammelt es sich auf der Lehmschicht. Baue die Bodenschichten nach und du kannst sehen, wie gut die einzelnen Schichten das verschmutzte Wasser filtern.*	

Kurzbeschreibung der Lernstation	Kontext in Bildern
Rätsel ums Klärwerk *Im Badezimmer gibt es viele Wege das saubere Wasser aus der Leitung zu verschmutzen: Wenn du Dreck von den Händen wäschst, beim Duschen den Sand vom Sandkasten abspülst, deine Haare säuberst oder wenn du Toilettenpapier in die Toilette wirfst. Jedes Mal wird das Wasser schmutzig. Dieses schmutzige Wasser wird Abwasser genannt. Versuche dein Wasser selbst zu verschmutzen. Wie bekommst du es gesäubert?*	
Verstecktes Wasser *Überall begegnet uns Wasser. In Flüssen und Seen, wenn es regnet oder schneit, oder wenn wir zu Hause den Wasserhahn aufdrehen. „Verstecktes Wasser" oder auch „virtuelles Wasser" kann man nicht sehen oder anfassen. Es ist Wasser, das in der Herstellung unserer Lebensmittel, unserer Kleidung und selbst in unseren Handys steckt.*	
Wasserwerk *Wir füllen, ohne nachzudenken, Wasser aus dem Wasserhahn in ein Glas und trinken es. Unser Wasser sieht nicht nur sauber aus, es ist auch recht sauber. Doch nicht überall auf der Welt können die Menschen bedenkenlos das Wasser aus dem Wasserhahn trinken. In vielen Ländern gibt es gar keine Wasserhähne oder das Wasser, das herauskommt, ist nicht sauber. Wie könnte das Wasser dort gesäubert werden und wo wird unser Wasser gesäubert?*	

Die entwickelten Lernstationen können sowohl an einem außerschulischen Lernort (vgl. Kapitel 7) als auch im schulischen Bereich zum Einsatz kommen. Eine mögliche Integration in den Unterricht wird aktuell im Rahmen einer Langzeitstudie mit zwei Klassen mit insgesamt neun Schülerinnen und Schülern des Förderschwerpunkts geistige Entwicklung getestet (vgl. Kapitel 2). Dabei hat sich das nachfolgend beschriebene Vorgehen als praxistauglich herausgestellt: Jede Schülerin und jeder Schüler erhält anfangs eine der drei Experimentieranleitungen („Vereinfachte Sprache", „Symbolschrift", „Fotografischer Handlungsablauf") entsprechend der individuellen Kompetenzen. Zu Beginn der Unterrichtsstunde lässt sich der Kontext mithilfe von Bildern (vgl. Tab. 2) im Klassengespräch erschließen. Ein anschließendes Lesen oder Anhören des Textes wiederholt und vertieft den Inhalt. Die weitere Durchführung der Experimente kann im Klassenverband oder von jeder Schülerin bzw. jedem Schüler eigenständig ausgeführt werden. Zunächst kontrollieren die Kinder eine Materialliste, indem sie die gefundenen Materialien abhaken. Anschließend führen sie das Experiment in den oben genannten Schritten mit individuellen Unterstützungsangeboten durch. Die Schülerinnen und Schüler müssen während des Experimentierens eigenständig genau beobachten, das Beobachtete in Worte fassen

und es schließlich einem von zwei zur Auswahl stehenden Beobachtungs-
bildern (falsch und richtig) zuordnen. Um die Beobachtung in den zuvor
gegebenen Kontext zu setzen, ist eine Ergebnis nötig, welches die Schülerinnen und Schüler selbst formulieren können oder ihnen durch die Expe-
rimentieranleitung geliefert wird. Eine gemeinsame Besprechung im Klassenverband erleichtert die Kontextualisierung und fokussiert die relevanten
Erkenntnisse, beispielsweise zur Lernstation „Wettlauf ums Trinkwasser":
Jeder Mensch sollte das Recht auf sauberes Trinkwasser haben. Der Hinweis
zum Aufräumen bietet eine abschließende Orientierung und Sicherheit, das
Experiment eigenständig zu beenden. Inwieweit sich die neun Teilnehme-
rinnen und Teilnehmer des Förderschwerpunkts geistige Entwicklung in
ihrer Experimentierfähigkeit weiterentwickeln, werden die noch ausstehen-
den Auswertungen zeigen. Bisherige Beobachtungen zeigen, dass sie durch-
gehend interessiert sind und mit viel Freude und Engagement experimentieren.

7. Zusammenfassung und Ausblick

Müller-Christ, Giesenbauer und Tegeler (2018) zeigen, dass die Sustainable
Development Goals (SDGs) im deutschen Bildungssystem zwar angekom-
men sind, ihr großes Potenzial jedoch noch ungenutzt bleibt. Naturwissen-
schaftsorientierte Bildungskontexte ermöglichen im Sinne des Ansatzes der
Socio-Scientific Issues (SSIs) hervorragende Anknüpfungspunkte zur Thematisierung der SDGs. Um möglichst vielen Schülerinnen und Schülern die
Möglichkeit zu geben, an Experimentierangeboten teilnehmen zu können,
müssen die Lernmaterialien so gestaltet sein, dass sie möglichst barrierefrei
für Kinder und Jugendliche mit unterschiedlichsten Lernvoraussetzungen
zugänglich sind. Viele der bisher existierenden Materialien oder Konzepte
setzen jedoch Fähigkeiten wie grundlegende Lesekompetenzen voraus, was
insbesondere für Schülerinnen und Schüler mit Förderbedarf zu Schwierigkeiten führen kann (Villanueva, Taylor, Therrien & Hand, 2012).
    Im Rahmen des Projekts BNEx werden BNE-spezifische Lernmaterialien
zu ausgewählten SDGs für heterogene Lerngruppen entwickelt. Der Fokus
liegt dabei auf der systematischen Vermeidung schrift-sprachlicher Barrieren. Dies geschieht theoriegeleitet und im Dialog mit Expertinnen und Experten aus Wissenschaft und Schulpraxis. Aus unseren bisherigen Erkenntnissen lassen sich folgende „Erfahrungshypothesen" für die Konzeption
differenzierter Experimentiermaterialien ableiten (vgl. auch Scholz et al.,
2018):

1. Die ausgearbeiteten Lernmaterialien sind von der Lehrkraft je nach Bedarfen der Lerngruppe flexibel anwendbar und kombinierbar. Die Flexibilität wird durch die Ausdifferenzierung der Materialien anhand festgelegter Dimensionen gegeben.
2. Es werden bei Versuchen nur Materialien verwendet, die gefahrlos und im Alltag leicht zu beschaffen sind.
3. Der Aufwand für die Vorbereitung muss sich an den Möglichkeiten einer Lehrkraft im Alltag orientieren. Das Material muss entsprechend übersichtlich, kompakt und zugänglich sein.
4. Die Lernmaterialien müssen das Vorwissen und die Alltagserfahrungen von Lernenden berücksichtigen. Die Beschreibung der Lernmaterialien soll erforderliches Vorwissen benennen und Hinweise geben, wie dieses ggf. erarbeitet werden kann.
5. Die Lernmaterialien sollen Bezüge zu den Lehrplänen ausweisen und diese auch benennen. Dies erleichtert den Lehrkräften die Verortung der Lerninhalte in den Lehrplänen für die jeweilige Gruppe.
6. Nachhaltiges Lernen: Es werden Hinweise gegeben, wie die Lerninhalte (SDGs) gesichert werden können und ggf. entsprechende Materialien zur Verfügung gestellt.

Die Lernstationen aus dem Projekt BNEx werden auch im Rahmen des Landauer Experimentier(s)passes eingesetzt. Hierbei handelt es sich um ein semesterbegleitendes Angebot in Form eines Mitmach-Passes, das an zwei Nachmittagen in der Woche an dem außerschulischen Lernort „Nawi-Werkstatt" stattfindet. Die Teilnehmenden werden von Lehramts-Studierenden der Universität Koblenz-Landau betreut. Das Angebot ist kostenfrei und kann ohne vorherige Anmeldung mehrfach wahrgenommen werden (vgl. Risch & Engl, 2015; Emden & Risch, 2019). Der Mitmach-Pass wird von Kindern und Jugendlichen unterschiedlichster Altersgruppen und Fähigkeiten wahrgenommen. Die begleitende Evaluation ermöglicht eine kontinuierliche Weiterentwicklung der differenzierten Lernmaterialien.

Literaturverzeichnis

Alberto, P. A., Cihak, D. F. & Gama, R. I. (2005). Use of static picture prompts versus video modeling during simulation instruction. *Research in Developmental Disabilities, 26*(4), 327–339.

Bancroft, J. (2002). A methodology for developing science teaching materials for pupils with learning difficulties. *Support for Learning, 17*(4), 168–175.

Baur, A. & Emden, M. (2020). How to open inquiry teaching? An alternative teaching scaffold to foster students' inquiry skills. *Chemistry Teacher International, 2020*; 20190013, 1–12.

Baur, A., Hummel, E., Emden, M. & Schröter, E. (2020). Wie offen sollte offenes Experimentieren sein? Ein Plädoyer für das geöffnete Experimentieren. *MNU Journal, 73*(2), 125–128.

Bhatia, S. & Singh, S. (2015). Creating a Sustainable and Inclusive Future through Youth Action and Participation. *Behinderung und internationale Entwicklung, 26*(2), Inklusion in der Bildung für nachhaltige Entwicklung, 29–34. http://www.zbdw.de/projekt01/media/pdf/2015_2_BIE.pdf [11.12.2020].

Chandler, P. & Sweller, J. (1991). Cognitive load theory and the format of instruction. *Cognition and Instruction, 8*(4), 293–332.

Choi, H. H., van Merriënboer, J. J. G. & Paas, F. (2014). Effects of the physical environment on cognitive load and learning: towards a new model of cognitive load. *Educational Psychology Review, 26*(2), 225–244.

Deutsche UNESCO-Kommission e.V. (2017). *Bildungsagenda 2030. Aktionsrahmen für die Umsetzung von Sustainable Development Goals. 4. Inklusive, chancengerechte und hochwertige Bildung sowie lebenslanges Lernen für alle.* Kurzfassung der Deutschen UNESCO-Kommission. Bonn: DUK.

Emden, M. & Risch, B. (2019). Entwickelnder Transfer fachdidaktischer Outreach-Projekte: Das Rad nicht neu erfinden. *Chemie in unserer Zeit, 53*(3), 172–179.

Fischler, H., Gebhard, U. & Rehm, M. (2018). Naturwissenschaftliche Bildung und Scientific Literacy. In D. Krüger, I. Parchmann & H. Schecker (Hrsg.), *Theorien in der naturwissenschaftsdidaktischen Forschung.* Berlin, Heidelberg: Springer.

KMK – Sekretariat der Ständigen Konferenz der Kultusminister der Länder in der Bundesrepublik Deutschland (2005). *Beschlüsse der Kultusministerkonferenz – Bildungsstandards im Fach Chemie für den Mittleren Schulabschluss (Jahrgangsstufe 10).* München: Luchterhand.

Koenen, J., Emden, M. & Sumfleth, E. (2017). Naturwissenschaftlich-experimentelles Arbeiten. *Zeitschrift für Didaktik der Naturwissenschaften,23*(1), 81–98.

Krauß, R. & Woest, V. (2013). Naturwissenschaft am Förderzentrum. In S. Bernholt (Hrsg.), Inquiry-based Learning – Forschendes Lernen (S. 101–103). Kiel: IPN.

Krüger, D. & Gropengießer, H. (2006). Hau(p)tsache Atmung – Beim Experimentieren naturwissenschaftlich denken lernen. *Der mathematische und naturwissenschaftliche Unterricht, 59*(3), 169–176.

Kümmerling-Meibauer, B. & Pompe, A. (2015). Texte und Bilder lesen. In A. Pompe (Hrsg.), *Deutsch inklusiv. Gemeinsam lernen in der Grundschule* (S. 133–150). Baltmannsweiler: Schneider.

Menthe, J. & Hoffmann, T. (2015). Inklusiver Chemieunterricht: Chance und Herausforderung. In O. Musenberg & J. Riegert (Hrsg.), *Inklusiver Fachunterricht in der Sekundarstufe* (S. 131–141). Stuttgart: Kohlhammer.

Müller-Christ, G., Giesenbauer, B. & Tegeler, M. K. (2018). Die Umsetzung der SDGs im deutschen Bildungssystem – Studie im Auftrag des Rats für Nachhaltige Entwicklung der Bundesregierung 1. *ZEP: Zeitschrift für Internationale Bildungsforschung und Entwicklungspädagogik, 41*(2), 19–26.

Nehring, A., Sieve, B. & Werning, R. (2017). Inklusion im Chemieunterricht. Ein Schreibgespräch zwischen Unterrichtspraktiker, Chemiedidaktiker und Sonderpädagogen. *Naturwissenschaften im Unterricht Chemie,* (162), 2–5.

Noll, A., Roth, J. & Scholz, M. (2020). Lesebarrieren im inklusiven Mathematikunterricht überwinden. Visuelle und sprachliche Unterstützungsmaßnahmen im empirischen Vergleich. *Journal für Mathematik-Didaktik, 3*(2), 177–190.

Öhsen, R. & Schecker, H. (2015). Inklusiver naturwissenschaftlicher Unterricht: Praxiserfahrungen an Bremer Schulen. In S. Bernholt (Hrsg.), *Heterogenität und Diversität – Vielfalt der Voraussetzungen im naturwissenschaftlichen Unterricht* (S. 585–587). Gesellschaft für Didaktik der Chemie und Physik. Jahrestagung in Bremen 2014.

Paas, F. G. W. C. & van Merriënboer, J. J. G. (1993). Instructional control of cognitive load in the training of complex cognitive tasks. In F. G. W. C. Paas (Hrsg.), *Instructional control of cognitive load in the training of complex cognitive tasks* (S. 11–30). Den Haag: CIP-DATA Koninklijke Bibliotheek.

Poncelas, A. & Murphy, G. (2007). Accessible information for people with intellectual disabilities: Do symbols really help? *Journal of Applied Research in Intellectual Disabilities, 20*(5), 466–474.

Ratz, C. (2012). Schriftsprachliche Fähigkeiten von Schülern mit dem Förderschwerpunkt geistige Entwicklung. In W. Dworschak, S. Kannewischer, C. Ratz & M. Wagner (Hrsg.), *Schülerschaft mit dem Förderschwerpunkt geistige Entwicklung (SFGE). Eine empirische Studie* (S. 111–132). Oberhausen: Athena-Verlag.

Rieckmann, M. (2020). Bildung für nachhaltige Entwicklung zum Thema „Verfügbarkeit und nachhaltige Nutzung von Wasser". In M. Wulfmeyer (Hrsg.), *Bildung für nachhaltige Entwicklung im Sachunterricht. Grundlagen und Praxisbeispiele (Basiswissen Grundschule, 43)*, (S. 105–116). Baltmannsweiler: Schneider Hohengehren.

Risch, B. & Engl, L. (2015). Landauer Experimentier(s)pass – Ein Schülerlabor öffnet seine Türen. In D. Karpa, G. Lübbecke & B. Adam (Hrsg.), *Außerschulische Lernorte. Theorie und Praxis der Schulpädagogik* (Bd. 31, S. 80–91). Köln: Prolog-Verlag.

Sadler, T. D. (2011). Socio-scientific Issues-Based Education: What We Know About Science Education in the Context of SSI. In T. D. Sadler (Hrsg.), *Socio-scientific Issues in the Classroom.* Dordrecht: Springer Netherlands.

Sadler, T. D., Barab, S. A. & Scott, B. (2007). What Do Students Gain by Engaging in Socioscientific Inquiry? *Research in Science Education, 37,* 371–391.

Sandmann, A. (2014). Lautes Denken – die Analyse von Denk-, Lern- und Problemlöseprozessen. In D. Krüger, I. Parchmann & H. Schecker (Hrsg.), *Methoden in der naturwissenschaftsdidaktischen Forschung* (S. 179–188). Berlin Heidelberg: Springer Spektrum.

Schmitt-Sody, B. & Kometz, A. (2013). Experimentieren mit Förderschülern. Erfahrungen aus dem Schülerlabor NESSI-Lab. *Naturwissenschaften im Unterricht. Chemie, 24*(135), 40–44.

Scholz, M., Dönges, C., Dechant, C. & Endres, A. (2016). Theoretische und konzeptionelle Überlegungen zur Vermeidung von Lesebarrieren bei naturwissenschaftlichen Schülerexperimenten. *Zeitschrift für Heilpädagogik, 67*(10), 454–464.

Scholz, M., Dechant, C., Dönges, C. & Risch, B. (2018). Naturwissenschaftliche Inhalte für Schülerinnen und Schüler mit kognitiven Beeinträchtigungen aufbereiten. Entwicklung und Evaluation von Lernmaterialien für den Bereich Umweltbildung mithilfe eines Design-Based Research-Ansatzes. *Vierteljahresschrift für Heilpädagogik und ihre Nachbargebiete, 87*(4), 318–335.

Scholz, M., Wagner, M. & Negwer, M. (2016). Motorische Fähigkeiten und Kompetenzen im Bereich Kulturtechniken von Schülerinnen und Schülern an Schulen mit dem Förderschwerpunkt körperliche und motorische Entwicklung. Eine Studie aus Rheinland-Pfalz. *Heilpädagogische Forschung, 42*(4), 191–201.

Svinos, M. (2019). Inklusive Bildung. Gemeinsam für eine nachhaltige Entwicklung. *ökopadNEWS, ANU-Informationsdienst Umweltbildung,* 301, 29. https://www.umweltbildung.de/8321.html?&fontsize=2 [11.12.2020].

Sweller, J., Ayres, P. & Kalyuga, S. (2011). *Cognitive Load Theory*. New York: Springer.

UNESCO (2018). *Education for Sustainable Development (ESD) beyond 2019*. https://unesdoc.unesco.org/ark:/48223/pf0000261625 [11.12.2020].

United Nations (o.D.). https://www.un.org/sustainabledevelopment/water-and-sanitation/ [17.08.2020].

United Nations (2006). UN-Convention on the Rights of Persons with Disabilities. https://www.un.org/disabilities/documents/convention/convoptprot-e.pdf [11.12.2020].

Vierbuchen, M. C. & Rieckmann, M. (2020). Bildung für nachhaltige Entwicklung und inklusive Bildung – Grundlagen, Konzepte und Potenziale. *ZEP – Zeitschrift für internationale Bildungsforschung und Entwicklungspädagogik 43*(1), 4–10.

Villanueva, M. G., Taylor, J., Therrien, W. & Hand, B. (2012). Science education for students with special needs. *Studies in Science Education, 48*(2), 187–215.

Zentel, P. (2010). *Zur Bedeutung von multiplen Repräsentationen beim Lernen mit Computer und Internet für Menschen mit geistiger Behinderung*. http://nbn-resolving.de/urn:nbn:de:bsz:21-opus-53907 [11.12.2020].

Tobias Mahnke

Chemie be-greifen: Erfahrungen im Unterrichten blinder Schülerinnen und Schüler vom Anfangsunterricht bis zur Abiturprüfung

Zusammenfassung: Das Unterrichten von blinden oder sehbehinderten Lernenden generiert eine Reihe von Herausforderungen. Von der Darstellung chemischer Formeln in Braille-Schrift über sicheres eigenständiges Experimentieren sowie der Modifikation von Experimenten zur besseren Ergebniswahrnehmung bis hin zum Arbeiten mit Grafiken und Modellen gilt es, Material und Unterrichtssettings neu und angemessen zu gestalten. In dem vorliegenden Artikel werden verschiedene Aspekte aus dem Chemieunterricht an der Deutschen Blindenstudienanstalt aufgegriffen und in der Praxis bewährte Möglichkeiten zur Inklusion von Schülerinnen und Schülern mit Blindheit aufgezeigt. Abgerundet wird dieser Artikel mit der Vorstellung konkreter Unterrichtsbeispiele.

Schlagwörter: Textgestaltung, Erstellung taktiler Grafiken, chemische Experimente, taktile Modelle, Unterrichtsbeispiele

Grasping chemistry: Experience in teaching blind students from the elementary instruction to the High School exam

Abstract: Teaching blind or visually impaired students creates a number of challenges. From the representation of chemical formulas in Braille, through safe autonomous experimentation and the modification of experiments for better perception of results, to work with graphics and models, the aim is to redesign material and teaching settings appropriately. This article takes up various aspects of chemistry classes at the German Institute for the Blind [Deutsche Blindenstudienanstalt e.V.] and shows tried and tested possibilities for the inclusion of pupils with blindness. This article is rounded off with specific teaching examples.

Keywords: text design, creation of tactile graphics, chemical experiments, tactile models, teaching examples

1. Einleitung

Traditionell stützt sich die Lehre im Fach Chemie auf Symbole und Bilder, um Zusammenhänge oder Sachverhalte zu verdeutlichen. Experimente in der Schule zielen nahezu immer auf eine visuelle Ergebnisrezeption ab. Atomaufbau, Kristallstrukturen und Reaktionsgleichungen werden als Grafiken über Schulbücher oder Tafelanschriebe an Lernende vermittelt. Insbesondere in der Lehre der organischen Chemie haben sich Linienformeln (Muller, 1994) zur Darstellung von Molekülen und deren Reaktionen durchgesetzt. Schülerinnen und Schüler mit Blindheit oder Sehbehinderung sind bei der Verwendung solcher Standardmaterialien in ihrer Teilhabe am Unterricht stark eingeschränkt. Grundsätzlich stellt naturwissenschaftlicher Unterricht eine besondere Herausforderung für diese Menschen dar (Giese, Greisbach, Meier, Neusser & Wetekam, 2021).

Ein inklusives Unterrichtssetting gibt allen Lernenden die Möglichkeit, Inhalte zielführend zu bearbeiten (Florian & Black-Hawkins, 2011). Dies bedeutet im optimalen Fall, dass mehrere Lernkanäle angesprochen werden und somit ein nachhaltiger Lernerfolg der Lernenden erzielt wird (An & Carr, 2017).

An unserer Einrichtung wurden Materialien und Methoden vom Anfangsunterricht bis zum Abitur entwickelt. Dabei lag der Fokus auf der Inklusion von Schülerinnen und Schülern mit dem Förderschwerpunkt Sehen. Mit dem vorliegenden chemie-fokussierten Artikel sollen Möglichkeiten aufgezeigt werden, die sich im gemeinsamen Unterricht mit Lernenden mit und ohne Blindheit an unserer Einrichtung bewährt haben.

2. Texte, Sonderzeichen und Reaktionsgleichungen

Wie in anderen Fächern auch, besteht ein Lehrbuch in der Chemie größtenteils aus erläuterndem Text. Für blinde Schülerinnen und Schüler wurden diverse Möglichkeiten entwickelt, diesen aufzunehmen. Sind sie der Brailleschrift kundig, bietet sich eine an einen Computer angeschlossene Braillezeile an (Abb. 1).

44

Abb. 1: Braillezeile im Einsatz

Diese besteht aus einer linearen Anordnung von 40 (selten 60 oder 80) Braillezeichen. Ein Computer-Braillezeichen wiederum setzt sich aus tastbaren Punkten zusammen, die in einer 2X4-Matrix angeordnet sind: zwei Punkte nebeneinander, vier übereinander. Diese Punkte sind an einer Lochplatte angebracht, über die sie sich erheben oder unter der sie verschwinden können. Getastet werden die erhabenen Punkte. Insgesamt ergeben sich mit dieser Matrix 256 unterschiedliche tastbare Kombinationen.

Eine Alternative zur Braillezeile stellen Programme dar, die den Bildschirminhalt über eine Audioausgabe vorlesen. Beiden Verfahren liegen Algorithmen zu Grunde, die den angezeigten grafischen Inhalt linearisieren und ausgeben. Beide Varianten bedürfen demnach einer entsprechend formatierten digitalen Vorlage. Zur besseren Handhabbarkeit durch die Schülerinnen und Schüler sollte Unterrichtsmaterial mit Formatvorlagen und wiederkehrenden Systematiken aufbereitet werden. Das visuelle Herausheben von Überschriften mit Attributen wie „fett" oder „eingerückt" ist für blinde Lernende über eine Verknüpfung mit einer Formatvorlage, z. B. „Überschrift 1", oder Tab-Stopps anstelle von Leerzeichen besser handhabbar (Iriogbe, 2018).

Zur Vermittlung chemischer Inhalte werden diverse Sonderzeichen verwendet. Zusätzlich zum Hoch- und Tiefstellen bestimmter Ziffern oder diversen Pfeilen zur Darstellung von Reaktionen, Gleichgewichten oder Mesomerien kommt im Bereich der physikalischen Chemie nahezu der komplette Zeichensatz der Mathematik zur Anwendung. Insgesamt reichen 256 Zeichen demnach nicht aus. Um den Lernenden zu ersparen, für diverse naturwissenschaftliche Fächer eigene Schriftsysteme lernen zu müssen, sollte man sich für ein gemeinsames Basissystem entscheiden. Im Bereich Mathematik hat sich die Programmiersprache LaTeX durchgesetzt (Kalina, 2008; Niedermaier, 2008). LaTeX hat den Vorteil, dass die Operatoren und Zeichen über eine Standard-Tastatur eingegeben werden können. Den Erfahrungen an unserer Einrichtung nach konnten alle Lehrenden wie Lernenden gleichermaßen ohne langwieriges Aneignen das beschriebene System anwenden.

Bereits auf einer Standard-Tastatur sind einige eindeutige Zeichen vorhanden: die Ziffern des Dezimalsystems, die Operatoren für eine Summation sowie die Subtraktion + und – etc. Wenn möglich werden Formeln mit diesen bereits vorhandenen Zeichen notiert. Bei chemischen Formeln, die häufig von der Grundlinie abweichende Elemente beinhalten, müssen diese mittels Sonderzeichen angepasst werden. Spezifische Symbole (Zeichen, Pfeile etc.) oder grafische Elemente (Brüche, Wurzeln etc.) werden durch ein Schlüsselwort beschrieben und durch einen Backslash „\" angekündigt (Schneidereit, 2009):

$$2Na + Cl_2 \to 2NaCl, \text{ in LaTeX: } 2Na +Cl\_2 \text{ \textbackslash to } 2NaCl$$

Da eine Braillezeile in der Regel nur 40 Zeichen gleichzeitig darstellen kann, sollten Leerzeichen nur dort eingefügt werden, wo sie notwendig werden. Weiterhin wird an diesem Beispiel bereits deutlich, dass die LaTeX-Notation mehr Zeichen benötigt als die in den Schulbüchern verwendete. Noch deutlicher wird dies bei auf der Tastatur nicht vorhandenen oder grafischen Elementen, die Operatoren darstellen:

$$K = \frac{c(H_3O^+) \cdot c(OH^-)}{(H_2O)^2}$$

In LaTeX: K = \frac{c(H_3O^+) * c(OH^-)}{c^2(H_2O)}

Hier ist insbesondere zu beachten, dass bei anspruchsvolleren Formeln schnell die Kapazitätsgrenze zur gleichzeitigen Darstellung von Zeichen auf der Braillezeile erreicht ist. Ein Zeilenumbruch beim \to oder zwischen den geschweiften Klammern von Zähler und Nenner ist dann sinnvoll, sodass keine Edukte oder Produkte „verschwinden". Ergänzend zu der schriftlichen Adaptation von Formeln hat sich das sprachliche Formulieren als sehr effektiv erwiesen.

Eine einheitliche Formatierung bietet Leserinnen und Lesern eine Orientierung über den Aufbau des vorliegenden Textes. Werden Texte mittels Formatvorlagen gestaltet, sind diese Strukturen auch für Menschen mit Blindheit nachvollziehbar. Sind darüber hinaus Sonderzeichen und Formeln mit der LaTeX-Notation verfasst, können diese auch von Bildschirmausleseprogrammen erfasst, vorgelesen und/oder auf einem Brailleausgabemedium dargestellt werden. Ein weiterer Vorteil der LaTeX-Notation besteht darin, dass die Ausdrücke über kleine Zusatzprogramme in die „normale" grafische Version überführt werden können.

3. Grafiken

Schaut man in ein beliebiges Schulbuch für das Fach Chemie, so stellt man schnell fest, dass Grafiken und Bilder einen hohen Stellenwert in der Vermittlung der fachspezifischen Inhalte haben. Zusammen mit einem erläuternden Text bilden sie eine Einheit. Häufig lassen sich die grafischen Darstellungen nicht adäquat mit Worten beschreiben. Für das Unterrichten von Lernenden mit Blindheit haben sich unterschiedliche Methoden zur Erstellung taktiler Grafiken bewährt (Laufenberg & Beyer, 2008).

3.1 Gallus-Brett

Für spontane Zeichnungen im Unterricht wurde das Gallus-Brett entwickelt (Hahn, 2011). Hierbei wird eine Kunststofffolie, ähnlich einer Klarsichtfolie, mit Hilfe einer Magnetschiene auf einer harten Gummiunterlage fixiert. Mittels einer stumpfen Spitze (z. B. Kugelschreiber) können nun grafische Elemente auf die Folie geprägt werden (Abb. 2). Besondere Punkte können mit einer Stecknadel markiert werden. Dort kann auch ein Lineal oder Winkelmesser angelegt werden. Für häufig vorkommende Fragestellungen, z. B. dem Erstellen eines Grafen in einem Koordinatensystem, gibt es entsprechend vorgeprägte Folien mit Koordinatensystem samt Graduierung. Vergleichbar den Werken normalsichtiger Schülerinnen und Schüler kann der blinde Lernende das Blatt lochen, abheften und sich somit ein dauerhaftes Nachschlagewerk erstellen. Im Bereich der Chemie hat sich diese Arbeitsweise zur Darstellung von Energiediagrammen und Titrationskurven im Unterricht bewährt.

Abb. 2: Gallusbrett im Einsatz

3.2 Schwellkopie

Die Grundlage einer Schwellkopie ist ein einseitig PVC-beschichtetes Blatt Papier. In die Beschichtung sind Mikrokapseln mit einer niedrigsiedenden Flüssigkeit eingearbeitet. Beim Erhitzen wird die thermoplastische PVC-Schicht verformbar und schäumt durch das Verdampfen der Flüssigkeit auf. Um damit taktile Grafiken erzeugen zu können, werden die gewünschten Elemente mit handelsüblichen Geräten (Drucker, Kopierer) aufgedruckt oder mit einem schwarzen Stift gezeichnet. Legt man das so gewonnene Papier mit der beschichteten Seite nach oben unter eine starke Halogen-lampe, so erhitzen sich die schwarzen Areale schneller und schwellen auf, die weißen Bereiche bleiben unverändert. Für diesen Schritt wurden Fuser, spezielle Entwicklergeräte, konstruiert.

Der Vorteil dieser Technik besteht darin, dass Grafiken mittels eines Standard-Zeichenprogramms unkompliziert erstellt bzw. Druckvorlagen unter Umständen unverändert übernommen und gedruckt werden können. Zur gemeinsamen Nutzung im inklusiven Unterricht oder für stark sehbehinderte Schülerinnen und Schüler können auch farbige Drucke erstellt werden. Hierbei ist eine dezente Farbauswahl nötig; ein dunkles Blau würde unter den geschilderten Bedingungen ebenfalls aufschwellen.

Der Nachteil einer Schwellkopie besteht darin, dass nur zwei Zustände dargestellt werden können: aufgeschwellt und nicht aufgeschwellt. Viele Informationen einer Abbildung, wie z. B. Farben, können mit diesem Verfahren für blinde Schülerinnen und Schüler nur unzureichend adaptiert werden. Das erhaltene Produkt ist vergleichbar mit einer Schwarz-Weiß-Abbildung ohne Graustufen (Abb. 3).

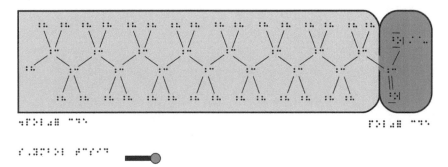

Abb. 3: Darstellung eines Fettsäuremoleküls mittels Schwellkopie

3.3 Tiefziehverfahren

Eine weitere Methode ist das Anfertigen einer tiefgezogenen Typhlographie (Abb. 4). Zunächst wird von der gewünschten Abbildung eine Matrize (Taktile Vorlage, Abb. 4 unten) erstellt. Hier kann mit unterschiedlichen Ebenen und Oberflächenstrukturen gearbeitet werden, um Abbildungsdetails angemessen umzusetzen: Mehrere Sperrholzschichten werden versetzt übereinander angebracht und/oder Oberflächen mit unterschiedlich gekörntem Sandpapier beklebt. In Kombination mit diversen Formen und Größen sind somit vielfältige Informationen transportierbar. Anschließend wird in einer Tiefziehmaschine, wie sie auch zum Herstellen von Joghurtbechern verwendet wird, eine thermoplastische Folie über die Matrize gespannt. Diese wird von oben erwärmt, dann von unterhalb der Matrize Vakuum gezogen. Die Folie legt sich über die Matrize und stellt somit eine Kopie der Matrize dar. Nach dem Erkalten kann die Folie abgenommen und zum Gebrauch verteilt werden (Abb. 4 oben: Die Detailtiefe wird durch die Kombination von unterschiedlichen Formen, Ebenen und Oberflächenstrukturen erreicht).

Der Nachteil dieser Technik liegt in dem hohen vorbereitenden Aufwand sowie der Abhängigkeit von einer Tiefziehmaschine. Über die Medienzentren der jeweiligen Landesblindeninstitute kann jedoch auf den bundesweit vorhandenen Pool an Abbildungen zurückgegriffen werden.

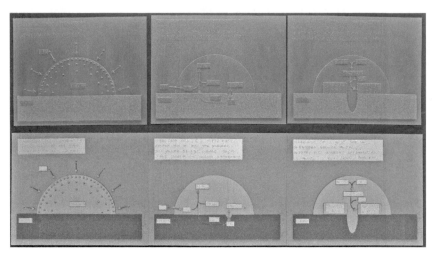

Abb. 4: Vorgänge der Sauerstoffkorrosion

3.4 Gestaltungshinweise

Während das grundlegende visuelle Erfassen von Abbildungselementen simultan stattfindet, erfolgt taktiles Explorieren sequentiell. Alle Abbildungsattribute sind dabei zunächst äquivalent. Dazu gehören auch freie Flächen. Vor diesem Hintergrund kann mit einer kurzen Verbalisierung der Abbildung Fehlinterpretationen vorgebeugt werden. Befinden sich mehrere Elemente auf der Abbildung, so kann es vorkommen, dass aufgrund vermeintlich abgeschlossener Abbildungsbearbeitung Informationen nicht berücksichtigt werden (Abb. 5).

Abb. 5: Je nach Taststrategie, Vorerfahrung oder Erwartung werden die beiden überlappenden Kreise nur als „Wolke" (Mitte) oder Halbmond (rechts) wahrgenommen

Weiterhin hat es sich als zielführend erwiesen, komplexe Abbildungen auf mehrere taktile Einzelabbildungen aufzuteilen (Abb. 4: Schrittweise Herleitung von Korrosionsprozessen). Bei diesem Prozess sollte bereits im Vorfeld ermittelt werden, wie viele unterschiedliche Abbildungselemente benötigt werden, um diese dem Gestaltgesetz der Ähnlichkeit folgend umsetzen. Da ein Wiedererkennen bekannter Symbole die Typhlographieerarbeitung erheblich vereinfacht, ist diese Überlegung für das gesamte Fach und darüber hinaus wünschenswert. Eine solche Verfahrensweise kommt eigenen Erfahrungen zufolge auch Lernenden mit Autismus-Spektrum-Symptomatik zugute. Ich könnte mir vorstellen, dass das auch für Menschen mit dem Förderbedarf Lernen zutrifft.

Um das Wesentliche einer Abbildung schnell und sicher zu erkennen, haben sich weiterhin folgende Möglichkeiten bewährt: So kann z. B. in einem Energiediagramm von der Grundlinie (X-Achse) eine dünne, gestrichelte Linie zu Überganszuständen führen bzw. auf einer tiefgezogenen Typhlographie die längste Kohlenstoffkette oder bei Kohlenhydraten ein zentrales Ringsystem erhöht dargestellt werden.

Als Folge der genannten Hinweise sollten taktile Abbildungen nicht zum stillen Erarbeiten eines Sachverhaltes, z. B. in einer Hausaufgabe, ausgegeben werden. Vielmehr bietet es sich an, sie als Sicherung eines Endergebnisses einer Arbeitsphase zu verwenden (McCallum & Ungar, 2003; Sheppard & Aldrich, 2001).

4. Experimente

Chemie ist eine experimentelle Wissenschaft. Dies schlägt sich auch im hessischen Kerncurriculum nieder (Hessisches Kultusministerium, 2016). Um die für das Experimentieren gebotene Sicherheit (Bezler et al., 2019) zu gewährleisten, bedarf es einer besonderen Analyse und Auseinandersetzung mit dem Lerngegenstand, um passende und gleichzeitig spannende chemische Experimente entsprechend zu designen. Naturgemäß bedarf es dazu auch diverser Hilfsgeräte, die jedoch häufig im normalen Versandhandel für Laborbedarf verfügbar sind (Abb. 6). Dies soll anhand der Gestaltung von Experimenten im Chemieunterricht verdeutlicht werden.

Die Herausforderung, Sicherheit und selbstständiges Experimentieren im Unterricht mit blinden Schülerinnen und Schülern zu vereinen, fängt schon bei Überlegungen zur Sitzplatzgestaltung an. Es ist zielführend, wenn eine assistierende Person stets Zugang zum Experimentierplatz hat, am besten von der gegenüberliegenden Tischseite. So kann bei Bedarf behutsam und unaufdringlich in das Geschehen eingegriffen werden. Weiterhin bietet sich dadurch pädagogischen Fachkräften ein guter Zugang zur Beobachtung nonverbaler Ausdrücke der Lernenden.

Die Arbeitsplatzbegrenzung erfolgt über ein Experimentiertablett. Es hilft den Schülerinnen und Schülern, den Arbeitsplatz zu strukturieren und einzurichten: Heizquelle in der Mitte, saubere Spatel links an der Wand, Chemikaliengefäße hinten etc. Sollte mal etwas daneben gehen oder umkippen, bleiben die Chemikalien innerhalb des Tabletts. Dieses kann dann sachgemäß gereinigt werden. Die Größe des Tabletts ist so bemessen, dass sich alle Gegenstände in Armlänge befinden und ein Überbeugen über den Tisch nicht nötig ist.

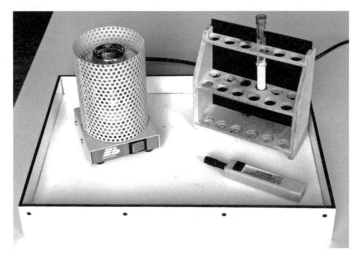

Abb. 6: Laborbedarf zum sicheren und eigenständigen Experimentieren: Experimentiertablett, Elektrobrenner, Lichtsensor, Reagenzglashalter, Reagenzglas mit Füllmarkierung

Bei der Verfolgung chemischer Reaktionen wird häufig die Farbe als Erfolgsindikator in den Mittelpunkt gestellt. Entscheidend ist in der Regel aber nicht der konkrete Farbwechsel, sondern die Feststellung, dass eine Veränderung stattgefunden hat. Solche Veränderungen können beispielsweise mittels eines akustischen Helligkeitssensors verfolgt werden. Um Kontraste zu verstärken, bieten sich Reagenzglasständer mit wahlweise schwarzer bzw. weißer Rückwand an. Schülerinnen und Schüler können somit nicht nur eine Veränderung während einer Reaktion verfolgen, sie können auch Füllstände bzw. Phasengrenzen von gefärbten flüssigen Reagenzien eigenständig ermitteln und mittels eines Gummibandes markieren.

Ein Reaktionsverlauf kann aber auch mit anderen Sinnen verfolgt werden: Häufig entstehen bei einer Reaktion Gase, sodass Sprudeln hörbar wird oder sich die Temperatur des Gefäßes haptisch wahrnehmbar verändert. Viskositäts- oder Aggregatzustandsänderungen können mit Hilfe eines Glasstabes erfühlt werden. Eine Standard-Schulbuchreaktion kann oftmals durch geringe Veränderungen so modifiziert werden, dass sie mit mehreren Sinneskanälen verfolgt werden kann.

Zum Erhitzen wird im Chemieunterricht meistens ein Gasflammenbrenner verwendet. Diese Methode beinhaltet ein erhebliches Gefahrenpotential in Bezug auf Verbrennungen. Sicherer in der Handhabung ist hier ein Elektrobrenner oder elektrischer Bunsenbrenner. Dabei wird das zu erhitzende Gut über ein Heizelement, einem Toaster vergleichbar, gehalten. Durch den konstruktionsbedingten Metallrand um das Gitter über dem Heizelement bietet er zudem die Möglichkeit, ein Reagenzglas gezielt in die heißeste Zone zu halten und so den Inhalt zu erhitzen. Ein Absinken des Reagenzglases in den Brenner wird damit ebenfalls vermieden. Weiterhin ist er standfester und hat durch ein ihn umgebendes Schutzblech ein minimales Verbrennungsrisiko. Mit bis zu 800 °C sind diese Geräte für die meisten Anwendungen im Rahmen eines Schüler*innenexperiments ausreichend.

Die dargestellten Materialien und Modifikationen stellen für viele Schülerinnen und Schüler gewinnbringende Ergänzungen dar, die zum Teil die Experimentiersicherheit erheblich erhöhen und Ergebnisse deutlicher hervortreten lassen. Den blinden Lernenden gestatten sie es, überhaupt experimentelle Primärerfahrungen zu machen und sich so aktiv in das Unterrichtsgeschehen einzubringen. Im Sinne eines möglichst inklusiven und nachhaltigen Unterrichtens wie Lernens wird im Idealfall die Anzahl nutzbarer Sinneskanäle erhöht.

5. Konkrete Unterrichtsbeispiele

5.1 Kerzenflamme

Feuer ist ein allen Menschen bekanntes Naturphänomen. Da der Verbrennungsprozess letzten Endes auf chemischen Reaktionen und physikalischen Gesetzen basiert, ist eine Behandlung im naturwissenschaftlichen Unterricht aus vielerlei Hinsicht empfehlenswert. Der Nachteil: Eine Flamme kann man nicht – im wörtlichen Sinne – begreifen. Man bezieht sich folglich auf Zeichnungen mit Temperaturangaben und Flammenzonen – ein rein akademisches Vorgehen. Für blinde Menschen ist Feuer zudem häufig angstbehaftet: Wenn man die Flamme gefunden hat, hat man sich auch schon verbrannt. Das führt dazu, dass bereits von Elternseite der Kontakt mit einer Flamme vermieden wird und somit eine Kerzenflamme für diese Menschen nicht mehr als eine Worthülse darstellt. Die Untersuchung dieses spannenden Phänomens bedarf demzufolge neuer Zugänge (Schapat, 2018)[1].

---

1 Krater und Gipfel: die zwei Gesichter einer Kerzenflamme: www.youtube.com/watch?v=uhhBTWvxLvo
Blista-Lehrer machen Chemie begreifbar: www.youtube.com/watch?v=jtLO45VXHeY.

Zunächst nähert man sich der Kerze mit den Händen: Von der Seite kommt man relativ nah heran, ohne sich zu verbrennen, von oben ist ein größerer Sicherheitsabstand notwendig. Bei blinden Menschen muss an dieser Stelle die Hand evtl. geführt werden. Die wahrgenommene Hitzeverteilung gibt bereits einen Hinweis auf die tatsächliche Form der Kerzenflamme. Erste naturwissenschaftliche Diskussionen können sich hier anschließen. Die Schülerinnen und Schüler werden aufgefordert, danach aus Knete und Streichhölzern als Docht Kerzenflammen zu formen. Die visuell wahrnehmbare Form ist dann auch taktil zugänglich. Der Vorteil der Benutzung von Knetmasse besteht weiterhin darin, dass das Phänomen des Flackerns durch Verformungen des Knetmodells dargestellt werden kann. Da das Kerzenflackern unter Umständen auch zu hören ist, stellt dieses Verfahren nicht bloß einen akademischen Erkenntnisgewinn für Menschen mit Blindheit dar.

Abb. 7: Thermische Querschnitte durch eine Kerzenflamme mittels Schwellpapier

Die Frage nach der heißesten Stelle einer Kerzenflamme wird mit Schwellpapier beantwortet. Hierbei wird die Eigenschaft des thermisch induzierten Aufschäumens ausgenutzt. Man hält vorsichtig ein Stück Schwellpapier mit der beschichteten Seite nach oben direkt über den Docht, ein weiteres Stück direkt über die Kerzenflammenspitze. Sobald sich das Papier aufgeschwellt hat, nimmt man es aus der Flamme und betrachtet die entstandenen Formen (Abb. 7). Die erhaltenen taststabilen Formen sind nun dem blinden Lernenden zugänglich und stellen auch für andere Lernende eine faszinierende Ergänzung zu bisherigen Erfahrungen dar. Das Ergebnis kann im anschließenden Unterricht eingehender diskutiert werden.

5.2 Kalottenmodell

Die Darstellung von Molekülen mit Hilfe der Magnetsymbole, als Lewis-Formeln oder mit Hilfe gängiger Molekülbaukästen erzeugt immer ein Kugel-Stab-Verständnis. Spätestens bei der Einführung von Van-der-Waals-Kräften jedoch steht die Moleküloberfläche im Fokus. Diese wird durch ein Kalottenmodell korrekt wiedergegeben. Für das exemplarische Erarbeiten, z. B. der Siedepunkte der Pentan-Isomere, bieten sich taktile Modelle aus dem 3D-Drucker an (Abb. 8)[2]. Der Zusammenhang zwischen der Form eines Körpers und der daraus resultierenden Oberfläche sollte aus dem Mathematikunterricht bekannt sein. Die vorhandenen Modelle lassen sich mit einer Hand umschließen. Im Unterricht hat es sich bewährt, den Lernenden jeweils zwei gleiche Modelle in die Hand zu geben, damit die Kontaktflächen unmittelbar ermittelt werden können. Durch die Kombination der Modellarbeit mit theoretischen Grundlagen lässt sich die Siedepunktabnahme bei gleichzeitiger Kontaktflächenverringerung der Moleküle untereinander im wörtlichen Sinne begreifen.

Abb. 8: Kalottenmodell der Isomere des Pentans

5.3 Lewis-Strukturformeln (Linienformeln)

Lewis-Strukturformeln (Linienformeln) stellen zweidimensionale Projektionen der eigentlich dreidimensionalen Moleküle dar. Da die dreidimensionale Gestalt der Moleküle einen großen Einfluss auf deren Reaktionsverhalten hat (Lindenstruth & Schween, 2020), stellt dieser Transformationsprozess einen entscheidenden Baustein zum Reaktionsverständnis dar. Ein taktiles Modell dazu wurde in der Gruppe von M. Schween entwickelt (Lindenstruth, Gruber, Graulich & Schween, 2019). Hierbei werden zu ausge-

---

2 Die Druckdateien können über den Autor erhalten werden.

wählten Verbindungen Modelle auf der Grundlage des Molekülorbitalmodells gebaut. Um ein zentrales Atom sind die aus „Eiern" bestehenden Bindungen mittels eines Gummizugs angebracht, sodass sich, dem VSEPR-Modell folgend, eine dreidimensionale Struktur der Verbindung ergibt (Ahlrichs, 1980). Drückt man diese Strukturen mit der flachen Hand nach unten, entstehen mögliche Projektionen im zweidimensionalen Raum. Bei Molekülen wie z. B. H_2O ergeben sich dabei mehrere Möglichkeiten (Abb. 9). Welche dieser Projektionen für den weiteren Unterrichtsverlauf am besten geeignet ist, wird mit den Schülerinnen und Schülern ausführlich diskutiert. An dieser Stelle findet eine intensive Auseinandersetzung mit der Projektionsproblematik beim Erstellen von Linienformeln statt.

Abb. 9: Projektionsmöglichkeiten von H_2O

Für die spontane taktile Darstellung solcher Strukturen wurden für den Unterricht mit blinden Schülerinnen und Schülern Magnetsymbole entwickelt (Mahnke 2020; Schapat, 2017; Schneidereit, 2008). Diese Symbole werden auf einem handelsüblichen Whiteboard angeordnet. Die Haftkraft der Magnete ist stark genug, um bei einer vorsichtigen taktilen Erkundung ihre relative Anordnung zueinander beizubehalten. Das aktuelle Set enthält Magnete, die sich in Form, Farbe und Größe unterscheiden. Für Lernende mit Sehbehinderung wurde bei der Farbgebung auf einen größtmöglichen Kontrast geachtet. Einige Symbole wurden konkreten Elementen zugeordnet, die bei der Verwendung in unterschiedlichen Kontexten wiedererkennbare Anker bilden. Die Erfahrung hat gezeigt, dass in der Schule nur eine Handvoll Elemente regelmäßig und in größerer Stückzahl zur Anwendung kommt (Wasserstoff, Kohlenstoff, Sauerstoff…). Insgesamt bietet das Periodensystem jedoch aktuell 118 Elemente, sodass für spezielle Aufgabenstellungen einige Magnetsymbole variabel und dem Stundeninhalt angemessen inhaltlich definiert werden können. So lassen sich neben Atomen auch Atomgruppen oder Moleküle diesen Symbolen zuordnen.

Eine Besonderheit stellen die Elektronen dar: Elektronenpaare, polare Elektronenpaare und Einzelelektronen haben zwar unterschiedliche Formen, aber alle dieselbe Farbe und im Gegensatz zu allen anderen Symbolen eine geriffelte Oberfläche. So sind Bindungen visuell und taktil unmittelbar von Atomen oder Atomgruppen unterscheidbar (Abb. 10). Es hat sich gezeigt, dass visuell wie taktil arbeitende Schülerinnen und Schüler bereits nach wenigen Unterrichtsstunden keine Legende mehr benötigen und komplexe Strukturen sicher legen können.

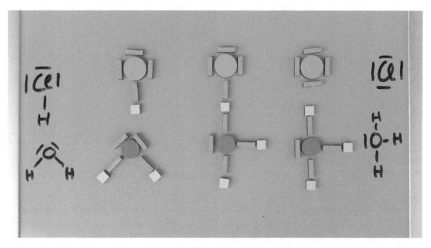

Abb. 10: Darstellung der Protolyse von Wasser mit Hilfe von Magnetsymbolen

Das Lehren von organischer Chemie ist eng verbunden mit dem Lehren von Reaktionsmechanismen (Friesen, 2008). Grafisch wird die dabei herrschende Dynamik mit Pfeilen gekennzeichnet (Grove, Cooper & Rush, 2012), gleichwohl werden von Schülerinnen und Schülern solche Strukturen oftmals als unverständlich beschrieben (Grove, Cooper & Cox, 2012). Die Entschlüsselung solcher Symboldarstellungen und Grafiken sowie der darin enthaltenen Dynamik ist für den fachlichen Erfolg der Lernenden allerdings von größter Bedeutung (Wu & Shah, 2004).

Während an einer Kreidetafel oder im Schulbuch Abbildungen zwar sequenziell erarbeitet werden können, im Grunde aber statisch sind, bietet das beschriebene System die Möglichkeit, echte Dynamiken darzustellen. Allein schon die Anordnung der einzelnen Reaktanden auf der Platte erfordert ein großes Verständnis der zugrunde liegenden Reaktivitäten. Anschließend können einzelne Elektronen, Atome oder Atomgruppen auf der Unterlage verschoben werden. Dies geschieht nach vorher erarbeiteten Gesetzmäßigkeiten, z. B. dem Übertragen von Protonen in Säure-Base-Reaktionen oder dem Verschieben von Elektronen in mesomeren Systemen. Das anschließend neu gebildete System kann von allen am Unterricht beteiligten Personen überprüft und interpretiert werden. So ist es den Lernenden möglich, auch vielschrittige Reaktionsmechanismen eigenständig zu erarbeiten und schrittweise nachzuvollziehen (Abb. 11). Bei der Analyse von Zwischenprodukten können sie dann feststellen, dass ihre Aktionen entweder nicht regelkonform oder zwar regelkonform, aber nicht zielführend waren. Die somit geförderte intensive Auseinandersetzung mit dem Lerngegenstand und der Verknüpfung von Beobachtung beim Experiment, theoretischen Grundkonzepten und eigenem Handeln mündet in ebenso aktivem wie individuellem Lernen im Unterricht.

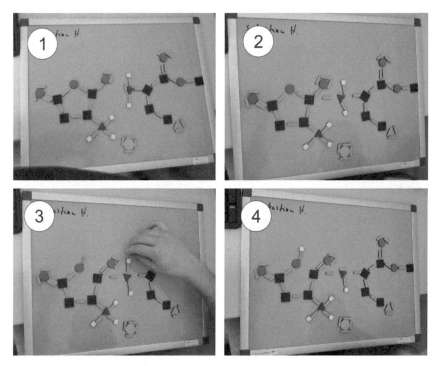

Abb. 11: Einsatz der Magnetsymbole im Leistungskurs

Große Strukturen, wie sie z. B. in der Kohlenhydratchemie gefordert sind, können nur mit erheblichem Aufwand dargestellt werden. Haworth-Projektionen können mit dem dargestellten Material bisher nicht befriedigend umgesetzt werden. Generell ist beim Erstellen von Strukturen mit diesem System viel Zeit einzuplanen. Durch die Verwendung von Skelettformeln (Mahnke, 2018) kann zwar eine erhebliche Vereinfachung erzielt werden, der Umgang damit muss jedoch gründlich eingeführt und geübt werden.

6. Fazit und Ausblick

In der eigenen Beobachtung hat sich gezeigt, dass im gemeinsamen Unterricht mit Lernenden mit und ohne Blindheit bzw. Sehbehinderung die dargestellten Visualisierungsmöglichkeiten, Ideen und Modelle alle Schülerinnen und Schüler dabei unterstützen, Chemieunterrichtsinhalte selbständig zu erarbeiten bzw. nachzuvollziehen. Sie stellen einen wesentlichen Baustein zum inklusionsorientierten Chemieunterricht dar. Das für barrierefreie Gestaltung im öffentlichen Raum geltende Zwei-Sinne-Prinzip (DIN 18040) sollte im Sinne des Universal Design auch beim Erstellen von Unterrichtsmaterialien konsequent angewendet werden. Für einen nachhaltigen Lernerfolg wäre es wünschenswert, die von den Lernenden erzeugten Werke auch direkt im Unterricht dauerhaft, z. B. durch 3D-Druck, taktil abzubilden. Dadurch wäre man unabhängig von im Vorfeld hergestellten taktilen Abbildungen, die ein wirklich spontanes, schülerinteressengeleitetes Arbeiten im Unterricht stark einschränken. Darüber hinaus würden im Unterricht erzeugte Produkte der Lernenden eine angemessene Würdigung erfahren, was die Motivation zur Beteiligung am Unterricht erhöhen kann.

Literaturverzeichnis

Ahlrichs, R. (1980). Gillespie- und Pauling-Modell – ein Vergleich. *Chemie in unserer Zeit, 14*(1), 18–24.

An, D. & Carr, M. (2017). Learning styles theory fails to explain learning and achievement: Recommendations for alternative approaches. *Personality and Individual Differences, 116,* 410–416.

Bezler, H. J., Frenzel, E., Hohenberger, L., Kellner, R., Kiehne, M., Neunzig, M., Piechocki, A., Proll, B., Radtke, R., Ritzmann, U., Siebert, A. & Tschiedel, V. (Kultusministerkonferenz, Hrsg.). (2019). *Richtlinie zur Sicherheit im Unterricht.* https://www.kmk.org/fileadmin/veroeffentlichungen_beschluesse/1994/1994_09_09-Sicherheit-im-Unterricht.pdf. [05.12.2020].

Florian, L. & Black-Hawkins, K. (2011). Exploring inclusive pedagogy. *British Educational Research Journal, 37*(5), 813–828.

Friesen, J. B. (2008). Saying What You Mean: Teaching Mechanisms in Organic Chemistry. *Journal of Chemical Education, 85*(11), 1515.

Giese, M., Greisbach, M., Meier, M., Neusser, T. & Wetekam, N. (2021, accepted). 'I usually never got involved?' Understanding reasons for secondary students with visual impairments leaving mainstream schooling in Germany. *European Journal of Special Needs Education.*

Grove, N. P., Cooper, M. M. & Cox, E. L. (2012). Does Mechanistic Thinking Improve Student Success in Organic Chemistry? *Journal of Chemical Education, 89*(7), 850–853.

Grove, N. P., Cooper, M. M. & Rush, K. M. (2012). Decorating with Arrows: Toward the Development of Representational Competence in Organic Chemistry. *Journal of Chemical Education, 89*(7), 844–849.

Hahn, V. (2011). *Tastbares Geometrisches Zeichnen im Mathematikunterricht bei Blinden, Technische Universität Dortmund. Integration von Schülerinnen und Schülern mit einer Sehschädigung an Regelschulen.* https://www.isar-projekt.de/portal/1/uploads/didaktikpool_480_1.pdf. [04.08.2020].

Hessisches Kultusministerium (Hrsg.). (2016). *Kerncurriculum gymnasiale Oberstufe. Chemie.* https://kultusministerium.hessen.de/sites/default/files/media/kcgo-ch.pdf. [08.12.2020].

Iriogbe, J. (2018). *Formatvorlagen zur Gestaltung von barrierefreien Dokumenten: Verband der Blinden- und Sehbehindertenpädagogik e. V. (VBS).* https://augenbit.de/wiki/images/d/dd/Anleitung_Formatvorlagen_lowvision.pdf. [03.08.2020].

Kalina, U. (2008). *Das LaTeX-Konzept in fünf einfachen Regeln, Technische Universität Dortmund. ISaR – Integration von Schülerinnen und Schülern mit einer Sehschädigung an Regelschulen.* https://www.isar-projekt.de/portal/1/uploads/didaktikpool_285_1.pdf. [16.08.2020].

Laufenberg, W. & Beyer, F. (2008). Veranschaulichung in historischen, geografischen und naturwissenschaftlichen Kontexten. In M. Lang, U. Hofer & F. Beyer (Hrsg.), *Didaktik des Unterrichts mit blinden und hochgradig sehbehinderten Schülerinnen und Schülern* (Heil- und Sonderpädagogik, S. 103–120). Stuttgart: Kohlhammer.

Lindenstruth, P. & Schween, M. (2020). Organisch-chemische Reaktionsprozesse anhand von 3D-Prozessmodellen verstehen. In N. Meister, U. Hericks, R. Kreyer & R. Laging (Hrsg.), *Zur Sache. Die Rolle des Faches in der universitären Lehrerbildung: Das Fach im Diskurs zwischen Fachwissenschaft, Fachdidaktik und Bildungswissenschaft* (S. 241–267). Wiesbaden: Springer Fachmedien Wiesbaden.

Lindenstruth, P., Gruber, N., Graulich, N., Schween, M. (2019). Von 2D zu 3D und zurück – Dreidimensionalität von Molekülen modellieren. *NiU – Chemie, 30*(162), 28–32.

Mahnke, T. (2018). *Skelettformeln. Template zur Darstellung komplexer Moleküle (MuLI – Multimediale Lernpakete für den inklusiven Unterricht).* Marburg: Deutsche Blindenstudienanstalt e.V.

Mahnke, T. (2020). Dealing with Lewis structures in chemistry lessons. *British Journal of Visual Impairment, 39*(1), 84–87.

McCallum, D. & Ungar, S. (2003). An introduction to the use of inkjet for tactile diagram production. *British Journal of Visual Impairment, 21*(2), 73–77.

Muller, P. (1994). Glossary of terms used in physical organic chemistry (IUPAC Recommendations 1994). *Pure and Applied Chemistry, 66*(5), 1077–1184.

Niedermaier, E. (2008). *LATEX als Mathematikschrift für Blinde, Universität Dortmund. ISaR – Inklusion von Schülerinnen und Schülern mit einer Sehschädigung an Regelschulen.* https://www.isar-projekt.de/portal/1/uploads/didaktikpool_390_1.pdf. [16.07.2020].

Schapat, T. (2017). *Magnetsymbole für chemische Strukturformeln (MuLI – Multimediale Lernpakete für den inklusiven Unterricht).* Marburg: Deutsche Blindenstudienanstalt e.V.

Schapat, T. (2018). *Krater und Gipfel. Zwei Gesichter einer Kerzenflamme. MuLI – Multimediale Lernpakete für den inklusiven Unterricht.* https://www.inklusion-jetzt.de/Unterrichtsmaterialien/Lernpakete-Chemie-MuLI/Krater-und-Gipfel-Zwei-Gesichter-einer-Kerzenflamme/. [30.08.2020].

Schneidereit, W. (2008). *Strukturlegekästen für Lewis-Formeln (Integration von Schülerinnen und Schülern mit einer Sehschädigung an Regelschulen)*. Dortmund: Universität Dortmund. https://www.isar-projekt.de/portal/1/uploads/didaktikpool_294_1.pdf. [17.09.2020].

Schneidereit, W. (2009). *Computerschrift in der Chemie (angelehnt an LaTeX), Technische Universität Dortmund. ISaR – Inklusion von Schülerinnen und Schülern mit einer Sehschädigung an Regelschulen.* https://www.isar-projekt.de/portal/1/uploads/didaktikpool_391_1.pdf. [16.08.2020].

Sheppard, L. & Aldrich, F. K. (2001). Tactile graphics in school education: perspectives from teachers. *British Journal of Visual Impairment, 19*(3), 93–97.

Wu, H.-K. & Shah, P. (2004). Exploring visuospatial thinking in chemistry learning. *Science Education, 88*(3), 465–492.

Susanne Eßer und Jens Austermann

Sachlogische Differenzierung des Gemeinsamen Lerngegenstandes im inklusiven zieldifferenten naturwissenschaftlichen Fachunterricht der Sek. I – Lernstrukturgitter und das „Wember-Modell" als Planungshilfen nutzen

Zusammenfassung: Die in der Qualitäts- und UnterstützungsAgentur – Landesinstitut für Schule Nordrhein-Westfalen (QUA-LiS NRW) entwickelten Lernstrukturgitter als Planungshilfe für einen inklusiven zieldifferenten naturwissenschaftlichen Unterricht berücksichtigen unterschiedliche Kompetenz- und Abstraktionsstufen. Sie bilden damit eine Möglichkeit, einen Gemeinsamen Lerngegenstand sachlogisch differenziert darzustellen. In Ergänzung dazu bietet das fünfstufige Modell von Wember (2013) eine Orientierung im Hinblick auf die jeweiligen Anforderungen des Lehrplans.

In diesem Beitrag wird dargestellt, wie diese Lernstrukturgitter eine Unterrichtsplanung in einem inklusionsorientierten und zieldifferenten naturwissenschaftlichen Unterricht im Sinne der Arbeit an einem Gemeinsamen Lerngegenstand ermöglichen. Bezogen auf das Thema „Warum geht es mit Werkzeugen einfacher?" wird eine praktische Umsetzungsmöglichkeit präsentiert.

Schlagwörter: Differenzierung, zieldifferentes Lernen, Gemeinsamer Lerngegenstand, Lernstrukturgitter, Planungshilfe

The logical differentiation of the common learning objective in inclusive science lessons at secondary schools – using a learning structure grid and the "Wember-Model" as a planning tool

Abstract: The North Rhine-Westphalia State Institute for Schools and Professional Development has developed a model of a learning structure grid for inclusion-oriented and aim-differentiated science lessons at secondary schools. Different levels of competence were taken into consideration as well as different levels of abstraction. The learning structure grid offers a possibility to make a logical differentiation of the common learning-object. In addition, Wembers five-step model for inclusive teaching (2013) provides orientation regarding the respective requirements in the curriculum.

This article outlines how learning structure grids can facilitate science lesson planning. The focus lays on an inclusion-oriented and aim-differentiated class structure that enables the work at a common learning-object. In the context of "Why is it easier with tools?" presents a feasible adaption possibility.

Keywords: differentiation, goal-differentiated learning, common learning objective, learning structure grid, planning tool

1. Einleitung

In der Qualitäts- und Unterstützungs Agentur – Landesinstitut für Schule NRW (QUA-LiS NRW) werden bezogen auf die Differenzkategorie „Behinderung" und das Heterogenitätsmerkmal „kognitive Beeinträchtigung" Unterstützungsmaterialien für den inklusiven Fachunterricht in der Sekundarstufe I entwickelt (QUA-LiS NRW, 2018a). Lehrkräfte verschiedener Schulformen der Sekundarstufe I und Förderschulen, die alle in dem betreffenden Unterrichtsfach ausgebildet sind und über eine Expertise für inklusiven Unterricht verfügen, bilden dazu ein Entwicklungsteam. Unterstützt werden sie seitens der QUA-LiS NRW durch die dortigen Fachkräfte für fachliche und inklusive Unterrichtsentwicklung, die neben ihrer Expertise für Unterrichtsstandards die aktuelle wissenschaftliche Diskussion zum Fach- wie auch zum inklusiven Unterricht einbringen. Die entwickelten Materialien werden durch verschiedene Gremien hinsichtlich fachlicher Stimmigkeit wie auch förder- bzw. inklusionsorientierter Passung beurteilt, bevor sie im Schulentwicklungsportal des Landes Nordrhein-Westfalen (https://www.schulentwicklung.nrw.de/) veröffentlicht werden.

2. Zieldifferenter Fachunterricht

Schülerinnen und Schüler mit und ohne sonderpädagogischem Unterstützungsbedarf werden in Nordrhein-Westfalen in der Regel in der allgemeinen Schule gemeinsam unterrichtet (Ministerium für Schule und Bildung Nordrhein-Westfalen (MSB), 2016). Lernende, die aufgrund kognitiver Beeinträchtigungen eine sonderpädagogische Unterstützung erhalten, werden dem zieldifferenten Bildungsgang Lernen oder dem zieldifferenten Bildungsgang Geistige Entwicklung zugeordnet (ebd.). Die Lernenden in diesen zieldifferenten Bildungsgängen bilden eine heterogene Gruppe und arbeiten auf der Grundlage ihres individuellen Förderplans an eigenen spezifischen Lern- und Entwicklungszielen. Hinsichtlich fachlicher Kompetenzen findet, soweit möglich, eine Orientierung an den Kompetenzerwartungen der Grund- bzw. Hauptschule statt. Für den gemeinsamen Unterricht bedeutet dies, dass die Lehrkräfte einen Unterricht planen müssen, der sowohl die Kompetenzansprüche des Lehrplans der allgemeinen Schule wie auch die spezifischen Bildungsansprüche der Schülerinnen und Schüler in zieldifferenten Bildungsgängen gleichermaßen berücksichtigt (Kultusministerkonferenz (KMK), 2011).

3. Gestaltung eines kompetenz- und entwicklungsorientierten Unterrichts

Durch einen inklusiven Unterricht können für alle Lernenden bestmögliche Lern- und Entwicklungsmöglichkeiten eröffnet und eine Arbeit am Gemeinsamen Lerngegenstand (Feuser, 2011) ermöglicht werden. Dabei gilt es, die individuellen Lernvoraussetzungen zu erheben und kompetenzorientiert bzw. ressourcenorientiert sowohl für das fachliche Lernen als auch zur Ermöglichung von Entwicklungschancen zu beschreiben. Der Gemeinsame Lerngegenstand bildet, wie im Planungsmodell zum inklusiven zieldifferenten Fachunterricht dargestellt (vgl. Abb. 1), die thematische Klammer, die durch ein gewähltes Unterrichtsvorhaben gegeben ist. Dieses Unterrichtsvorhaben muss eine Komplexität aufweisen, die eine breite Auffächerung des Unterrichtsgegenstandes ermöglicht. Nur so ist die Schaffung von Zugangsmöglichkeiten auf unterschiedlichen Ebenen und Niveaus möglich (Feuser, 1989, Feuser, 2018). Dabei werden das jeweilige Fachcurriculum und die basalen Entwicklungsbereiche (KMK, 2011) gleichermaßen in den Blick genommen. Dadurch wird ein ziel- und angebotsdifferenzierter Unterricht ermöglicht. Über die individuelle Förderplanung können eigene spezifische Lern- und Entwicklungsziele vereinbart und im

Unterricht verankert werden. Inhalte, Lernwege, Lernzeiten und Lernergebnisse können so individualisiert und personalisiert werden.

„Inklusiver Fachunterricht unterbreitet fachbezogene Bildungsangebote für alle Schüler*innen und ermöglicht individuelle Lernfortschritte und subjektiv sinnvolle Teilhabe an gemeinschaftlich erlebten Unterrichtsangeboten" (Musenberg & Riegert, 2015, S. 24). Die differenzierte Unterrichtsgestaltung setzt fachdidaktische Ansprüche des Unterrichtsfaches in Beziehung zu individuellen Kenntnissen, Kompetenzen, Perspektiven und Interessen (ebd.). Neben fachlich-curricularen Aspekten finden auch entsprechend der Prämissen sonderpädagogischer Förderung individuell-entwicklungsbezogene Aspekte Berücksichtigung. Eine solchermaßen gestaltete Lernumgebung bietet herausfordernde und fördernde Inhalte und Aufgabenarrangements zum fachlichen und entwicklungsbezogenen Kompetenzerwerb. Prinzipien der Differenzierung und Variationen in der Aufgabengestaltung unterstützen diesen Anspruch (QUA-LiS NRW, 2018b).

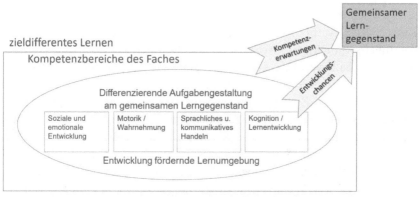

Abb. 1: Unterrichtsplanungsmodell zum inklusiven zieldifferenten Fachunterricht (eigene Darstellung in Erweiterung des Unterrichtsplanungsmodells zum inklusiven Fachunterricht der QUA-LiS NRW) (QUA-LiS NRW, 2018c)

Die Expertisen von Fach- und Förderschullehrkräften wirken hier gemeinsam und sorgen für optimale Lernumgebungen für alle Schülerinnen und Schüler der Lerngruppe (Werning & Arndt, 2015). Der (gemeinsame) Unterrichtsplanungs-, Durchführungs- und Reflexionsprozess kann durch ein Modell zur Gestaltung inklusiven Fachunterrichts (vgl. Abb. 1) gestützt werden. Es bündelt die Planungselemente, die einer leistungsmäßig heterogenen Gruppe von Lernenden eine Arbeit an einem Gemeinsamen Lerngegenstand, der auf unterschiedlichen Erfahrens- und Erkenntniswegen erschlossen werden kann, ermöglicht.

4. Lernstrukturgitter als Planungshilfe für einen inklusiven Unterricht

Für die jeweils fachspezifische Planung ergänzen Formate, die sowohl die Kompetenzerwartungen des Faches als auch die damit zu verbindenden Entwicklungschancen konkretisieren, das grundlegende Unterrichtsplanungsmodell. Aufgrund der Sachlogik der naturwissenschaftlichen Fächer kann das Prinzip des Lernstrukturgitters nach Kutzer (1998) ein diagnostisch-didaktisches Bezugssystem für die Wahl der Inhalte und Vermittlungsformen bieten. Eine Arbeit an einem Gemeinsamen Lerngegenstand kann auf der Grundlage einer solchen Planung in einer inklusiven Lerngruppe ermöglicht werden.

4.1 Zusammenhang von Komplexität und kognitivem Anspruch im Lernstrukturgitter nach Kutzer (1998) und Feuser (2011)

Kutzer (1998) verbindet in seiner grafischen Darstellung die Komplexität des Inhalts (horizontale Achse) und das Niveau der Auseinandersetzung mit dem Inhalt (vertikale Achse). Werning und Lütje-Klose (2016) stellen fest, dass das Folgen von Kutzers Intention Fähigkeiten zur Abstraktion und das Erkennen von Zusammenhängen für alle Lernenden ermöglicht. Wie auch Kutzer geht Feuser (2011) zum einen von der Sachstruktur des Unterrichtsgegenstandes (horizontale Achse) aus, der entsprechend komplex gewählt werden und in einen lebensweltbedeutsamen Zusammenhang gestellt werden muss, um möglichst vielen Schülerinnen und Schülern Anknüpfungs- und Weiterentwicklungsmöglichkeiten zu eröffnen. Auf der vertikalen Achse verortet er die Tätigkeitsstruktur, die die kognitiven Prozesse umfasst, die mit Lernprozessen verknüpft sind. Auf der Grundlage ihrer bzw. seiner momentanen Wahrnehmungs-, Denk- und Handlungskompetenz erschließt sich die Schülerin bzw. der Schüler in tätiger Auseinandersetzung den Unterrichtsgegenstand (Feuser, 2011). Erst dieses Zusammenwirken ermöglicht auch das Erreichen übergeordneter Ziele: eine naturwissenschaftliche Grundbildung sowie Orientierung, Teilhabe, Lebensgestaltung und Selbstbestimmung (Stinken-Rösner et al., 2020).

4.2 Lernstrukturgitter als Planungshilfe für einen inklusiven zieldifferenten naturwissenschaftlichen Unterricht

In der QUA-LiS NRW wurde die oben beschriebene Grundstruktur des Lernstrukturgitters hinsichtlich einer spezifischeren Passung für den inklusiven zieldifferenten naturwissenschaftlichen Unterricht adaptiert. Die roten Pfeile an den beiden Achsen markieren einen Unterrichtsverlauf, der sowohl durch die Sachstruktur als auch die Tätigkeitsstruktur bestimmt wird.

Die Sachstruktur des Unterrichtsgegenstandes wird in fünf Kategorien veranschaulicht, die die horizontale Achse gliedern. Von links nach rechts erhöht sich die Komplexität der inhaltlichen Struktur (vgl. Abb. 2).

	a) Fakten, Gegenstände, Situationen, Phänomene	b) Mehrere Fakten	c) Zusammenhänge, Beziehungen, Abläufe	d) Mehrere Zusammenhänge	e) Ideen, Modelle, Vorstellungen

Abb. 2: Gliederung der horizontalen Achse des adaptierten Lernstrukturgitters der QUA-LiS NRW (QUA-LiS NRW, 2018d)

Die Tätigkeitsstruktur wird auf der vertikalen Achse durch Kategorien abgebildet, die kognitive Prozesse beschreiben, die mit Lernprozessen verknüpft sind (vgl. Abb. 3).

Abb. 3: Gliederung der vertikalen Achse des adaptierten Lernstrukturgitters der QUA-LiS NRW (QUA-LiS NRW, 2018d)

Durch die Anlage der beiden Achsen ergeben sich 25 Felder (a1, a2 ...; e5). Dort sind Unterrichtshandlungen verortet, die durch die Kategorien auf der horizontalen und der vertikalen Achse bestimmt sind. Der Wahl der Kategorien auf der horizontalen und der vertikalen Achse liegen theoretische

Modelle zugrunde, die eine fachlich fundierte Einordnung der Unterrichts-handlungen und der damit verknüpften Aufgaben ermöglichen. Zur Ab-bildung der Komplexität der Sachstruktur wurde das Modell zur Aufgaben-bewertung von Walpuski et al. (2010) gewählt, welches im Projekt zur Evaluation der Standards für den naturwissenschaftlichen Unterricht in der Sekundarstufe I entwickelt wurde. Die Basismodelle des Lernens nach Oser (siehe z. B. Trendel & Lübeck, 2018) bilden die Grundlage zur anschauli-chen Formulierung der Kategorien auf der vertikalen Achse, die die kogni-tiven Prozesse abbilden. Die einzelnen Kategorien sind hinsichtlich beob-achtbarer Lernprozesse weiter aufgegliedert. Eine Steigerung des Niveaus erfolgt ausgehend von konkreten Handlungen hin zu komplexer werdenden kognitiven Prozessen. Die Leserichtung erfolgt an dieser Achse von unten nach oben.

Tätigkeitsstruktur (Kognitive Prozesse; Lernprozesse)	Lernstrukturgitter als Planungshilfe zum Thema: Warum geht es mit Werkzeugen einfacher? (Klasse 9/10)				
5 Übertragen z.B. Transfer, Anwenden, Dekontextualisierung, Problemlösen	Alltägliche Probleme durch den bewussten Gebrauch von Werkzeugen (Hebel) lösen.	Hebelwirkungen bei Zahnrädern untersuchen.	Hebelgesetz vom zweiseitigen Hebel auf den einseitigen Hebel übertragen.	Versuche planen, bei denen die Kraftersparnis an schiefen Ebenen ermittelt wird (quantitativ).	Prinzip der 'Goldenen Regel' anhand der schiefen Ebene zeigen.
4 Begreifen z.B. Einordnen ins Wissenssystem; 'Erkenntnis', Erklären von: Eigenschaften, Beziehungen, Gültigkeitsbereiche, Ausprägungen, Abgrenzungen, Einordnung, Vernetzung	Den Begriff 'Hebel' kriterienorientiert erklären können.	Eigenschaften den verschiedenen Hebeln zuordnen - Hebel als einseitig bzw. zweiseitig kategorisieren.	Gesetzmäßigkeit zum Kräfteverhältnis am zweiseitigen Hebel aufstellen (Hebelgesetz), um fehlende Größen zu berechnen.	Die Hebelwirkung für versch. Werkzeuge berechnen. Die Gültigkeit der Berechnung an konkreten Beispielen überprüfen.	Thesen in Richtung 'Goldene Regel der Mechanik' formulieren.
3 Klären z.B. Experimentieren, Untersuchen, Hypothesen prüfen, Verallgemeinern, Analysieren, Schließen	Hebel in der alltäglichen Umgebung bemerken.	Angriffspunkte und Wirkrichtung von Kräften an verschiedenen Hebeln bestimmen.	Experimente zum Kräftegleichgewicht am zweiseitigen Hebeln durchführen (quantitativ).	Hebelgesetze ermitteln mit Versuchen nach dem Prinzip der Variablenkontrolle.	Das Hebelgesetz mathematisch formulieren.
2 Erkunden z.B. Beobachten, Verändern, Anordnen	Ein Werkzeug (Hebel) in versch. Ausführungen ausprobieren.	Gemeinsamkeiten und Unterschiede zwischen verschiedenen Hebeln (einseitig/zweiseitig) beobachten.	Hypothesen zu unterschiedlichen Wirkweisen verschiedener Hebel aufstellen.	Versuche planen, bei denen der Zusammenhang zwischen Hebelkraft und ihrer Wirkung quantitativ ermittelt wird.	
1 Wahrnehmen z.B. Erkennen, Erfahren, Mitmachen, Dabei-Sein, Spüren, Erinnern, Bemerken, Fokussieren	Ein Werkzeug (Hebel) zur Erleichterung von Handlungen ausprobieren.	Hebel in der alltäglichen Umgebung bemerken.	Zusammenhang zwischen Werkzeug (Hebel) und Funktion beschreiben.	Kombination zweier Werkzeuge (Hebel) erfahren.	Den sinnhaften Gebrauch unterschiedlicher Werkzeuge (Hebel) wahrnehmen.
	a) Fakten, Gegenstände, Situationen, Phänomene	b) mehrere Fakten	c) Zusammenhänge, Beziehungen, Abläufe	d) mehrere Zusammenhänge	e) Ideen, Modelle, Vorstellungen:

Übergeordnete Ziele (naturwissenschaftliche Grundbildung): Orientierung, Teilhabe, Lebensgestaltung/Selbstbestimmung

Sachstruktur (Komplexität)

Abb. 4: Lernstrukturgitter der QUA-LiS NRW als Planungshilfe zum Thema „Warum geht es mit Werkzeugen einfacher?" (QUA-LiS NRW, 2018d)

Im dargestellten Lernstrukturgitter ist eine Unterrichtsplanung verortet, die allen Schülerinnen und Schülern eine Beantwortung der Frage „Warum geht es mit Werkzeugen einfacher?" ermöglichen soll. Diese Frage bildet hier den Gemeinsamen Lerngegenstand. Die hinterlegten Unterrichts-handlungen und Aufgaben ermöglichen ein gemeinsames Arbeiten im Un-terricht unter Berücksichtigung spezifischer Ziele, Inhalte, Lernwege, Lern-zeiten und Lernergebnisse.

Das Feld (a1), welches sich unten links im Lernstrukturgitter befindet, beschreibt einen basalen Zugang zum Lerngegenstand. In dem hier ausgewählten Beispiel wird vorgeschlagen, Schülerinnen und Schüler in grundlegenden Versuchen wahrnehmen zu lassen, dass Werkzeuge mit Hebelwirkungen bestimmte Handlungen erleichtern. So kann beispielsweise das Festziehen oder Lösen von Schrauben mit unterschiedlich langen Schraubenschlüsseln durchgeführt werden. Im Feld oben rechts (e5) ist eine Lernsituation verortet, die die kognitive Anforderung stellt, sich mit dem Lerngegenstand unter Einbezug komplexer Sachverhalte in Verbindung mit vielschichtigen Lernprozessen auseinanderzusetzen. Im dargestellten Beispiel soll die goldene Regel der Mechanik, die zuvor durch Untersuchungen am Hebel abgeleitet wurde, auf die schiefe Ebene übertragen werden.

Der Schwierigkeitsgrad ergibt sich zum einen durch die Komplexität des Lerngegenstandes und zum anderen durch den kognitiven Prozess, der mit dem jeweiligen Lernprozess verknüpft ist (QUA-LiS NRW, 2019). Im Lernstrukturgitter „Warum geht es mit Werkzeugen einfacher?" ist z. B. eine gleichlautende Lernhandlung „Hebel in der alltäglichen Umgebung bemerken" sowohl im Feld a3 als auch im Feld b1 zu finden. Die Verortung im Feld a3 zielt auf eine mögliche Aufgabenstellung, die die Eigenschaften eines Hebels experimentell analysiert. Im Feld b1 läge der Fokus einer Aufgabe darauf, in der alltäglichen Umgebung verschiedene Hebel wahrzunehmen. Differenzierungsmöglichkeiten entstehen somit durch die Verortung von Unterrichtshandlungen in spezifischen Feldern des Lernstrukturgitters.

In welchem Feld die Arbeit am Gemeinsamen Lerngegenstand in der gesamten Lerngruppe bzw. für einzelne Schülerinnen und Schüler startet und über welche Felder diese Arbeit weitergeführt wird, ist jeweils individuell zu entscheiden. Entsprechend der Prämisse der Arbeit an einem Gemeinsamen Lerngegenstand lassen sich in einem solchen Lernstrukturgitter unterschiedliche Zugangsmöglichkeiten für Schülerinnen und Schüler verorten. Für die praktische Unterrichtsplanung müssen die einzelnen Lerndimensionen immer verbunden in den Blick genommen werden. In diesem Sinne muss die Lernstruktur als Ganzes, als Beziehungsgeflecht, welches den Lernprozess bestimmt, untrennbar verbunden bleiben (Kutzer, 1998). Die Tätigkeitsstruktur und die strukturellen Aspekte des Lerngegenstandes bieten eine Entwicklungslogik. Diese ermöglicht die Ableitung von Hinweisen, wie die aktuelle Leistung der Schülerin bzw. des Schülers einzuordnen ist und wohin der Fokus auf die Zone der nächsten Entwicklung zu richten ist. Ausgehend von der individuellen Lernausgangslage kann eine Steigerung der Komplexität von einfachen zu schwierigen Strukturen ein ebenso bedeutsamer Lernschritt sein wie der Vollzug eines Lernprozesses in abstrakteren kognitiven Prozessen. Ebenso können fachliche Anforderungen, die in Feldern des Lernstrukturgitters verortet sind, eine Herausforderung bieten (QUA-LiS NRW, 2019). Hier können Möglichkeiten eröffnet werden, über Entwicklungschancen für Lernende spezifische Felder zu öffnen und damit ein gemeinsames Lernsetting zu schaffen (KMK, 2011). Beispielsweise kann das Erkunden verschiedener Werkzeuge entsprechend des individuellen Unterstützungsbedarfes unter dem Aspekt der Förderung der taktil-kinästhetischen Wahrnehmung erfolgen (vgl. Abb. 5).

- **Lernentwicklung/Kognition**
  - Kategorien bilden (Kräfte und Phänomene/Auswirkungen) (angebunden an die Felder des Lernstrukturgitters: a4, b2, b4, c1)
  - Urteilsbildung / Bewertung (angebunden an die Felder des Lernstrukturgitters: a5, c4, c3, d2, d4)
  - Hypothesen entwickeln und aufstellen (angebunden an die Felder des Lernstrukturgitters: a5, b5, e4)
  - Transferfähigkeit (angebunden an die Felder des Lernstrukturgitters: a5, b5, c5, d4, e5)
  - erfassendes, begriffliches, symbolisches, problemlösendes, vorstellendes Denken (angebunden an die Felder des Lernstrukturgitters: a3, a5, b1, b4, c4, d3, d4, e4)

- **emotionale und soziale Entwicklung**
  - Kontaktbereitschaft / Interaktionsfähigkeit // Kooperation/Zusammenarbeit in der Gruppe – Verhalten gegenüber Mitschülerinnen/Mitschülern als hilfreiche Strategie für erfolgreiches Lernen (angebunden an die Felder des Lernstrukturgitters: c3, d2, d3, d5)
  - Regeln beachten (angebunden an die Felder des Lernstrukturgitters: a1, a2, b5, c3, d2)

- **körperliche und motorische Entwicklung**
  - ein Werkzeug (Hebel) spüren und deren Wirkung erleben (Taktil-kinästhetische Wahrnehmung) (angebunden an die Felder des Lernstrukturgitters: a1, a2, a5, b5, c3, d1, e1)
  - Experimente durchführen (Feinmotorik der Hände // Bewegungskoordination // Bewegungsfähigkeit) (angebunden an die Felder des Lernstrukturgitters: a1, a2, a5, b5, c3, d1, e1)
  - visuelle Wahrnehmung // visuelles Gedächtnis (Beobachten) (angebunden an die Felder des Lernstrukturgitters: a1, a2, a3, b1, b2, b5, c1, c3, d1, e1)

- **Lern- und Arbeitsverhalten**
  - Selbstständigkeit // Eigeninitiative (angebunden an die Felder des Lernstrukturgitters: a1, a2, a3, a5, b1, b2, c4, c5, d2, d3, d4)
  - Handlungsorientierung, -ausführung, -planung, -kontrolle (angebunden an die Felder des Lernstrukturgitters: a5, b2, b5, c3, d2, d4, d5)
  - Organisieren // Strukturieren (angebunden an die Felder des Lernstrukturgitters: a2, a5, b2, b3, b4, c1, c3, d2, d3, d5, e1)
  - Aufmerksamkeit (angebunden an die Felder des Lernstrukturgitters: a1, a2, a3, b1, b2, b5, c1, c3, d1, e1)

> • **Entwicklung des sprachlichen und kommunikativen Handelns**
> – beim Beschreiben der Beobachtungen Begriffe kennen lernen bzw. diese angemessen verwenden (situationsangemessene Sprachfähigkeit // Ausdrucksfähigkeit) (angebunden an die Felder des Lernstrukturgitters: a4, c1, c2, c4, d2, d3, e1, e3, e4, e5)
> – neue Begriffe verwenden (Wortschatzentwicklung // Wortschatzerweiterung) (angebunden an die Felder des Lernstrukturgitters: a4, c1, c2, c4, d2, d3, e1, e3, e4, e5)
> – Zuhören – einem oder mehreren Partnern/Partnerinnen zuhören und entsprechend reagieren (angebunden an die Felder des Lernstrukturgitters: a4, c1, c2, d2)
> – Sprechen – eine lern-/ aufgabenbezogene Kommunikation führen (angebunden an die Felder des Lernstrukturgitters: a4, c1, c2, d2)

Abb. 5: Mögliche Entwicklungschancen zum Lernstrukturgitter als Planungshilfe zum Thema „Warum geht es mit Werkzeugen einfacher?"
(QUA-LiS NRW, 2018d)

Der Unterrichtsverlauf strebt einen zielgerichteten Kompetenzerwerb an, ermöglicht aber auch individuelle Lernwege. Diese vollziehen sich nicht immer linear, sondern werden durch Richtungswechsel bestimmt sein, die sich durch unterschiedliche Bearbeitungsdauer bzw. -tiefe einzelner Felder zeigen werden (QUA-LiS NRW, 2019). Für Lernende kann es auch individuell bedeutsam sein, sich den Anforderungen einzelner Felder über eine längere Zeitspanne zu stellen, um diese grundlegend zu erarbeiten. Im Hinblick auf den Bildungsgang der allgemeinen Schule wird eine Lernentwicklung angestrebt, die sowohl ein Fortschreiten in der Komplexität des Lerngegenstandes als auch dessen Erschließung in abstrakter werdenden Lernprozessen ablesen lässt. Entscheidend ist die Zone der aktuellen Entwicklung, in der sich die Schülerin bzw. der Schüler befindet und die ihre bzw. seine individuelle Handlungsstruktur bestimmt (Feuser, 2011).

4.3 Anforderungen des Lehrplans – Nutzung der Systematik des fünfstufigen Modells schulischen Lernens für einen inklusiven Unterricht nach Wember

In dem von der QUA-LiS NRW konzeptionierten Lernstrukturgitter als Planungshilfe für einen inklusiven zieldifferenten naturwissenschaftlichen Unterricht werden die einzelnen Felder farbig unterlegt. Die Logik dieser Farbgebung geht auf das fünfstufige Modell schulischen Lernens für einen inklusiven Unterricht zurück (Wember, 2013). Wember verortet den bildungsgangbezogenen differenzierten Unterricht über drei Stufen: der Basisstufe (gelb), der Unterstützungsstufe I (hellblau) und der Erweiterungsstufe I (hellgrün) (vgl. Abb. 6). Diese drei Stufen markieren das zentrale Niveau einer Lerngruppe. Hier ist eine Unterrichtsplanung entsprechend eines normierten Bildungsganges hinterlegt, z. B. dem, der auf die Erreichung eines Mittleren Schulabschlusses ausgerichtet ist. Hinsichtlich einer Pas-

sung des Unterrichts in inklusiven Lerngruppen gilt es, die Unterstützungsstufe II und die Erweiterungsstufe II hinzuzunehmen. Die Erweiterungsstufe II beinhaltet qualitativ und quantitativ vertiefende Aufgaben für besonders leistungsstarke Schülerinnen und Schüler. Auf der Grundlage der
individuellen Lern- und Entwicklungspläne umfasst das Angebot der Unterstützungsstufe II Basisaufgaben, die ein fachliches Verständnis fördern.

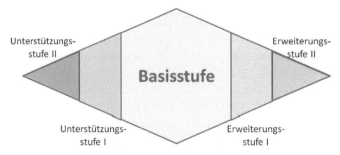

Abb. 6: Fünf Niveaustufen zur Planung differenzierten Fachunterrichts nach
Wember (QUA-LiS NRW, 2019)

Die in der Mitte liegende Basisstufe (gelb) umfasst Aufgaben, die den jeweiligen Anforderungen des Lehrplans der Klasse entsprechen. Zielrichtung im
Sinne des Kompetenzerwerbs ist es, jeder Schülerin bzw. jedem Schüler das
Erreichen der Basisstufe zu ermöglichen. Die blauen Felder markieren mit
ihren beiden Farbnuancen zwei Unterstützungsbereiche. Die hellblauen
Felder markieren Unterrichtshandlungen, die im Sinne des Scaffolding
einbezogen werden können und die den Kompetenzerwerb bezogen auf den
jeweiligen Bildungsgang unterstützen. Innerhalb des dunkelblau gekennzeichneten Unterstützungsbereiches kann u. a. auch zieldifferent geförderten Schülerinnen und Schülern ein basaler handlungs- bzw. wahrneh-
mungsorientierter Zugang zum Lerngegenstand ermöglicht werden. Die
grünen Felder markieren mit ihren beiden Farbnuancen Erweiterungsberei-
che. Schülerinnen und Schüler, die bezogen auf den Lerngegenstand besonders leistungsfähig sind, finden hier besondere fachliche Herausforderungen. Die Lernsituationen, die in den dunkelgrün hinterlegten Feldern verortet sind, weisen dabei über den curricularen Anspruch der jeweiligen
Klassenstufe hinaus. In der Konkretisierung des Lernstrukturgitters auf
einen spezifischen Lerngegenstand orientiert sich die Farbgebung der Felder an den Lern- und Entwicklungsvoraussetzungen der konkreten Lerngruppe. In den einzelnen Unterrichtssequenzen innerhalb eines Unterrichtsvorhabens, das ein Inhaltsfeld des Lehrplans abdeckt, kann die Basisstufe deshalb breiter gefasst sein, um den Kompetenzerwerb der Lerngruppe abzusichern bzw. kann der gemeinsame Start auch in einem blau

gekennzeichneten Feld verortet sein, wenn z. B. das benötigte Vorwissen nicht in ausreichendem Maß vorhanden ist.

5. Einsatz des Lernstrukturgitters als Planungshilfe zum Thema „Warum geht es mit Werkzeugen einfacher?"[1]

Im Folgenden soll beschrieben werden, in welchen Schritten ein Lernstrukturgitter erstellt werden kann. Dabei empfiehlt es sich, die Planung mit einem Team von Lehrkräften durchzuführen, sei es im Jahrgangsteam, der Fachkonferenz oder einem multiprofessionellen Team, welchem auch Förderschullehrkräfte angehören. Beispielsweise kann ein durch die Fachlehrkräfte erstellter erster Planungsentwurf dazu dienen, diesen durch Förderschullehrkräfte hinsichtlich der Reduzierung von Komplexität bzw. Ergänzung alternativer Lernzugänge zu erweitern. Differenzierungsmöglichkeiten innerhalb der einzelnen Felder können konstruktiv im gemeinsamen Dialog entwickelt werden. Durch die Expertise der Förderschullehrkräfte werden mögliche Entwicklungschancen in der Planung ergänzt. Das in der Tab. 1 dargestellte Vorgehen kann in seinem Ablauf variiert und mit individuell vertrauten Vorgehensweisen kombiniert werden.

Tab. 1: Planungsschritte zum Erstellen eines Lernstrukturgitters (eigene Darstellung in Anlehnung an QUA-LiS NRW) (QUA-LiS NRW, 2019)

Planungsschritte	Planungsimpulse	Konkretisierung
1. Wähle einen Unterrichtsgegenstand gemäß eines Inhaltsfelds des Lehrplans.	→ ausreichende Komplexität → unterschiedliche Aneignungswege → Lebensweltbezug	„Nutzung und Umwandlung von Energie" aus dem Inhaltsfeld „Energie, Leistung, Wirkungsgrad" des Kernlehrplans Naturwissenschaften an Gesamtschulen in NRW (MSW, 2013, S. 108)
2. Bestimme die fachlichen Kerne des gewählten Unterrichtsgegenstandes und formuliere zentrale Fragestellungen, um diese zu erschließen.	→ Thema in seiner inhaltlichen Komplexität aufspannen → Bezug zur Lebenswelt → Wahl der Angebote und Verankerung im Lernstrukturgitter	zentrale Fragestellungen: • Wie erkennt man Kräfte? • Warum geht es mit Werkzeugen einfacher? • Wie lassen sich Kräfte (ein)sparen? • Wie lässt sich die vorhandene Energie optimal nutzen?

---

1 Hinweise zu diesem Unterrichtsvorhaben finden sich im Lehrplannavigator der QUA-LiS NRW unter: https://www.schulentwicklung.nrw.de/cms/inklusiver-fachunterricht/zu-den-naturwissenschaftlichen-faechern/zum-fach-physik/klasse-9-10-energie-leistung-wirkungsgrad/index.html [11.12.2020].

Planungsschritte	Planungsimpulse	Konkretisierung
3. Ermittle Unterrichtshandlungen mit zunehmender Komplexität, die einen Kompetenzerwerb gemäß dem Unterrichtsgegenstand ermöglichen.	→ Beschreibung der Komplexität von Inhalten in fünf Stufen: • ein Fakt • mehrere Fakten • ein Zusammenhang • mehrere Zusammenhänge • übergeordnetes Konzept → ggf. Komplexitätsstufen betiteln	Komplexitätsstufe 1: Ein Werkzeug (Hebel) zur Erleichterung von Handlungen ausprobieren (später eingeordnet in Feld a1) Komplexitätsstufe 3: Experimente zum Kräftegleichgewicht an zweiseitigen Hebeln durchführen (später eingeordnet in Feld c3) Komplexitätsstufe 5: Prinzip der „Goldenen Regel" anhand der schiefen Ebene zeigen (später eingeordnet in Feld e5)
4. Gleiche die Unterrichtshandlungen mit den spezifischen Kompetenzerwartungen des Lehrplanes ab.	→ Herstellen eines Zusammenhangs zwischen den Unterrichtshandlungen und den Kompetenzerwartungen des Lehrplans → Abgleich mit den spezifischen Unterrichtsvorgaben für Lernende mit sonderpädagogischem Unterstützungsbedarf	konkretisierte Kompetenzerwartung: Die Schülerinnen und Schüler können auf der Grundlage von Beobachtungen […] verallgemeinernde Hypothesen zu Kraftwirkungen und Energieumwandlungen entwickeln und diese experimentell überprüfen. (MSW, 2013, S. 108) Unterrichtshandlungen: • Hypothesen zu unterschiedlichen Wirkweisen verschiedener Hebel aufstellen (später eingeordnet in Feld c2) • Experimente zum Kräftegleichgewicht an zweiseitigen Hebeln durchführen (später eingeordnet in Feld c3)
5. Ordne die Handlungen den kognitiven Prozessen zu, die bei der Auseinandersetzung mit dem Lerngegenstand stattfinden.	Abstraktionsstufen der kognitiven Prozesse: 1 Wahrnehmen 2 Erkunden 3 Klären 4 Begreifen 5 Übertragen	„Wahrnehmen": Ein Werkzeug (Hebel) zur Erleichterung von Handlungen ausprobieren „Klären": Experimente zum Kräftegleichgewicht an zweiseitigen Hebeln durchführen „Übertragen": Prinzip der „Goldenen Regel" anhand der schiefen Ebene zeigen

Planungsschritte	Planungsimpulse	Konkretisierung
6. Ordne den einzelnen Feldern des Lernstrukturgitters Unterrichtshandlungen zu.	→ Arbeit am Gemeinsamen Lerngegenstand ermöglichen → ggf. bleiben Felder frei	Phänomene wahrnehmen (a1): Ein Werkzeug (Hebel) zur Erleichterung von Handlungen ausprobieren Ideen übertragen (e5): Prinzip der „Goldenen Regel" anhand der schiefen Ebene zeigen
7. Ordne die Handlungen den Stufen des Wember-Modells zu und hinterlege die Felder mit der entsprechenden Farbe.	→ Basisstufe (gelb): Aufgaben gemäß Lehrplan → Erweiterungsstufe I (hellgrün): weiterführende Angebote → Erweiterungsstufe II (dunkelgrün): vertiefende Angebote für best. SuS → Unterstützungsstufe I (hellblau): hinführende Angebote → Unterstützungsstufe II (dunkelblau): basaler handlungs- und wahrnehmungsorientierter Zugang	Basisstufe: Zusammenhang zwischen Werkzeug (Hebel) und Funktion beschreiben (c1) Erweiterungsstufe I: Hebelgesetze ermitteln mit Versuchen nach dem Prinzip der Variablenkontrolle (d3) Erweiterungsstufe II: Prinzip der „Goldenen Regel" anhand der schiefen Ebene zeigen (e5) Unterstützungsstufe I: Den Begriff „Hebel" kriterienorientiert erklären können (a4) Unterstützungsstufe II: Ein Werkzeug (Hebel) zur Erleichterung von Handlungen ausprobieren (a1)
8. Wähle oder erstelle zu den einzelnen Feldern passgenaue Aufgaben.	→ eigene Aufgaben und/oder Aufgaben aus Lehrwerken → Aufgaben evtl. durch Verortung in einem anderen Feld variieren, umgestalten → spezifische Felder über Entwicklungschancen öffnen	Aufgabe zur Handlung „Ein Werkzeug (Hebel) in verschied. Ausführungen ausprobieren" (a2): „Scheren sind zum Schneiden da" (vgl. Abb. 7)
9. Ermittle und markiere Entwicklungschancen.	→ parallele Betrachtung von Gefährdungsbeurteilung und zentralen Indikatoren in den Entwicklungsbereichen → unterrichtsbezogene Absprachen treffen	Entwicklungschancen: • Bereitschaft, sich auf Inhalte und Bearbeitungsformen einzulassen • grob- und feinmotorische Kompetenz • naturwissenschaftliche Arbeitstechniken: Ineinanderstecken, Schrauben, Portionieren, Anzünden… • Verfügen über metakognitive Strategien z. B. Planung, Durchführung und Auswertung von Aufgaben

Planungsschritte	Planungsimpulse	Konkretisierung
10. Ermittle Lernpfade mit Hilfe des Lernstrukturgitters.	→ Lern- und Entwicklungsplanung → Zone der nächsten Entwicklung → evtl. sind individuelle Lernpfade notwendig	exemplarischer Lernpfad für eine Schülerin/einen Schüler im zieldifferenten Bildungsgang Geistige Entwicklung: a1, a2, a3, a4, a5, b1, b2, b3, b4, c1, c2, c3, c4, d2, d3, e1

Nicht jeder Lerngegenstand lässt sich thematisch komplex bzw. über alle Abstraktionsstufen hinweg aufspannen. Deshalb kann es vorkommen, dass Feldern des Lernstrukturgitters keine Unterrichtshandlungen zugeordnet werden können. Im Hinblick auf die Heterogenität der Lerngruppe sollten aber ausreichend Angebote zur Arbeit an einem Gemeinsamen Lerngegenstand zur Verfügung stehen.

Scheren sind zum Schneiden da **Name:** ____________________

Du hast ein Werkzeug ausprobiert. Dabei hast du herausgefunden, wie das Werkzeug funktioniert und wie man sich damit das Leben erleichtert. Nun sollst du am Beispiel von Scheren erklären, **warum** es mit einem Werkzeug leichter geht.

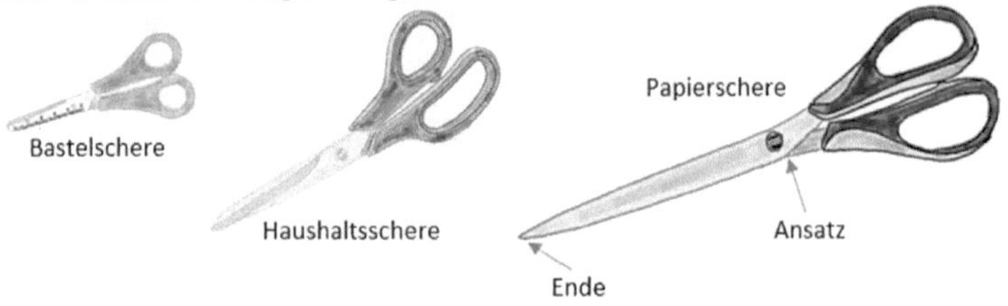

Führe die Versuche der Reihe nach durch. Erledige zu jedem Versuch die Durchführung. Wenn du einen Punkt erledigt hast, mache einen Haken ☑ daran.

1. **Versuch:** Schneiden mit der Bastelschere
   Material: Bastelschere, mehrere Blätter Papier
   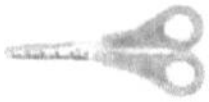
   Durchführung:
   - ☐ Nimm deine kleine Bastelschere und schneide damit ein Blatt Papier durch.
   - ☐ Schneide das Blatt einmal mit dem Ende der Schere.
   - ☐ Schneide das Blatt nun mit dem an der Schraube liegenden Ansatz der Schere.
   - ☐ Wiederhole die Durchführung der Schritte a, b und c. Nimm nun zehn Blätter auf einmal.

   Auswertung: Notiere jeweils, wie schwer oder einfach das war.

Abb. 7: Aufgabe zur Unterrichtshandlung im Feld a2 (eigene Darstellung in Anlehnung an das Unterrichtsmaterial der QUA-LiS NRW für das Feld a2 des Lernstrukturgitters) (QUA-LiS NRW, 2018e)

Die Planung bezieht sich auf das Inhaltsfeld „Energie, Leistung, Wirkungsgrad“ (Klasse 9/10) im Lehrplan für das Fach Naturwissenschaften an der Gesamtschule in Nordrhein-Westfalen (MSW, 2013). Aufbauend auf ersten Erfahrungen mit Kräften, ihren Ursachen und ihrer Wirkung ist in der Arbeit an diesem Inhaltsfeld die gezielte Erkundung von natürlichen und technischen Phänomenen im Zusammenhang mit Werkzeugen und deren Nutzung eine wesentliche Zielsetzung. Alltagspraktische mechanische Geräte können weiter erkundet werden. Wichtig ist die fachliche Einordnung der Werkzeuge in die fachlichen Konzepte zu Kräften und mechanischen Energieformen. Dementsprechend knüpft der Unterricht eng an Erfahrungen aus dem Alltag an, die bei den Schülerinnen und Schülern sehr unterschiedlich sein können (vgl. Abb. 7).

Über eine Auseinandersetzung mit diesen und weiteren Erfahrungen lassen sich altersgemäße physikalische Konzepte und Vorstellungen entwickeln oder weiter ausbauen sowie Elemente des naturwissenschaftlichen Arbeitens weiter einüben. Die Thematik „Werkzeuge" im Unterricht der Jahrgangsstufen 9 oder 10 ist in diesem Sinne besonders geeignet, weil sie deutliche Bezüge zur Lebenswelt der Schülerinnen und Schüler herstellt und den Übergang von subjektiver Empfindung zu objektiven Verfahren der Physik deutlich werden lässt: „Im Physikunterricht finden die Schülerinnen und Schüler vielfältige Anlässe, interessante natürliche und technische Phänomene unter eigenen Fragestellungen zu erkunden und physikalische Modelle zur Erklärung zu nutzen. Sie erkennen, wie Ergebnisse der Physik in nicht unerheblichem Maße ihre Lebenswelt formen und verändern. Sie gewinnen ein grundlegendes physikalisches Verständnis ihrer Lebenswelt, insbesondere auch zur Bewältigung technischer Alltagsprobleme." (MSW, 2013, S. 11).

In einem ersten Schritt werden diejenigen fachlichen Kerne dieses Inhaltsfeldes[2] identifiziert, die im Unterrichtsverlauf von allen Schülerinnen und Schülern bearbeitet und verstanden werden sollen. Zur Erschließung der fachlichen Kerne werden vier Fragestellungen formuliert, die jeweils in einem Lernstrukturgitter in eine Planung überführt werden. In einem Advance Organizer (vgl. Abb. 8), der die gesamte Arbeit an diesem Inhaltsfeld begleitet, werden diese in den zentralen Feldern in der Mitte dargestellt. Diese spezifische Form eines Advance Organizer geht auf die Idee von Wahl (2013) zurück, den Zusammenhang von Inhalten als Lernhilfe zu veranschaulichen. Für Schülerinnen und Schüler mit Lernbeeinträchtigungen sieht Ellinger (2017), dass dieser eine orientierende Struktur abbilden müsste. Daraus abgeleitet ist in der QUA-LiS NRW eine Variante eines

---

2   Auf der Basis fach- oder themenspezifischer Schwerpunktsetzung besteht sowohl die Möglichkeit, ein Gesamt- oder ein Teilinhaltsfeld des Lehrplans abzubilden als auch eine Struktur von Unterricht bezogen auf einen fachlichen Schwerpunkt darzustellen.

Advance Organizer[3] entwickelt worden, die in strukturierter Form nicht nur die Inhalte visualisiert, sondern auch die Kompetenzerwartungen, die Grundvoraussetzungen bzw. Basiskompetenzen wie auch das angestrebte Produkt des jeweiligen Unterrichtsvorhabens. Da dieser Advance Organizer auch Elemente einer Lernlandkarte beinhaltet, können sich alle Lernenden auch hinsichtlich ihres individuellen Kompetenzerwerbs verorten.

Energie – Leistung – Wirkungsgrad (Klasse 9/10)

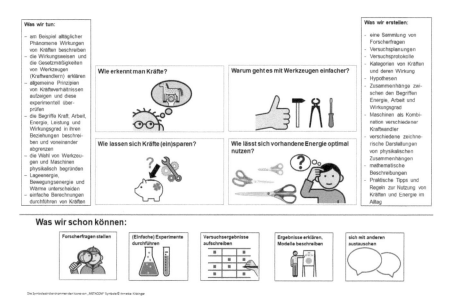

Abb. 8: QUA-LiS spezifischer Advance Organizer (QUA-LiS NRW, 2019)

6. Fazit

Die von der QUA-LiS NRW entwickelte Form eines Lernstrukturgitters als Planungshilfe für einen inklusiven zieldifferenten naturwissenschaftlichen Unterricht bietet die Möglichkeit, einen Lerngegenstand hinsichtlich der Komplexität des Inhalts (horizontale Achse) und des Niveaus der Auseinandersetzung mit dem Inhalt (vertikale Achse) zu veranschaulichen. Die fachdidaktischen Ansprüche des naturwissenschaftlichen Faches können so

---

3   Die Funktion des QUA-LiS spezifischen Advance Organizer im inklusiven zieldifferenten Fachunterricht wird beschrieben unter: https://www.schulentwicklung.nrw.de/cms/inklusiver-fachunterricht/lernumgebungen-gestalten/scaffolding-/scaffolding.html [11.12.2020].

in unterschiedlicher inhaltlicher Komplexität wie auch bezogen auf unterschiedliche Zugangsweisen betrachtet werden. Hinsichtlich der Heterogenität der Lerngruppe bezogen auf kognitive Lernvoraussetzungen lassen sich diese Zugangsweisen im Unterrichtsplanungsprozess förderlich nutzen. So kann ein Zugang sowohl über das fachliche Lernen als auch über die Entwicklungschancen gelegt werden und entwicklungsbezogene Zielsetzungen können das fachliche Lernen stützen.

Die Rückmeldungen aus Unterrichtspraxis, Lehreraus- und -fortbildung haben gezeigt, dass sich die in der QUA-LiS NRW adaptierte Form eines Lernstrukturgitters als Planungshilfe für den inklusiven zieldifferenten naturwissenschaftlichen Unterricht eignet. Unter anderem werden die in der QUA-LiS entwickelten Lernstrukturgitter im Rahmen des SINUS.NRW-Projektes „Naturwissenschaftlicher Unterricht in stark heterogenen Lerngruppen der Sekundarstufe I" (2020) zur Kategorisierung von Aufgaben verwendet. Im Projekt „Zukunftsschulen NRW"[4] ist im Netzwerk Köln eine Erprobung von Lernstrukturgittern als Planungshilfe für die Aufgabenerstellung und Auswahl geplant[5]. Lehrkräfte naturwissenschaftlicher Fächer erkennen Möglichkeiten eines differenziert angelegten sachlogischen Aufbaus von Unterrichtsvorhaben. Förderschullehrkräfte erkennen weitere Planungsansätze hinsichtlich der Berücksichtigung besonderer Zugangsmöglichkeiten und auch der Eröffnung von Entwicklungschancen durch den Bezug zu den basalen Entwicklungsbereichen (Felix-Fechenbach-Gesamtschule, 2020). Inwieweit die Lernstrukturgitter für das gesamte Heterogenitätsspektrum des zieldifferenten Bildungsganges Geistige Entwicklung unterstützende Angebote abbilden können, wird durch weitere Entwicklungsarbeiten in der QUA-LiS NRW geprüft.

Unseres Erachtens eröffnet die Planung mit Hilfe der Lernstrukturgitter insgesamt differenzierte Zugänge für Schülerinnen und Schüler einer heterogenen Lerngruppe im inklusiven naturwissenschaftlichen Unterricht. Durch die Berücksichtigung basal-perzeptiver, konkret über Erfahren und Handeln bezogener Zugänge bis hin zu solchen, die kognitiv zu abstrakter Modellbildung herausfordern, werden nicht nur Lernende mit kognitiven Beeinträchtigungen adressiert. Dadurch, dass die Komplexität der Unterrichtsinhalte und -ziele sowohl durch Elementarisierung als auch durch das

---

4   Im Netzwerk „Zukunftsschulen NRW – Netzwerk Lernkultur Individuelle Förderung" finden Schulen Raum für eine begleitete Netzwerkarbeit im Bereich der Individuellen Förderung. Die Schulen erhalten Unterstützung in ihrer Unterrichts- und Schulentwicklung. https://www.zukunftsschulen-nrw.de/ [15.01.2021].

5   https://www.zukunftsschulen-nrw.de/fileadmin/user_upload/regional/koeln/ Formulare/20-02-11_Flyer_GE_HA1_4rth.pdf [15.01.2021].

Einbeziehen erweiterter Fertigkeiten dargestellt wird, „lässt sich erreichen, dass der Unterricht für alle Lernenden bewältigbar und herausfordernd gestaltet werden kann und in der Zone der nächsten Entwicklung angesiedelt ist." (Hoffmann & Menthe, 2016, S. 354). Eine mögliche Verknüpfung des Lernstrukturgitters als Planungshilfe mit dem Schema ‚Scientific literacy for all' (Stinken-Rösner et al., 2020) und insbesondere mit den damit verbundenen unterstützenden Fragen zur Planung inklusiver Unterrichtseinheiten (ebd.) wäre unserer Meinung nach eine zielführende Weiterentwicklung des Ansatzes der QUA-LiS NRW.

Weitere Rückmeldungen aus der Unterrichtspraxis zu Erfahrungen mit diesem Planungsinstrument und ggf. weitere Entwicklungsprojekte zum inklusiven Fachunterricht müssten Aufschluss geben, inwieweit dieses sich hinsichtlich weiterer Differenzkategorien und Heterogenitätsdimensionen offen zeigt. Ein bereits terminiertes Projekt zur Lehrkräftefortbildung, welches den Transfer der Lernstrukturgitter als Planungshilfe in heterogen Lerngruppen anstrebt, wird weitere Erkenntnisse bringen.

Literaturverzeichnis

Ellinger, S. (2017). Aufmerksamkeitsförderung durch Advance Organizer. In C. Einhellinger, S. Ellinger, O. Hechler, A. Köhler & E. Ullmann (Hrsg.), *Studienbuch Lernbeeinträchtigung. Band 2: Handlungsfelder und Förderansätze* (S. 197–218). Oberhausen: Athena.

Felix-Fechenbach-Gesamtschule (2020). *Inklusionskonzept der Felix-Fechenbach-Gesamtschule: Aspekte/Herausforderungen der Binnendifferenzierung im naturwissenschaftlichen Unterricht an der Felix-Fechenbach-Gesamtschule.* https://ffgleo.de/wp/?page_id=3949 [15.01.2021].

Feuser, G. (1989). Allgemeine integrative Pädagogik und entwicklungslogische Didaktik. *Behindertenpädagogik, 28*(1), 4–48.

Feuser, G. (2011). Entwicklungslogische Didaktik. In A. Kaiser, D. Schmetz, P. Wachtel & B. Werner (Hrsg.), *Didaktik und Unterricht* (S. 86–100). Stuttgart: Kohlhammer.

Feuser, G. (2018). *Wider die Integration der Inklusion in die Segregation – Zur Grundlegung einer Allgemeinen Pädagogik und entwicklungslogischen Didaktik.* Berlin: Peter Lang.

Hoffmann, T., Menthe, J. (2016). Inklusiver Chemieunterricht – Ausgewählte Konzepte und Praxisbeispiele aus Sonderpädagogik und Fachdidaktik. In J. Menthe, D. Höttecke, T. Zabka, M. Hammann, M. Rothgangel (Hrsg.), *Befähigung zu gesellschaftlicher Teilhabe – Beiträge der fachdidaktischen Forschung* (S. 351–360). Münster: Waxmann.

Kultusministerkonferenz (2011). *Empfehlungen zur inklusiven schulischen Bildung von Kindern und Jugendlichen mit Behinderungen in Schulen.* https://www.kmk.org/fileadmin/Dateien/veroeffentlichungen_beschluesse/2011/2011_10_20-Inklusive-Bildung.pdf [11.12.2020].

Kutzer, R. (1998). Überlegungen zur Unterrichtsorganisation im Sinne strukturorientierten Lernens. In H. Probst (Hrsg.), *Mit Behinderungen muss gerechnet werden* (S. 15–69). Solms: Jarick Oberbiel.

Ministerium für Schule und Bildung des Landes Nordrhein-Westfalen (MSB) (2016). *Verordnung über die sonderpädagogische Förderung, den Hausunterricht und die Schule für Kranke (Ausbildungsordnung sonderpädagogische Förderung – AO-SF).* https://bass.schul-welt.de/6225.htm[11.12.2020].

Ministerium für Schule und Weiterbildung des Landes Nordrhein-Westfalen (MSW) (2013). *Kernlehrplan für die Gesamtschule – Sekundarstufe I in Nordrhein-Westfalen. Naturwissenschaften, Biologie, Chemie, Physik.* https://www.schulentwicklung.nrw. de/lehrplaene/lehrplan/130/KLP_GE_NW.pdf [11.12.2020].

Musenberg, O. & Riegert, J. (Hrsg.) (2015). *Inklusiver Fachunterricht in der Sekundarstufe.* Stuttgart: Kohlhammer.

Qualitäts- und UnterstützungsAgentur – Landesinstitut für Schule NRW (QUA-LiS NRW) (2018a). *Lehrplannavigator: Inklusiver Fachunterricht.* https://www. schulentwicklung.nrw.de/cms/inklusiver-fachunterricht/inklusiver-fachunterricht/index.html [11.12.2020].

Qualitäts- und UnterstützungsAgentur – Landesinstitut für Schule NRW (QUA-LiS NRW) (2018b). *Lehrplannavigator: Inklusiver Fachunterricht. Lernumgebungen gestalten.* https://www.schulentwicklung.nrw.de/cms/inklusiver-fachunterricht/lernumgebungen-gestalten/index.html [11.12.2020].

Qualitäts- und UnterstützungsAgentur – Landesinstitut für Schule NRW (QUA-LiS NRW) (2018c). *Lehrplannavigator: Inklusiver Fachunterricht. Grundlagen.* https://www.schulentwicklung.nrw.de/cms/inklusiver-fachunterricht/grundlagen/index.html [11.12.2020].

Qualitäts- und UnterstützungsAgentur – Landesinstitut für Schule NRW (QUA-LiS NRW) (2018d). *Lehrplannavigator: Inklusiver naturwissenschaftlicher Fachunterricht. Physik. Klasse 9/10: Energie – Leistung – Wirkungsgrad. Sequenzierung der vier Lernstrukturgitter.* https://www.schulentwicklung.nrw.de/cms/inklusiver-fachunterricht/zu-den-naturwissenschaftlichen-faechern/zum-fach-physik/klasse-9-10-energie-leistung-wirkungsgrad/sequenzierung-vier-lernstrukturgitter/index.html [11.12.2020].

Qualitäts- und UnterstützungsAgentur – Landesinstitut für Schule NRW (QUA-LiS NRW) (2018e). *Lehrplannavigator: Inklusiver naturwissenschaftlicher Fachunterricht. Physik. Klasse 9/10: Energie – Leistung – Wirkungsgrad. Materialien zum Lernstrukturgitter.* https://www.schulentwicklung.nrw.de/cms/inklusiver-fachunterricht/zu-den-naturwissenschaftlichen-faechern/zum-fach-physik/klasse-9-10-energie-leistung-wirkungsgrad/materialien-zum-lernstrukturgitter-2/index.html [11.12.2020].

Qualitäts- und UnterstützungsAgentur – Landesinstitut für Schule NRW (QUA-LiS NRW) (2019). *Lehrplannavigator: Inklusiver naturwissenschaftlicher Fachunterricht. Lernstrukturgitter als Planungshilfe.* https://www.schulentwicklung.nrw.de/cms/inklusiver-fachunterricht/zu-den-naturwissenschaftlichen-faechern/lernstrukturgitter-als-planungshilfe/index.html [11.12.2020].

SINUS.NRW (2020). *Naturwissenschaften – Naturwissenschaftlicher Unterricht in stark heterogenen Lerngruppen der Sekundarstufe I.* https://www.schulentwicklung.nrw.de/ sinus [15.01.2021].

Stinken-Rösner, L., Rott, L., Hundertmark, S., Baumann, T., Menthe, J., Hoffmann, T., Nehring, A. & Abels, S. (2020). Thinking Inclusive Science Education from two Perspectives: inclusive Pedagogy and Science Education. *RISTAL, 3,* 30–45.

Trendel, G. & Lübeck, M. (2018). Die Entwicklung experimenteller Kompetenzen. In G. Trendel & J. Roß (Hrsg.), *SINUS.NRW: Verständnis fördern – Lernprozesse gestalten* (S. 117–149). https://www.schulentwicklung.nrw.de/sinus/upload/Phase05/Broschuere/SINUS_Gesamt.pdf [08.07.2020].

Wahl, D. (2013). *Lernumgebungen erfolgreich gestalten: Vom trägen Wissen zum kompetenten Handeln.* Bad Heilbrunn: Klinkhardt.

Walpuski, M., Kauertz, A., Kampa, N., Fischer, H. E., Mayer, J., Sumfleth, E. & Wellnitz, N. (2010). ESNaS – Evaluation der Standards für die Naturwissenschaften in der Sekundarstufe I. In A. Gehrmann, U. Hericks & M. Lüders (Hrsg.), *Bildungsstandards und Kompetenzmodelle. Beiträge zu einer aktuellen Diskussion über Schule, Lehrerbildung und Unterricht* (S. 171–184) Bad Heilbrunn: Klinkhardt.

Wember, F. B. (2013). Herausforderung Inklusion: Ein präventiv orientiertes Modell schulischen Lernens und vier zentrale Bedingungen inklusiver Unterrichtsentwicklung. *Zeitschrift für Heilpädagogik, 64*(10), 380–388.

Werning, R. & Arndt, A.-K. (2015). Unterrichtsgestaltung und Inklusion. In E. Kiel (Hrsg.), *Inklusion im Sekundarbereich* (S. 53–86). Stuttgart: Kohlhammer.

Werning, R. & Lütje-Klose, B. (2016). *Einführung in die Pädagogik bei Lernbeeinträchtigungen* (4. überarb. Auflage). München, Basel: Ernst Reinhardt.

Lars Greitemann, Thomas Baumann,
Monika Holländer, Mats Kieserling,
Franziska Zimmermann und Insa Melle

Digitale Lehr- und Lernformate für den Chemieunterricht in heterogenen Lerngruppen

Zusammenfassung: Dieser Beitrag konzentriert sich auf die Entwicklung und Evaluation verschiedener digital-gestützter Lehr- und Lernformen an Schule und Universität für den Chemieunterricht in (auch maximal) heterogenen Lerngruppen. Dabei steht einerseits das Generieren von fundiertem Wissen über die Gestaltung sowie der Einsatz digital-gestützter Unterrichtsmaterialien in heterogenen Lerngruppen im Mittelpunkt. Dazu werden verschiedene Forschungsansätze von Projekten unterschiedlicher Entwicklungsstadien dargelegt und diskutiert. Andererseits wird aufgezeigt, wie die Ausbildung an Universitäten gestaltet sein kann, um Studierende für den Einsatz digitaler Werkzeuge im heterogenen Chemieunterricht zu professionalisieren.

Schlagwörter: Digital-gestütztes Lernen, Chemieunterricht, Heterogenität, TPACK, Unterrichtsgestaltung

Digital Teaching and Learning Formats for Chemistry Lessons in Heterogeneous Learning Groups

Abstract: This paper focuses on the development and evaluation of different digitally supported teaching and learning forms at school and university for chemistry teaching in heterogeneous learning groups. On the one hand, the focus is on the generation of profound knowledge about the design and use of digitally supported teaching materials in heterogeneous learning groups. For this purpose, different research approaches of projects in different stages of development are presented and discussed. On the other hand, it will be shown how teacher preparation at universities could be designed and structured in order to professionalize teachers for the use of digital tools in heterogeneous chemistry classrooms.

Keywords: digital-based learning, chemistry lessons, heterogeneity, TPACK, lesson design

1. Theoretische Fundierung

Durch bildungspolitische und gesellschaftliche Veränderungen unterliegt das deutsche Schulsystem einem ständigen Wandel. Aufgrund der voranschreitenden Digitalisierung der Gesellschaft kommt dem digitalen Lernen im Unterricht eine immer größere Bedeutung zu. Weiterhin werden Lehrkräfte, und zwar nicht nur in inklusiven Lerngruppen, mit einer großen Heterogenität der Schülerschaft konfrontiert, welche in der Unterrichtsplanung und -durchführung miteinbezogen werden muss. Damit Lehrkräfte diesen Herausforderungen gewachsen sind, ist es unabdingbar, sie für den Unterricht in (maximal) heterogenen Lerngruppen auch mithilfe digitaler Medien zu professionalisieren. Entsprechend einem positiven Blick auf Heterogenität verwenden wir im Folgenden analog zu Krause und Kuhl (2018) den Begriff der (maximal) heterogenen Lerngruppen; durch das Einklammern des Begriffs „maximal" soll verdeutlicht werden, dass sowohl Schüler*innen, die einen diagnostizierten sonderpädagogischen Förderbedarf haben, als auch alle nicht diagnostizierten Heterogenitätsdimensionen inkl. fachlich überdurchschnittlich leistungsstarker Schüler*innen berücksichtigt werden.

1.1 Lernen mit digitalen Medien

Im Vergleich zu analogen Medien bieten digitale Medien eine Fülle neuer Potentiale. So erleichtern sie einerseits das Speichern, Verarbeiten, Verbreiten und Ordnen von Informationen, andererseits erweitern sie bisherige Medien durch ihre Multimedialität, Adaptivität und Interaktivität, wodurch sich neue Möglichkeiten der Unterrichtsgestaltung ergeben (Petko, 2014). Besonders im naturwissenschaftlichen Unterricht können digitale Medien gewinnbringend eingesetzt werden (Huwer & Brünken, 2018). Dabei sollten die didaktischen Funktionen digitaler Medien berücksichtigt werden: Während digitale Medien als *Lernwerkzeug* den Lernprozess in einer konkreten Lernsituation unterstützen, beispielsweise durch Nutzung von StopMotion-Videos (Krause, 2018), können digitale Medien als *Experimentalwerkzeug* die experimentellen Phasen des Unterrichts, z. B. durch den Einsatz von Zeitlupenaufnahmen (Hilfert-Rüppell & Sieve,

2017), bereichern. Als *Lernbegleiter* können digitale Medien eingesetzt werden, wenn diese den Lernprozess über einen längeren Zeitraum unterstützen, indem u. a. interaktive Schulbücher eingesetzt werden (Ulrich & Huwer, 2017).

Neben Vorzügen einer digitalen Unterrichtsgestaltung ergeben sich jedoch auch Einschränkungen. So besteht gerade für den Einsatz digitaler Medien die Gefahr einer Überlastung des Arbeitsgedächtnisses der Schüler*innen, da die Lerninhalte in ihrer Darstellung häufig eine hohe Informationsdichte und Komplexität aufweisen. Daher sollte multimediales Lernmaterial so gestaltet werden, dass Lernende ihre kognitiven Ressourcen möglichst effizient für den Lernprozess einsetzen können (Sweller, Ayres & Kalyuga, 2011). Gerade mit Blick auf (maximal) heterogene Lerngruppen sollte u. a. der reflexive Umgang mit digitalen Medien im Unterrichtsprozess Beachtung finden, da beispielsweise Schüler*innen aus sozial schwächeren Milieus eine geringe Medienkompetenz aufweisen (Eickelmann, Bos, Gerick, & Labusch., 2019).

1.2 Universelle Zugänglichkeit

Trotz der Heterogenität in den Klassen der allgemeinen Schulen wird der Unterricht häufig noch für einen imaginären Durchschnitt geplant, so dass allen Schüler*innen nur ein einziger Zugang zum Lernen geschaffen wird (Bönsch, 2014; Scholz, 2016). Für einige Lernende können auf diesem Weg jedoch Barrieren existieren, welche nicht ohne Unterstützung überwunden werden können. Ein Unterricht, der diese Barrieren identifiziert, berücksichtigt und möglichst jedem Lernenden einen Zugang zum Lernen ermöglicht, wird als Unterricht mit universeller Zugänglichkeit bezeichnet. Eine Möglichkeit, einen derartigen Unterricht zu planen, bietet das *Universal Design for Learning*, kurz UDL (CAST, 2018; Rose & Meyer, 2002).

Bei dem UDL handelt es sich um ein Konzept, welches neben der Erstellung von flexiblen und variantenreichen Unterrichtsangeboten und -materialien auch die Minimierung unnötiger Barrieren anstrebt. Das UDL ist ein Rahmenkonzept, welches bekannte und evaluierte Unterrichtsbausteine vereint (Jiménez, Grad, & Rose, 2007). Abb. 1 zeigt das Gerüst des UDL. In den Spalten sind die drei Prinzipien dargestellt. Während durch das erste Prinzip Möglichkeiten zur Förderung der Lernmotivation angesprochen werden, beschäftigt sich das zweite Prinzip mit verschiedenen Möglichkeiten zur Informationsdarbietung. Das dritte Prinzip fokussiert die Förderung der Lernaktivität und die Lernergebnisdarstellung. Jedes der drei Prinzipien ist wiederum in drei untergeordnete Richtlinien, als Zeilen visualisiert, unterteilt. Diese Richtlinien werden durch drei bis vier sogenannte Checkpoints konkretisiert, in denen Handlungsschritte für die

Lehrkraft zur Umsetzung der Richtlinien formuliert sind. In Abb. 1 wird zu jeder Richtlinie exemplarisch ein Checkpoint aufgeführt.

Prinzipien		Möglichkeit zur Förderung der...		
		Lernmotivation	Darstellung von Inhalten	Lernaktivität & Lernergebnisdarstellung
Richtlinien	Zugang	**Lerninteresse** • Optimierung von Relevanz, Nutzen und Authentizität	**Informationsaufnahme** • Individuelle Anpassungsmöglichkeiten bei der Darstellung von Informationen	**Lernhandlung** • Steuerbare Lehrmaterialien bzw. verschiedene Möglichkeiten zur Bearbeitung von Materialien
	Konstruktion	**Anstrengungsbereitschaft & Ausdauer** • Transparenz der Kompetenzerwartungen	**Sprachliche & symbolische Informationsdarstellung** • Hilfen zur Klärung von (Fach-)Begriffen und Symbolen	**Ergebnisdarstellung & Kommunikation** • Nutzung verschiedener Medien zur Kommunikation bzw. Interaktion
	Internalisierung	**Selbstreguliertes Lernen** • Förderung von persönlichen Bewältigungskompetenzen und -strategien	**Verstehen & Begriffsbildung** • Vorwissensaktivierung und Bereitstellung von Hintergrundwissen	**Lernprozessführung & Zielsetzung** • Unterstützung bei der Planung und der Strategieentwicklung (zur Erreichung des eigenen Lernziels)
Ziele		intentional & motiviert	ideenreich & sachkundig	strategisch und zielgerichtet

Abb. 1: Das Universal Design for Learning nach CAST (2018)

Für die Umsetzung des UDL spielen digitale Medien eine besondere Rolle, da diese im Vergleich zu analogen Medien ein höheres Maß an Flexibilität aufweisen und durch eine intuitiv nutzbare Oberfläche Barrieren und Stigmatisierungen reduzieren (Hall, Meyer & Rose, 2012). Sie können zur individuellen Förderung im Unterricht genutzt werden, sind jedoch nicht Voraussetzung für eine Umsetzung des UDL. So kann beispielsweise die Vorlesefunktion eines digitalen Mediums genutzt werden, um die Richtlinie *Informationsaufnahme* mit dem Checkpoint *Individuelle Anpassungsmöglichkeiten bei der Darstellung von Informationen* für Lernende, die aus unterschiedlichen Gründen Probleme mit dem Lesen haben, umzusetzen. Der Checkpoint *Hilfen zur Klärung von (Fach-)Begriffen und Symbolen (Richtlinie Sprachliche & symbolische Informationsdarstellung)* kann digital optimal umgesetzt werden, aber auch analoge Medien wie Wörterbücher, Karteikarten mit Fachbegriffen oder Hilfekarten sind möglich. Insgesamt sollte berücksichtigt werden, dass die einzelnen Maßnahmen mit Blick auf die entsprechende Lerngruppe gewählt und i. d. R. adaptiert werden müssen.

1.3 Professionalisierung der Lehrkräfte

Alle drei Phasen der Lehrer*innenbildung sind gefordert, erstens digitalisierungsbezogene Kompetenzen der Lehrkräfte auszubauen und zweitens zu vermitteln, wie das Potential des Unterrichts in (maximal) heterogenen

Lerngruppen nutzbar gemacht werden kann. Dennoch gibt es aktuell vielfach nur selten Möglichkeiten, diese Kompetenzen zu erwerben (z. B. Lorenz & Endberg, 2019; van Ackeren et al., 2019).

Derzeit existieren verschiedene Ansätze zur Beschreibung der professionellen Handlungskompetenz von Lehrer*innen. In Hinblick auf das Professionswissen im Kontext der Digitalisierung wird häufig das in Abb. 2 dargestellte, international etablierte TPACK-Modell (*technological pedagogial content knowledge*) nach Mishra und Koehler (2006) herangezogen. Dieses Modell umfasst die Wissensbereiche Technologiewissen (TK), Fachwissen (CK) und pädagogisches Wissen (PK) sowie ihre Schnittmengen technologisch pädagogisches Wissen (PK), technologiespezifisches Inhaltswissen (TCK) sowie fachdidaktisches Wissen (PCK). Die Schnittmenge aller Wissensbereiche stellt das technologisch pädagogische Inhaltswissen (TPACK) dar. Alle Wissensbereiche sind an ihren jeweiligen Kontext gebunden (Mishra & Koehler, 2006).

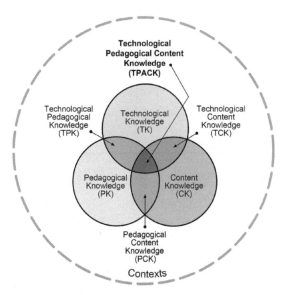

Abb. 2: Das TPACK-Modell (reproduced by permission of the publisher, © 2012 by tpack.org)

Das *UDL Infused TPACK* bringt das TPACK-Modell in einen Zusammenhang mit dem UDL (Benton-Borghi, 2015). Es schafft eine Grundlage dafür, in den drei Prinzipien des UDL Technologien einzusetzen, um eine Verknüpfung und ein Zusammenspiel beider Konzepte zu erreichen und das schulische Lehren und Lernen kooperativ, integrativ und gleichberechtigt zu gestalten. Mit Ausnahme des CK können in allen Wissensbereichen UDL-Strukturen verortet werden (Benton-Borghi, 2015).

2. Lehr- und Lernformate in Schule und Unterricht

Eine Übersicht über die in diesem Kapitel vorgestellten Projekte ist in Tab. 1 dargestellt. Zur Untersuchung der erhobenen Daten werden in den drei Projekten klassische Signifikanztests durchgeführt (t-Test; bei nicht normalverteilten Daten U-Test).

Tab. 1: Übersicht über die vorgestellten Schulprojekte

	Kapitel 2.1	Kapitel 2.2	Kapitel 2.3
Unterrichtsinhalt	Stofftrennung	Chemische Reaktion	Chemische Reaktion
Digitales Medium	iPad	Laptop	iPad
Unterrichtsphasen	Erarbeitung in Laborpraxis und Theorie	Erarbeitung	Erarbeitung und Wissenssicherung
Zugänglichkeit und Differenzierung	Gestufte Lernhilfen	Aufgaben auf verschiedenen Niveaustufen	Lerninhalte auf verschiedenen Niveaustufen
Untersuchung hinsichtlich der Wirksamkeit	Digital vs. analog	Schüler*innen mit vs. ohne diagnostiziertem Förderbedarf	Wissenssicherung mit Aufgaben vs. Erklärvideos
Detaillierte Beschreibung des Projektes	Kieserling & Melle, 2019	Baumann & Melle, 2019	Greitemann & Melle, 2020

2.1 Digital vs. Analog

Fragestellung & Methodik

In diesem Projekt soll die Wirkung eines Tablet-gestützten Chemieunterrichts im Vergleich zu einem analogen Chemieunterricht untersucht werden. Ziel ist es, zu ermitteln, inwieweit sich Unterschiede beim Lernen mit den verschiedenen Medienformaten (digital bzw. analog) u. a. in Bezug auf den Fachwissenszuwachs ergeben, insbesondere auch unter der Berücksichtigung unterschiedlicher kognitiver Leistungsniveaus. Hierzu wurde ein Multiple-Choice-Single-Answer-Test (24 Items, Cronbachs α = .793) entwickelt und eingesetzt. Die Intervention wurde in Form eines Projekttages in der 8. Jahrgangsstufe an Gesamtschulen (N = 230) durchgeführt (vgl. Abb. 3). Dazu wurden die Schüler*innen einer Klasse bezüglich ihrer kognitiven Leistungsfähigkeit in zwei vergleichbare Gruppen G1 und G2 unterteilt. Beide Gruppen erhielten zunächst den gleichen digitalen Einstieg in Form eines Videos. Anschließend unterschieden sich die Gruppen darin, dass G1 nach dem Einstieg digital und G2 analog arbeitete (Kieserling & Melle, 2019).

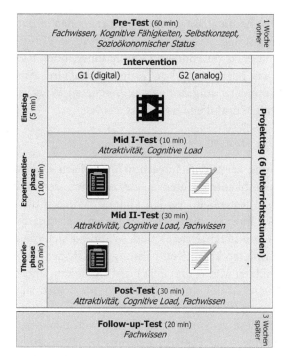

Abb. 3: Untersuchungsdesign des Projekts „Digital vs. Analog"

Lernumgebung

Für die Untersuchung wurde eine Lernumgebung zum Thema Stofftrennung entwickelt. Dazu wurden ein digitales, interaktives *iBook* sowie analoge, „klassische" Arbeitshefte entworfen. Die Gestaltung der Lernumgebung fand unter Berücksichtigung des in Kapitel 1.2 beschriebenen Ansatzes *Universal Design for Learning* (CAST, 2018) statt und lässt sich in drei Abschnitte unterteilen: In der Einstiegsphase erfolgt zunächst eine motivierende Einführung in die Lernumgebung mithilfe eines Videos. Daran anschließend führen alle Lernenden in der Experimentierphase eigenständig Experimente zu verschiedenen Trennverfahren mit der Unterstützung von gestuften Lernhilfen durch (vgl. Abb. 4).

| Benötigte Materialien | Denkanstoß | Bilderanleitung | Vollständige Versuchsanleitung | Videoanleitung |

Abb. 4: Gestufte Lernhilfen (Experimentierphase)

Im Rahmen der Theoriephase erhalten die Lernenden allgemeine Informationen über das jeweilige Trennverfahren in Form von Informationstexten, Audiodateien, interaktiven Bildern, Animationen oder Videos. Abschließend erfolgen die Bearbeitung von Aufgaben auf drei Anspruchsniveaus sowie die Zusammenfassung des neu angeeigneten Wissens, welche ebenfalls durch gestufte Lernhilfen unterstützt werden.

Ausgewählte Ergebnisse

Die Untersuchung zeigt, dass hinsichtlich des Fachwissenszuwachses zunächst keine signifikanten Unterschiede zwischen der digitalen und der analogen Gruppe festgestellt werden können. Werden die Lernenden jedoch hinsichtlich ihrer kognitiven Fähigkeiten in Leistungsdrittel unterteilt, so ergibt sich ein differenzierteres Bild. Während sich die Ergebnisse des oberen sowie mittleren kognitiven Leistungsdrittels der beiden Gruppen zu den Messzeitpunkten Mid II und Post nicht signifikant unterscheiden, zeigt sich für das untere Drittel ein signifikanter Unterschied zugunsten der digitalen Gruppe zum Zeitpunkt Post (t-Test, $n = 76$, $p = .005$, $\delta = 0.67$). Als Ursache hierfür kann vermutet werden, dass zum einen die digitalen Animationen und Videos zur Erklärung chemischer Prozesse einen Mehrwert bieten. Zum anderen ist es denkbar, dass die digitale Gruppe insbesondere vom automatisierten Feedback bei der Aufgabenbearbeitung sowie der komfortablen Nutzbarkeit der gestuften Lernhilfen profitiert. Diese Vermutungen werden aktuell auf der Basis von Videoanalysen überprüft.

2.2 Computerbasierte Lernumgebung

Fragestellung & Methodik

Eine Möglichkeit, Lernende mit und ohne sonderpädagogischen Förderbedarf zielgleich zu unterrichten, bieten multimediale Unterrichtseinheiten für den Computer. Die Wirksamkeit dieser auf Lernende mit und ohne sonderpädagogischen Förderbedarf, aber auch deren Nutzungsverhalten sind bisher wenig erforscht. Herausfordernd für Forschungen mit Fokus auf (maximal) heterogene Lerngruppen ist die Generierung von verallgemeinerbaren Ergebnissen, die gleichzeitig auch das Individuum berücksichtigen (Ragin, 2009).

Die Lernsoftware wird in einem Mixed-Methods-Design untersucht, um die Unterschiedlichkeit der Lernenden zu berücksichtigen (Döring & Bortz, 2016; Yin, 2018). Die Intervention ist in drei Abschnitte aufgeteilt. Die Lernsoftware beinhaltet zwei Teile, dazwischen gibt es eine Experimentierphase. Im Anschluss an die beiden Teile der Lernsoftware werden ein Fragebogen zur Attraktivität der Lernsoftware (30 Items, 5-stufige Likert-Skala,

Cronbachs α = .903) und ein Fachwissenstest (Multiple-Choice-Single-Answer-Test, 24 Items, Cronbachs α = .795) eingesetzt. Zur Untersuchung des Nutzungsverhaltens werden Bildschirmaufnahmen von sechs Lernenden pro Lerngruppe analysiert (Niedrig-inferentes Kodiermanual, Cohen's $K = .864$).

Das Programm wurde in Gesamtschulklassen der 7. und 8. Jahrgangsstufe erprobt ($N = 89$). Darunter waren $n = 16$ Schüler*innen mit diagnostiziertem sonderpädagogischen Förderbedarf, wobei der Förderbedarf Lernen am häufigsten vertreten war.

Lernumgebung

Die Lernsoftware zum Basiskonzept *Chemische Reaktion* wurde nach den Prinzipien des UDL (CAST, 2018) gestaltet. Die Materialien, bestehend aus Informationstexten, Selbstdiagnosebögen und differenzierten Aufgaben, wurden in der Lernsoftware digitalisiert, so dass eine interaktive Nutzung möglich ist. Der experimentelle Teil wurde nicht durch Simulationen oder etwa virtuelle Labore ersetzt, da die Durchführung von Experimenten eine zusätzliche soziale Dimension umfasst.

Ausgewählte Ergebnisse

Die Auswertung zeigt, dass das Fachwissen der Lernenden mit und ohne diagnostiziertem Förderbedarf signifikant steigt (U-Test, $n = 64$, $p < .001$, $\varphi = 0.84$). Die Zunahme des Fachwissens beider Gruppen unterscheidet sich nicht signifikant, was durch eine Residualanalyse bestätigt wird (U-Test, $n = 64$, $p = .215$, $\varphi = 0.15$). Weiterhin zeigt die Längsschnittbetrachtung, dass Lernende mit diagnostiziertem Förderbedarf im unteren bis mittleren Bereich aller Ergebnisse liegen. Beide Teile der Lernsoftware werden von allen Lernenden positiv bewertet (t-Test, $n = 75$, $p = .815$, $\delta = 0.02$). Ferner können sehr detaillierte Aussagen über das Nutzungsverhalten getroffen werden. Für die Analyse der Nutzung der Lernsoftware wurden Segmente der Videos mit der Software MAXQDA kodiert und miteinander verglichen. So werden die Audioaufnahmen bei 41 % der besuchten Seiten abgespielt. Die Videos werden in 85 % der möglichen Fälle angeschaut. Die Aufgaben wurden in allen Bildschirmaufzeichnungen prozentual ähnlich vollständig bearbeitet und die Funktionen somit adäquat benutzt (Baumann & Melle, 2019).

2.3 Weiterentwicklung der computerbasierten Lernumgebung für die Nutzung auf Tablets

Fragestellung & Methodik

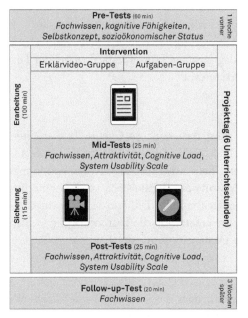

Abb. 5: Untersuchungsdesign des Projekts
„Tablets – Wirkung in Wissensvermittlung und Wissenssicherung"

Ziel dieses Projektes ist es, neue Erkenntnisse über die Wirkung des Tablet-Einsatzes in der Phase der Wissensvermittlung und -sicherung zu gewinnen. Für die Wissensvermittlung wurde die unter 2.2 beschriebene computerbasierte Lernumgebung für die Nutzung auf iPads modifiziert. In der anschließenden Sicherungsphase wird die Erstellung von Erklärvideos mit der digitalen Bearbeitung von Aufgaben verglichen. Die Evaluation der Lernumgebung erfolgt u. a. hinsichtlich des Fachwissens und der Attraktivität der Unterrichtsmaterialien. Für das Fachwissen wurde der Multiple-Choice-Test aus 2.2 überarbeitet (20 Items, Cronbach's α_{MC} = .766) und durch neun offene Items ergänzt (Cronbach's α_{offen} = .854). Bezüglich der Attraktivität der Materialien konnte auf einen Einschätzungsbogen von Kieserling & Melle (2019) zurückgegriffen werden (6-stufige Likert-Skala, 1 = negativ bis 6 = positiv, Cronbach's α = .844).

Die Intervention wurde im Rahmen eines Projekttages in der 8. Jahrgangsstufe bislang in zwei Pilotierungen (N = 46, N = 52) an Gesamtschulen durchgeführt (vgl. Abb. 5). Um vergleichende Aussagen bezüglich der Sicherungsmaßnahmen treffen zu können, wurden die Klassen in zwei Gruppen parallelisiert.

Lernumgebung

Die computerbasierte Lernsoftware aus 2.2 wurde in ein interaktives *iBook* überführt. Im Zuge dieser Anpassung wurden zudem weitere Aspekte des UDL (CAST, 2018) umgesetzt. In der Erarbeitungsphase bearbeiten alle Lernenden dieselbe digitale Lernumgebung in Einzelarbeit. Im Gegensatz zum in 2.2. dargestellten Projekt wurde die Experimentierphase in die digitale Lernumgebung eingebunden. Die Experimente werden durch die Lernumgebung angeleitet, von den Lernenden mit Hilfe von Experimentierboxen durchgeführt und z. B. anhand eines Vorher-Nachher-Vergleichs mittels Fotos innerhalb des *iBooks* dokumentiert (Greitemann & Melle, 2020).

Die Sicherungsphase erfolgt in einer kooperativen Partnerarbeit. Die Lernenden der einen Gruppe bearbeiten Aufgaben auf den iPads (verändert nach Baumann & Melle (2019)). Die Lernenden der anderen Gruppe erstellen Erklärvideos, wobei eine *screencast*-basierte Variante (Brehmer & Becker, 2017) gewählt wurde.

Ausgewählte Ergebnisse

Vorgestellt werden ausgewählte Ergebnisse der zweiten Pilotierung, wobei die statistische Auswertung analog zu 2.2 erfolgt. Nach der Erarbeitungsphase kann ein deutlicher Fachwissenszuwachs in beiden Gruppen festgestellt werden (t-Tests, $n_{Erklärvideo} = 28$, $n_{Aufgaben} = 24$, $p_{Erklärvideo} < .001$, $\delta_{Erklärvideo} = 1.33$, $p_{Aufgaben} < .001$, $\delta_{Aufgaben} = 1.52$). Nach der Sicherungsphase zeigt sich in beiden Gruppen kein zusätzlicher Lernzuwachs.

Die Lernenden beider Gruppen schätzen die Lernumgebung in beiden Phasen als sehr attraktiv ein ($n_{Erklärvideo} = 29$, $n_{Aufgaben} = 24$, Erarbeitung: $M_{Erklärvideo} = 5.26$, $M_{Aufgaben} = 5.31$; Sicherung: $M_{Erklärvideo} = 4.74$, $M_{Aufgaben} = 4.35$). Es sind keine signifikanten Unterschiede zwischen beiden Gruppen erkennbar. Jedoch zeigen sich Tendenzen, dass die Schüler*innen der Erklärvideo-Gruppe die Sicherungsphase attraktiver einschätzen als die Lernenden der Aufgaben-Gruppe (U-Test, $n_{Erklärvideo} = 29$, $n_{Aufgaben} = 24$, $p = .168$, $\varphi = 0.19$). Diese Tendenzen sollen mit einer größeren Stichprobe weiterverfolgt werden.

3. Lehr- und Lernformate in der Universität

Damit digitale Medien tatsächlich lernwirksam in den Unterricht eingebunden werden können, bedarf es einer entsprechenden Professionalisierung der Lehrkräfte. Dabei stellt sich im Rahmen der universitären Ausbildung die Frage, wie Lehramtsstudierende einerseits auf die Planung und Durchführung von Chemieunterricht in (maximal) heterogenen Klassen vorbereitet und andererseits für die digitale Unterstützung des Lehrens und Lernens im Chemieunterricht professionalisiert werden können. Vor diesem Hintergrund wurden zwei unterschiedliche, aber inhaltlich miteinander verbundene Seminare entwickelt, die das Ziel haben, Studierende zu befähigen, in (maximal) heterogenen Lerngruppen mit Unterstützung digitaler Medien zu unterrichten. Die Studierenden belegen beide Seminare im Masterstudiengang, direkt im Anschluss erfolgt das Praxissemester, sodass die Inhalte unterrichtspraktisch erprobt werden können. Dabei findet zunächst das Seminar „Vorbereitung Praxissemester" zweimal wöchentlich statt. Dann folgt – ebenfalls zweimal wöchentlich – das Seminar „Unterrichtsmethoden und Medien".

3.1 Wie werden Lehramtsstudierende auf die Planung und Durchführung von Chemieunterricht in (maximal) heterogenen Klassen vorbereitet?

Das Seminar zur Vorbereitung einer studienimmanenten Praxisphase (Praxissemester) fokussiert auf die Planung von Chemieunterricht unter besonderer Berücksichtigung von (maximal) heterogenen Lerngruppen. Es wird neben weiteren fachdidaktischen Aspekten insbesondere die Analyse von Lerngruppen in Bezug auf die individuellen Lernvoraussetzungen gemäß INVO-Modell (Hasselhorn & Gold, 2017) und in diesem Zusammenhang auch von Schüler*innen mit diagnostiziertem Förderbedarf detailliert in den Blick genommen. Dabei wird exemplarisch auf die an allgemeinbildenden Schulen am häufigsten vertretenen Bereiche Lernen und Emotionalsoziale Entwicklung fokussiert (KMK, 2018).

Tab. 2 zeigt die inhaltlichen Schwerpunkte der fünfzehn aufeinander aufbauenden Seminarsitzungen. Am Ende des Seminars steht die selbstständige Planung einer Unterrichtssequenz für eine fiktive maximal heterogene Lerngruppe, deren Erprobung im Rollenspiel und die anschließende Reflexion von Planung und Durchführung aus Sicht sowohl der „Lehrkräfte" als auch der „Lernenden". Das Werkzeug für die Studierenden ist ein für dieses Seminar entwickeltes neues Planungsmodell, das systematisch UDL-Elemente berücksichtigt und integriert. Basierend auf für den naturwissenschaftlichen Unterricht gängigen Verlaufsplanungsmodellen (vgl. z. B. Leisen, 2014; Parchmann et al., 2006; Schmidkunz & Lindemann, 1995) und allgemein-didaktischen Ansätzen wurden didaktische Funktionen (vgl. Drefenstedt, 1969; Jank, 1993; Jokiaho, 2016) ausgearbeitet. Diese allgemeinen, modellübergreifenden Funktionen, wie z. B. das Aktivieren von Vorwissen oder das Demonstrieren modellhafter Lösungsstrategien, erleichtern es den Studierenden, ihren Unterricht von Beginn an so zu planen, dass er im Sinne des UDL möglichst barrierearm ist.

Tab. 2: Übersicht über die Inhalte des Seminars „Vorbereitung Praxissemester"

Sitzung	Seminarinhalt
1	Organisatorisches, Einführung, Kompetenzerwartung an die Studierenden (Zieltransparenz)
2	Unterrichtsinhalte im Chemieunterricht: Verknüpfung von Sachanalyse, Kernlehrplan und Kompetenzformulierungen
3	Analyse der Lerngruppe (Teil I): Vielfalt der Lernenden – Individuelle Lernvoraussetzungen gemäß INVO-Modell und kognitive Informationsverarbeitung (Förderschwerpunkt Lernen)
4	Analyse der Lerngruppe (Teil II): Vielfalt der Lernenden – Förderschwerpunkt ESE Unterrichtsführung: Unterrichtseinstiege und roter Faden in der Unterrichtssequenz
5	Einführung des UDL und erste Erprobung bei der Gestaltung einer zugänglichen Experimentieranleitung
6	Überprüfung eines videografierten Unterrichts zum forschenden Lernen auf Zugänglichkeit und Entwicklung ergänzender Maßnahmen gemäß UDL
7	Kooperatives Lernen im Chemieunterricht mit heterogenen Lerngruppen als Umsetzungsmöglichkeit diverser UDL-Elemente
8	Verbesserte Zugänglichkeit durch Methodenvielfalt: Erarbeitung eines Methodenkoffers für den Chemieunterricht in heterogenen Lerngruppen
9	Einführung des Unterrichtsplanungsmodells zur systematischen Integration des UDL und Anwendung bei der Überarbeitung einer vorhandenen Unterrichtsplanung
10	Planung einer Unterrichtssequenz für eine heterogene Lerngruppe mit Hilfe des Planungsmodells (Studienleistung) in Arbeitsgruppen
11–14	Durchführung der Unterrichtsplanung im Rollenspiel mit anschließender Reflexion des Unterrichts in Planung und Durchführung und der umgesetzten UDL-Elemente
15	Reflexion des Seminars und Evaluation

3.2 Wie werden Lehramtsstudierende auf die digitale Unterstützung des Lehrens und Lernens im Chemieunterricht vorbereitet?

Im Zentrum des Seminars „Unterrichtsmethoden und Medien" steht die Vermittlung von Kompetenzen für den Einsatz digitaler Werkzeuge im Chemieunterricht. Wie Tab. 3 zeigt, besteht das Seminar aus zwölf inhaltlichen Seminarsitzungen bzw. vier thematischen Blöcken. Die erste und die letzte Seminarsitzung beinhalten Pre- und Post-Tests zur Evaluation. Insgesamt ist das Seminar so konzipiert, dass jede neue Thematik zunächst mit einem kurzen inhaltlichen Input eingeführt wird, gefolgt von einer intensiven Arbeitsphase, welche sich auf die praktische Auseinandersetzung mit verschiedenen Tools und Methoden konzentriert. Zudem erstellen die Studierenden selbstständig verschiedene digitale Unterrichtsbeispiele (Zimmermann & Melle, 2019).

Tab. 3: Übersicht über die Inhalte des Seminars „Unterrichtsmethoden und Medien"

Sitzung	Seminarinhalt	Thematischer Block
1	Pre-Erhebung und Einführung	
2	Rechtliche und pädagogische Rahmenbedingungen	Grundlagen des Einsatzes digitaler Werkzeuge
3	Unterrichtsorganisation im digitalen Klassenzimmer	
4	Potentiale digitaler Werkzeuge im Umgang mit Diversität	
5	Gestaltung multimedialer Unterrichtsmaterialien I	Unterrichtspraktische Implementation digitaler Werkzeuge
6	Gestaltung multimedialer Unterrichtsmaterialien II	
7	Gestaltung multimedialer Unterrichtsmaterialien III	
8	Digitale Unterstützung beim Experimentieren	
9	*Game-based Learning* und *Gamification*	Methodische Grundlagen für die Implementation digitaler Werkzeuge
10	Beurteilung, Diagnostik und Feedback im digitalen Klassenzimmer	
11	Ideenpool und Unterrichtsplanung	
12	Potentiale und Grenzen des Lernens mit digitalen Medien	
13	Post-Erhebung	

Bezogen auf das TPACK-Modell (Mishra & Koehler, 2006) fokussiert dieses Seminar den Erwerb von Kompetenzen der technologiebezogenen Wissensbereiche TK, TPK, TCK sowie TPACK. Der inhaltliche Anschluss an das vorangegangene Seminar zeigt sich in diesem Seminar insbesondere im Bereich TPK, da hier ebenfalls das Unterrichten in (maximal) heterogenen Lerngruppen in den Blick genommen wird. Dazu wird das Potential digitaler Medien hinsichtlich des Umgangs mit Diversität herausgestellt sowie verschiedene Möglichkeiten der Gestaltung und Bereitstellung individuell unterstützender Lernmaterialien diskutiert (vgl. 1.1). Zudem wird auf das

UDL eingegangen, in diesem Fall jedoch in direkter Verbindung mit digitalen Werkzeugen, welche aufgrund ihrer Möglichkeiten der individuellen Anpassbarkeit, die Umsetzung der Richtlinien unterstützen können (vgl. 1.2). Gleichzeitig erproben und entwickeln die Studierenden digital gestützte Möglichkeiten zum Abbau von Hürden und zur Differenzierung von Lehr- und Lernmedien. Die Evaluation zeigt, dass durch die Teilnahme an dem Seminar die TPACK-Selbstwirksamkeit, die Einstellung gegenüber der Nutzung digitaler Werkzeuge sowie die Fähigkeiten der Studierenden, digitale Werkzeuge in die Unterrichtsplanung zu integrieren, gesteigert werden können (Zimmermann & Melle, 2019).

4. Resümee

Sowohl in der Schule als auch in der Hochschule nehmen digitale Medien einen zunehmenden Stellenwert ein und können insbesondere für das Lehren und Lernen in (maximal) heterogenen Gruppen gewinnbringend genutzt werden. Dies wird durch die vielfältigen Einsatzmöglichkeiten in den dargestellten Projekten deutlich, in denen digitale Medien lernwirksam implementiert werden konnten. Welche gemeinsamen Schlussfolgerungen können wir aus den berichteten Ergebnissen nun für die Praxis ziehen? So zeigte sich insbesondere, dass kognitiv schwächere Lernende in theoretischen Unterrichtsphasen deutlich von digitalen Lernmaterialien profitieren können (vgl. 2.1). Bei der Betrachtung von Schüler*innen mit diagnostiziertem Förderbedarf konnte zudem festgestellt werden, dass diese ebenfalls signifikant ihr Fachwissen steigern konnten, wenn auch auf einem niedrigeren Niveau (vgl. 2.2). In Bezug auf den Einsatz unterschiedlicher digitaler Sicherungsmaßnahmen (Erstellung von Erklärvideos, Bearbeitung von Aufgaben) ergab die statistische Analyse, dass beide gleichwertig eingesetzt werden können (vgl. 2.3). Das bedeutet, dass digitale Medien auch unterstützend im herkömmlichen Unterricht eingesetzt werden können, so dass die Lehrkraft zusätzlich Kapazitäten für die individuelle Betreuung der Lernenden gewinnt. Damit die Potentiale digitaler Medien allerdings in (maximal) heterogenen Lerngruppen genutzt werden können, ist eine entsprechende Vorbereitung von Studierenden erforderlich: Hierfür konnte die Verknüpfung von zwei Seminaren, einerseits mit Fokus auf die Unterrichtsplanung für (maximal) heterogene Lerngruppen mithilfe des UDL, andererseits auf die Unterrichtsgestaltung mithilfe digitaler Medien und die anschließende Erprobung beider Aspekte im Praxissemester als bereichernd eingestuft werden. Das Konzept könnte auf die Lehrkräftefortbildung übertragen werden.

Bei allen Vorteilen digitaler Medien gibt es jedoch mögliche Einschränkungen. Zu aller erst müssen die digitale Infrastruktur, die technische Ausstattung und ein technischer Support gegeben sein und zum anderen ist die Bereitschaft der Lehrkräfte und die Möglichkeit erforderlich, sich umfangreich fortzubilden. Darüber hinaus ist die Erstellung differenzierter digitaler Lernumgebungen äußerst arbeitsintensiv und von Lehrkräften im Regelbetrieb nicht leistbar. Demzufolge bedarf es Expertengruppen zur Konzeption entsprechend aufbereiteter digitaler Unterrichtsmaterialien.

Literatur

Baumann, T. & Melle, I. (2019). Evaluation of a digital UDL-based learning environment in inclusive chemistry education. *Chemistry Teacher International*, 1–13.

Benton-Borghi, B. H. (2015). Intersection and Impact of Universal Design for Learning (UDL) and Technological, Pedagogical, and Content Knowledge (TPACK) on Twenty-First Century Teacher Preparation: UDL-Infused TPACK Practitioner's Model. In C. Angeli & N. Valanides (Hrsg.), *Technological Pedagogical Content Knowledge* (S. 287–304). Springer US.

Bönsch, M. (2014). *Heterogenität ist Alltag – Differenzierung ist die Antwort: Pädagogik und Didaktik für heterogene Lerngruppen*. Raabe.

Brehmer, J. & Becker, S. (2017). *Erklärvideos: ... als eine andere und/oder unterstützende Form der Lehre*. https://www.uni-goettingen.de/de/document/download/5d0fa49e 220547bded74a21f21d44fc0.pdf/03_Erkl%C3%A4rvideos.pdf [23.02.2021].

CAST. (2018). *Universal Design for Learning Guidelines Version 2.2*. http://udlguidelines. cast.org/more/downloads [23.02.2021].

Döring, N. & Bortz, J. (2016). *Forschungsmethoden und Evaluation in den Sozial- und Humanwissenschaften* (5. Aufl.). Springer-Lehrbuch. Springer.

Drefenstedt, E. (1969). Didaktische Funktionen als Bestandteile der Gliederung des Unterrichtsprozesses. In E. Drefenstedt & G. Neuner (Hrsg.), *Lehrplanwerk und Unterrichtsgestaltung* (S. 102–134). Volk und Wissen Volkseigener Verlag.

Eickelmann, B., Bos, W., Gerick, J. & Labusch, A. (2019). Computer- und informationsbezogene Kompetenzen von Schülerinnen und Schülern der 8. Jahrgangsstufe in Deutschland im zweiten internationalen Vergleich. In B. Eickelmann, W. Bos, J. Gerick, F. Goldhammer, H. Schaumburg, K. Schwippert, M. Senkbeil & J. Vahrenhold (Hrsg.), *ICILS 2018 Deutschland: Computer- und informationsbezogene Kompetenzen von Schülerinnen und Schülern im zweiten internationalen Vergleich und Kompetenzen im Bereich Computational Thinking* (S. 113–136). Waxmann.

Greitemann, L. & Melle, I. (2020). Transferring and Optimizing a Laptop-based Learning Environment for the Use on iPads. *World Journal of Chemical Education*, 8(1), 40–46.

Hall, T. E., Meyer, A. & Rose, D. H. (2012). An Introduction to Universal Design for Learning: Questions and Answers. In T. E. Hall, A. Meyer & D. H. Rose (Hrsg.), *What Works for Special-Needs Learners. Universal design for learning in the classroom: Practical applications* (S. 1–8). Guilford Press.

Hasselhorn, M. & Gold, A. (2017). *Pädagogische Psychologie: Erfolgreiches Lernen und Lehren*. Standards Psychologie.

Hilfert-Rüppell, D. & Sieve, B. (2017). Entschleunigen biologischer und chemischer Abläufe durch Zeitlupenaufnahmen. In J. Meßinger-Koppelt, S. Schanze & J. Groß (Hrsg.), *Lernprozesse mit digitalen Werkzeugen unterstützen: Perspektiven aus der Didaktik naturwissenschaftlicher Fächer* (S. 147–160). Joachim-Herz-Stiftung Verlag.

Huwer, J. & Brünken, J. (2018). Individualisierung mit Tablets im Chemieunterricht. *Computer + Unterricht, 110*(30), 7–10.

Jank, W. (1993). Zwischen Allgemeiner Didaktik und Fachdidaktik. Analyse didaktischer Funktionen von Handlungsmustern des Unterrichts. In B. Adl-Amini, T. Schulze & Terhart (Hrsg.), *Unterrichtsmethode in Theorie und Forschung: Bilanz und Perspektiven* (S. 233–256). Beltz Verlag.

Jiménez, T. C., Grad, V. L. & Rose, E. (2007). Gaining Access to General Education: The Promise of Universal Design for Learning. *Issue in Teacher Education, 16*(2), 41–54.

Jokiaho, A. (2016). *Virtualisierung didaktischer Szenarien für die Hochschullehre.* Pädagogische Hochschule Ludwigsburg, Ludwigsburg. https://phbl-opus.phlb.de/frontdoor/deliver/index/docId/463/file/dissertation_jokiaho+-+NEU.pdf [23.02.2021].

Kieserling, M. & Melle, I. (2019). An experimental digital learning environment with universal accessibility. *Chemistry Teacher International,* 1–9.

KMK. (2018). *Sonderpädagogische Förderung in Schulen 2007 bis 2016.* https://www.kmk.org/fileadmin/Dateien/pdf/Statistik/Dokumentationen/Dok_214_SoPaeFoe_2016.pdf [23.02.2021].

Krause, K. & Kuhl, J. (2018). Was ist guter inklusiver Fachunterricht? Qualitätsverständnis, Prinzipien und Rahmenkonzeption. In B. Roters (Hrsg.), *Beiträge zur Schulentwicklung. Inklusiver Englischunterricht: Impulse zur Unterrichtsentwicklung aus fachdidaktischer und sonderpädagogischer Perspektive* (S. 175–197). Waxmann.

Krause, M. (2018). Dynamische Prozesse auf der Teilchenebene mithilfe von StopMotion-Videos lernen. In J. Meßinger-Koppelt & J. Maxton-Küchenmeister (Hrsg.), *Naturwissenschaften / Joachim Herz Stiftung. Naturwissenschaften digital: Toolbox für den Unterricht* (1. Aufl., S. 68–71). Joachim Herz Stiftung Verlag.

Leisen, J. (2014). Wie soll ich denn meinen Unterricht planen? Lehr-Lern-Prozesse planen am Beispiel Elektrizitätslehre in Physik. In U. Maier (Hrsg.), *UTB: 3876 : Schulpädagogik. Lehr-Lernprozesse in der Schule: Referendariat: Praxiswissen für den Vorbereitungsdienst* (S. 102–117). Klinkhardt.

Lorenz, R. & Endberg, M. (2019). Einzelbeiträge 2019. *MedienPädagogik: Zeitschrift für Theorie und Praxis der Medienbildung, 2019*(Occasional Papers), 61–81.

Mishra, P. & Koehler, M. J. (2006). Technological Pedagogical Content Knowledge: A Framework for Teacher Knowledge. *Teachers College Record, 108*(6), 1017–1054.

Parchmann, I., Gräsel, C., Baer, A., Nentwig, Peter, Demuth, Reinhard & Ralle, Bernd and the ChiK Project Group (2006). „Chemie im Kontext": A symbiotic implementation of a context-based teaching and learning approach. *International Journal of Science Education, 9*(28), 1041–1062.

Petko, D. (2014). *Einführung in die Mediendidaktik: Lehren und Lernen mit digitalen Medien. Pädagogik: Bd. 25.* Beltz.

Ragin, C. C. (2009). *Fuzzy-set social science* ([Nachdr.]). Univ. of Chicago Press.

Rose, D. H. & Meyer, A. (2002). *Teaching every student in the Digital Age: Universal design for learning.* Alexandria, Va: Association for Supervision and Curriculum Development.

Schmidkunz, H. & Lindemann, H. (1995). *Das forschend-entwickelnde Unterrichtsverfahren. Problemlösen im naturwissenschaftlichen Unterricht.* Westarp Wissenschaften.

Scholz, I. (2016). *Das heterogene Klassenzimmer: Differenziert unterrichten* (2., unveränderte Auflage). Vandenhoeck & Ruprecht.

Sweller, J., Ayres, P. & Kalyuga, S. (2011). *Cognitive Load Theory* (1. Aufl.). *Explorations in the Learning Sciences, Instructional Systems and Performance Technologies: Bd. 1.* Springer New York.

Ulrich, N. & Huwer, J. (2017). Digitale (Schul)Bücher – Vom E-Book zum Multitouch Learning Book. In J. Meßinger-Koppelt, S. Schanze & J. Groß (Hrsg.), *Lernprozesse mit digitalen Werkzeugen unterstützen: Perspektiven aus der Didaktik naturwissenschaftlicher Fächer* (S. 63–71). Joachim-Herz-Stiftung Verl.

van Ackeren, I., Aufenanger, S., Eickelmann, B., Friedrich, S., Kammerl, R., Knopf, J., Mayrberger, K., Scheika, H., Scheiter, K. & Schiefner-Rohs, M. (2019). Digitalisierung in der Lehrerbildung. Herausforderungen, Entwicklungsfelder und Förderung von Gesamtkonzepten. *DDS – Die Deutsche Schule, 111*(1), 103–119.

Yin, R. K. (2018). *Case study research and applications: Design and methods.* Sage.

Zimmermann, F. & Melle, I. (2019). Designing a university seminar to professionalize prospective teachers for digitization in chemistry education. *Chemistry Teacher International,* 1–9.

Katja Weirauch, Claudia Schenk, Christoph Ratz und
Christiane Reuter

Experimente gestalten für inklusiven Chemieunterricht. Erkenntnisse aus dem interdisziplinären Lehr- und Forschungs-Projekt ‚Chemie all-inclusive' (Chai)

Zusammenfassung: Für die Gestaltung von inklusivem Chemieunterricht werden drei Elemente von Fachlichkeit expliziert: Begriffe bzw. Fachsprache, Modelle, Experimentieren. Aufbauend darauf werden praktisch bewährte Methodenwerkzeuge vorgestellt und diskutiert, wie Elemente von Fachlichkeit mit ihnen vermittelt werden können. Abschließend wird versucht, Charakteristika einer generisch naturwissenschaftlich-inklusiven Didaktik abzubilden und schlussfolgernd eine für ihre Realisierung notwendige professionelle Kompetenz zu umreißen.

Schlagwörter: Inklusiver Chemieunterricht, Inklusive Didaktik, Förderschwerpunkt Geistige Entwicklung, geistige Behinderung

Designing Experiments for inclusive Chemistry Teaching. Findings from the interdisciplinary teaching- and research-project 'Chemie all-inclusive' (Chai)

Abstract: Three aspects of subject-specific content („Fachlichkeit") are essential for inclusive chemistry teaching: wording and terminology, models and experiments. Considering these, several teaching methods are presented that have proven to be helpful in practice. We discuss how elements of subject-specific content may be addressed by these methods. Finally, we deduce generic characteristics of inclusive science teaching and try to outline professional competencies for its realization.

Keywords: inclusive chemistry teaching, inclusive education, intellectual disability, developmental disability

1. Einleitung

Entsprechend ihrer Profession bringen Lehrkräfte eigentlich vielfältige Kenntnisse mit, um inklusive Lerngruppen zu unterrichten. Erfolgreiche Unterrichtspraktiken der Förderschulen sind z. T. aus der Allgemeinen Didaktik entliehen, und umgekehrt finden sich erfolgreiche Methoden des Förderunterrichts an Allgemeinen Schulen (Florian & Linklater, 2010). Häufig fehlt jedoch das Wissen über die konkrete Planung von inklusivem Unterricht und die interdisziplinäre Zusammenführung der wechselseitigen Expertise gelingt nicht (Menthe & Scheidel, 2015).

Im inklusiven (Fach-)Unterricht müssen verschiedene Aspekte berücksichtigt werden, die Ratz (2017) formuliert und die hier für das Fach Chemie spezifiziert sind (siehe Abb. 1).

Abb. 1: Orientierungspunkte für inklusiven Chemieunterricht

Nach diesen Prämissen kooperieren seit Jahren Chemiedidaktik und Lehrstuhl für Pädagogik bei Geistiger Behinderung an der Universität Würzburg. Gemeinsam wurde an der Klärung relevanter Elemente von Fachlichkeit gearbeitet, um darauf aufbauend nützliche Methodenwerkzeuge abzuleiten (Weirauch, Schenk, Ratz & Reuter, 2020). Mittlerweile haben damit Studierende aller Lehrämter und sonderpädagogischer Fachrichtungen über 70 Experimentierstationen entwickelt. Aus der mehrfachen Durchführung mit Klassen verschiedener Förderschwerpunkte und Jahrgangsstufen oder Klassen für geflüchtete Schüler*innen (DaZ) gingen best-practice-Beispiele hervor. Diese wurden mit Lehrkräften reflektiert, überarbeitet und im Rahmen von Tagungen diskutiert.

2. Fachlichkeit und inklusiver Chemieunterricht

Abels, Plotz, Koliander und Heidinger (2018) bemängeln, dass aktuelle Vorgaben für das Lehren von Chemie den Anforderungen inklusiven Unterrichtens widersprechen. In einer inklusiv orientierten Schullandschaft muss gewährleistet werden, dass alle Schüler*innen Zugang zu Inhalten haben, die dem Anspruch nach kategorialer Bildung im Sinne Klafkis (1996) gerecht werden. Dabei bietet die Orientierung an Fächern der Regelschule eine wichtige Grundlage für die Auswahl von Bildungsinhalten. Auch für den Förderschwerpunkt geistige Entwicklung (FgE) wurde diese in den letzten Jahren verstärkt in der Literatur gefordert (Ratz, 2011; Riegert & Musenberg, 2015) und findet Eingang in neuere Bildungspläne.

Inhalte und Ziele naturwissenschaftlicher Fächer werden in Bildungsstandards der KMK für die weiterführenden Schulen beschrieben. Als primäres Ziel formulieren sie das Erlangen einer naturwissenschaftlichen Grundbildung (KMK, 2005). Diese sog. Scientific Literacy umfasst einerseits Fachwissen und andererseits die Anwendung dieses Wissens, um persönliche und gesellschaftliche Entscheidungen zu fällen (Lederman, Antink & Bartos, 2014). Was bedeutet naturwissenschaftliche Bildung, was sind ihre Inhalte und welche didaktischen Herangehensweisen sind für inklusive Ansätze zielführend?

Zentrales Anliegen der (Natur-)Wissenschaft ist es, natürliche Phänomene zu erklären. Die Eigenheit der Naturwissenschaften wird in der internationalen Forschung als „Nature of Science" (NOS) bezeichnet. McComas, Michael und Almazora (1998) betonen unter anderem, dass es keinen einen Weg des naturwissenschaftlichen Erkenntnisgewinns gibt und dass Erkenntnisse immer vorläufig und subjektiv gefärbt sind. Während NOS allen Naturwissenschaften gemeinsam ist, bestehen Unterschiede zwischen den Fächern und damit eine jeweils generische Fachlichkeit.

Fachlichkeit wird hier nicht als Teil von Professionalität betrachtet, sondern als eine zentrale Dimension von Unterricht. Gemeint ist „ein bestimmter Modus der Organisation eines Wissens und des Umganges mit ihm, eine bestimmte ‚Wissenspraxis', die im Sortieren, Ordnen, Vereinheitlichen und Verknüpfen von Wissen in Wissensbeständen und in der Abgrenzung gegenüber anderen besteht" (Reh, 2018, S. 66). Reh weist darauf hin, dass Fachlichkeit in Bezug auf Unterricht als Produkt der Interaktion zwischen Lehrkraft und Lernenden zu einem Thema verstanden werden muss, und damit das „Schulwissen" gemeinsam „koproduziert" wird (ebd.).

Versteht man Chemie als Wissenschaft der Eigenschaften und Veränderungen von Stoffen, so wird deutlich, dass sie nicht erst mit dem Aufstellen von Gleichungen beginnt, sondern es bereits zu Chemie gehört, Stoffe zu (er-)kennen, diese zu erkunden und zu manipulieren. Der übliche „didaktische Denkhorizont" der Curricula für Chemie beachtet basale Themen, welche für inklusive Ansätze aber essentiell sind, nur wenig. Abgesehen von der thematischen Fokussierung muss eine Konzentration auf grundlegende fachliche Prinzipien erfolgen, wobei die in den Bildungsstandards formulierten „Basiskonzepte" des Faches Orientierung bieten können (Stoff-Teilchen- u. Struktur-Eigenschafts-Konzept, chemische Reaktion, Energiebeteiligung) (KMK, 2005). Stärker fächerübergreifende Prinzipien finden sich in den „Crosscutting Concepts" der Next Generation Science Standards (NGSS, 2013), z. B. Ursache und Wirkung, Masse und Energie, Struktur und Funktion. Die im Rahmen von PISA 2018 formulierten Kompetenzstufen sehen im einfachsten Fall das Nutzen grundlegenden Wissens zur Erklärung einfacher Phänomene vor. „Mit Unterstützung" können Schüler*innen „vorstrukturierte naturwissenschaftliche Untersuchungen mit maximal zwei Variablen durchführen" (Reiss, Weis, Klieme & Köller, 2019, S. 221). Es stellt sich jedoch die Frage, welcher Art die Unterstützung sein muss, um (sehr heterogenen) Lerngruppen einen entsprechenden naturwissenschaftlichen Erkenntnisgewinn zu ermöglichen. Unter Berücksichtigung der oben genannten Rahmenvorgaben hat sich im Chai-Projekt eine Fokussierung auf drei wesentliche Elemente bewährt: Fachsprache, Modellieren sowie Experimentieren.

3.   Elemente von Fachlichkeit

Für das Erlernen von Chemie beschreibt Johnstone (1993) drei notwendige Betrachtungsebenen: Die Makroebene, die submikroskopische Ebene und die „repräsentative" Ebene (Symbole, chemische Gleichungen). Wesentliche Methoden der Erkenntnisgewinnung wie Experimentieren, aber ausdrücklich auch Modellieren tragen auf Makroebene zur Auseinandersetzung mit der Sache bei, können kognitiv aktivieren und ermöglichen eine anschaulich induktive Vorgehensweise. Modelle öffnen den Zugang zur submikroskopischen Betrachtungsebene der Chemie (im Sinne Johnstones), aber auch zur symbolischen. Letztere ist eng verknüpft mit und nur zugänglich über eine entsprechende Fachsprache. Über die Anpassung von Begrifflichkeiten als generisch fachdidaktische Aufgabe (Schecker, Parchmann & Starauschek, 2015) muss in inklusiven Settings besonders gründlich nachgedacht werden.

3.1 Begriffe und (Fach-)Sprache

Sprechen und Denken stehen bei der Erschließung von Welt in unmittelbarem Zusammenhang. Begriffe und mentale Repräsentationen sind aufeinander bezogen und werden durch Erfahrungen in Interaktion mit der Umwelt generiert und vernetzt (Gropengießer, 2007). Gebhard, Höttecke und Rehm (2017) bekräftigen, dass es nicht reicht, lediglich in Alltagssprache zu sprechen. Durch Fachsprache werden Objekte und Prozesse präzisiert, Fachwörter definiert und können kontextunabhängig von einer wissenschaftlichen Adressat*innengruppe verstanden werden. Von Seiten der Lehrkräfte besteht die Gefahr, die Verwendung von Fachsprache von Schüler*innen vorschnell einzufordern. Die gewünschte Fachsprache kann dann überfordernd wirken oder fälschlicherweise Verstehen suggerieren.

Aufgrund der sprachlichen Heterogenität von Schüler*innen in inklusiven Settings müssen zunächst direkte Erfahrungen im Vordergrund stehen. Die Alltagssprache stellt den Ausgangspunkt für das Erlernen naturwissenschaftlicher Begriffe und deren Vernetzung dar, da deren Semantik für die Entwicklung fachsprachlicher Begriffe und das Verstehen ihrer entsprechenden Bedeutung unbedingt nötig ist. Das heißt, Lernen muss in einer Sprache erfolgen, die den Schüler*innen vertraut sowie bereits verfügbar ist – das meint ausdrücklich auch nonverbale Kommunikationsformen. Kurz gesagt: Es ist besser in Alltagssprache in die Welt der Naturwissenschaften und ihre Denkweisen einzutauchen, als von dieser Welt aufgrund sprachlicher Schwierigkeiten ausgeschlossen zu sein. In einem reflexiven Prozess werden unter Berücksichtigung der Bedürfnisse des Einzelnen Sprechweisen des Alltags mit fachlich angemessenen Begrifflichkeiten ergänzt (Gebhard et al., 2017). Bedacht werden muss von Anfang an, welche Fachwörter das Verstehen behindern können, adaptiert werden müssen oder ob und wie viele Fachwörter überhaupt nötig sind, um den Sachverhalt zu erklären. Dabei muss jedoch stets darauf geachtet werden, dass keine falschen Vorstellungen durch ungenaue oder falsche Begriffe hervorgebracht werden (Barke, 2006). Ein Katalysator kann auch als „Verschnellerer" bezeichnet werden oder „Sprudelgas" das Wort „Kohlenstoffdioxid" zunächst ersetzen. Kriterium zur Nutzung solcher Alltagsbegriffe muss stets sein, ob sie ausbaufähig in Richtung des Fachbegriffes sind.

3.2 Modelle und Modellieren

Die Chemie ist bestrebt, beobachtbare, materielle Phänomene auf ihren Aufbau aus kleinsten Teilchen zurückzuführen. Diese sind nicht direkt beobachtbar und so muss mit indirekten Abbildern des Geschehens gearbeitet werden, welche als „Modell" bezeichnet werden. Da nie alle Aspekte eines Originals abgebildet werden können, entscheidet sich die Person, die das Modell schafft, für bestimmte Merkmale. Modelle haben im Chemieunterricht die Funktion eines Mediums zur Vermittlung des entsprechenden fachlichen Inhalts. Ausgehend vom Realmodell soll im Kopf der Lernenden ein fachlich adäquates und für die Erklärung eines Phänomens möglichst tragfähiges Gedankenmodell entwickelt werden, welches gleichzeitig ausbaufähig für die Erklärung weiterer Phänomene ist.

Aufgrund der Ähnlichkeit zwischen Original und Modell können weitere Eigenschaften des Originals vermutet werden. Solche Voraussagen müssen wiederum experimentell oder empirisch überprüft werden, um die Gültigkeit des erweiterten Modells zu bestätigen. Die derartige Nutzung von Modellen wird als „Modellieren" bezeichnet und gilt als fachtypischer Erkenntnisweg der Chemie.

Für die Arbeit mit heterogenen Lerngruppen ist davon auszugehen, dass viele der Lernenden sich nicht-Sichtbares nicht vorstellen können. Deshalb müssen didaktische Hilfen gefunden werden, um die Arbeit mit Modellen fruchtbar zu machen. Durch einen handelnden Umgang sollen alle Schüler*innen Erfahrungen mit verschiedenen Modellen sammeln, um wichtige Aspekte von Modellkompetenz zu erlangen, wie z. B. Modelle als Kopien von etwas zu verstehen oder Modellobjekte zur Beschreibung von etwas einzusetzen (Upmeier zu Belzen & Krüger, 2010).

3.3 Experimentieren

Bisher wurde kein Konsens über einen einheitlichen Experimentierbegriff für den Unterricht gefunden (Höttecke & Rieß, 2015). Für Keune (1963, S. 670) ist ein Experiment „ein systematisch und gelenkt durchgeführtes Untersuchungsverfahren, [...] bei dem planmäßig und bewusst Beobachtungen zum Zwecke des Erkennens bestimmter Tatsachen [...] durchgeführt werden". Die Schwierigkeiten einer einheitlichen Definition zeigen sich auch beim naturwissenschaftlichen Erkenntnisweg. In der Regel existiert eine Frage, die beantwortet werden soll. Es wird eine Erklärung im Sinne einer Hypothese formuliert, welche überprüft werden soll. Beobachtungen bzw. Daten werden gewonnen und müssen interpretiert werden, womit sich klärt, ob die Hypothese bestätigt oder widerlegt wurde. Im Anschluss müssen die Ergebnisse kommuniziert werden. Zu experimenteller Kompetenz gehört die Fähigkeit, das Experiment funktionsfähig aufzubauen und die Daten zu dokumentieren und aufzubereiten (Nawrath, Maiseyenka & Schecker, 2011). Dass auch im Regelunterricht diese Anforderungen nur bedingt geleistet werden können, zeigt Nerdel (2017) auf. Für inklusiv angelegten Unterricht stellt sich deshalb die Frage, welche vereinfachten Formen sich für diese Kompetenzen finden lassen.

Gut, Hild, Metzger und Tardent (2013) formulieren Aspekte von Experimentierkompetenz, die erfolgreich angebahnt werden können. So können bei entsprechender Unterstützung Lernende der Frage nachgehen, welche Stoffe in der Windel das Wasser aufnehmen („fragengeleitetes Untersuchen"). Sie messen definierte Mengen ab („skalenbasiertes Messen") und werden durch Markierung der Einfüllhöhe unterstützt. Sie sortieren die Stoffe relativ zueinander nach ihrer Saugfähigkeit („effektbasiertes Vergleichen"). Sie beobachten, dass aus dem Superabsorber mit Wasser ein Gel entsteht, während z. B. der Zellstoff unverändert bleibt („kategoriengeleitetes Beobachten").

4. Methodenwerkzeuge für inklusiven Chemieunterricht

Im Folgenden werden ausgewählte Methodenwerkzeuge für die Planung und Umsetzung sowie deren mögliche Anwendung im Unterricht vorgestellt.

4.1 Werkzeuge für die Planung

4.1.1 Finden eines Kontextes mit DIM's

Ausgehend von der Erkenntnis, dass Lernen stets situiert ist und zur Vermeidung von trägem Wissen entstand die Forderung, im Unterricht stets an Kontexte aus dem Alltag anzuknüpfen. Vor allem im Fach Chemie entstanden Konzepte, die für Schüler*innen bedeutsame Gegenstände und Gründe für die Beschäftigung mit Chemie suchten (Demuth, Gräsel, Parchmann & Ralle, 2008). Spätere Untersuchungen zeigen, dass ein allgemeiner Alltagsbezug keine gesteigerte Motivation bei den Lernenden erzielt. Um sinngebend zu wirken, muss ein Kontext von Lernenden als authentisch und besonders und damit als relevant empfunden werden (van Vorst, Fechner & Sumfleth, 2017).

Das Finden eines authentischen Phänomens erweist sich immer wieder als schwierig. Hilfreich kann das Methodenwerkzeug „DIM" („das interessiert mich") sein (Weirauch et al., 2020). Es fokussiert die Interessen der Lehrenden und nutzt deren eigene Emotionen als Auswahlkriterium. Ein Eigeninteresse der Lehrkraft geht in der Regel mit einem größeren Enthusiasmus für das Lehren einher, und dieser gilt als ein Prädiktor für erfolgreicheres Lernen (Kunter et al., 2011). Zur Findung eines Phänomens wird ein WebQuest durchgeführt, um „DIM's" zu identifizieren. Hilfreich ist die Eigenbeobachtung: Wenn man selbst in „Grinsen oder Grübeln" (G&G) ausbricht, ist das ein guter Indikator dafür, dass es Lernenden ähnlich geht.

Negative Emotionen können ebenso aktivierend wirken wie positive (Pekrun, 2006). Kriterium für die Entscheidung für ein Phänomen sollte sein, welches die anvisierten Lernenden voraussichtlich am stärksten als authentisch wahrnehmen. Durch einen am Kontext arbeitenden Unterricht entsteht explizit ein inklusiver Zugang, da mit größerer Wahrscheinlichkeit alle Lernenden über Vorerfahrungen verfügen.

4.1.2 Suche nach dem dahinterstehenden Prinzip

Zur Planung inklusiver Experimentierstationen muss die didaktische Strukturierung und fachliche Klärung (Kattmann, Duit, Gropengießer & Komorek, 1997) eines bestimmten Phänomens für eine heterogene Schülerschaft erfahrungsgemäß sehr tiefgreifend stattfinden, denn:

- Phänomene aus der Lebenswelt sind komplex und nicht mit wenigen Worten zu erklären (Weirauch, Lohwasser, Fenner & Geidel, 2019)
- Fachliche Hintergründe von Alltagsphänomenen sind kein „Standard-Chemie-Wissen" und oft nicht ganz geklärt
- Es ist schwierig, sich auf *ein* zu vermittelndes Prinzip zu fokussieren.

Orientierung bietet das Konzept der Elementarisierung, welches sich ausgehend von Klafki (1996) entwickelt hat. Heinen (2003) kritisiert, dass Bedürfnisse von Schüler*innen, die abseits der Ideallinie von Unterricht liegen, viel zu wenig beachtet werden. Er hat das Modell weiterentwickelt und auf die Geistigbehindertenpädagogik übertragen. Es geht nicht darum, nur Fachinhalte zu reduzieren bzw. zu simplifizieren. Nach Lamers und Heinen (2006) sollen die elementaren Strukturen eines Lerninhalts auch aus methodisch-medialen, kulturell-gesellschaftlichen, persönlich bedeutsamen und entwicklungspsychologischen Blickwinkeln betrachtet werden. Es wird nach den konstitutiven Grundbestandteilen des Faches gefragt, um elementare Strukturen der Bildungsinhalte zu identifizieren und den gewählten Inhalt bzw. Kontext sach- und schülergemäß aufzubereiten.

Nachdem ein interessantes Alltagsphänomen gefunden wurde, gilt es also, fachliche Grundbestandteile offenzulegen, um dann eine Entscheidung für das zu vermittelnde naturwissenschaftliche Prinzip zu fällen. Diese Aufgabe ist keineswegs trivial. Sie geht mit der Entwicklung eines grundsätzlichen Verständnisses vom Fach, seiner Inhalte und den individuellen Zugangsmöglichkeiten der Schüler*innen einher.

4.1.3 Planungsraster mit Zugangsebenen

Zur Planung einer Experimentierstation, an der alle Lernenden aktiv handelnd tätig werden können, bietet sich ein Planungsraster an, dessen Ziel ist es, für jeden Erkenntnisschritt verschiedene Zugänge zum Lerninhalt mitzudenken. Auf Grundlage theoretischer Überlegungen von Leontjev (1980) und Straßmeier (2000) nutzt Goschler (2018) die Idee des Lernstrukturgitters von Kutzer (1998) für die Entwicklung seines Planungsrasters. Damit sollen die verschiedenen „Zugangstüren" bei der Planung von inklusiven Settings kleinschrittig bedacht und gezielt für die Schüler*innen geöffnet werden. In Anlehnung an Goschler (2018) empfehlen wir die Berücksichtigung folgender Zugangsebenen:

- *basal-perzeptive Ebene:* Entsprechend der fachlichen Zielsetzung geht es beim Zugang über Wahrnehmungsprozesse um die sinnliche Erkundung und Erfahrung z. B. von Farbe, Textur, Geschmack.
- *konkret-gegenständliche Ebene:* Das Experimentieren oder der Umgang mit Realmodellen fokussiert den Zugang über Gegenständlichkeit und Handlung, wobei es nicht bei bloßem Tun oder Hantieren bleiben darf. Im Mittelpunkt steht die kognitive Aktivierung, welche mit Denkprozessen einhergeht und unterschiedliche Formen der Kooperation beinhalten kann.
- *anschaulich-bildhafte*[1] *Ebene:* Durch Veranschaulichung wird die Verbal- und Schriftsprache mit Realgegenständen, Fotos oder Piktogrammen unterstützt, z. B. durch visualisierte Anleitungen, Markierungen an Gefahrenstellen oder Messinstrumenten. Die Abstraktionsgrade der Ikonizität und weitere Möglichkeiten der Darstellung (Scholz, Dechant, Dönges & Risch, 2018) sollten bedacht und reflektiert werden.
- *abstrakt-begriffliche Ebene:* Beim Zugang über Abstraktion erfolgt eine rein kognitive Erfassung der Wirklichkeit über Sprache, Gedanken und Schrift ohne direkte Aneignungsmittel. Dies geschieht z. B. beim Formulieren von Hypothesen oder Begründungen, beim Erwerb von Fachbegriffen oder beim Transfer auf andere Phänomene.

Im tabellarisch angeordneten Planungsraster (Goschler, 2018) werden für jeden Erkenntnisschritt möglichst konkrete Vorhaben bzw. Zugänge zum Gemeinsamen Gegenstand (Feuser, 2013) notiert und während der Planung mehrfach reflektiert. Wesentlich ist, dass alle vier Zugänge für *alle* Lernenden jederzeit offenstehen, keine Hierarchie unter ihnen besteht und während des Lernprozesses zwischen den Ebenen gewechselt werden kann. Die einzelnen Ebenen beeinflussen sich wechselseitig, d. h. sie sind nicht streng voneinander abgrenzbar und ermöglichen verschiedene Zugänge an dersel-

---

1 Abweichend von Goschler verwenden wir hier in Anlehnung an Menthe und Hoffmann (2016) den Begriff „anschaulich-bildhaft".

ben Station. So können Kinder mit FgE bei passender Formulierung von der abstrakt-begrifflichen Ebene ebenso profitieren wie hochbegabte Kinder von Angeboten auf basal-perzeptiver Ebene. Wichtig ist, dass die Angebote auf den verschiedenen Ebenen der gleichen Logik folgen, d. h. *dieselbe* Idee vermittelt wird.

4.2 Werkzeuge für die Umsetzung

Makroskopische Veränderungen von Stoffen lassen sich chemisch nur auf Ebene submikroskopischer Teilchen erklären. Das Verständnis von nicht Sichtbarem erfordert die Fähigkeit zur Imagination (vgl. Schenk & Ratz, in diesem Beiheft). Da chemische Modellvorstellungen den anvisierten Lernenden in der Regel unbekannt sind, bleibt nur der Weg, die metaphorische Übertragung vom Ursprungsbereich der Alltagserfahrung auf den Zielbereich des Fachlichen anzubahnen. Die Teilchenebene und deren Verknüpfung mit der Realebene sollte möglichst konkret erfahrbar und somit begreifbar sein. Erklärungen dürfen nie nur sprachlich erfolgen. Durch Realmodelle – wir sprechen von „Teilchen-Theater" – wird das Unsichtbare sichtbar, chemische Ursachen handelnd erfahrbar und Erklärungen erschlossen. Als Unterstützung der Übertragung auf das reale Phänomen dient ein sog. „Zoom-Booklet".

4.2.1 Teilchen-Theater

Analogiemodelle sind nahe an der Erfahrungswelt der Lernenden, da sie auf ein inneres, aus der Lebenswelt bekanntes Bild zurückgreifen, um das beobachtete Phänomen zu erklären. Die Lösung von Salz in Wasser kann z. B. erklärt werden als „das Salz ist im Wasser so fein verteilt, dass man es nicht mehr sehen kann". Die Analogie der Verteilung wird genutzt, um zu verdeutlichen, dass Auflösen nicht mit Verschwinden gleichzusetzen ist. Das Herauszischen des unsichtbaren Kohlenstoffdioxid aus einer Sprudelflasche kann verglichen werden mit dem Herausquellen von Kindern aus einem vollgestopften Bus.

Auch das leibliche Nachspielen kann Lernenden helfen, Prozesse zu verstehen (McSharry & Jones, 2000) oder eine Erfahrung zu machen, die ein späteres Verständnis unterstützen kann (Aubusson, Fogwill, Barr & Perkovic, 1993). Mit diesem „Rollenspiel-Teilchen-Theater" kann z. B. die Reaktion von Säure mit Kalk nachvollzogen werden, wenn sich Kinder in der Rolle des „Kalks" an beiden Händen festhalten. Diese Bindung ist so fest, dass man die gepaarten Bausteine des Kalks schwer wegschieben kann. Ein Kind spielt Säure und gibt sein Proton in Form eines Balls ab, den es auf den Kalk wirft. Um den Ball zu fangen, müssen die miteinander verbundenen Kinder ihre Hände loslassen. Einzeln können die Kinder leichter bewegt werden. Das Rollenspiel illustriert, dass Bindungen im Kalk durch Einwirken des Protons (im weitesten Sinne) gebrochen werden und sich der Feststoff lösen lässt.

Falls sich keine tragfähige Analogie finden lässt, muss man auf Funktionsmodelle zurückgreifen, die relevante Aspekte der Teilchenebene abbilden (Abb. 2). Schüler*innen können damit schrittweise und eigentätig die chemischen Prozesse nachstellen. Bspw. symbolisieren Klettverschlüsse Bindungen, die gelöst oder verbunden werden und durch verformbare Stahlschwämme kann die Denaturierung von Eiweißmolekülen imitiert werden.

Abb. 2: Nachstellen des Abfiltrierens des denaturierten Eiweiß

4.2.2 Zoom-Booklet

Lernende müssen nicht nur Modelle zur Imagination der chemischen Teilchenebene kennenlernen, sie müssen auch dabei unterstützt werden, diese Modellvorstellungen mit dem beobachtbaren Phänomen sinnvoll zu verknüpfen. Dies ist nach Sumfleth und Nakoinz (2019) ein generisches Problem der Chemiedidaktik und gelingt oft nicht. Ohne entsprechende Verknüpfung kann das Modell zwar eine innere Logik entfalten, aber keine Erklärungsmacht für ein Phänomen entwickeln.

Abb. 3: Zoom-Booklet zu „Herstellung von Quark"

Deshalb wird beim Zoom-Booklet mit einer Lupe den Lernenden zunächst das Prinzip der Vergrößerung demonstriert – vorzugsweise an dem Real-Objekt, dessen innerer Aufbau verstanden werden soll. Die weiteren zur Vergrößerung genutzten Geräte sind jeweils auf durchsichtigen Folien den Abbildungen der verschieden vergrößerten Ebenen zwischengeschaltet, ein Umblättern ergibt das durch dieses Gerät sichtbar Gemachte (Abb. 3). Seite für Seite wird von der Makroebene über die Mikroebene zur submikro-skopischen Ebene geleitet. Das finale Bild bildet die Brücke zum möglichst ähnlich aussehenden Funktionsmodell (Abb. 4), mit dessen Hilfe die chemi-schen Vorgänge nachgestellt und besprochen werden (Abb. 2) (Bsp. aus Weirauch, Schenk & Ratz, in Druck).

Abb. 4: Letzte Seite des Zoom-Booklets „Bestandteile der Milch"

5. Diskussion, Fazit, Ausblick

Dieser Beitrag zeigt, dass die Komplexität des Faches Chemie nicht vermieden werden kann und nur durch abstrakte Denkoperationen und Modelle verstehbar ist. Diese fachimmanenten Barrieren können durch die vorgestellte Methodik reduziert und damit ein individueller Zugewinn an Fachlichkeit und damit Scientific Literacy ermöglicht werden. Die Schaffung von passenden Lerngelegenheiten ist – wie so oft in der Bildung – ein Wagnis ohne Gewähr des Erfolgs, stellt aber einen Vertrauensbeweis in die Bildbarkeit des Subjektes dar und ist aus pädagogischer Sicht unverzichtbar.

Über die interdisziplinäre Exploration des Notwendigen einerseits und des Möglichen andererseits wurde im Chai-Projekt eine generisch inklusiv-naturwissenschaftliche Perspektive gewonnen, die letztlich drei Aspekte betrifft: die behandelbaren Inhalte, die notwendige pädagogische Haltung und eine zielführende Methodik. Aus Perspektive der Lehrkräfte sind damit die drei zentralen Dimensionen Professionellen Wissens (Kunter et al.,

113

2011) adressiert und es kann skizziert werden, was Lehrkräfte jeweils können und wissen müssen, um inklusiv naturwissenschaftlich zu unterrichten. Chemielehrkräfte müssen ihr Fachwissen auf meist wenig beachtete, konstitutive Grundbestandteile ihres Faches fokussieren. Lehrkräfte der Sonderpädagogik müssen ein Verständnis der oben umrissenen Inhalte für sich erschließen bzw. reaktivieren. Aus pädagogisch-psychologischer Sicht müssen die Lehrkräfte einen diagnostischen Blick entwickeln, der inhaltsspezifische Lernhemmnisse berücksichtigt. Weil ein *inklusiver Blick* immer individuell sein muss, muss die Lehrkraft erkennen, welche Barrieren es für die Einzelnen beim Verstehen geben kann und welche Inhalte als nächstes zu vermitteln sind. Es geht also nicht ohne den entsprechenden Menschen, der seine Schüler*innen kennt und mit ihnen in Beziehung tritt, es geht aber auch nicht ohne ein entsprechendes fachliches Verständnis. Schließlich muss die Lernumgebung so vorbereitet sein, dass die Lehrkraft flexibel und mit Blick auf den Einzelnen jederzeit passende Unterstützungsmaßnahmen nutzen kann. Wie das Teilchen-Theater oder das Zoom-Booklet zeigen, vereinen geeignete Methoden Aspekte, welche die Perspektive von Fach und Sonderpädagogik kombinieren und für andere Fächer nicht gleichermaßen Anwendung finden können. Damit sind sie generisch inklusiv-chemische Methodenwerkzeuge und gehören zu einem inklusiv-chemiedidaktischen Wissen.

Inwiefern sich das Professionswissen von Lehrkräften im Rahmen dieser Methodik verändern kann, muss die weitere Forschung zeigen. Eine aktuelle Videographie-Studie untersucht den Zugewinn an Fachlichkeit von Schüler*innen beim Experimentieren.

Literaturverzeichnis

Abels, S., Plotz, T., Koliander, B. & Heidinger, C. (2018). Berufliche Anforderungen im inklusiven Chemieunterricht. In C. Maurer (Hrsg.), *Qualitätsvoller Chemie- und Physikunterricht – normative und empirische Dimensionen* (S. 210–213). GDCP.

Aubusson, P., Fogwill, S., Barr, R. & Perkovic, L. (1993). What Happens When Students Do Simulation-role-play in Science? *Research in Science Education, 27*, 565–579.

Barke, H.-D. (2006). *Chemiedidaktik – Diagnose und Korrektur von Schülervorstellungen.* Berlin: Springer.

Demuth, R., Gräsel, C., Parchmann, I. & Ralle, B. (2008). *Chemie im Kontext – Von der Innovation zur nachhaltigen Verbreitung eines Unterrichtskonzeptes.* Münster: Waxmann.

Feuser, G. (2013). Die „Kooperation am Gemeinsamen Gegenstand" – ein Entwicklung induzierendes Lernen. In G. Feuser & J. Kutscher, Entwicklung und Lernen (7. Aufl., S. 282–293).

Florian, L., & Linklater, H. (2010). Preparing teachers for inclusive education: using inclusive pedagogy to enhance teaching and learning for all. *Cambridge Journal of Education, 40*, 369–386.

Gebhard, U., Höttecke, D. & Rehm, M. (2017). *Pädagogik der Naturwissenschaften.* Wiesbaden: Springer.

Goschler, W. (2018). *Inklusive Didaktik in Theorie und Praxis. Lernwerkstattarbeit und mathematische Muster am gemeinsamen Gegenstand.* Würzburg University Press.

Gropengießer, H. (2007). Theorie des erfahrungsbasierten Verstehens. In D. Krüger & H. Vogt (Hrsg.), *Theorien in der biologiedidaktischen Forschung. Ein Handbuch für Lehramtsstudenten und Doktoranden* (S. 105–116). Berlin: Springer.

Gut, C., Hild, P., Metzger, S. & Tardent, J. (2013). Projekt ExKoNawi: Modell für hands-on Assessments experimenteller Kompetenzen. In S. Bernholdt (Hrsg.), *Naturwissenschaftliche Bildung zwischen Science- und Fachunterricht* (S. 171–174). GDCP.

Heinen, N. (2003). Überlegungen zur Didaktik mit Menschen mit schwerer Behinderung. In A. Fröhlich, N. Heinen, & W. Lamers (Hrsg.), *Schulentwicklung – Gestaltungsräume in der Arbeit mit schwerbehinderten Schülerinnen und Schülern* (S. 121–143). Düsseldorf: Verlag Selbstbestimmtes Leben.

Höttecke, D. & Rieß, F. (2015). Naturwissenschaftliches Experimentieren im Lichte der jüngeren Wissenschaftsforschung – Auf der Suche nach einem authentischen Experimentierbegriff der Fachdidaktik. *ZfDN, 21,* 127–139.

Johnstone, A. H. (1993). The Developent of Chemistry Teaching. *Journal of Chemical Education, 70,* 701–705.

Kattmann, U., Duit, R., Gropengießer, H. & Komorek, M. (1997). Das Modell der Didaktischen Rekonstruktion – Ein Rahmen für naturwissenschaftsdidaktische Forschung und Entwicklung. *ZfDN, 3,* 3–18.

Keune, H. (1963). *Grundriss der allgemeinen Methodik des Chemieunterrichts.* VEB Deutscher Verlag der Wissenschaften.

KMK (2005). Bildungsstandards im Fach Chemie für den Mittleren Schulabschluss. https://www.kmk.org/fileadmin/Dateien/veroeffentlichungen_beschluesse/2004/2004_12_16-Bildungsstandards-Chemie.pdf [11.01.2021].

Klafki, W. (1996). *Neue Studien zur Bildungstheorie und Didaktik. Zeitgemäße Allgemeinbildung und kritisch-konstruktive Didaktik.* Weinheim: Beltz.

Kunter, M., Baumert, J., Blum, W., Klusmann, U., Krauss, S. & Neubrand, M. (2011). *Professionelle Kompetenz von Lehrkräften.* Münster: Waxmann.

Kutzer, R. (1998). *Mathematik entdecken und verstehen.* Moritz Diesterweg.

Lamers, W. & Heinen, N. (2006). Bildung mit ForMat – Impulse für eine veränderte Unterrichtspraxis mit Schülerinnen und Schülern mit schwerer Behinderung. In D. Laubenstein, W. Lamers, & N. Heinen (Hrsg.), *Basale Stimulation: kritisch-konstruktiv* (S. 141–205). Düsseldorf: Verlag Selbstbestimmtes Leben.

Lederman, N., Antink, A. & Bartos, S. (2014). Nature of Science, Scientific Inquiry, and Socio-Scientific Issues Arising from Genetics: A Pathway to Developing a Scientifically Literate Citizenry. *Science and Education, 23,* 285–302.

Leontjev, A. N. (1980). *Probleme der Entwicklung des Psychischen.* Athenäum.

McComas, W. F., Michael, P.-C. & Almazora, H. (1998). The Role and Character of the Nature of Science in Science Education. In W. F. McComas (Hrsg.), *The Nature of Science in Science Education* (S. 3–39). Kluwer Academic Publishers.

McSharry, G. & Jones, S. (2000). Role-play in science teaching and learning. *School Science Review, 82,* 73–82.

Menthe, J. & Hoffmann, T. (2016). Inklusiver Chemieunterricht. Ausgewählte Konzepte und Praxisbeispiele aus Sonderpädagogik und Fachdidaktik. In J. Menthe, D. Höttecke, T. Zabka, M. Hammann, & M. Rothgangel (Hrsg), *Befähigung zu gesellschaftlicher Teilhabe* (S. 351–360). Münster: Waxmann.

115

Menthe, J. & Scheidel, J. H. (2015). Inklusiver Chemieunterricht – Herausforderungen und Lösungsansätze. In S. Bernholt (Hrsg.), *Heterogenität und Diversität – Vielfalt der Voraussetzungen im naturwissenschaftlichen* (S. 46–48). Kiel: IPN.

Nawrath, D., Maiseyenka, V. & Schecker, H. (2011). Experimentelle Kompetenz – Ein Modell für die Unterrichtspraxis. *Praxis der Naturwissenschaften – Physik in der Schule, 60*(6), 42–49.

Nerdel, C. (2017). *Grundlagen der Naturwissenschaftsdidaktik*. Berlin: Springer Spektrum.

Next Generation Science Standards: For States, By States, (2013). https://www.nextgenscience.org/ [11.01.2021].

Pekrun, R. (2006). The control-Value Theory of Achievement Emotions: Assumptions, Corollaries, and Implications for Educational Research and Practice. *Educational Psychological Review, 18*, 315–341.

Ratz, C. (2011). *Unterricht im Förderschwerpunkt geistige Entwicklung. Fachorientierung und Inklusion als didaktische Herausforderung*. Athena.

Ratz, C. (2017). Inklusive Didaktik für den Förderschwerpunkt geistige Entwicklung. In E. Fischer & C. Ratz (Hrsg.), *Inklusion. Chancen und Herausforderungen für Menschen mit geistiger Behinderung*. (S. 172–191). Zürich: Beltz Juventa.

Reh, S. (2018). Fachlichkeit, Thematisierungszwang, Interaktionsrituale. *Zeitschrift für Pädagogik*, Beltz Juventa.

Reiss, K., Weis, M., Klieme, E. & Köller, O. (2019). *PISA 2018. Grundbildung im internationalen Vergleich*. Münster: Waxmann.

Riegert, J. & Musenberg, O. (2015). *Inklusiver Fachunterricht in der Sekundarstufe*. Verlag W. Stuttgart: Kohlhammer.

Schecker, H., Parchmann, I. & Starauschek, E. (2015). Fachlichkeit der Fachdidaktik – Standortbestimmung und Perspektiven. In C. Maurer (Hrsg.), *Authentizität und Lernen – das Fach in der Fachdidaktik* (S. 25–28). GDCP.

Scholz, M., Dechant, C., Dönges, C. & Risch, B. (2018). Naturwissenschaftliche Inhalte für Schülerinnen und Schüler mit kognitiven Beeinträchtigungen aufbereiten. *Vierteljahresschrift für Heilpädagogik und ihre Nachbargebiete, 87*, 318–335.

Straßmeier, W. (2000). *Didaktik für den Unterricht mit geistigbehinderten Schülern*. München: Reinhardt UTB.

Sumfleth, E. & Nakoinz, S. (2019). Chemie verstehen – beobachtbare makroskopische Phänomene auf submikroskopischer Ebene modellbasiert interpretieren. *ZfDN, 25*, 231–243.

Upmeier zu Belzen, A. & Krüger, D. (2010). Modellkompetenz im Biologieunterricht. *ZfDN, 16*, 41–57.

van Vorst, H., Fechner, S. & Sumfleth, E. (2017). Unterscheidung von Kontexten für den Chemieunterricht – Untersuchung des Einflusses möglicher Kontextmerkmale auf das situationale Interesse im Fach Chemie. *ZfDN, 24*, 167–181.

Weirauch, K., Lohwasser, K., Fenner, C. & Geidel, E. (2019). Chemie im Kontext weitergedacht – ein Diskussionsbeitrag. In C. Maurer (Hrsg.), *Naturwissenschaftliche Bildung als Grundlage für berufliche und gesellschaftliche Teilhabe* (S. 193–196). GDCP.

Weirauch, K., Schenk, C., Ratz, C. & Reuter, C. (2020). *Chemie all-inclusive*. Institut für Sonderpädagogik.

Weirauch, K., Schenk, C. & Ratz, C. (in Druck). *Experimentieren im inklusiven Chemieunterricht. Anleitungen und differenzierte Materialien zum Erkunden von Alltagsphänomenen*. Buxtehude: Persen Verlag.

Grundlegende fachliche Diskurse

Michaela Oettle, Silke Mikelskis-Seifert,
Katja Scharenberg und Wolfram Rollett

Das Freiburger Modell der kontextorientierten Gestaltung von Lernumgebungen für den inklusiven Physikunterricht[1]

Zusammenfassung: Ausgehend von Befunden der Inklusions- und Fachdidaktikforschung definiert der Beitrag drei Kernmerkmale, die didaktische Modelle zur Gestaltung von Naturwissenschaftsunterricht für den Einsatz in inklusiven Lerngruppen aufweisen sollten. Das darauf aufbauend vorgestellte Freiburger Modell der kontextorientierten Gestaltung von Lernumgebungen für den inklusiven Physikunterricht beschreibt, wie sich Lernumgebungen unter Berücksichtigung der besonderen Ziele und Voraussetzungen inklusiver Lernsettings derart adaptiv durch Kontextorientierung gestalten lassen, dass allen Schüler*innen ein sinnstiftendes und nachhaltiges Lernen ermöglicht wird. Zudem wird modellbasiert die prototypische Konzeption einer Experimentierumgebung erörtert, die gemeinsam mit Physiklehrkräften ausgestaltet werden soll.

Schlagwörter: Physikunterricht, Inklusion, Lernumgebungen, didaktisches Modell

---

1   Das diesem Artikel zugrundeliegende Vorhaben wird im Rahmen der gemeinsamen „Qualitätsoffensive Lehrerbildung" von Bund und Ländern mit Mitteln des Bundesministeriums für Bildung und Forschung unter dem Förderkennzeichen 01JA1818B gefördert. Die Verantwortung für den Inhalt dieser Veröffentlichung liegt bei den Autor*innen.

The Freiburg Model of Context-Based Designing Learning Environments for Inclusive Physics Classes

Abstract: Integrating evidence from research on inclusive education and teaching methodology, we define three core features which didactic models should comprise to be specifically useful for the design of Science lessons for inclusive learning groups. Based on these core features, we introduce the Freiburg model of designing context-based learning environments for inclusive Physics classes. Incorporating the special goals and preconditions of inclusive settings and pursuing the concept of context orientation, the model describes how learning environments in Physics can be designed to allow meaningful and sustainable learning for all students. Finally, we discuss the prototypical conception of an experimenting environment to be developed together with Physics teachers.

Keywords: physics education, inclusion, learning environments, didactic model

1. Kernmerkmale eines guten inklusiven Physikunterrichts

Im Kontext fachdidaktischer Betrachtungen von inklusivem Unterricht werden z. B. in Anlehnung an Booth und Ainscow (2003) Bedingungen für bzw. Merkmale von Unterrichtskonzepten diskutiert, die für inklusive Lerngruppen geeignet sind (für eine deutschsprachige Übersicht siehe z. B. Textor, Matis, Rüting & Zingler, 2018). Speziell für die Naturwissenschaften liegen bislang jedoch keine belastbaren Erkenntnisse dazu vor, was guten inklusiven Unterricht auszeichnet und nach welchem didaktischen Modell er sich beschreiben, konstruieren sowie empirisch bewerten lässt. Der vorliegende Beitrag fokussiert den inklusiven Physikunterricht. Hierbei wird zunächst untersucht, welche Erkenntnisse zur Gestaltung eines für alle Schüler*innen sinnstiftenden, ressourcenorientierten und in diesem Sinne qualitativ hochwertigen Physikunterrichts vorliegen. Es werden drei Kernmerkmale herausgearbeitet, die didaktische Modelle zur Unterrichtsgestaltung aufweisen sollten, um für den Einsatz im inklusiven Physikunterricht geeignet zu sein. Dabei werden Befunde aus der Inklusions- und Physikdidaktikforschung integriert. Aus der Inklusionsforschung heraus wird zunächst diskutiert, wie unter dem Leitziel der Partizipation aller Schüler*innen ein individualisierter, differenzierender und ressourcenorientierter Unterricht in inklusiven Lerngruppen gelingen kann. Im Kontext physikdidaktischer Forschung werden dann bekannte Merkmale guten Physikunterrichts auf ihr Potenzial für inklusive Lernsettings untersucht. Dabei wird insbesondere das Prinzip der Kontextorientierung als Schlüssel zur Konzeption sinnstiftender Lernumgebungen unter Berücksichtigung inklusiver Lerngruppen erörtert.

1.1 Partizipation

Mit der Ratifizierung des Übereinkommens der Vereinten Nationen über die Rechte von Menschen mit Behinderungen (UN-BRK; United Nations, 2006) erkennen die unterzeichnenden Vertragsstaaten das Recht von Menschen mit Behinderungen auf Bildung (Artikel 24) an. Um gleichberechtigte und wirksame Teilhabe zu ermöglichen, verändert sich das traditionell segregierende deutsche Bildungssystem zunehmend zu einem inklusiven Bildungssystem: Dabei soll Schüler*innen, denen eine Beeinträchtigung bzw. ein sonderpädagogischer Förderbedarf (SPF) als schuladministrative Kategorie zugeschrieben wird, auf allen Ebenen des Bildungssystems auf der Grundlage gleicher Chancen und ohne Diskriminierung ein gleichberechtigter Bildungszugang ermöglicht werden. Neben steigender struktureller Integration auf der Systemebene durch das gemeinsame Unterrichten von Kindern und Jugendlichen mit und ohne SPF in inklusiven Regelschulen (für die Entwicklung in Deutschland und den einzelnen Bundesländern siehe Klemm, 2018; für Baden-Württemberg siehe Lange & Käppeler, 2015) scheint jedoch für die soziale Integration der Schüler*innen mit SPF vielfach noch Handlungsbedarf zu bestehen: Verschiedene empirische Studien deuteten diesbezüglich wiederholt auf eine ungünstigere soziale Partizipation von Kindern und Jugendlichen mit SPF im inklusiven Unterricht hin (z. B. Huber & Wilbert, 2012; Krull, Wilbert & Hennemann, 2014): Demnach sind sie beispielsweise häufiger von sozialer Ausgrenzung im Klassenverband und sozialen Benachteiligungen in der Unterrichtsinteraktion betroffen als ihre Mitschüler*innen. Die Partizipation aller Schüler*innen sollte daher ein Ziel inklusiver didaktischer Unterrichtsplanung sein. Die Gewährleistung ebendieser Partizipation sehen wir als erstes Kernmerkmal erfolgreicher didaktischer Modelle für inklusiven (naturwissenschaftlichen) Unterricht an. Ein partizipativer naturwissenschaftlicher Unterricht kann hierbei durch das Erreichen einer naturwissenschaftlichen Grundbildung (*scientific literacy*) für alle Lernenden zur sozialen und gesellschaftlichen Teilhabe beitragen.

1.2 Individualisierung und Differenzierung

Um den unterschiedlichen Bedürfnissen aller Schüler*innen, insbesondere aber auch jener mit SPF, Rechnung zu tragen, empfiehlt Mand (2009,

S. 366), im gemeinsamen Unterricht Sozialformen und Handlungsmuster anzuwenden, in denen alle Kinder „auf unterschiedliche Weisen und verschiedenen Niveaus am gleichen Thema arbeiten können". Dies erfordert nicht grundsätzlich andere Bildungsinhalte oder thematisch unterschiedliche Lerngegenstände, sondern differenzierte Unterrichtsformen, um Schüler*innen mit besonderen Bedürfnissen individuell und wirksam zu unterstützen. Ein Instrument für die inklusive Unterrichtsplanung und -reflexion mit Schüler*innen im Förderschwerpunkt Lernen legen z. B. Sasse und Schulzeck (2013) mit ihrem Ansatz der Differenzierungsmatrizen vor, die eine Modifikation der Lernstrukturgitter nach Kutzer (1982) darstellen: Dabei werden Lernangebote einerseits nach thematischer Komplexität geordnet, indem die inhaltliche bzw. strukturelle Komplexität des jeweiligen Lerngegenstands zugrunde gelegt wird. Ferner wird die kognitive Komplexität berücksichtigt, d. h., es erfolgt auch eine Differenzierung nach Niveau bzw. den zur Bewältigung der Anforderungen notwendigen Kognitionen (z. B. von konkreten, anschaulichen und praktischen Handlungen bis hin zu abstrakten Denkoperationen). Mit solchen Differenzierungsmatrizen erhalten alle Schüler*innen einen Zugang zum Thema und können es unter Berücksichtigung ihrer individuellen Lernvoraussetzungen bearbeiten. In Anschluss an Sasse und Schulzeck (2013) sehen wir die Differenzierung als notwendige Maßnahme zur Individualisierung und als zweites Kernmerkmal eines guten inklusiven Unterrichts an. Dabei ist jedoch zu betonen, dass im Sinne eines sinnstiftenden Lernens für alle Schüler*innen die Auswahl der Differenzierungsmaßnahmen für jede*n Einzelne*n nicht auf Basis defizitärer Betrachtungen erfolgen sollte. Anstatt jede*n Schüler*in mit einer Art Blaupause eines oder einer „perfekten" Lernenden zu vergleichen und festzustellen, welche Anforderungen er oder sie nicht erfüllt, sollte entsprechend der von uns vertretenen Berücksichtigung der Lernendenperspektive (Abschnitt 1.3) ressourcenorientiert einbezogen werden, was die einzelnen Schüler*innen sinnstiftend lernen und leisten können.

1.3 Kontextorientierung als Schlüssel für guten inklusiven Physikunterricht

Nachfolgend werden die zuvor genannten allgemeinen Qualitätsmerkmale didaktischer Modelle für inklusiven Unterricht um spezifische Aspekte erweitert, die sich aufgrund der besonderen Struktur und Systematik des Fachs Physik ergeben. Unbestritten ist das Modell der Didaktischen Rekonstruktion (MDR; Kattmann, Duit, Gropengießer & Komorek, 1997) ein erfolgreicher und vielfach eingesetzter Rahmen zur fachdidaktischen Beschreibung und Erforschung sowie für die praktische Konstruktion naturwissenschaftlichen Unterrichts (Duit, Komorek & Wilbers, 1997; Gropengießer & Kattmann, 2016; Reinfried, Mathis & Kattmann, 2009). Das MDR beschreibt, wie Lehrkräfte die unterrichtliche Sachstruktur eines Themas aus der fachwissenschaftlichen Sachstruktur heraus rekonstruieren, wobei in wechselseitigen Vergleichen wissenschaftliche Inhalte und Vorstellungen eines Fachbereichs systematisch auf vorunterrichtliche Vorstellungen, Einstellungen und Interessen der Lernenden bezogen werden. Diese dem MDR fundamental zugrundeliegende Mitorientierung an der Lernendenperspektive gilt über das Modell hinaus als ein Merkmal guten Physikunterrichts (Mikelskis-Seifert & Duit, 2007). Vor dem Hintergrund einer durch die Verbreitung inklusiver Lernsettings zunehmend heterogeneren Klassenzusammensetzung und der zuvor diskutierten Bedeutung individualisierten Unterrichts ist es noch zentraler, dass die Lehrkraft ein Augenmerk auf die unterschiedlichen Lernendenperspektiven richtet und die individuellen Bedürfnisse gleichberechtigt mit den fachlichen Inhalten bei der Unterrichtsplanung im Blick hat. Auf inklusiven Physikunterricht bezogen können kognitive, sprachliche, emotionale sowie körperliche – und auch sensorische – Lernvoraussetzungen von Schüler*innen besonders heterogen ausfallen. In Anbetracht dieser Vielfalt erscheinen mit der eingangs betonten Bedeutung von Partizipation nur adaptive, nicht aber selektive Unterrichtskonzepte als zielführend.

Als eine Form adaptiven Unterrichts sehen wir speziell für den inklusiven Physikunterricht, aber auch den naturwissenschaftlichen Unterricht insgesamt, die Kontextorientierung als vielversprechenden fachdidaktischen Ansatz mit besonderer Berücksichtigung der Lernendenperspektive an. Nach Muckenfuß (2006) wird systematisches Lernen nur durch die Einbettung eines Lerngegenstands in einen für die Schüler*innen relevanten, sinnstiftenden Kontext ermöglicht. Kontextorientierung versteht sich demnach als eine Ausrichtung der Einbettung von Unterrichtsinhalten an der Lebenswelt der Schüler*innen. Entsprechend zeigt eine Vielzahl empirischer Studien positive Zusammenhänge eines kontextorientierten Unterrichts auf das konzeptuelle Verständnis und Interesse der Schüler*innen an Naturwissenschaften (Nawrath, 2013). Zusätzlich zum Kontext des Lerngegenstands spielt im Hinblick auf ein nachhaltiges Lernen nach Duit und Mikelskis-Seifert (2007) auch der Kontext der Lernumgebung selbst – also deren Gestaltung – eine Rolle. Wie bereits Mikelskis (1999) bezogen auf multimediale Lernumgebungen argumentiert, wird bei dieser zweiten Art der Kontextorientierung der Lernumgebung Nachhaltigkeit dadurch erzielt, dass die Lernumgebung und deren Nutzungsmöglichkeiten so gestaltet werden, dass die Lernenden systematisch in ihrer jeweils eigenen Wissenskonstruktion unterstützt werden. Beiden Arten der Kontextorientierung – des Inhalts und der Lernumgebung – richten sich an der Perspektive der

Schüler*innen aus. Dabei erfahren die fachlichen Inhalte durch die erste Art der Kontextorientierung eine Sinnstiftung. Die kontextorientiert gestalteten Lernumgebungen (zweite Art) tragen darüber hinaus zum nachhaltigen Lernen der Schüler*innen bei. Die zweifache Kontextorientierung als Maßnahme zur Anerkennung der individuellen Lernendenperspektive betrachten wir daher als ein wichtiges Schlüsselelement sowie als drittes Kernmerkmal in unserem Modell für einen guten inklusiven Physikunterricht.

2. Das Freiburger Modell der kontextorientierten Gestaltung von Lernumgebungen für den inklusiven Physikunterricht

Basierend auf diesen drei Kernmerkmalen erfolgreicher didaktischer Modelle für inklusiven Physikunterricht wird nachfolgend ein didaktisches Modell vorgestellt, das sich speziell für die Gestaltung physikalischer Lernumgebungen für inklusive Lerngruppen eignet.

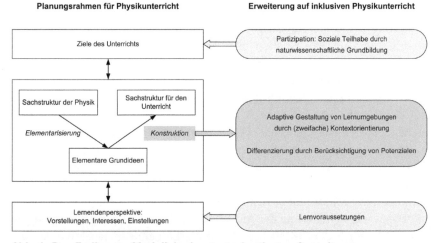

Abb. 1: Das Freiburger Modell der kontextorientierten Gestaltung von Lernumgebungen für den inklusiven Physikunterricht

Ausgangspunkt des Freiburger Modells der kontextorientierten Gestaltung von Lernumgebungen für den inklusiven Physikunterricht ist das Modell der Didaktischen Rekonstruktion (MDR; Kattmann et al., 1997), welches bereits in besonderer Weise die Lernendenperspektive berücksichtigt und somit das dritte Kernmerkmal erfüllt (siehe Abschnitt 1.3). Unter Einbezug der Ziele des Unterrichts und der Lernendenperspektive findet im MDR zunächst eine Elementarisierung der fachwissenschaftlichen Sachstruktur sowie daran anschließend eine Konstruktion der Sachstruktur für den Unterricht statt. Das MDR als Ausgangspunkt des Freiburger Modells ist in Abb. 1 links in der durch Duit (2010) etablierten Form dargestellt und wird hier – wie im rechten Teil der Abbildung gezeigt – für den inklusiven Physikunterricht erweitert.

Die erste Erweiterung des Freiburger Modells betrifft die Ziele des Unterrichts. In der Theorie des MDR nach Kattmann et al. (1997) stellen Ziele zentral bestimmende Faktoren des Unterrichts dar, sind vorrangig durch Klafkis (1969) Didaktische Analyse geprägt, müssen jedoch insbesondere auch aus einer normativen Perspektive begründet werden. Nach heutigem Stand sollten sich daher die Lernziele der Schüler*innen in einem durch das MDR geplanten Physikunterricht an den in den Bildungsstandards für das Fach Physik festgelegten Kompetenzen (KMK, 2005) orientieren. Analog zum MDR lässt sich auch eine durch das Freiburger Modell geplante Lernumgebung ohne *a priori* Einschränkung an jedem der Kompetenzbereiche Fachwissen, Erkenntnisgewinnung, Kommunikation und Bewertung ausrichten. Dabei spielen beispielsweise Lernumgebungen mit einem Schwerpunkt auf dem Experimentieren eine wichtige Rolle für den Kompetenzbereich Erkenntnisgewinnung. Anders als im MDR wird hier als dessen Erweiterung zusätzlich zu den genannten Unterrichtszielen explizit die Gewährleistung der Partizipation aller Lernenden am Lernprozess und dadurch Teilhabe an naturwissenschaftlicher Grundbildung als weiteres relevantes Ziel definiert (Kernmerkmal 1). Die anzustrebende Partizipation aller Schüler*innen (Abschnitt 1.1) beeinflusst dabei jeden Prozessschritt bei der (Re-)Konstruktion des Unterrichts von der Auswahl der in Rede stehenden Elemente der fachlichen Sachstruktur bis hin zur Konstruktion von Lernwegen und Lernumgebungen für die Sachstruktur des Unterrichts. Es ist bei jedem Schritt zu hinterfragen, ob der aktuelle Stand der geplanten Lernumgebung einzelne Schüler*innen von der Teilhabe am Lernprozess teilweise oder vollständig ausschließt.

Die zweite Erweiterung des Modells nimmt Merkmale der Lernenden in den Blick. Nach dem MDR beeinflusst die Lernendenperspektive den gesamten Prozess der Unterrichts(re)konstruktion und berücksichtigt dabei die Vorstellungen, Interessen und Einstellungen der Lernenden. Um die Gleichberechtigung der Lernendenperspektive zu gewährleisten – und demnach auf sinnstiftendes und nachhaltiges Lernen für die Schüler*innen zu fokussieren (Kernmerkmal 3) –, werden im Freiburger Model im Gegensatz zum MDR neben Vorstellungen, Interessen und Einstellungen der Lernenden auch zusätzliche individuelle Lernvoraussetzungen der Schüler*innen berücksichtigt, wie z. B. unterschiedliche kognitive, sprachliche, emotionale, körperliche und sensorische Voraussetzungen.

Für die dritte Erweiterung findet sich kein Analogon im MDR. Sie ist jedoch besonders bedeutsam, da hier auf Basis der erweiterten Ziele und Lernendenperspektiven eine adaptive Konstruktion von Lernumgebungen erfolgt. Die Adaptivität beim Konstruktionsprozess bezieht zum einen jegliche Lernvoraussetzungen der Schüler*innen mit ein und gewährleistet zum anderen die Partizipation am Lernprozess. Wie bereits zuvor erläutert (Abschnitt 1.3), eröffnet die zweifache Kontextorientierung als eine Form adaptiven Unterrichts dabei vielversprechende Chancen auf sinnstiftendes und nachhaltiges Lernen in inklusiven Lernsettings. Individualisierung als eine Bedingung für erfolgreichen, inklusiven Unterricht und als Voraussetzung für adaptiven Unterricht wird im Freiburger Modell nicht von einem defizitären, sondern ressourcenorientierten Standpunkt aus gedacht (Kernmerkmal 2). Während der Gestaltung der durch Differenzierung individualisierten Lernumgebung wird der Fokus darauf gelegt, was einzelne Lernende sinnvoll einbringen können. Durch die Ressourcenorientierung können die Schüler*innen in besonderer Weise eine Wertschätzung und Sinnstiftung erfahren. In Bezug auf die Sinnstiftung wird bei der Unterrichtsbetrachtung die Frage beantwortet, an welchen Aspekten des gemeinsamen Lerngegenstands die Schüler*innen jeweils partizipieren können.

Einen ähnlichen theoriebasierten Ansatz wie das Freiburger Modell zur Gestaltung eines qualitätsvollen inklusiven Naturwissenschaftsunterrichts verfolgen auch Stinken-Rösner et al. (2020), die in ihrem Schema „scientifc literacy for all" Forderungen der Inklusionspädagogik (Diversität anerkennen, Barrieren erkennen, Partizipation ermöglichen) systematisch für die spezifischen Ziele des naturwissenschaftlichen Unterrichts (u. a. naturwissenschaftliche Inhalte lernen, Erkenntnisgewinnung betreiben) beschreiben. Während die Autor*innen dabei getrennt jede der inklusiven Forderungen für jedes Unterrichtsziel sehr genau ausschärfen, zeigt das Freiburger Modell am Beispiel des Fachs Physik einerseits, wie sich verschiedene inklusive Forderungen gemeinsam bei einer Lernumgebungsgestaltung berücksichtigen lassen. Andererseits versteht das Freiburger Modell im Gegensatz zu Stinken-Rösner et al. (2020) die Auseinandersetzung mit naturwissenschaftlichen Kontexten nicht als eigenständiges Unterrichtsziel u. a. neben dem Erlernen naturwissenschaftlicher Inhalte und dem Betreiben von Erkenntnisgewinnung. Vielmehr wird die Auseinandersetzung mit spezifischen Kontexten, die in Inhalt und Gestaltung an die Schüler*innen angepasst sind, als zentrales Mittel zur Erreichung der anderen Ziele gesehen.

3. Experimentierumgebungen für den inklusiven Physikunterricht nach dem Freiburger Modell konzipieren

Das nachfolgende Beispiel einer prototypischen Konzeption einer Experimentierumgebung für den inklusiven Physikunterricht der Sekundarstufe I nach dem Freiburger Modell soll einerseits veranschaulichen, wie sich entsprechende Lernumgebungen gestalten lassen. Andererseits dient die vorgestellte Konzeption im Rahmen des Projekts INEXdigital als Basis für Untersuchungen, wie gemeinsam mit Physiklehrkräften als Praxisvertreter*innen inklusive Experimentierumgebungen konkret entwickelt werden können.

Das Design der Experimentierumgebung beruht auf zwei zentralen Elementen: dem Forschenden Lernen (FL; Bell, 2012) als didaktischer Rahmen sowie dem Universal Design for Learning (UDL; CAST, 2018; Rose & Meyer, 2002) zur Gestaltung der Experimentierumgebung. Sie wurden ausgewählt, da sie in besonderer Weise erlauben, die grundlegenden Annahmen des Freiburger Modells bei der Gestaltung von Experimentiersituationen im inklusiven Physikunterricht zu erfüllen.

FL als Unterrichtsmethode orientiert sich am wissenschaftlichen Prozess der Erkenntnisgewinnung und beinhaltet eine Vielzahl an Schüler*innenaktivitäten, die Wissenschaftler*innen ebenfalls ausführen. Hierzu zählen u. a. die Formulierung von Problemstellungen und Vermutungen, die Recherche von Informationen, das Modellieren, die Planung und Durchführung von Experimenten sowie die Auswertung, Interpretation, Präsentation und Diskussion von Ergebnissen. Nach Bell (2010) folgt FL keinem starren Ablauf, sondern ist ein kreativer Prozess, bei dem die Beschäftigung mit einzelnen Teilaktivitäten in der Intensität variieren kann. Durch die damit mögliche unabhängige Förderung einzelner Teilkompetenzen der Erkenntnisgewinnung bildet das FL einen vielversprechenden Rahmen für inklusive Lernsettings. Angepasst an die Lernvoraussetzungen der Lernenden lassen sich durch die verschiedenen Aktivitäten des FL individuelle Zielsetzungen für die Schüler*innen definieren. Durch die Auswahl bzw. den Fokus auf bestimmte, mit den Zielen verbundenen Aktivitäten kann eine adaptive Lernumgebung realisiert werden. Die Aktivitäten werden entsprechend dem Freiburger Modell so ausgewählt, dass durch Reduktion persönlicher Lernbarrieren eine Partizipation aller Schüler*innen am Unterrichtsgeschehen stattfinden kann. Durch die Berücksichtigung der persönlichen Barrieren erhoffen wir uns eine tiefergehende Auseinandersetzung der Schüler*innen mit dem Lerngegenstand und damit ein nachhaltigeres Lernen.

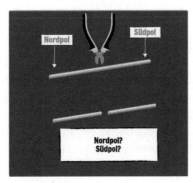

Die Frage

Was möchtest du herausfinden?

Modus

Text

Leichte Sprache

Video

Video mit Hörhilfe

Video mit Sehhilfe

Was passiert mit den Magnetpolen im Draht, wenn man ihn in der Mitte durchschneidet?

Wo befinden sich Nordpol und Südpol danach?

36%

Abb. 2: Digitale Experimentierumgebung mit Option zum Wechsel der Darstellungsweise

Für die Gestaltung der durch das FL vordefinierten Experimentierumgebung bietet das UDL großes Potenzial für die praktische Umsetzung der Bedingungen des Freiburger Modells. Beim UDL-Ansatz wird von einer Steigerung der Lernförderlichkeit von Lernumgebungen insbesondere bei heterogenen Lerngruppen ausgegangen, falls diese eine Vielfalt und Variabilität in der Art und Weise der Darstellung von Inhalten und Instruktionen, in den Handlungs- und Ausdrucksformen für die Schüler*innen sowie in den Möglichkeiten, Interesse und Engagement zu wecken, aufweisen. Durch die individuellen Auswahlen, welche die Lernenden bei ihrer selbsttätigen flexiblen Nutzung derart gestalteter Lernumgebungen treffen, werden binnendifferenzierend Lernbarrieren umgangen und so der Zugang zum Lerngegenstand unterstützt. Verschiedene aktuelle Studien geben Hinweise auf das Potenzial von UDL zur lernförderlichen Unterrichtsgestaltung in heterogenen Lerngruppen (Kieserling & Melle, 2019; Michna & Melle, 2018) sowie zur Förderung von Konzepten über die Natur der Naturwissenschaften (Walkowiak & Nehring, 2019). Ähnlich wie Wember und Melle (2018) sehen auch wir das UDL als eine Antwort auf Anforderungen einer adaptiven Unterrichtsgestaltung. Bezogen auf Experimentierumgebungen bieten aus unserer Sicht im Rahmen des UDL insbesondere die Flexibilität der Umgebung durch multiple Repräsentationsformen und multiple Handlungsoptionen Möglichkeiten für die Lehrkraft, die Umgebung gemäß dem Freiburger Modell zu konzipieren. So ermöglicht die konsistent simultan angebotene Variation der Darstellungsweisen von Inhalten und Instruktionen in der Experimentiersituation, ein binnendifferenzierendes Lernangebot zu gestalten. Die Vielfalt an Darstellungsweisen bzw. Repräsentationsarten kann dabei von klassisch textbasierten Versuchsanleitungen für Schüler*innen über sprachsensible Texte bis hin zu Erklärvideos oder Hörbüchern reichen. Einzelne Darstellungsweisen können aufgrund ihrer Natur nur digital angeboten werden, weshalb Gestaltungsrichtlinien gemäß dem UDL im besonderen Maße bei digitalen Lernumgebungen zum Tragen kommen. In Abb. 2 ist ein Ausschnitt aus einer prototypischen browserbasierten digitalen Experimentierumgebung zum Thema Magnetismus in der Sekundarstufe I dargestellt.

Darin wird die Forschungsfrage aufgemacht, wo sich die Pole eines magnetischen Drahts nach dessen Durchschneiden befinden. Begleitet durch die digitale Umgebung sollen die Schüler*innen Vermutungen aufstellen und verschiedene reale Untersuchungen durchführen, um herauszufinden, dass beide Drahtstücke nach dem Durchschneiden noch immer einen Nord- und Südpol besitzen (Hinführung auf das Elementarmagnetenmodell). Bezogen auf den dargestellten Ausschnitt könnten Beeinträchtigungen im visuellen Wahrnehmungsapparat, aber auch mangelnde Kenntnisse der deutschen Fachsprache Lernbeeinträchtigungen sein, die das Lesen und Verstehen der Forschungsfrage behindern. In der gezeigten klassischen textbasierten Versuchsanleitung können die Schüler*innen jedoch verschiedene Modi am rechten Bildschirmrand aufrufen und in eine potenziell barrierenverringerndere Darstellungsweise wie „Leichte Sprache", „Video", „Video mit Hörhilfe" und „Video mit Sehhilfe" wechseln. Die Modi bzw. Repräsentationsarten sind dabei Maßnahmen der Experimentierumgebung, die die Gestaltung der Experimentierumgebung am jeweiligen Kontext der Schüler*innen ausrichten (zweite Form der Kontextorientierung) und beispielsweise durch die Bereitstellung eines Videos mit Sehunterstützung der Nutzung der Umgebung bei Sehbeeinträchtigungen Sinn geben.

Neben den multiplen Repräsentationsarten lassen sich auch die im UDL betonten unterschiedlichen Handlungsoptionen der Schüler*innen bezogen auf die Experimentierumgebungen in besonderer Weise realisieren und bieten hier weitere Chancen zur Umsetzung des Freiburger Modells. Unterschiedliche Handlungsoptionen, die die Potenziale der Lernenden ausschöpfen, sind zwar bereits durch das zugrundeliegende Konzept des FL durch unterschiedliche Schüler*innenaktivitäten gegeben. Zusätzlich lassen sich dem UDL-Ansatz folgend aber auch verschiedene Antwortformate denken, in welchen die Schüler*innen die Umgebung bearbeiten können.

So bieten insbesondere digitale Experimentierumgebungen nicht nur die Möglichkeit, schreibend zu antworten, sondern beispielsweise auch durch Diktierfunktionen, durch Anklicken und Anordnen von Elementen oder durch Zeichnen. Diese flexible Nutzung leistet die im Freiburger Modell zentrale Forderung nach einer Anpassung von Lernumgebungen an die Bedürfnisse der Schüler*innen. Zusammengefasst lässt sich festhalten, dass Experimentierumgebungen, die gemäß dem FL sowie nach den Gestaltungsrichtlinien des UDL konzipiert werden, in besonderer Weise die durch das Freiburger Modell beschriebene anzustrebende Gestaltung von Lernumgebungen für den inklusiven Physikunterricht erfüllen.

4. Zusammenfassung und Ausblick

Im vorliegenden Beitrag wurden zunächst evidenzbasiert drei Kernmerkmale erarbeitet, welche aus Sicht von Inklusions- und Fachdidaktikforschung in didaktischen Modellen berücksichtigt werden sollten, um für die Gestaltung von gutem inklusivem Physikunterricht geeignet zu sein. Es handelt sich hierbei um (1) die Gewährleistung eines partizipativen Unterrichts mit dem Ziel der Teilhabe aller Schüler*innen am Lernprozess, (2) die Planung eines individualisierten Unterrichts und dessen Umsetzung durch ressourcenorientierte Differenzierungsmaßnahmen sowie (3) die Berücksichtigung der individuellen Lernendenperspektive durch adaptiven Unterricht, der durch eine zweifache Kontextorientierung bei der inhaltlichen Auswahl und Gestaltung der Lernumgebungen realisiert wird. Aufbauend auf diesen drei Kernmerkmalen wurde das Freiburger Modell der kontextorientierten Gestaltung von Lernumgebungen für den inklusiven Physikunterricht vorgestellt. Schließlich wurde das Potenzial des FL sowie des UDL für die Gestaltung von Experimentierumgebungen für den inklusiven Physikunterricht aus dem Freiburger Modell heraus dargestellt. Abschließend muss betont werden, dass es sich hierbei zunächst um einen konzeptionellen Entwurf handelt. Die konkrete Entwicklung adaptiver, kontextorientierter Lernumgebungen aus dem Freiburger Modell erachten wir nur im Rahmen der gemeinschaftlichen Zusammenarbeit von Forschung und Praxis als sinnstiftend: Die Natur adaptiven Unterrichts setzt einerseits die Expertise der Lehrkräfte für ihre spezielle Schülerschaft voraus. Andererseits müssen Lehrkräfte geeignete aktuelle empirische Befunde und Strategien aus dem Bereich der Lehr-Lern-Forschung kennen, um passende Anpassungsstrategien für die Lernumgebungen anwenden zu können. Ein dafür geeigneter entsprechend hochwertiger Wissensbestand kann durch die Perspektive der Wissenschaft in den gemeinsamen Entwicklungsprozess eingebracht werden. Im Rahmen des Projekts INEXdigital wird aktuell in der Zusammenarbeit von inklusiv unterrichtenden Physiklehrkräften und Bildungs- sowie Fachdidaktikforschenden untersucht, wie inklusive Experimentierumgebungen in dieser Weise konkret entwickelt werden können.

Literaturverzeichnis

Bell, T. (2010). *Piko-Brief Nr. 11. Forschendes Lernen.* https://www.ipn.uni-kiel.de/de/das-ipn/abteilungen/didaktik-der-physik/piko/pikobriefe032010.pdf [29.05.2020].

Bell, T. (2012). Entdeckendes und forschendes Lernen. In S. Mikelskis-Seifert & T. Rabe (Hrsg.), *Physik-Methodik. Handbuch für die Sekundarstufe I und II.* (3. Aufl., S. 70–81). Berlin: Cornelsen.

Booth, T. & Ainscow, M. (2003). *Index für Inklusion. Lernen und Teilhabe in der Schule der Vielfalt entwickeln* (Übers., bearb. u. hrsg. von Ines Boban und Andreas Hinz). Halle: Martin-Luther-Universität Halle-Wittenberg.

CAST (2018). *Universal Design for Learning Guidelines Version 2.2.* http://udlguidelines.cast.org [27.05.2020].

Duit, R. (2010). *Piko-Brief Nr. 3. Didaktische Rekonstruktion.* https://www.ipn.uni-kiel.de/de/das-ipn/abteilungen/didaktik-der-physik/piko/pikobriefe032010.pdf [29.05.2020].

Duit, R., Komorek, M. & Wilbers, J. (1997). Studien zur Didaktischen Rekonstruktion der Chaostheorie. *Zeitschrift für Didaktik der Naturwissenschaften*, 3 (3), 19–34.

Duit, R. & Mikelskis-Seifert, S. (2007). Wie man es einbettet, so wird es gelernt. *Unterricht Physik*, 18 (98), 4–8.

Duit, R. & Mikelskis-Seifert, S. (2010). *Physik im Kontext. Konzepte, Ideen, Materialien für effizienten Physikunterricht.* Seelze: Friedrich.

Gropengießer, H. & Kattmann, U. (2016). Didaktische Rekonstruktion. In H. Gropengießer, U. Harms & U. Kattmann (Hrsg.), *Fachdidaktik Biologie. Die Biologiedidaktik* (10. Aufl., S. 16–23). Hallbergmoos: Aulis.

Huber, C. & Wilbert, J. (2012). Soziale Ausgrenzung von Schülern mit sonderpädagogischem Förderbedarf und niedrigen Schulleistungen im gemeinsamen Unterricht. *Empirische Sonderpädagogik*, 4 (2), 147–165.

Kattmann, U., Duit, R., Gropengießer, H. & Komorek, M. (1997). Das Modell der Didaktischen Rekonstruktion. Ein Rahmen für naturwissenschaftsdidaktische Forschung und Entwicklung. *Zeitschrift für Didaktik der Naturwissenschaften*, 3 (3), 3–18.

Kieserling, M. & Melle, I. (2019). An experimental digital learning environment with universal accessibility. *Chemistry Teacher International*, 1 (2), 1–9.

Klafki, W. (1969). Didaktische Analyse als Kern der Unterrichtsvorbereitung. In H. Roth & A. Blumenthal (Hrsg.), *Didaktische Analyse. Auswahl Reihe A* (S. 5–34). Hannover: Schroedel.

Klemm, K. (2018). *Unterwegs zur inklusiven Schule. Lagebericht 2018 aus bildungsstatistischer Perspektive.* Gütersloh: Bertelsmann Stiftung.

Krull, J., Wilbert, J. & Hennemann, T. (2014). Soziale Ausgrenzung von Erstklässlerinnen und Erstklässlern mit sonderpädagogischem Förderbedarf im Gemeinsamen Unterricht. *Empirische Sonderpädagogik*, 6 (1), 59–75.

Kutzer, R. (1982). Anmerkungen zum Struktur- und Niveauorientierten Unterricht. In H. Probst (Hrsg.), *Kritische Behindertenpädagogik in Theorie und Praxis. Beiträge zum gleichnamigen Studentenkongress der Fachgruppe Sonderpädagogik in Marburg 1978* (S. 29–62). Solms-Oberbiel: Jarik-Verlag.

Lange, V. & Käppeler, K. (2015). *Inklusive Bildung in Baden-Württemberg. Teil 1 des Ländervergleichs.* Berlin: Friedrich-Ebert-Stiftung.

Mand, J. (2009). Zur Integration von Kindern und Jugendlichen mit sogenannter Lernbehinderung. In H. Eberwein & S. Knauer (Hrsg.), *Handbuch Integrationspädagogik. Kinder mit und ohne Beeinträchtigung lernen gemeinsam* (S. 360–369). Weinheim: Beltz.

Michna, D. & Melle, I. (2018). Inklusiver Chemieunterricht in der Sekundarstufe I. Konzeption und Evaluation. In C. Maurer (Hrsg.), *Qualitätsvoller Chemie- und Physikunterricht – normative und empirische Dimensionen* (S. 254–257). Regensburg: Universität Regensburg.

Mikelskis, H. (1999). Physik lernen mit interaktiver Hypermedia. Eine empirische Pilotstudie. *Zeitschrift für Didaktik der Naturwissenschaften,* 5 (1), 63–74.

Mikelskis-Seifert, S. & Duit, R. (2007). Physik im Kontext. Innovative Unterrichtsansätze für den Schulalltag. *Mathematischer und Naturwissenschaftlicher Unterricht (MNU),* 60 (5), 265–273.

Muckenfuß, H. (2006). *Lernen im sinnstiftenden Kontext. Entwurf einer zeitgemäßen Didaktik des Physikunterrichts.* Berlin: Cornelsen.

Nawrath, D. & Komorek, M. (2013). Kontextorientierung aus Sicht von Physiklehrkräften. *Zeitschrift für Didaktik der Naturwissenschaften,* 19 (1), 233–257.

Reinfried, S., Mathis, C. & Kattmann, U. (2009). Das Modell der Didaktischen Rekonstruktion. Eine innovative Methode zur fachdidaktischen Erforschung und Entwicklung von Unterricht. *Beiträge zur Lehrerinnen- und Lehrerbildung,* 27 (3), 404–414.

Rose, D. H. & Meyer, A. (2002). *Teaching every student in the Digital Age. Universal design for learning.* Alexandria, VA: Association for Supervision and Curriculum Development.

Sasse, A. & Schulzeck, U. (2013). Differenzierungsmatrizen als Modell der Planung und Reflexion inklusiven Unterrichts – zum Zwischenstand in einem Schulversuch. In A. Jantowski (Hrsg.), *Thillm.2013 – Gemeinsam leben. Miteinander lernen* (S. 13–23). Bad Berka: Thüringer Institut für Lehrerfortbildung, Lehrplanentwicklung und Medien (Thillm).

Ständige Konferenz der Kultusminister der Länder in der Bundesrepublik Deutschland (KMK) (2005). *Bildungsstandards im Fach Physik für den Mittleren Schulabschluss. Beschluss vom 16.12.2004.* München: Luchterhand.

Stinken-Rösner, L., Rott, L., Hundertmark, S., Baumann, T., Menthe, J., Hoffmann, T., … Abels, S. (2020). Thinking inclusive Science education from two perspectives: Inclusive pedagogy and Science education. *RISTAL Research in Subject-matter Teaching and Learning,* 3 (1), 30–45.

Textor, A., Matis, J., Rüting, A. & Zingler, H. (2018). *Einführung in die Inklusionspädagogik* (2. Aufl.). Bad Heilbrunn: Julius Klinkhardt.

United Nations (2006*). Convention on the rights of persons with disabilities.* http://www.un.org/disabilities/documents/convention/convention_accessible_pdf.pdf [09.08.2020].

Walkowiak, M. & Nehring, A. (2019). Assessing nature of Science concepts in inclusive chemistry classes using universal design for assessment. In O. Finlayson, E. McLoughlin, S. Erduran & P. Childs (Hrsg.), *Research, practice and collaboration in science education. Proceedings of ESERA 2017* (S. 2322–2334). Dublin: Dublin City University.

Wember, F. B. & Melle, I. (2018). Adaptive Lernsituationen im inklusiven Unterricht. Planung und Analyse von Unterricht auf Basis des Universal Design for Learning. In S. Hußmann & B. Welzel (Hrsg.), *Dortmunder Profil für inklusionsorientierte Lehrerinnen- und Lehrerbildung* (S. 57–72). Münster: Waxmann.

Melanie Basten, Laura Ferreira González,
Lisa-Maria Kaiser und Silvia Fränkel

Inklusiver Biologieunterricht – Das Potenzial von fachspezifischen Charakteristika für die diversitätssensible kompetenzorientierte Unterrichtsplanung

Zusammenfassung: Guter inklusiver Biologieunterricht verfolgt die Zielsetzung, die Diversität der Lernenden umfassend zu berücksichtigen und kompetenzorientiert zwischen Fachlichkeit und Subjektivität zu vermitteln. Fachdidaktische Ansätze zur Erfüllung dieser Forderungen müssen noch durch die Verknüpfung von inklusionspädagogischen Ansätzen und fachbezogenen Theorien ausgearbeitet werden. Im hier unterbreiteten Vorschlag wird das Modell der didaktischen Rekonstruktion in seiner Reichweite vom Konzeptlernen auf alle vier Kompetenzbereiche der Bildungsstandards und von den Lernendenvorstellungen auf sämtliche Diversitätsdimensionen erweitert. Dadurch können diversitätssensibler kompetenzorientierter Biologieunterricht geplant sowie fachliche Ansprüche und individuelle Lernendenbedürfnisse gleichermaßen berücksichtigt werden.

Schlagwörter: Biologieunterricht, Unterrichtsplanung, Diversität, Kompetenzorientierung

Inclusive biology lessons – The potential of subject-specific characteristics for diversity-sensitive competence-oriented lesson planning

Abstract: Good inclusive practice in biology lessons aims at taking the diversity of the learners broadly into account. Furthermore, it should mediate between biological content and subjective understanding in a competence-oriented way. Educational approaches to meet these requirements must still

133

be developed by linking practices from inclusive education with subject-specific educational theories. To address these desiderata, we extend the model of educational reconstruction in its scope from concept learning to all four competence areas of the educational standards and from learner preconceptions to all dimensions of diversity. This makes it possible to plan competence-oriented biology lessons that are sensitive to diversity and to take both, biological content and individual learners' needs, into consideration.

Keywords: biology lesson, lesson planning, diversity, competence orientation

1. Einleitung

Mit dem Inkrafttreten der UN-BRK (2009) ist inklusiver Fachunterricht in Deutschland zur Aufgabe aller Lehrkräfte geworden. Inklusionspädagogische Ansätze liefern fruchtbare Anknüpfungspunkte, können jedoch nicht einfach auf die einzelnen Fachdisziplinen übertragen werden. Sie müssen systematisch innerhalb der Fachdidaktiken ausdifferenziert und an die spezifischen Charakteristika des Faches angepasst sowie mit fachbezogenen Theorien verknüpft und erweitert werden (Stroh, 2015). Inklusiver Fachunterricht wird nach Musenberg und Riegert (2015, S. 24) folgendermaßen definiert: „[Er] unterbreitet fachbezogene Bildungsangebote für alle Schülerinnen und Schüler und ermöglicht individuelle Lernfortschritte und subjektiv sinnvolle Teilhabe an gemeinschaftlich erlebten Unterrichtsangeboten. [...] Die Maxime bei der Vermittlung zwischen Sache und Subjekt ist die Verbindung von Fachlichkeit und subjektiver Sinnhaftigkeit." Diese Definition entspricht einem weiten Inklusionsverständnis, welches impliziert, dass allen Lernenden sowohl Momente der Egalität als auch der Differenz ermöglicht werden (Prengel, 2001). Das bedeutet für die unterrichtliche Praxis, dass Unterricht an einem gemeinsamen Gegenstand und unter Berücksichtigung verschiedener Diversitätsdimensionen erfolgen muss (Klafki, 2007; Kullmann, Lütje-Klose & Textor, 2014). Zu diesen Dimensionen zählen nach Plummer (2003) Race, Gender, Ethnicity/Nationality, Organizational Role/Function, Age, Sexual Orientation, Mental/Physical Ability und Religion (s. Markic & Abels, 2014). Für den pädagogischen Kontext sind weitere Dimensionen relevant, z. B. Interesse und Begabung (Fränkel, 2021).

Derzeit existieren einzelne konzeptionelle Arbeiten zur inklusiven Unterrichtsplanung im Fach Biologie (z. B. Ferreira González, Lichtenberg, Schlüter & Hövel, 2018) sowie zur Lehrkraftaus- und fortbildung (u. a. Düsing, Gresch & Hammann, 2018). Erste Ansätze für den naturwissenschaftlichen Unterricht liefern das forschende Lernen (Villanueva, Taylor, Therrien & Hand, 2012) und Lernstrukturgitter (Menthe, Hoffmann, Nehring & Rott, 2015). Darüber hinaus bietet das Unterstützungsraster zur Planung inklusiven naturwissenschaftlichen Unterrichts (Stinken-Rösner et al., 2020) die Möglichkeit, sich mit der Diversität der Lernenden im Planungs- und Reflexionsprozess auseinanderzusetzen. Die genannten Ansätze werden in der Biologie bereits verwendet oder können auf sie angewendet werden. Auf Ebene des domänenspezifischen Fähigkeitsaufbaus sollte jedoch noch etwas tiefgreifender auf die fachlichen Konzepte eingegangen werden (s. Stroh, 2015). Um allen Lernenden die Teilhabe daran zu ermöglichen, müssen die Fachinhalte fokussiert und auf ihren elementaren Kern und ihre Anforderungen analysiert werden. Eine in der Biologiedidaktik etablierte (s. z. B. Killermann, Hiering & Starosta, 2016; Spörhase, 2012), theoriebasierte Planungsstruktur, die genau dies leistet, stellt das Modell der didaktischen Rekonstruktion (MDR) dar (Kattmann, Duit, Gropengießer & Komorek, 1997). Der folgende Beitrag stellt daher ein Modell für die diversitätssensible Planung von Biologieunterricht (BU) zur Diskussion, das die Charakteristika des Faches mit dem MDR und inklusionspädagogischen Grundlagen verzahnt.

2. Spezifische Charakteristika des BU

Als der ‚Lehre vom Lebendigen‘ (z. B. Spörhase, 2015) kommt dem BU eine besondere Bedeutung für die naturwissenschaftliche Grundbildung (KMK, 2004) zu. Die Förderung der Kompetenzen *Umgang mit Fachwissen, Erkenntnisgewinnung, Kommunikation* und *Bewertung* stellt ein zentrales Bildungsziel dar (KMK, 2004). Trotz identischer Kompetenzbereiche differieren die drei Naturwissenschaften in der konkreten Ausgestaltung ihrer Kompetenzanforderungen (Gebhard, Höttecke & Rehm, 2017). Deshalb werden im Folgenden die Charakteristika des BU erläutert.

Die Fachwissens-Inhalte sind durch ihre Komplexität (Feigenspan & Rayder, 2017) und Diversität (Düsing et al., 2018) gekennzeichnet. Sie sind in den drei Basiskonzepten *Struktur und Funktion, System* sowie *Entwicklung* (KMK, 2004) organisiert. Lernen in, über und mit Basiskonzepten (Nachreiner, Spangler & Neuhaus, 2015) eignet sich besonders aufgrund des exemplarischen Charakters biologischer Themen (Killermann, Hiering & Starosta, 2016; Wagenschein, 1973). Exemplarisches Lernen ermöglicht eine thematische Variabilität und Flexibilität, welche als Ausgangspunkt zur Differenzierung genutzt werden kann (Fränkel, 2021), aber zugleich hohe Anforderungen an die Lernenden stellt (Lichtner, 2018).

Trotz der Komplexität bieten die Inhalte auf Grund direkt erfahrbarer Phänomene, die häufig aus der Lebenswelt der Lernenden stammen (KMK, 2004; Spörhase, 2015), einen niederschwelligen Zugang. Es können Begegnungen mit originalen Objekten ermöglicht (Killermann et al., 2016) und Themen mit Bezug zur eigenen Lebensführung (Bruckermann, Ferreira González, Münchhalfen & Schlüter, 2016) behandelt werden.

Der Kompetenzbereich Erkenntnisgewinnung bezieht sich auf die methodisch-wissenschaftliche Dimension. Einen Baustein stellen der Erwerb und die Anwendung fachgemäßer Arbeitsweisen dar. Zu den Arbeitsweisen zählen das Experimentieren, Beobachten, Betrachten sowie das Untersuchen von Organismen (Killermann et al., 2016; KMK, 2004). Das Halten und Pflegen von Tieren stellt ein Alleinstellungsmerkmal dar (Killermann et al., 2016).

Die inhaltliche Komplexität zeigt sich auch in den sprachlichen Anforderungen und Zielsetzungen (Drumm, 2019), welche im Kompetenzbereich Kommunikation verankert sind (KMK, 2004). Die Biologie zeichnet sich durch eine komplexe Fachsprache aus, welche Eigenheiten hinsichtlich der Syntax als auch Terminologie aufweist. Des Weiteren sind (didaktisierte) Fachtexte, Abbildungen und Diagramme sowie Versuchsanleitungen und Beobachtungspläne fachtypische Informationsmedien (KMK, 2004).

Der Fachdisziplin ist die Auseinandersetzung mit ethischen Fragestellungen und Perspektiven immanent (Kloser, 2012). Neben dem Anspruch des Kompetenzbereichs Bewertung, den Lernenden Fähigkeiten für ein sachlich fundiertes und wertebasiertes Entscheiden zu ermöglichen (KMK, 2004), bieten bioethische Themen fachspezifische und lebensnahe Anknüpfungspunkte zur Auseinandersetzung (bspw. Organspende).

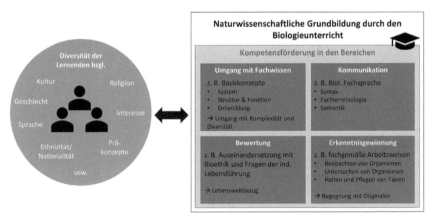

Abb. 1: Diversitätssensibilität und Kompetenzorientierung im inklusiven Biologieunterricht

Der Unterrichtsgegenstand, der für den Kompetenzaufbau gewählt wird, entsteht in einem Spannungsfeld zwischen Fachlichkeit und Lernendenvoraussetzungen. Das MDR setzt genau hier an.

3. Das Modell der didaktischen Rekonstruktion (MDR)

Das in der Biologiedidaktik etablierte MDR (Kattmann et al., 1997) fokussiert das Zusammenspiel von fachlichen Anforderungen und Lernendenvoraussetzungen und begründet darauf die didaktische Strukturierung eines verstehensförderlichen BUs. Die fachlichen Anforderungen werden im Prozess der fachlichen Klärung bestimmt. Darunter wird eine systematisch-hermeneutische Analyse der bestehenden intra- und interdisziplinären Erkenntnisse sowie der diesen Erkenntnissen zugrundeliegenden Denk- und Arbeitsweisen verstanden (Kattmann et al., 1997). Kattmann et al. (1997) schlagen in diesem Zusammenhang eine inhaltsanalytische Auseinandersetzung mit der Primärliteratur (z. B. wissenschaftlichen Studien) vor. Fachliche Vorstellungen von Lernenden wurden bereits in verschiedenen empirischen Untersuchungen nachgewiesen (Erfassung von Lernendenperspektiven; zusammenfassend u. a. Hammann & Asshoff, 2014). Beide Facetten werden in der didaktischen Strukturierung zusammengeführt, um der Diversität der Lernendenvorstellungen, wie es z. B. Heidenreich und Gropengießer (2017) in ihrem konzeptionellen Beitrag vorschlagen, gerecht zu werden. Das MDR (Kattmann et al., 1997) fokussiert bisher das Fachwissen (Konzeptlernen) und damit einhergehende Präkonzepte. Goschler und Heyne (2011) zeigen beispielhaft für den Kompetenzbereich Erkenntnisgewinnung und Lernende mit dem Förderschwerpunkt geistige Entwicklung auf, dass es in Bezug auf andere Kompetenzbereiche und Diversitätsdimensionen ergänzt werden kann. Es stellt daher einen vielversprechenden Ausgangspunkt für die Nutzung im inklusiven BU dar.

4. Inklusiver BU und seine fachspezifischen Anforderungen an Lehrkräfte

Für den inklusiven BU existieren bereits Vorstellungen davon, welche Anforderungen auf eine Lehrkraft zukommen. Zum einen ist nach Bruckermann et al. (2016, S. 109) die „Auswahl der Methoden und Inhalte [...] nach deren Relevanz für die Lernenden sowie nach ihrer gesellschaftlichen und wissenschaftlichen Bedeutung" erforderlich, wie es auch im MDR (Kattmann et al., 1997) und in dem theoretischen Beitrag von Düsing et al. (2018) als Fachkompetenz einer diversitätssensiblen Lehrkraft beschrieben wird. Um fachlich bedarfsgerechte Lernumgebungen gestalten zu können, werden dem konzeptionellen Beitrag von Selter et al. (2017) folgend diagnostische und Düsing et al. (2018) folgend methodische Kompetenzen benötigt. Diese umfassen die Fähigkeiten, „Merkmale von Lernenden [...], [z. B.] sprachliche und kulturelle Voraussetzungen, Leistungsstand, Motivation und Interessen oder Lernentwicklung und Lernbeeinträchtigungen, angemessen genau zu erfassen und aus den Ergebnissen adressatenspezifische Fördermaßnahmen abzuleiten" (Selter et al., 2017, S. 13) und Lernprozesse „nach Interessen, Einstellungen, Arbeitstempi, Lernwegen, Zugangsweisen" zu individualisieren (Düsing et al., 2018, S. 129). Dies geht über die für die Anwendung des MDR erforderlichen Kompetenzen (van Dijk & Kattmann, 2007) hinaus, indem nicht nur die Lernendenvorstellungen, sondern auch weitere Diversitätsdimensionen berücksichtigt und Methoden zur Differenzierung von Lernangeboten beherrscht werden müssen. Es existieren verschiedene Beispiele für eine diversitätssensible Aufbereitung (z. B. Schaal und Schaal, 2020; Wulff und Nessler, 2019). Zudem liegen Erkenntnisse zum Einfluss verschiedener Heterogenitätsmerkmale auf erfolgreiches Biologielernen vor (bspw. Fränkel, Sellmann-Risse & Basten, 2019; zusammenfassend Großmann, Kleinert & Basten, in Druck; Holstermann & Bögeholz, 2007).

Weiterhin braucht die Lehrkraft das Wissen um soziale Rollen in diversen Lerngruppen (Düsing et al., 2018). Sowohl für inklusiven als auch naturwissenschaftlichen Unterricht gilt, dass er konkrete, praktisch bezogene Lernaktivitäten unterstützen und ein hohes Maß an Gruppeninteraktion und -teilnahme fördern sollte (Berger & Walpuski, 2018; Seitz, 2006; Wocken, 1998).

Im Folgenden wird ein mögliches Rahmenkonzept für einen diversitätssensiblen BU vorgestellt, welches die in den Kapiteln 1 und 3 aufgeführten Überlegungen für einen inklusiven BU integriert.

5. Rahmenkonzept für einen diversitätssensiblen kompetenzorientierten BU

Inklusiver BU sollte allen Lernenden ermöglichen, in den vier Kompetenzbereichen grundlegende Kenntnisse und Fertigkeiten zu erlangen und sie so zu einer Teilhabe an wissenschaftlichen und gesellschaftlichen Diskursen befähigen. Dazu muss der fachliche Kern bzw. das Phänomen, das in einer Unterrichtsstunde im Fokus steht, expliziert und als gemeinsamer Gegenstand aufbereitet werden. Als gemeinsamer Gegenstand wird hier Klafki (2007) folgend ein Bildungsinhalt, welcher durch das Elementare, Fundamentale und/oder Exemplarische gehaltvoll ist (Kattmann et al., 1997), verstanden. Seitz (2006) argumentiert, dass der *Kern der Sache* erst durch die Lernenden im Unterricht selbst kommunikativ hervorgebracht wird.

Daher kann von einem antizipierten gemeinsamen Gegenstand gesprochen werden. Wocken (1998) differenziert verschiedene Möglichkeiten kooperativ-kommunikativer Austauschprozesse, die eine Arbeit am gemeinsamen Lerngegenstand ermöglichen. Dadurch werden alle Lernenden befähigt, auf individuelle Weise einen Zugang zu finden (Differenz, s. Einleitung) und mit anderen darüber zu kommunizieren (Egalität).

Das Spannungsverhältnis zwischen Fach und Subjekt (Stroh, 2015) wird im MDR (Kattmann et al., 1997) explizit abgebildet. Der hier vorgeschlagene Ansatz adressiert alle Diversitätsdimensionen, die sich bezogen auf eine Thematik als relevant für die didaktische Aufbereitung erweisen. Die entsprechenden Merkmale zu erkennen, entlang derer sich unterschiedliche Lernendenbedürfnisse auftun, ist Aufgabe der Lehrkraft (Selter et al., 2017).

Das MDR zielt darauf ab, einen Lerngegenstand so aufzubereiten, dass bei den Lernenden eine *conceptual reconstruction* (Kattmann, 2005) möglich wird. Die fachliche Klärung bezieht sich bisher auf das Konzeptlernen und muss um die anderen drei Kompetenzbereiche erweitert werden. Für einen inklusiven Unterricht muss die didaktische Rekonstruktion auf differenzierte Weise erfolgen, da die Voraussetzungen divers sind und die Aufbereitung des Gegenstandes bei allen Lernenden eine *conceptual reconstruction* oder einen Fähigkeitsaufbau auslösen soll. Die Lernendenperspektiven müssen daher um die Diversitätsdimensionen (Düsing et al., 2018; Plummer, 2003) ergänzt werden (s. Abb. 2).

Dabei können entlang der als relevant erachteten Diversitätsdimensionen einzelne Differenzierungsmöglichkeiten ausgearbeitet werden (s. Düsing et al., 2018). Für den Unterricht wählt die Lehrkraft im Anschluss die Kombinationen von Differenzierungsmöglichkeiten aus, die sie für ihre Lerngruppe benötigt (s. Abb. 2). Die für eine gezielte Förderung notwendige Anerkennung von Differenzen kann mit einer Etikettierung einhergehen (Boger & Textor, 2016). Um dem zu begegnen, werden im vorgeschlagenen Rahmenkonzept die differenzierten Materialien als Angebote an alle Lernenden verstanden und nicht als spezifische Differenzierungen des „normalen Materials" für etikettierte Individuen (s. ergänzend Fränkel, 2021).

Durch die fachliche Klärung und die divers gestaltete didaktische Aufbereitung des Gegenstandes kommen die Besonderheiten des Faches zum Tragen. Es können unterschiedliche Arbeitsweisen und Zugänge gewählt werden (s. Abb. 3), die den Bedürfnissen der jeweiligen Lerngruppe entsprechen (Goschler & Heyne, 2011). Durch das Elementare des rekonstruierten Konzepts bearbeiten die Lernenden einen gemeinsamen Gegenstand und können sich über diesen austauschen. Dadurch erhalten die Lernenden das notwendige Orientierungswissen und verhaften nicht im Exemplarischen (Goschler & Heyne, 2011).

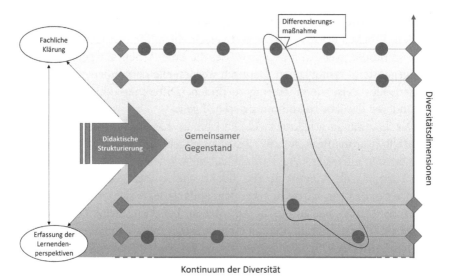

Abb. 2: Diversitätssensible Differenzierung entlang des Modells der didaktischen Rekonstruktion (Kattmann et al., 1997)

6. Implementationsbeispiel

Die Planung einer diversitätssensiblen Biologiestunde in Anlehnung an das dargestellte Modell wird am Beispiel der *Physiologie des Herzens* bezogen auf eine fiktive Lerngruppe illustriert.

Auf eine fachliche Klärung im Sinne des MDR (s. Kattmann et al., 1997) wird an dieser Stelle verzichtet. Unter dem Begriff der fachlichen Klärung wird im Folgenden die unterrichtspraktische Auseinandersetzung mit den Fachinhalten verstanden, die häufig auf Sekundärquellen (z. B. Lehrwerken) basiert. Als strukturierendes Element werden die verschiedenen Kompetenzbereiche genutzt. Das Thema Physiologie des Herzens ist curricular verankert und für Lernende, Lehrkräfte und Fachwissenschaftler*innen vielfach ausgearbeitet worden (z. B. Baur, 2015). Aus unterrichtspraktischer Perspektive gehört zu der fachlichen Klärung eine inhaltlich-methodische Klärung der Fachinhalte und ihrer Bedeutsamkeit (Kompetenzbereich Fachwissen), sowie der relevanten Denk- und Arbeitsweisen (Kompetenzbereich Erkenntnisgewinnung). Des Weiteren ist eine Auseinandersetzung mit den typischen Informationsmedien (Kompetenzbereich Kommunikation) sowie den Grenzen und Möglichkeiten der Methode bzw. Fachinhalte (insbesondere im Hinblick auf Modellvorstellungen) und u. U. auch bioethischen Konflikten (vgl. Kompetenzbereich Bewertung) zu leisten.

Das Sezieren von Tierorganen gehört zu den fachgemäßen Arbeitsweisen (Killermann et al., 2016) und trägt zur Förderung des Kompetenzbereichs Erkenntnisgewinnung bei (KMK, 2004). Das Schweineherz ist dem menschlichen Herz relativ ähnlich und dient als Modellobjekt (*fachliche Klärung*). Vom Fachwissen ausgehend bietet diese Methode eine anschauliche Möglichkeit, das Basiskonzept Struktur und Funktion (KMK, 2004) an einem Realobjekt (Killermann et al., 2016) unterrichtlich einzubetten. Auf Seiten der Lernendenperspektive sind einige Besonderheiten hinsichtlich bestehender Präkonzepte zu berücksichtigen (*Erfassung der Lernendenvoraussetzungen*; s. Hammann & Asshoff, 2014). Mit dem Herz wird auch eine symbolische Bedeutungsebene assoziiert. Studien zu den Körpervorstellungen von Kindern und Jugendlichen zeigen, dass das Herz häufig in seiner symbolischen Darstellung verstanden wird (z. B. Schneider, 2012; vgl. auch Schenk & Ratz, in diesem Beiheft). Daher ist zu erwarten, dass einige Lernende keine wissenschaftlich fundierte Vorstellung über den Aufbau des Herzens haben und diese stark durch Metaphern geprägt ist. In diesem Zusammenhang bietet sich das Sezieren an, da es den Lernenden ermöglicht, ihre eigenen Vorstellungen am Originalobjekt zu überprüfen. Über das klassische MDR hinausgehend sind noch weitere Eigenschaften der Lerngruppe zu berücksichtigen. Im Folgenden werden die Diversitätsdimensionen Leistungsfähigkeit, Sprachkompetenz, emotionale Disposition und Religion exemplarisch für eine fiktive Lerngruppe berücksichtigt (s. Abb. 3).

Bei der didaktischen Strukturierung ist die Einstellung zum Verzehr und zum Umgang mit Tierorganen im Allgemeinen und spezifisch dem Schwein zu berücksichtigen. Um bspw. religionsbedingte Hemmschwellen und Lernbarrieren zu vermeiden, können z. B. Rinder- oder Hühnerherzen als Alternative angeboten werden. Dies bietet den Vorteil, dass die Herzen verschiedener Tiere miteinander verglichen werden können. Auf diese Weise kann für leistungsstarke Lernende eine Binnendifferenzierung erfolgen.

Beim Sezieren wird i. d. R. eine Anleitung genutzt (*fachliche Klärung*), welche sprachliche Hürden bergen kann. Um der sprachlichen Diversität zu begegnen, bieten sich z. B. unterschiedliche sprachliche Anforderungsniveaus (wissenschaftliche vs. leichte Sprache), Illustrationen der Anleitungen und Checklisten an.

Das Sezieren kann zudem mit Ekel und Abwehrgefühlen verbunden sein und stellt daher auf emotional-affektiver Ebene Anforderungen an die Lernenden (Holstermann, Ainley, Grube, Roick & Bögeholz, 2012). Daher kann Lernenden, die sich ekeln oder aus ethischen Gründen nicht aktiv teilnehmen möchten, das Angebot gemacht werden, in einer Gruppenarbeit eine passive Beobachterrolle einzunehmen, oder ihnen das Arbeiten an Modellen ermöglicht werden. So wird eine Entfremdung vom potenziell ekelauslösenden Gegenstand realisiert.

Verschiedene exemplarische Differenzierungsmaßnahmen sind in Abb. 3 in dem erweiterten MDR (s. Kap. 4) illustriert. Die Prozesse der fachlichen Klärung, Erfassung der Lernendenvoraussetzungen sowie die differenzierte didaktische Strukturierung stehen in wechselseitiger Abhängigkeit zueinander, weshalb eine klar abgegrenzte Darstellung der drei Teilprozesse nicht zielführend ist.

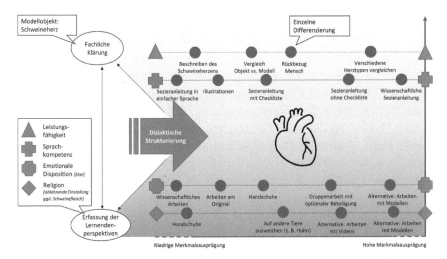

Abb. 3: Implementationsbeispiel zur Verwendung des erweiterten MDR (Kattmann et al., 1997) für die diversitätssensible kompetenzorientierte Unterrichtsplanung

Des Weiteren ist zu berücksichtigen, dass sich manche Strukturierungsmaßnahmen auf verschiedene Diversitätsdimensionen beziehen und daher Überschneidungen, Kumulierungen und Wechselwirkungen zu berücksichtigen sind. Die dargestellte differenzierte didaktische Strukturierung ist daher nicht als linearer, sondern als rekursiver Planungsprozess zu verstehen (Kattmann et al., 1997).

7. Reflexion

Es zeigt sich in der einschlägigen Literatur, dass guter inklusiver BU die Diversität umfassend berücksichtigt (Düsing et al., 2018; Nehring & Walkowiak, 2017) und kompetenzorientiert (KMK, 2004) zwischen Fachlichkeit und Individualität vermittelt (Musenberg & Riegert, 2015; Stroh, 2015). Mit dem hier vorgestellten Modell kann diesem Desiderat begegnet werden. Das MDR (Kattmann et al., 1997) ist ein in der Biologiedidaktik anerkanntes Modell für die Unterrichtsplanung, das die spezifischen Inhalte und die daraus entstehenden Erfordernisse für die Lernenden tiefgreifend genug analysiert, um das Elementare eines Gegenstandes herauszuarbeiten und dieses an individuelle Lernendenvoraussetzungen anzupassen. Eine Erweiterung seiner Reichweite vom Konzeptlernen auf alle vier Kompetenzbereiche (fachliche Klärung) und von den Lernendenvorstellungen auf sämtliche Diversitätsmerkmale (Lernendenperspektive) erlaubt es, kompetenzorientierten inklusiven BU zu planen.

Das Implementationsbeispiel zeigt, dass viele der Differenzierungsmaßnahmen Biologielehrkräften bereits bekannt sind und lediglich vor dem Hintergrund der Diversitätsdimensionen reflektiert werden müssen. Gerade wenn es darum geht, den Bedürfnissen einer Lerngruppe z. B. durch vielfältige Exemplifizierungen, Schwierigkeitsgrade oder sprachliche Anpassungen gerecht zu werden, ist eine multiprofessionelle Kooperation unverzichtbar (Widmer-Wolf, 2018). Das Modell kann im Team als Kommunikations- und Dokumentationshilfe genutzt werden, um Differenzierungsmöglichkeiten zu sammeln und zu planen. Da das MDR bereits in vielen anderen Fächern erfolgreich zur Anwendung kam, kann davon ausgegangen werden, dass die hier für das Fach Biologie vorgeschlagene Erweiterung auch auf andere Schulfächer übertragbar ist.

Das erweiterte Modell bietet kein Patentrezept für einen gelingenden inklusiven BU. Vielmehr stellt der diversitätssensible kompetenzorientierte BU hohe Anforderungen an die professionelle Kompetenz einer Lehrkraft und gibt Hinweise auf die Weiterentwicklung der fachdidaktischen Professionalisierung (s. Kap. 3). Neben den bereits ausgeführten Anforderungen benötigen Lehrkräfte eine Selbstkompetenz, um das professionelle Handeln vor dem Hintergrund der Diversitätsaspekte zu reflektieren (Düsing et al., 2018). Diese hohen Anforderungen zeigen auch, dass ein diversitätssensibler kompetenzorientierter Fachunterricht spezifischer Maßnahmen bedarf und allgemeindidaktische Ansätze hier nicht ausreichen (Nehring & Bohlmann, 2016; Stroh, 2015). Deshalb kann es auch als eine Aufgabe für Fachdidaktiker*innen verstanden werden, fachliche Klärungen und Klärungen der Lernendenvoraussetzungen für verschiedene Inhalte vorzunehmen, um Lehrkräfte zu entlasten (s. Kattmann et al., 1997).

Das MDR versteht sich darüber hinaus nicht nur als Rahmen für die Unterrichtsplanung, sondern auch für die fachdidaktische Forschung (Kattmann et al., 1997). Mit dem erweiterten Modell lassen sich sowohl Unterrichtsinterventionen und Aus- und Weiterbildungsmaßnahmen für Lehrkräfte als auch ihre Evaluation planen. Dies kann zum einen als Forschungsdesiderat für die Fachdidaktik Biologie angesehen werden, zum anderen aber auch Lehrkräften einen Rahmen für die Reflexion ihres Unterrichts bieten.

Literaturverzeichnis

Baur, A. (2015). *Humanbiologie für Lehramtsstudierende.* Berlin: Springer Spektrum.

Berger, R. & Walpuski, M. (2018). Kooperatives Lernen. In D. Krüger, I. Parchmann & H. Schecker (Hrsg.), *Theorien in der naturwissenschaftsdidaktischen Forschung* (S. 227–244). Berlin: Springer.

Boger, M.-A. & Textor, A. (2016). Das Förderungs-Stigmatisierungs-Dilemma – Oder: Der Effekt diagnostischer Kategorien auf die Wahrnehmung durch Lehrkräfte. In B. Amrhein (Hrsg.), *Diagnostik im Kontext inklusiver Bildung. Theorien, Ambivalenzen, Akteure, Konzepte* (S. 79–97). Bad Heilbrunn: Verlag Julius Klinkhardt.

Bruckermann, T., Ferreira González, L., Münchhalfen, K. & Schlüter, K. (2016). Inklusive Fachdidaktik Biologie. In K. Ziemen (Hrsg.), *Lexikon Inklusion* (S. 109–110). Göttingen: Vandenhoeck & Ruprecht.

Drumm, S. (2019). Analyse von schulischen Vermittlungstexten in Biologielehrwerken. *Zeitschrift für Interkulturellen Fremdsprachenunterricht, 24*(1), 61–72.

Düsing, K., Gresch, H. & Hammann, M. (2018). Diversitätssensibler Biologieunterricht – Veränderungen im Lehramtsstudium zur Vorbereitung auf das Unterrichten in heterogenen Lerngruppen. In D. Rott, N. Zeuch, C. Fischer, E. Souvignier & E. Terhart (Hrsg.), *Dealing with Diversity. Innovative Lehrkonzepte in der Lehrer*innenbildung zum Umgang mit Heterogenität und Inklusion* (S. 127–139). Münster: Waxmann.

Feigenspan, K. & Rayder, S. (2017). Systeme und systemisches Denken in der Biologie und im Biologieunterricht. In H. Arndt (Hrsg.), *Systemisches Denken im Fachunterricht* (S. 139–176). Erlangen: FAU University Press.

Ferreira González, L., Lichtenberg, D., Schlüter, K. & Hövel, D. C. (2018). Möglichkeiten der Unterrichtsplanung für inklusive Lerngruppen. In M. Dziak-Mahler, T. Hennemann, S. Jaster, T. Leidig & J. Springob (Hrsg.), *Fachdidaktik inklusiv II. (Fach-) Unterricht inklusiv gestalten – theoretische Annäherungen und praktische Umsetzungen* (S. 85–100). Münster: Waxmann.

Fränkel, S., Sellmann-Risse, D. & Basten, M. (2019). Fourth-graders' connectedness to nature and forest – does cultural background matter? *Journal of Environmental Psychology, 66.*

Fränkel, S. (2021). Wie kann inklusive Begabungsförderung im BU gelingen? Möglichkeiten und Herausforderungen aus Perspektive von Biologielehrkräften. In C. Kiso & S. Fränkel (Hrsg.), *Inklusive Begabungsförderung in den Fachdidaktiken – Diskurse, Forschungslinien und Praxisbeispiele* (S. 172–187). Bad Heilbrunn: Klinkhardt.

Gebhard, U., Höttecke, D. & Rehm, M. (2017). *Pädagogik der Naturwissenschaften – Ein Studienbuch.* Wiesbaden: Springer VS.

Goschler, W. & Heyne, T. (2011). Biologie-Didaktik und sonderpädagogische Förderung. Möglichkeiten der Erkenntnisgewinnung in einem gemeinsamen Unterricht mit heterogenen Lerngruppen. In C. Ratz (Hrsg.), *Unterricht im Förderschwerpunkt geistige Entwicklung. Fachorientierung und Inklusion als didaktische Herausforderungen* (S. 191–216). Oberhausen: Athena.

Großmann, N., Kleinert, S.-I. & Basten, M. (in Druck). Diversitätssensibel und lebens(welt)nah – Fachspezifische Ansätze für eine inklusive Biologiedidaktik. In M. Braksiek, K. Golus, B. Gröben, M. Heinrich, P. Schildhauer & L. Streblow (Hrsg.), *Schulische Inklusion als Phänomen – Phänomene schulischer Inklusion: Fachdidaktische Spezifika und Eigenlogiken schulischer Inklusion.* Wiesbaden: Springer VS.

Hammann, M. & Asshoff, R. (2014). *Schülervorstellungen im Biologieunterricht: Ursachen für Lernschwierigkeiten.* Seelze: Klett Kallmeyer.

Heidenreich, T. & Gropengießer, H. (2017). Die fachliche Klärung als zentrale Planungsaufgabe für Biologieunterricht. *Erkenntnisweg Biologiedidaktik, 16,* 41–48.

Holstermann, N. & Bögeholz, S. (2007). Interesse von Jungen und Mädchen an naturwissenschaftlichen Themen am Ende der Sekundarstufe I. *Zeitschrift für Didaktik der Naturwissenschaften, 13,* 71–86.

Holstermann, N., Ainley, M., Grube, D., Roick, T. & Bögeholz, S. (2012). The specific relationship between disgust and interest: Relevance during biology class dissections and gender differences. *Learning and Instruction, 22,* 185–192.

Kattmann, U., Duit, R., Gropengießer H. & Komorek, M. (1997). Das Modell der didaktischen Rekonstruktion – Ein Rahmen für naturwissenschaftsdidaktische Forschung und Entwicklung. *Zeitschrift für Didaktik der Naturwissenschaften, 3*(3), 3–18.

Kattmann, U. (2005). Lernen mit anthropomorphen Vorstellungen? – Ergebnisse von Untersuchungen zur Didaktischen Rekonstruktion in der Biologie. *Zeitschrift für Didaktik der Naturwissenschaften, 11,* 165–174.

Killermann, W., Hiering, P. & Starosta, B. (2016). *Biologieunterricht heute. Eine moderne Fachdidaktik* (16. Aufl.). Augsburg: Auer.

Klafki, W. (2007). *Neue Studien zur Bildungstheorie und Didaktik. Zeitgemäße Allgemeinbildung und kritisch-konstruktive Didaktik.* Weinheim: Beltz.

Kloser, M. (2012). A Place for the Nature of Biology in Biology Education. *Electronic Journal of Science Education, 16*(1), 1–18.

Kullmann, H., Lütje-Klose, B. & Textor, A. (2014). Eine Allgemeine Didaktik für inklusive Lerngruppen – fünf Leitprinzipien als Grundlage eines Bielefelder Ansatzes der Inklusiven Didaktik. In B. Amrhein & M. Dziak-Mahler (Hrsg.), *Fachdidaktik inklusiv* (S. 89–107). Münster: Waxmann.

Kultusministerkonferenz [KMK] (2004). *Bildungsstandards im Fach Biologie für den mittleren Schulabschluss.* München: Luchterhand.

Lichtner, H. (2018). Lernen mit Basiskonzepten. In U. Spörhase & W. Ruppert (Hrsg.), *Biologie Methodik* (4. Aufl.). Berlin: Cornelsen.

Markic, S. & Abels, S. (2014). Heterogeneity and Diversity: A Growing Challenge or Enrichment for Science Education in German Schools? *Eurasia Journal of Mathematics, Science & Technology Education, 10*(4), 271–283.

Menthe, J., Hoffmann, T., Nehring, A. & Rott, L. (2015). Unterrichtspraktische Impulse für einen inklusiven Chemieunterricht. In O. Musenberg & J. Riegert (Hrsg.), *Inklusiver Fachunterricht in der Sekundarstufe* (S. 158–164). Stuttgart: Kohlhammer.

Musenberg, O. & Riegert, J. (2015). Inklusiver Fachunterricht als didaktische Herausforderung. In J. Riegert & O. Musenberg (Hrsg.), *Inklusiver Fachunterricht in der Sekundarstufe* (S. 13–28). Stuttgart: Kohlhammer.

Nachreiner, K., Spangler, M. & Neuhaus, B. J. (2015). Begründung eines an Basiskonzepten orientierten Unterrichts. *MNU, 68*(3), 172–177.

Nehring, A. & Bohlmann, M. (2016). Inklusion als Herausforderung und Chance für die naturwissenschaftsdidaktische Theoriebildung. In J. Riegert & O. Musenberg (Hrsg.), *Didaktik und Differenz* (S. 148–163). Bad Heilbrunn: Klinkhardt.

Nehring, A. & Walkowiak, M. (2017). Eine inklusive Lernumgebung ist nicht genug: Fachspezifik, Theoretisierung und inklusive Unterrichtsentwicklung in den Naturwissenschaftsdidaktiken. *Zeitschrift für Inklusion online.* https://www.inklusion-online.net/index.php/inklusion-online/article/view/450 [31.03.2021].

Plummer, D. L. (2003). Overview of the Field of Diversity Management. In D. L. Plummer (Hrsg.), *Handbook of Diversity Management* (S. 1–49). Washington, DC: University Press of America.

Prengel, A. (2001). Egalitäre Differenz in der Bildung. In H. Lutz & N. Wenning (Hrsg.), *Unterschiedlich verschieden. Differenz in der Erziehungswissenschaft* (S. 93–107). Opladen: Leske + Budrich.

Schaal, S. & Schaal, S. (2020). Kultursensible Sexualpädagogik – Möglichkeiten und Grenzen. *Unterrichtspraxis – Beilage zu „Bildung und Wissenschaft", 53*(3), 1–8.

Schneider, A. (2012). *Das Körperbewusstsein bei Kindern und Jugendlichen.* https:// freidok.uni-freiburg.de/data/8721 [31.03.2021].

Seitz, S. (2006). Inklusive Didaktik. Die Frage nach dem ‚Kern der Sache'. *Zeitschrift für Inklusion online.* http://www.inklusion-online.net/index.php/inklusion-online/ article/view/184 [31.03.2021].

Selter, C., Hußmann, S., Hößle, C., Knipping, C., Lengnink, K. & Michaelis, J. (2017). Konzeption des Entwicklungsverbundes „Diagnose und Förderung heterogener Lerngruppen". In C. Selter, S. Hußmann, C. Hößle. C. Knipping, K. Lengnink & J. Michaelis (Hrsg.), *Diagnose und Förderung heterogener Lerngruppen. Theorien, Konzepte und Beispiele aus der MINT-Lehrerbildung* (S. 11–18). Münster: Waxmann.

Stinken-Rösner, L., Rott, L., Hundertmark, S., Baumann, T., Menthe, J., Hoffmann, T., Nehring, A. & Abels, S. (2020). Thinking inclusive science education from two perspectives: inclusive pedagogy and science education. *RISTAL, 3,* 30–45.

Spörhase, U. (2015). *Biologiedidaktik. Praxishandbuch für die Sekundarstufe I und II* (7. Aufl.). Berlin: Cornelsen Verlag.

Stroh, M. (2015). Inklusion im naturwissenschaftlichen Unterricht. Beschreibung eines Spannungsfeldes. In C. Siedenbiedel & C. Theurer (Hrsg.), *Grundlagen inklusiver Bildung, Teil 1: Inklusive Unterrichtspraxis und -entwicklung* (S. 110–124). Immenhausen: Prolog-Verlag.

UN-BRK (UN-Behindertenrechtskommisson) (2008). Übereinkommen über die Rechte von Menschen mit Behinderungen vom 13. Dezember 2006. Bundesgesetzblatt (BGBL) 2008 II.

Van Dijk, E. M. & Kattmann, U. (2007). A research model for the study of science teachers' PCK and improving teacher education. *Teaching and Teacher Education, 23,* 885–897.

Villanueva, M. G., Taylor, J., Therrien, W. & Hand, B. (2012). Science education for students with special needs. *Studies in Science Education, 48*(2), 187–215.

Wagenschein, M. (1973). *Verstehen lernen. Genetisch – Sokratisch – Exemplarisch* (3. Aufl.). Weinheim und Basel: Beltz.

Widmer-Wolf, P. (2018). Kooperation in multiprofessionellen Teams an inklusiven Schulen. In T. Sturm & M. Wagner-Willi (Hrsg.), *Handbuch schulische Inklusion* (S. 299–313). Opladen: UTB.

Wocken, H. (1998). Gemeinsame Lernsituationen. Eine Skizze zur Theorie des gemeinsamen Unterrichts. In A. Hildeschmidt & I. Schnell (Hrsg.), *Integrationspädagogik. Auf dem Wege zu einer Schule für alle* (S. 37–52). Weinheim, München: Juventa.

Wulff, N. & Nessler, S. (2019). Fachsensibler Sprachunterricht in der Vorbereitungsklasse – auf dem Weg zur erfolgreichen Integration in den Fachunterricht. In B. Ahrenholz, S. Jeuk, B. Lütke, J. Paetsch & H. Roll (Hrsg.), *Fachunterricht, Sprachbildung und Sprachkompetenzen* (S. 279–300). Berlin: De Gruyter.

Laura Sührig, Katja Hartig, Albert Teichrew, Jan Winkelmann, Roger Erb, Holger Horz und Mark Ullrich

Experimente im inklusiven Physikunterricht: Was sagen Lehrkräfte?

Zusammenfassung: Schüler*innenexperimente sind ein zentrales Element des Physikunterrichts und bieten in inklusiven Lerngruppen große Chancen, gewinnbringende Lernsettings zu gestalten. Da der Erfolg inklusiven Unterrichts maßgeblich vom Engagement der Lehrkräfte abhängt (Boer, 2012; Seifried, 2015), sind deren Sichtweisen auf Schüler*innenexperimente sehr relevant. Bisherige Studien zur Einstellung von Lehrpersonen zu Schüler*innenexperimenten (z. B. Abrahams & Saglam, 2010) nehmen jedoch keine inklusiven Lerngruppen in den Blick. Um diese Lücke zu schließen, wurde eine qualitative Befragung unter Lehrkräften durchgeführt, die eine erste Übersicht zu Bedenken und Gewinnen beim Einsatz von Schüler*innenexperimenten im inklusiven Physikunterricht ermöglicht. Im Artikel werden die Ergebnisse der Lehrkräftebefragung vorgestellt.

Schlagwörter: Inklusion, inklusiver Physikunterricht, Schüler*innenexperimente

Practical Work in Inclusive Physics Lessons: Teachers' Perspectives

Abstract: Practical work as a central element of physics lessons offers great opportunities to create beneficial learning environments, whilst teaching in inclusive learning groups. Since the success of inclusive teaching depends in a large part on the commitment of teachers (Boer, 2012; Seifried, 2015), their views on practical work play a pivotal role. However, previous studies on teachers' attitudes to practical work (e.g. Abrahams & Saglam, 2010) do not focus on inclusive learning groups. In order to fill this gap, a exploratory teacher survey was carried out to provide an initial overview of teachers' concerns and perceived benefits regarding the use of practical work in inclusive physics education. This article presents the results of this survey.

Keywords: inclusion, inclusive practice in physics lessons, practical work

1. Einführung

Schüler*innenexperimente stellen ein zentrales Element des Physikunterrichts dar (u. a. Erb, 2014; KMK, 2005) und bieten auch in inklusiven Lerngruppen große Chancen, gewinnbringende Lernsettings zu gestalten.

Bisher ist wenig darüber bekannt, welche Einstellungen Lehrkräfte gegenüber Schüler*innenexperimenten im inklusiven Unterricht aufweisen. Da der Erfolg inklusiven Unterrichts maßgeblich vom Engagement der Lehrkräfte abhängt (Boer, 2012; Seifried, 2015), sind deren Sichtweisen auf Schüler*innenexperimente sehr relevant. Bisherige Studien zur Einstellung von Lehrpersonen zu Schüler*innenexperimenten (z. B. Abrahams & Saglam, 2010; Kerr, 1963) nehmen jedoch keine inklusiven Lerngruppen in den Blick. Um diese Lücke zu schließen, wurde eine explorative qualitative Befragung unter Lehrkräften durchgeführt, die eine erste Übersicht zu Bedenken und Gewinnen beim Einsatz von Schüler*innenexperimenten im inklusiven Physikunterricht liefert. Dabei wurden Aussagen von Lehrkräften gesammelt und kategorisiert.

Im vorliegenden Beitrag geben wir einen kurzen Überblick über die Forschungs- und Literaturlage zu Schüler*innenexperimenten und Einstellungen diesbezüglich. Zudem stellen wir das Design und die Ergebnisse der Befragung vor, in der erste Erkenntnisse zum Inklusionsverständnis von Lehrkräften und zu ihren Sichtweisen auf Schüler*innenexperimente im inklusiven Unterricht erhoben wurden.

In der Literatur gibt es bisher keinen einheitlichen Inklusionsbegriff (Piezunka, Schaffus & Grosche, 2017). Die Debatte ist dennoch von einem „engen" oder „weiten" Begriffsverständnis bestimmt. Ein enger Inklusionsbegriff beschränkt sich auf das Recht einer spezifischen Zielgruppe auf Inklusion (Sach & Heinicke, 2019). Diesem Verständnis nach geht es bei schulischer Inklusion um den gemeinsamen Unterricht von Schüler*innen mit und ohne sonderpädagogischen Förderbedarf. Der weite Inklusionsbegriff hingegen geht darüber hinaus und versucht Lernende in all ihren Diversitätsfacetten wie Geschlecht, sozioökonomischen Status, Behinderung und Begabung (Sach & Heinicke, 2019) wahrzunehmen.

Zum Schluss folgt eine Einordnung der Ergebnisse sowie Implikationen für den Unterricht.

2. Stand der Forschung

Es existieren verschiedene Vorstellungen darüber, welche Tätigkeiten unter dem Begriff des Experimentierens bzw. Experiments im naturwissenschaftlichen Unterricht zu verstehen sind. Unter einem Experiment wird von uns eine Tätigkeit verstanden, die eine Intervention zur Erzeugung des zu beobachtenden Phänomens oder zur Überprüfung einer Hypothese beinhaltet (Hacking 1983, zitiert nach Millar, 2010). Eine Übersicht über mögliche Experimentalstrategien im Unterricht ist bei Höttecke und Rieß (2015) zu finden.

Schüler*innenexperimente sind eine wesentliche Komponente naturwissenschaftlichen Lehrens und Lernens (Millar, 2004) und für viele Lehrkräfte ein zentraler Bestandteil des Physikunterrichts. So wird ein Großteil der Unterrichtszeit mit Experimentieren verbracht (Tesch & Duit, 2004). Sie stellen eine Gelegenheit zum konkreten physikalischen Arbeiten und dem Sammeln eigener Erfahrungen dar (Kircher, Girwidz & Häußler, 2009). Folglich gehören in nicht-inklusiven Lerngruppen Schüler*innenexperimente zum normalen Schulalltag. Es sprechen viele Gründe für den Einsatz von Schüler*innenexperimenten auch in inklusiv beschulten Klassen. So führt Experimentieren in inklusiven Lerngruppen zu einem positiven Arbeitsklima (Baumann, Kieserling, Struckholt & Melle, 2018), dem Ausbau von Sozialkompetenzen (Di Fuccia, 2007, zitiert nach Baumann, Zimmermann & Melle, 2016) und fachlichen Vorstellungen (Rott & Marohn, 2016). Darüber hinaus eröffnen Experimente viele Möglichkeiten, Handlungsprozesse anzuleiten und durch Variation von Arbeits- und Sozialformen zu differenzieren und Barrieren abzubauen (Nehring & Walkowiak, 2017). Obgleich Schüler*innenexperimente eine Chance für inklusive Lerngruppen darstellen, sind sie auch mit Herausforderungen verbunden, wie zum Beispiel Sicherheitsrisiken beim experimentellen Arbeiten (Hoffmann & Menthe, 2015).

Der Einsatz von Schüler*innenexperimenten als erfolgreiche Unterrichtsmethode in inklusiven Lerngruppen erfordert, dass Lehrkräfte sich der Chancen und Herausforderungen, die diese mitbringen, bewusst sind (Pawlak & Groß, 2020) und eine positive Grundhaltung ihnen gegenüber aufweisen.

Es existieren bereits einige Studien zur Einstellung von Lehrkräften zu Schüler*innenexperimenten. In den meisten Studien werden Lehrkräfte in Fragebögen mit geschlossenen Antwortformaten gebeten, vorgegebene

Ziele von Schüler*innenexperimenten nach ihrer wahrgenommenen Bedeutung zu sortieren oder zu raten (vgl. Abrahams & Saglam, 2010; Beatty & Woolnough, 1982; Boud, 1973; Kerr, 1963; Swain, Monk & Johnson, 1999; Woolnough, 1976). Auch bei Welzel, Niedderer und Bécu-Robinault (1998) steht die Gewichtung von Zielen im Fokus, diese werden jedoch im Gegensatz zu den anderen Studien aus Aussagen von Lehrkräften abgeleitet, die mittels offener Fragen in einer Pilotierung gesammelt und kategorisiert wurden. Für den inklusiven Chemieunterricht haben Pawlak und Groß (2020) in einer Interview- und Fragebogen-Studie Chancen und Herausforderungen erhoben, die Lehrende in Bezug auf Schüler*innenexperimente im inklusiven Chemieunterricht äußerten. Unsere Studie wird mit dieser Erhebung in Bezug gesetzt (siehe Abschnitt 3.2.2).

3. Empirische Studie

Bislang liegen keine empirischen Daten oder fachdidaktischen Konzepte zur Einstellung von Lehrkräften bezüglich des Einsatzes von Schüler*innenexperimenten im inklusiven Physikunterricht vor. Aus diesem Grund wurden unter Lehrkräften des Fachs Physik Gewinne und Bedenken zum Einsatz von Experimenten im inklusiv gedachten Fachunterricht erhoben. Die so gewonnenen Erkenntnisse dienen als Voraussetzung zur Entwicklung und Evaluation einer Lehrkräftefortbildung.

3.1 Design der Befragung

Grundsätzlich eignen sich für eine derartige Untersuchung als Methoden offene Fragebögen oder Interviews. Aus erhebungsökonomischen Gründen und da wir an einer möglichst großen Bandbreite von Meinungen und Erfahrungen interessiert waren, entschieden wir uns für eine qualitative Fragebogenerhebung. In der so angelegten Befragung wurden hessische Lehrkräfte von 33 Schulen in einem Online-Fragebogen gebeten, Bedenken und Gewinne in offenen Freitextfeldern anzugeben, die sie beim Einsatz von Schüler*innenexperimenten im inklusiven Physikunterricht sehen. Dabei wurde zwischen offenen, selbstgesteuerten Schüler*innenexperimenten und solchen Schüler*innenexperimenten unterschieden, die als angeleitete und von der Lehrkraft gesteuerte Lernform betrachtet werden können. Bei den Items des Fragebogens handelte es sich um gänzlich offene Fragen (z. B. „Worin sehen Sie einen Gewinn beim Einsatz von offenen, selbstgesteuerten Schüler*innenexperimenten im inklusiven Physikunterricht?").

Es wurden bei 62 vollständigen Datensätzen insgesamt 623 Aussagen gesammelt. In der Befragung sollten die Lehrkräfte außerdem den Begriff Inklusion beschreiben.

3.2 Methode

3.2.1 Induktive Kategorienbildung

Um die qualitativen Aussagen der Lehrkräfte interpretieren zu können, wurden die Aussagen elf unterschiedlichen Kategorien zugeordnet (Tab. 1). Diese Kategorien ergaben sich aus dem Datenmaterial nach ausführlicher Sichtung, sind logisch voneinander unabhängig und wurden in einem iterativen Prozess kommunikativ validiert.

Um zu überprüfen, wie unabhängig die Ergebnisse der Zuteilung der Lehrkräfteaussagen in die Kategorien vom jeweiligen Beobachter sind, wurde die Zuteilung von drei Rater*innen durchgeführt. Für die Interrater-Reliabilität mit drei Rater*innen ergab sich ein Fleiss Kappa-Wert von 0,761 und somit ein „Substantial agreement" nach Landis und Koch (1977, S. 165).

Es wurde folgendes Kodiermanual (Tab. 1) erstellt und von allen drei Rater*innen verwendet.

Tab. 1: Kodiermanual zur Zuordnung von Aussagen zu unterschiedlichen Kategorien bezüglich der Gewinne und Bedenken bei Schüler*innenexperimenten im inklusiven Physikunterricht

Kategorie	Beschreibung	Beispiel
Sicherheit	Gefahren bzw. Sicherheit im Zusammenhang mit Schüler*innenexperimenten (Unversehrtheit der Schüler*innen oder der Experimentiermaterialien)	„Sicherheitsfragen können klar im Vorfeld besprochen werden"; „Verletzungsgefahr"
Affektive Merkmale	lernpsychologische Merkmale wie Motivation und Interesse	„Spaß am Forschen"; „Überforderung"
Experimentierkompetenz	Kompetenzen und Fähigkeiten, die beim und durch das Experimentieren gewonnen werden	„Experimentierfähigkeiten als händische Fähigkeiten entwickeln"
Fachwissen	fachliches Lernen bzw. Lernen eines konkreten Gegenstandes oder Inhaltsgebietes	„Höherer Lernwert für alle SuS"; „Verständnisprobleme"
Überfachliche Kompetenzen	Kompetenzen, die keinem konkreten Unterrichtsfach zugeordnet werden, sondern generelle Ziele von Unterricht und Schule darstellen	„Förderung sozialer Kompetenzen"; „Selbständigkeit bleibt auf der Strecke"
Inklusionsaspekte	Beschränkung auf Inklusionskinder sowie Aspekte bzw. Ziele inklusiven Unterrichts wie Teilhabe	„SuS mit Beeinträchtigung wird Teil einer Gruppe"; „Ausgrenzung"

Kategorie	Beschreibung	Beispiel
Aufwand & Planung	Planungsaufwand für den Unterricht, die Experimente etc.	„Ich muss weniger vorbereiten"
Differenzierung	(Binnen-)Differenzierung als didaktisches Mittel zur Anpassung des Lernstoffes an die Lerngruppe sowie individuelles Lerntempo	„Experimentieren auf individuellem Niveau: Differenzierung"
Unterrichtsqualität	kognitive Aktivierung, Klassenführung oder konstruktive Unterstützung sowie Unterrichtsgestaltung, Unterrichtsablauf, Rückmeldungen und Hilfestellungen der Lehrkraft	„spannenderer Unterricht"; „Klasse muss unter Kontrolle gehalten werden"
Rahmenbedingungen	schulische Rahmenbedingungen, auf die die Lehrkraft keinen Einfluss hat	„Es steht kein Förderschullehrer zur Unterstützung bereit"
Sonstiges	Alle nicht (eindeutig) zuordenbaren Aussagen	„keine Bedenken"

Dabei ist es nicht verwunderlich, dass sich in den elf induktiv gefundenen Kategorien auch allgemeine Zielkategorien des Experimentierens wiederfinden. Affektive Merkmale wie Interesse und Motivation der Schüler*innen steigern, Experimentierkompetenzen vermitteln und Fachwissenszuwachs fördern gehören zu generellen Zielen von Experimenten (Übersicht bei Karaböcek & Erb, 2014).

3.2.2 Ähnliche Kategorien in der Chemiedidaktik

Trotz eines unterschiedlichen Untersuchungsdesigns berichten aktuelle Ergebnisse aus der Chemiedidaktik ähnliche Kategorien (Pawlak & Groß, 2020). Tab. 2 stellt die ähnlichen Kategorien gegenüber.

Wir fassen die Kategorien *überfachliche Kompetenzen, Inklusionsaspekte* und *Unterrichtsqualität* weiter als Pawlak und Groß (2020). Des Weiteren ist die Kategorie *Experimentierkompetenz* bei Pawlak und Groß (2020) nicht gefunden worden. Demgegenüber konnten wir keine Aussagen zu *Diagnosemöglichkeiten* sowie *Einstellungen der Lehrkraft* (Pawlak & Groß, 2020) identifizieren. Dennoch lässt sich sagen, dass die gefundenen Kategorien größtenteils ähnlich sind. Daraus lässt sich ableiten, dass Chemie- und Physiklehrkräfte augenscheinlich ähnliche Chancen und Bedenken beim Einsatz von Schüler*innenexperimenten im inklusiven Unterricht sehen. Dieser Umstand eröffnet die Möglichkeit, im Rahmen von Fortbildungsmaßnahmen zum inklusiven, experimentierbasierten Physikunterricht auch auf Konzepte und Erkenntnisse aus der Chemiedidaktik zurückzugreifen.

Tab. 2: Vergleich der gefundenen Kategorien beider Untersuchungen

Kategorie aus der vorliegenden Untersuchung	Kategorie bei Pawlak und Groß (2020)
Sicherheit	Sicherheit (K2.2)
Affektive Merkmale	Motivation und Interesse wecken (K1.1)
Fachwissen	Chemiespezifische Verständnisschwierigkeiten (K2.1)
Überfachliche Kompetenzen	Förderung des kooperativen Lernens (K1.4) Förderung emotionaler, sozialer und psychomotorischer Fähigkeiten (Entwicklungsförderung) (K1.5)
Inklusionsaspekte	Besondere Schüler*innenvoraussetzungen (K2.7)
Aufwand & Planung	Intensive Vorbereitung (K2.3)
Differenzierung	Differenzierungsmöglichkeiten (K1.3)
Unterrichtsqualität	Classroom-Management (K2.5) Schüler*in-Lehrer*in-Interaktion (K1.6)
Rahmenbedingungen	Schulische Rahmenbedingungen (K2.4)

3.3 Stichprobe

Die in der vorliegenden Studie untersuchte Stichprobe umfasst 62 Lehrkräfte (davon 27 Frauen und 33 Männer). An der Befragung nahmen Lehrkräfte aller Altersgruppen teil. Von den befragen Lehrkräften hat der Großteil Gymnasiallehramt (61,3%) studiert; 12,9% sind Quereinsteiger*innen. Zum Zeitpunkt der Befragung sind die Lehrkräfte hauptsächlich an Gesamtschulen (32,3%) oder Gymnasien (66,1%) tätig. In Bezugnahme auf die gesamte hessische Lehrerschaft (Hessisches Statistisches Landesamt, 2018) weist die Stichprobe eine Überrepräsentation an Gymnasiallehrkräften auf, was darin begründet liegt, dass die Befragung hauptsächlich an Partnerschulen der Goethe-Universität durchgeführt wurde.

Ein Drittel der Gesamtstichprobe (33,9%) hat Fortbildungen oder Seminare zum Thema Inklusion besucht. Knapp 85% der befragten Personen verfügen über Erfahrungen mit Menschen mit Behinderung. Bezogen auf Unterricht sind weniger Erfahrungen mit Inklusion vorhanden: 43,5% der Befragten sind oder waren schon in einer inklusiven Klasse tätig. Gleichzeitig geben diese Personen an, überwiegend (62,9%) über keine Erfahrungen mit dem Einsatz von Schüler*innenexperimenten im inklusiven Unterricht zu verfügen. 37,9% der befragten Lehrkräfte, die in einer inklusiven Klasse tätig sind oder waren, haben keine Erfahrungen mit Schüler*innenexperimenten im inklusiven Physikunterricht. Es besteht somit ein hoher Fortbildungsbedarf für Lehrkräfte bezüglich inklusiven Physikunterrichtes und dem erfolgreichen Einsatz von Schüler*innenexperimenten in diesem.

4. Ergebnisse

In diesem Abschnitt werden das Inklusionsverständnis der befragten Lehrkräfte und die Ergebnisse der Befragung bezüglich der erhobenen Bedenken und Gewinne, die Lehrkräfte beim Einsatz von Schüler*innenexperimenten im inklusiven Physikunterricht sehen, vorgestellt.

In der Befragung wurden die Lehrkräfte nach ihrem Verständnis von Inklusion gefragt. Die Inhalte der Aussagen (n = 61) wurden einem engen oder weiten Inklusionsbegriff (s. o.) zugeordnet. Die befragten Lehrkräfte weisen mit 70,5 Prozent überwiegend ein enges Inklusionsverständnis auf. Dies ist nachvollziehbar, da sicherlich Unsicherheiten in der Definition durch einen fehlenden einheitlichen Inklusionsbegriff existieren. Zum anderen spielt das Thema Inklusion sowohl in der Lehrkräfteaus- und -fortbildung eine untergeordnete Rolle[1].

Die folgenden Aussagen der Lehrkräfte müssen im Kontext ihres überwiegend engen Inklusionsverständnisses gesehen werden.

Bezüglich des Einsatzes von Schüler*innenexperimenten im inklusiven Physikunterricht äußerten die Lehrkräfte insgesamt mehr Gewinne als Bedenken. Dies gilt sowohl für die offenen als auch die angeleiteten Schüler*innenexperimente. Es wurden 235 Gewinne und 157 Bedenken bei offenen Schüler*innenexperimenten sowie 143 Gewinne und 88 Bedenken bei angeleiteten Schüler*innenexperimenten genannt. Die Reihenfolge der Freitextfelder war für jede Lehrkraft gleich und entspricht der Reihenfolge der vorherigen Aufzählung der absoluten Zahlenwerte. Es ist ein monotoner Abfall der Antwortzahlen zu erkennen, welcher zunächst durch einen schwachen allgemeinen Motivationsverlust erklärt werden kann. Hinzu kommt der starke Motivationsverlust einzelner Lehrkräfte, die gleich zu Beginn bei den offenen Experimenten sehr viele Aussagen getroffen haben. Dieser Umstand hat zur Folge, dass ein Vergleich mit absoluten Zahlen der Aussagen nicht sinnhaft ist und daher werden im Folgenden nur relative Anteile[2] betrachtet (Abb. 1). Knapp 14 % aller Aussagen konnten nicht eindeutig einer Kategorie zugeordnet werden und werden unter *Sonstiges* zusammengefasst.

Bei den *überfachlichen Kompetenzen* nennen die Lehrkräfte für offene Schüler*innenexperimente ausschließlich Gewinne. In den Kategorien *Fachwissen, affektive Merkmale, Experimentierkompetenz* und *Differenzie-*

---

1 Im Studienfach Physik z.B. für das Lehramt an Gymnasien taucht der Begriff Inklusion in keinem Modulhandbuch der hessischen Universitäten auf.
2 Relative Anteile in Bezug auf alle Aussagen zu der jeweiligen Experimentierform (offen/angeleitet).

rung überwiegen die Gewinne. Es werden dagegen bei den Kategorien *Inklusionsaspekte*, *Unterrichtsqualität* und *Aufwand und Planung* mehr Bedenken geäußert. Innerhalb der offenen Experimente werden bei *Sicherheit* und *Rahmenbedingungen* ausschließlich Bedenken genannt.

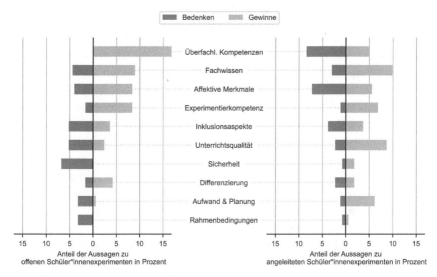

Abb. 1: Ergebnisse der Lehrkräftebefragung getrennt nach der Form der Schüler*innenexperimente

Innerhalb der angeleiteten Schüler*innenexperimente überwiegen die Gewinne in den Kategorien *Fachwissen*, *Experimentierkompetenz*, *Unterrichtsqualität*, *Sicherheit* und *Aufwand und Planung*. Bei *überfachlichen Kompetenzen* und *affektiven Merkmalen* werden eher mehr Bedenken genannt. In den Kategorien *Inklusionsaspekte*, *Differenzierung* und *Rahmenbedingungen* sind Gewinne und Bedenken bei angeleiteten Experimenten ungefähr gleich auf.

5. Interpretation und Implikationen für die Praxis

Die Lehrkräfte äußern mehr Gewinne als Bedenken in der Befragung. Sie scheinen demnach Schüler*innenexperimenten im inklusiven Unterricht eher positiv gegenüber zu stehen.

Die Lehrkräfte scheinen offene Schüler*innenexperimente zur Vermittlung *überfachlicher Kompetenzen* geeigneter zu finden. Entsprechend wurde bei angeleiteten Experimenten oft das Bedenken genannt, dass diese Überfachliches nur unzureichend fördern. Ein *Fachwissenszuwachs* wird sowohl offenen als auch geschlossenen Schüler*innenexperimenten zugeschrieben, was sich mit empirischen Befunden aus der Physikdidaktik deckt, die einen vergleichbaren Fachwissenszuwachs bei offenen und kochbuchartigen Schüler*innenexperimenten belegt haben (Winkelmann & Erb, 2018). Ein Ziel von Schüler*innenexperimenten ist die Steigerung von Motivation und Interesse (Swain, Monk & Johnson, 2000), was wir unter *affektiven Merkmalen* zusammenfassen. Nach Ansicht der Lehrkräfte lässt sich dies eher mit offenen Experimenten realisieren, obgleich diese einige Schüler*innen, insbesondere wenn keine klaren Arbeitsaufträge gestellt werden, überfordern könnten. In der Kategorie *Unterrichtsqualität* häufen sich die Bedenken eher bei offenen Schüler*innenexperimenten und die Gewinne bei angeleiteten. Es wurde vermehrt genannt, dass die Lehrkräfte Angst haben, bei dieser offenen Lernform die Kontrolle über die Klasse zu verlieren. Ein Kontrollverlust scheint aus Sicht der Lehrpersonen durch angeleitete Experimente verhindert werden zu können.

Betrachtet man weitere Ergebnisse der Lehrkräftebefragung, fällt auf, dass die *Sicherheitsbedenken* bei offenen Schüler*innenexperimenten überdurchschnittlich oft genannt werden; bei angeleiteten Experimenten jedoch kaum eine Rolle zu spielen scheinen. Offene Experimentierumgebungen im Sinne von Forschendem Lernen (z. B. Höttecke, 2010), in denen die Schüler*innen eigene Hypothesen entwickeln und überprüfen, spielen bereits im nicht-inklusiven Physikunterricht eine untergeordnete Rolle (Erb, 2014). Von einigen Lehrenden wurden lediglich sicherheitsbezogene Bedenken und keine Gewinne benannt. Die Fokussierung auf Sicherheitsbedenken scheint für einige Lehrkräfte ein Ausschlusskriterium zu sein, Schüler*innenexperimente einzusetzen. Solche enormen Sicherheitsbedenken könnten im inklusiven Unterricht einer der Gründe sein, der dazu führt, dass weniger experimentiert wird. Auch Nehring und Walkowiak (2017) räumen ein, dass Experimenten grundsätzlich ein Gefährdungspotenzial innewohnt, was aus Sicht von Lehrkräften durch Schüler*innen mit sonderpädagogischem Förderbedarf, insbesondere in der emotional-sozialen Entwicklung, noch erhöht wird. Diese Bedenken müssen in inklusiven Konzepten für Schüler*innenexperimente explizit adressiert werden.

Die befragten Lehrpersonen sehen darüber hinaus in offenen Schüler*innenexperimenten eine größere Möglichkeit zur *(Binnen-)Differenzierung*. Im inklusiven Unterricht sind bei offeneren Experimenten Rollenverteilungen unter den Schüler*innen sehr verbreitet, beispielsweise Zeitwächter*in, Protokollant*in usw. Dabei besteht allerdings die Gefahr, dass schwächere Lernende oft die Rollen von Mitschüler*innen oder sogar der Lehrkraft zugeteilt bekommen, die vermeintlich einfach sind, wie das Holen und Wegbringen der Versuchsmaterialien. Dies kann dazu führen, dass diese Schüler*innen nur eine einseitige Sicht auf das Experimentieren erhalten, demotiviert werden und sich aus dem Erfahrungs- und Lernprozess zurückziehen. Die Ergebnisse verwundern auch in der Hinsicht, da vorwiegend in angeleiteten Experimenten die Möglichkeit besteht, durch das Material zu differenzieren. Gerade der *Aufwand* in der Vor- und Nachbereitung von Physikunterricht im Allgemeinen und bei Schüler*innenexperimenten im Speziellen ist sehr hoch – und steigt bei zunehmender Differenzierung. Entsprechend geben Lehrkräfte dies als Bedenken an. Erstaunlich ist jedoch, dass sich diese Bedenken eher bei offenen Schüler*innenexperimenten häufen, obwohl man insbesondere im inklusiven Unterricht erwarten könnte, dass das Ausarbeiten von barrierearmen Versuchsanleitungen eine größere Herausforderung darstellt. Bei den offenen Experimenten wurde oft eine aufwendige Vorbereitung zu Bedenken gegeben. Auch bei *Rahmenbedingungen* wurden eher Bedenken zu offenen Experimenten genannt, meist verbunden mit Versuchsmaterialien und Klassengröße. Es werden weitere inklusive Versuchsmaterialien benötigt, um die Lehrkräfte bei ihrer Unterrichtsplanung zu entlasten.

Bei der qualitativen Auswertung der Aussagen der Lehrkräfte fällt auf, dass diese oft allgemein gehalten sind oder nur Schlagwörter enthalten, was u. a. dem Design der Befragung geschuldet ist. Zudem sehen einige Lehrkräfte keinen Unterschied in den Gewinnen und Bedenken bei Schüler*innenexperimenten in inklusiven Klassen im Vergleich zu nicht-inklusiven Klassen. Dies haben zwar nur einige Lehrkräfte explizit gemacht, aber es liegt die Vermutung nahe, dass auch andere Lehrkräfte derartig denken. Ein Indiz dafür sind die vielen allgemeinpädagogischen Antworten. An der Stelle stellt sich die Frage, ob sie mit der fehlenden Unterscheidung zwischen inklusiven und nicht-inklusiven Lerngruppen Diversität ignorieren oder versuchen, nicht zu diskriminieren. Für weitere Forschungsvorhaben wird basierend auf diesen Ergebnissen empfohlen, nach Gründen für die Einstellung von Lehrkräften zu Schüler*innenexperimenten nicht nur im Kontext des inklusiven, sondern auch des allgemeinen experimentierbasierten Unterrichts zu suchen, da es Hinweise darauf gibt, dass „Inklusion" nicht die dominierende Hürde bei Schüler*innenexperimenten ist.

6. Zusammenfassung und Ausblick

Ziel der vorliegenden Untersuchung war es, erste Einblicke in die Einstellung von Physiklehrkräften zu Schüler*innenexperimenten zu bekommen. Dabei ging es insbesondere um eine Sammlung von erwarteten Gewinnen und Bedenken, die Lehrkräfte beim Einsatz von Schüler*innenexperimenten im inklusiven Physikunterricht wahrnehmen.

Die Befragung hat ergeben, dass die Lehrkräfte eher eine positive Einstellung gegenüber Schüler*innenexperimenten im inklusiven Physikunterricht aufweisen, jedoch weniger als erwartet in inklusiven Klassen experimentiert wird. Die befragten Lehrkräfte sehen insbesondere in offenen Schüler*innenexperimenten große Vorteile, aber haben große Sicherheitsbedenken, welche sie möglicherweise am Einsatz dieser Methode hindert. Auf diese Bedenken muss in der Aus- und Fortbildung von Lehrkräften eingegangen werden und Wege aufgezeigt werden, wie auch in inklusiven Lerngruppen sicher experimentiert werden kann. Pawlak und Groß (2020) sehen insbesondere im Classroom-Management eine Möglichkeit, ein sicheres Experimentieren für alle zu realisieren. Generell erscheint eine Beachtung der bekannten Dimensionen qualitätsvollen Unterrichts (Classroom-Management, Kognitive Aktivierung, Konstruktive Unterstützung) für die Planung von Unterrichtskonzepten als sinnvoll.

Ausgehend von den Aussagen der vorgestellten Befragung zu Gewinnen und Bedenken wurde ein quantitativer Fragebogen entwickelt, der Einstellungen zum Experimentieren im inklusiven Physikunterricht erfragt. Dieser soll zukünftig dazu dienen, Einstellungsveränderungen von Lehrkräften zu messen, nachdem diese an einer Lehrkräftefortbildung zum Thema ‚Experimentieren im inklusiven Physikunterricht‘ teilgenommen haben. Der Fragebogen befindet sich derzeit in der Pilotierungsphase und soll in einer Folgestudie zum Einsatz kommen.

Danksagung

Die Autor*innengruppe bedankt sich herzlich bei Laurin Pannullo, der in gewinnbringenden Diskussionen zur Verbesserung des Artikels beigetragen hat.

Förderhinweis

Das diesem Artikel zugrundeliegende Vorhaben wurde im Rahmen der gemeinsamen „Qualitätsoffensive Lehrerbildung" von Bund und Ländern mit Mitteln des Bundesministeriums für Bildung und Forschung unter dem Förderkennzeichen 01JA1819 gefördert. Die Verantwortung für den Inhalt dieser Veröffentlichung liegt bei den Autor*innen.

Literaturverzeichnis

Abrahams, I. & Saglam, M. (2010). A Study of Teachers' Views on Practical Work in Secondary Schools in England and Wales. International Journal of Science Education, 32(6), 753–768.

Baumann, T., Kieserling, M., Struckholt, S. & Melle, I. (2018). Verbrennungen – Eine Unterrichtseinheit für inklusiven Unterricht. CHEMKON, 25(4), 160–170.

Baumann, T., Zimmermann, F. & Melle, I. (2016). Redoxreaktionen: Eine Unterrichtseinheit für inklusive Lerngruppen. PdN Chemie in der Schule, 65(7), 41–45.

Beatty, J. W. & Woolnough, B. E. (1982). Practical Work in 11–13 Science: The context, type and aims of current practice. British Educational Research Journal, 8(1), 23–30.

Boer, A. A. de. (2012). Inclusion: A question of attitudes? A study on those directly involved in the primary education of students with special educational needs and their social participation. Groningen: Stichting Kinderstudies.

Boud, D. J. (1973). The laboratory aims questionnaire? A new method for course improvement? Higher Education, 2(1), 81–94.

Di Fuccia, D. S. (2007). Schülerexperimente als Instrument der Leistungsbeurteilung. Zugl.: Dortmund, Univ., Diss.

Erb, R. (2014). Experimente im naturwissenschaftlichen Unterricht: Immer noch aktuell? MNU, 67(7), 387.

Hessisches Statistisches Landesamt. (2018). Lehrerinnen und Lehrer an den allgemeinbildenden und beruflichen Schulen in Hessen im Schuljahr 2017/18 (B I 2 und B II 2-j/17; Statistische Berichte).

Hoffmann, T. & Menthe, J. (2015). Inklusiver Chemieunterricht. Chance und Herausforderung. In J. Riegert & O. Musenberg (Hrsg.), Inklusiver Fachunterricht in der Sekundarstufe (1. Auflage, S. 131–141). Stuttgart: W. Kohlhammer.

Höttecke, D. (2010). Forschend-entdeckender Physikunterricht. Ein Überblick zu Hintergründen, Chancen und Umsetzungsmöglichkeiten entsprechender Unterrichtskonzeptionen. Naturwissenschaften im Unterricht. Physik, 21(119), 4–12.

Höttecke, D. & Rieß, F. (2015). Naturwissenschaftliches Experimentieren im Lichte der jüngeren Wissenschaftsforschung. Auf der Suche nach einem authentischen Experimentbegriff der Fachdidaktik. Zeitschrift für Didaktik der Naturwissenschaften, 21(1), 127–139.

Karaböcek, F. & Erb, R. (2014). Funktionale Aspekte des Experiments. Die Sicht der Lehrkraft. PhyDid B – Didaktik der Physik – Beiträge zur DPG-Frühjahrstagung.

Kerr, J. F. (1963). Practical Work in School Science. An Account of an Inquiry. Leicester: Leicester University Press.

Kircher, E., Girwidz, R. & Häußler, P. (2009). Physikdidaktik. Theorie und Praxis (2. Aufl). Heidelberg: Springer.

KMK (2005). Bildungsstandards im Fach Physik für den Mittleren Schulabschluss. Jahrgangsstufe 10. Beschluss der Kultusministerkonferenz vom 16.12.2004. München, Neuwied: Luchterhand.

Landis, J. R. & Koch, G. G. (1977). The Measurement of Observer Agreement for Categorical Data. Biometrics, 33(1), 159–174.

Millar R. (2004). The role of practical work in the teaching and learning of science, High school science laboratories: role and vision, Washington DC, USA: National Academy of Sciences, S. 1–24.

Millar, R. (2010). Practical work. In J. Osborne & J. Dillon (Hrsg.), Good practice in science teaching. What research has to say (2. Aufl., S. 108–134). London: Open University Press.

Nehring, A. & Walkowiak, M. (2017). Eine inklusive Lernumgebung ist nicht genug. Fachspezifik, Theoretisierung und inklusive Unterrichtsentwicklung in den Naturwissenschaftsdidaktiken. Zeitschrift für Inklusion. https://www.inklusion-online.net/index.php/inklusion-online/article/view/450 [09.12.2020].

Pawlak, F. & Groß, K. (2020). Einsatz von Schülerexperimenten im inklusiven Chemieunterricht. Chancen und Herausforderungen aus Sicht der Chemielehrenden. CHEMKON, 27, 1–7.

Piezunka, A., Schaffus, T. & Grosche, M. (2017). Vier Definitionen von schulischer Inklusion und ihr konsensueller Kern. Ergebnisse von Experteninterviews mit Inklusionsforschenden. Unterrichtswissenschaft, 45(4), 207–222.

Rott, L. & Marohn, A. (2016). Entwicklung und Erprobung einer an Schülervorstellungen orientierten Unterrichtskonzeption für den inklusiven Sachunterricht. Choice2explore. In J. Menthe, D. Höttecke, T. Zabka, M. Hammann & M. Rothgangel (Hrsg.), Befähigung zu gesellschaftlicher Teilhabe. Beiträge der fachdidaktischen Forschung (Bd. 10, S. 373–388). Münster: Waxmann.

Sach, M. & Heinicke, S. (2019). Herausforderung Inklusion im Physikunterricht. Einblicke in Visionen und Realitäten. NiU Physik, 170, 10–16.

Seifried, S. (2015). Einstellungen von Lehrkräften zu Inklusion und deren Bedeutung für den schulischen Implementierungsprozess. Entwicklung, Validierung und strukturgleichungsanalytische Modellierung der Skala EFI-L. Pädagogische Hochschule Heidelberg.

Swain, J., Monk, M. & Johnson, S. (1999). A comparative study of attitudes to the aims of practical work in science education in Egypt, Korea and the UK. International Journal of Science Education, 21(12), 1311–1323.

Swain, J., Monk, M. & Johnson, S. (2000). Developments in science teachers' attitudes to aims for practical work. Continuity and change. Teacher Development, 4(2), 281–292.

Tesch, M. & Duit, R. (2004). Experimentieren im Physikunterricht. Ergebnisse einer Videostudie. ZfDN, 10, 51–69.

Welzel, M., Haller, K., Bandiera, M., Hammelev, D., Koumaras, P., Niedderer, H., Paulsen, A., Robinault, K. & von Aufschnaiter, S. (1998). Ziele, die Lehrende mit dem Experimentieren in der naturwissenschaftlichen Ausbildung verbinden. Ergebnisse einer europäischen Umfrage. ZfDN, 4(1), 29–44.

Winkelmann, J. & Erb, R. (2018). Der Einfluss von Schüler- und Demonstrationsexperimenten auf den Lernzuwachs in Physik. PhyDid A, Physik und Didaktik in Schule und Hochschule, 1(17), 21–33.

Woolnough, B. E. (1976). Practical work in sixth-form physics. Physics Education, 11(6), 392–397.

Lisa Stinken-Rösner und Simone Abels

Digitale Medien als Mittler im Spannungsfeld zwischen naturwissenschaftlichem Unterricht und inklusiver Pädagogik

Zusammenfassung: In der aktuellen bildungspolitischen Diskussion stehen insbesondere Inklusion und die Digitalisierung des Unterrichts im Fokus. Trotz gleicher Ziele, nämlich dem Abbau von Barrieren und der Partizipation aller Lernenden (Ainscow, 2007; KMK, 2016), finden beide Diskussionen jedoch häufig getrennt voneinander statt. Die Forderung nach Partizipation aller gilt auch für den naturwissenschaftlichen Unterricht, der jedoch mit seinen speziellen Denk- und Arbeitsweisen komplexe Ansprüche an Lehrende und Lernende stellt. Durch die starke Handlungsorientierung und vielfältigen Nutzungsmöglichkeiten für digitale Medien kann der Forderung dennoch nachgekommen werden, was im Rahmen dieses Beitrages gezeigt wird. Es wird diskutiert, auf welche Weise digitale Medien dabei helfen können, naturwissenschaftstypische Barrieren zu minimieren, aber auch, ob durch ihren Einsatz andere Barrieren, Benachteiligung oder Separation entstehen können.

Schlagwörter: Digital Literacy, Naturwissenschaftliche Grundbildung, Digitale Medien, Inklusion, Barrieren

Digital media as mediators in the field of tension between science and inclusive education

Abstract: Currently, the focus of educational debates is among other on inclusion and digitalization. Despite the same goals, namely the minimization of barriers and the participation of all students (Ainscow, 2007; KMK, 2016), both discussions often take place separately. The claim for participation is also valid for science education in particular, which – with its special ways of thinking and working – places complex demands on all teachers and learners. Due to its action-orientation and a wide range of opportunities for using digital media, the claim can be fulfilled, what will be shown in this article. It will be discussed how digital media can help to minimize typical barriers in science education, but also whether the use of digital media can lead to different barriers, discrimination or segregation.

Keywords: digital literacy, scientific literacy, digital media, inclusion, barriers

1. Im Spannungsfeld zwischen naturwissenschaftlichem Fachunterricht und inklusiver Pädagogik

Naturwissenschaftlicher Fachunterricht und inklusive Pädagogik scheinen auf den ersten Blick zwei nur schwer vereinbare Perspektiven. Die Partizipation aller Lernenden am naturwissenschaftlichen Unterricht stellt hohe Ansprüche an Lehrende und Lernende: Die Naturwissenschaften zeichnen sich durch komplexe Inhalte, ein hohes Abstraktionsniveau, Mathematisierungen und Modellierungen, den Umgang mit potentiell gefährlichen Materialien und Substanzen sowie spezielle Denk- und Arbeitsweisen aus, die fachspezifische Barrieren darstellen können. Die Partizipation aller Lernenden im naturwissenschaftlichen Unterricht erfordert eine systematische Verknüpfung beider Perspektiven unter besonderer Berücksichtigung der naturwissenschaftlichen Fachspezifika, wie in dem von Mitgliedern des DFG geförderten Netzwerks 'Inklusiver naturwissenschaftlicher Unterricht' (NinU) entwickelten Schema geschehen (Stinken-Rösner et al., 2020).

Im Folgenden werden zunächst beide Perspektiven des Schemas kurz erläutert und typische Barrieren im inklusiven naturwissenschaftlichen Unterricht identifiziert. Darauf aufbauend wird aufgezeigt, wie digitale Medien als Mittler im naturwissenschaftlichen Unterricht eingesetzt werden können, um fachtypische Barrieren zu minimieren und Partizipation zu ermöglichen. Abhängig von den individuellen Ausgangsbedingungen der Lernenden können jedoch durch den Einsatz digitaler Medien auch neue Barrieren und Exklusionsmechanismen entstehen. Eine kritische Reflexion des Einsatzes digitaler Medien unter Berücksichtigung der Diversität der Lernenden findet abschließend statt.

1.1 Ziele des naturwissenschaftlichen Fachunterrichts

Die naturwissenschaftliche Bildung (scientific literacy) wird in den Bildungsstandards (KMK, 2005) als wesentlicher Bestandteil der Allgemeinbildung bezeichnet. Sie „[...] ermöglicht dem Individuum eine aktive Teilhabe an gesellschaftlicher Kommunikation und Meinungsbildung über technische Entwicklung und naturwissenschaftliche Forschung […]" (KMK, 2005, S. 6).

In den Naturwissenschaften sollen sowohl die jeweiligen Fachinhalte als auch fächerübergreifende prozessbezogene Kompetenzen vermittelt werden (KMK, 2005). Hierzu können vier Ziele definiert werden (Hodson, 2014; Stinken-Rösner et al., 2020): (A) die Auseinandersetzung mit naturwissenschaftlichen Kontexten, (B) das Lernen naturwissenschaftlicher Inhalte, (C) das Betreiben naturwissenschaftlicher Erkenntnisgewinnung und (D) das Lernen über die Naturwissenschaften. Es sollten jedoch nicht alle Ziele in einer Stunde gleichzeitig adressiert werden (Hodson, 2014).

Des Weiteren soll im Fachunterricht eine angemessene Entwicklung digitaler Kompetenzen gefördert werden (KMK, 2016). Insbesondere digitale „Kompetenzen […], die für eine aktive, selbstbestimmte Teilhabe in einer digitalen Welt erforderlich sind […]" (KMK, 2016, S. 6), also die Partizipation an der technologisch geprägten Gesellschaft ermöglichen, sollen einen integrativen Bestandteil jedes Faches darstellen.

1.2 Ziele der inklusiven Pädagogik

Grundgedanke der inklusiven Pädagogik ist die Partizipation aller Lernenden an Bildung unabhängig von individuellen Merkmalen wie Geschlecht, Alter, Kultur, ethnischer Zugehörigkeit, sozioökonomischer Hintergrund, Religion usw. (Ainscow, 2007).

Um der Diversität und den individuellen Bedürfnissen aller Lernenden gerecht zu werden, müssen zunächst (I) die Diversität und individuelle Potenziale anerkannt und respektiert werden (Booth & Ainscow, 2016; Mastropieri & Scruggs, 2014), (II) potenzielle Barrieren erkannt und (III) daraufhin minimiert sowie Partizipation ermöglicht werden (Stinken-Rösner et al., 2020). Es ist notwendig, neue Wege der Kollaboration, Unterrichtsansätze und Lerngegenstände zu identifizieren, die allen Lernenden gerecht werden.

2. Barrieren des naturwissenschaftlichen Fachunterrichts

Der naturwissenschaftliche Unterricht stellt hohe Ansprüche an alle Lernenden, die mit einer Vielzahl an Barrieren einhergehen. Krönig (2015) beschreibt vier Bereiche, in denen Barrieren verortet werden können: der Umwelt, der Kommunikation und Interaktion, den Funktionssystemen und dem Selbst, also Barrieren die aus dem Zusammenspiel zwischen individuellen Ausgangsbedingungen und der Situation resultieren. Im Folgenden werden entlang der vier Unterrichtsziele von Hodson (2014; Stinken-Rösner et al., 2020) typische Barrieren beschrieben, die das naturwissenschaftliche Lernen beeinflussen, und in Anlehnung an Krönig (2015) systematisiert (Tab. 1).

2.1 Barrieren bei der Auseinandersetzung mit naturwissenschaftlichen Kontexten (A)

Bereits bei der Auswahl eines Kontextes müssen mögliche Barrieren berücksichtigt werden. Partizipation kann durch die Auswahl von Kontexten gelingen, die für alle Lernenden relevant und anregend sind. Affektive Barrieren können durch die Wahl von Kontexten entstehen, die das Interesse und die Motivation der Lernenden nicht anregen. Insbesondere mit zunehmendem Alter zeigen viele Lernende ein abnehmendes Interesse für den naturwissenschaftlichen Unterricht und dessen Themen (Höft, Bernholt, Blankenburg & Winberg, 2019; Hoffmann, Häußler & Lehrke, 1998), da sie keinen Bezug zu diesen haben oder aufgrund der Komplexität abgeschreckt werden. Auch Kosten oder rechtliche Begrenzungen können Zugänge verhindern.

2.2 Barrieren beim Lernen naturwissenschaftlicher Inhalte (B)

Auch Inhalte selbst können eine Barriere darstellen, insbesondere je komplexer oder abstrakter der Lerngegenstand ist. Alle Lernenden bringen individuelle Vorstellungen aus ihrem Alltag mit, die ihren Lernprozess beeinflussen (Lee & Fradd, 1998). Diese können Ressourcen darstellen, aber auch Barrieren erzeugen (verortet im Selbst), z. B. wenn die individuellen Vorstellungen nicht mit den wissenschaftlich akzeptieren Beschreibungen und Interpretationen übereinstimmen (Chandrasegaran, Treagust & Moderino, 2008; Wandersee, Mintzes & Novak, 1994). Eine weitere Barriere, die im Bereich der Kommunikation und Interaktion verortet werden kann, stellt die naturwissenschaftliche Fachsprache dar, die sich durch spezielle Fachbegriffe und eine präzise Ausdrucksweise von der Alltagssprache unterscheidet. Die Fachsprache ist vielen Lernenden nicht geläufig (Markic & Childs, 2016), ist aber für das Verstehen und die gemeinsame Kommunikation über naturwissenschaftliche Inhalte unabdingbar.

2.3 Barrieren beim Betreiben naturwissenschaftlicher Erkenntnisgewinnung (C)

Beim Betreiben naturwissenschaftlicher Erkenntnisgewinnung können physische sowie kognitive Barrieren bestehen. Viele Fachräume sind nicht barrierefrei gestaltet und bieten nur selten die nötige Flexibilität, damit alle Lernenden barrierefrei agieren können. Naturwissenschaftliche Untersuchungsmethoden beinhalten Gerätschaften und Substanzen, deren sachgemäße Nutzung für Lernende physische Barrieren und sogar potentielle Gefahren darstellen können. Diese Barrieren können in der Umwelt verortet werden, das heißt im Zusammenspiel zwischen den Lernenden und der räumlichen Gestaltung sowie der Ausstattung naturwissenschaftlicher Fachräume. Kognitive Barrieren können beim Vornehmen von Interpretationen, Idealisierungen, Mathematisierungen und der Nutzung von abstrakten Modellen entstehen. Das Erfassen von Daten sowie deren sprachliche, grafische und mathematische Darstellung und Interpretation sind komplexe Fähigkeiten, die für das Gewinnen naturwissenschaftlicher Erkenntnisse unerlässlich sind (Mastropieri & Scruggs, 2014; Price, Johnson & Barnett, 2012), jedoch für viele Lernende Barrieren im Bereich Kommunikation und Interaktion darstellen können.

2.4 Barrieren beim Lernen über die Naturwissenschaften (D)

Das Lernen über die Naturwissenschaften hat im Kontext der Inklusion eine besondere Stellung. Um an gesellschaftlich relevanten Diskursen und politischen Entscheidungen partizipieren zu können, müssen Lernende verstehen, wie naturwissenschaftliches Wissen erlangt und kommuniziert wird (Höttecke & Allchin, 2020). Potentiell unterschiedliche Positionen von verschiedenen Interessensgruppen müssen kritisch hinterfragt und bewertet werden. Barrieren können dabei unangemessene Vorstellungen über die Natur der Naturwissenschaften darstellen. Dazu zählen unter anderem die Vorstellungen, dass Naturwissenschaftler(!) allein arbeiteten und besonders objektiv seien anstatt Teil einer sozialen und kulturellen Entwicklung zu sein (Priemer, 2006).

Tab. 1: Systematisierung typischer Barrieren im naturwissenschaftlichen Unterricht. Manche Aspekte haben in mehreren Spalten Gültigkeit, wurden aber nach Schwerpunkten zugeordnet.

	Ziele naturwissenschaftlichen Unterrichts (Hodson, 2014; Stinken-Rösner et al., 2020)			
Verortung der Barrieren (Krönig, 2015)	A. Auseinandersetzung mit naturwissenschaftlichen Kontexten	B. Lernen naturwissenschaftlicher Inhalte	C. Betreiben naturwissenschaftlicher Erkenntnisgewinnung	D. Lernen über die Naturwissenschaften
Umwelt	Gegebener Erfahrungsraum	Gegebene Lerngegenstände des Faches	Ausstattung des Fachraums und Labormaterialien, z.B. festverschraubte Tische, Glasgeräte, gegebene Denk- und Arbeitsweisen	Stereotype Darstellung von Naturwissenschaftler*innen und der Natur der Naturwissenschaften in Unterrichtsmaterialien und Medien
Kommunikation & Interaktion	Naturwissenschaftliche (Fach)Sprache und Modelle, Formen wie fragend-entwickelnder Unterricht mit Kommunikationsregeln und Hierarchien	Naturwissenschaftliche (Fach)begriffe, Modelle und fachbezogener Informationsaustausch (auch in Form von Mathematisierungen, Symbol- und Formelsprache)	Formulieren von naturwiss. Fragestellungen und Hypothesen, Recherchieren und Lesen von Fachtexten, Lesen von Graphiken und Tabellen, Umgang mit Daten und Messwerten, fachgerechtes Protokollieren, fachlich korrekt Argumentieren, im Team arbeiten	vielfältige Perspektiven (auch Mythen, Fake News) fachlich angemessen diskutieren und bewerten müssen
Funktions-systeme	Fehlender Zugang zu Kontexten, z.B. aufgrund von Kosten, (rechtlichen) Beschränkungen	Benotung, Zeit, Kompetenzen der Lehrperson, Verhaften an traditionellem Lehrplanverständnis etc.	Begrenzte Ausstattung des Fachraumes (z.B. begrenzte Anzahl an Materialien aufgrund von Kosten)	Keine explizite Adressierung von der Natur der Naturwissenschaften, ggf. fehlende Legitimation durch Curricula
Selbst	Affektive Barrieren wie fehlende Motivation, Interesse etc. bezogen auf Unterrichtsfach oder Kontext	Individuelle Vorstellungen aus Alltagserfahrungen, kognitive Barrieren	Physische Barrieren (z.B. Einschränkungen der Sinneswahrnehmungen, Motorik etc.)	Schüler*innenvorstellungen zur Natur der Naturwissenschaften, kulturelle, soziale Erfahrungen im Widerspruch zum hiesigen Bild von Naturwiss.

3. „Diklusiver" naturwissenschaftlicher Unterricht

„Diklusion" beschreibt den Einsatz digitaler Medien im inklusiven Unterricht mit dem Ziel, die Partizipation aller Lernenden am Fachunterricht durch digitale Medien zu ermöglichen (Schulz & Beckermann, 2020). Digitale Medien übernehmen hierbei in gewissem Sinne die Rolle des Mittlers zwischen dem häufig barrierereichen naturwissenschaftlichen Unterricht und den Ansprüchen der inklusiven Pädagogik: Speziell für den naturwissenschaftlichen Unterricht entwickelte Medien orientieren sich an typischen Inhalten sowie Denk- und Arbeitsweisen der Naturwissenschaften und bieten gleichzeitig alternative Zugänge zum Lerngegenstand an.

Unter dem Oberbegriff ‚digitale Medien' werden in diesem Kontext elektronische Medien verstanden, durch deren Einsatz ein Mehrwert im Vergleich zum klassischen Medium im Lernprozess erzielt werden kann (Puentedura, 2006). Beispielsweise stellt das Lesen eines Textes auf einem digitalen Endgerät einen reinen Ersatz für z. B. das Schulbuch dar ohne jegliche Verbesserung. Die Nutzung von Vorlese- oder Übersetzungsfunktionen führt zu einer funktionalen Optimierung. Neue, kollaborative Arbeitsformen können z. B. mit Hilfe von Annotationstools gestaltet werden, mit denen die Lernenden zeit- und ortsunabhängig mit dem Text arbeiten und ihre Gedanken dazu untereinander austauschen können.

Neben allgemeinen Lehr- und Lernmedien wurden insbesondere im Bereich der Naturwissenschaften fachspezifische Angebote entwickelt, die deren besondere Denk- und Arbeitsweisen unterstützen sollen. Dazu zählen unter anderem Messwerterfassungssysteme, Datenauswertungs- und Darstellungssoftware, Simulationen und Modellierungssoftware sowie ferngesteuerte und virtuelle Experimentierumgebungen. Gleichzeitig existieren viele digitale Werkzeuge, um Informationen zu recherchieren (z. B. E-Books, Erklärvideos, Suchmaschinen, Datenbanken, Wikis), Fachinhalte zu lernen, zu üben und zu wiederholen (z. B. Quizz-Tools), zu kommunizieren und zu kooperieren (z. B. online Foren, Annotation Tools, kollaboratives Schreiben, Konferenztools) oder Inhalte darzustellen und zu präsentieren (z. B. Grafik-, Videosoftware, Virtual und Augmented Reality).

Im Folgenden werden entlang der naturwissenschaftlichen Unterrichtsziele (A-D) Beispiele aufgezeigt, wie Barrieren im naturwissenschaftlichen Unterricht abgebaut und Partizipation durch digitale Medien ermöglicht werden kann.

3.1 Partizipation durch digitale Medien bei der Auseinandersetzung mit naturwissenschaftlichen Kontexten (A)

Die Darstellung eines naturwissenschaftlichen Kontextes, der für Lernende anregend und relevant ist, kann auf vielfältige Weise durch digitale Medien ermöglicht werden. Anregende Alltagsphänomene können in Bildern, Audioaufnahmen oder Videos von den Lernenden festgehalten, geteilt und im Unterricht als Ausgangspunkt für naturwissenschaftliche Untersuchungen genutzt werden. Beispielsweise können Lernende zwischen vielfältigen digitalen Recherche-, Kommunikations-, Kollaborations- und Präsentationsmöglichkeiten wählen, entsprechend ihrer eigenen Fähigkeiten. Daneben bieten Beiträge in sozialen Medien, die die Lernenden auch außerhalb des Unterrichtes nutzen, vielfältige Ressourcen, die häufig einen besonders motivierenden Charakter für die Lernenden aufweisen (Ferreira González, Fühner, Sührig, Weck, Weirauch & Abels, 2021, in diesem Beiheft).

Auch aktuelle Kontexte, die weder in der direkten Erfahrungswelt einer Lerngruppe liegen noch in klassischen Unterrichtsmaterialien wie Schulbüchern thematisiert werden, jedoch von den Lernenden als relevant empfunden werden, können über online Ressourcen zugänglich gemacht werden. So können z. B. Satellitenaufnahmen, der in der Nähe von Korsika entdecken Plastikinsel (Gerigny et al., 2019), eine Ansammlung von Plastikmüll aufgrund von unsachgemäß entsorgten Abfällen und Meeresströmungen, zu einer Auseinandersetzung mit Mikroplastik und dessen Einfluss auf Ökosysteme sowie mit der Strömungslehre genutzt werden.

Digitale Medien selbst und ihre Funktionsweise stellen für viele Lernende ebenfalls anregende Kontexte dar. Beispielsweise kann die Frage nach der Funktionsweise eines Touchscreens zu einer intensiven Auseinandersetzung mit Kondensatoren führen (Schumann & Pusch, 2018).

Anhand digitaler Medien können Lehrende und Lernende Kontexte in den naturwissenschaftlichen Unterricht einbringen, die die Interessen und Vorerfahrungen der Lernenden aufgreifen und so zu einer vertieften Auseinandersetzung mit den naturwissenschaftlichen Inhalten anregen. Studien belegen, dass Lernende durch kontextorientierten Unterricht positivere Einstellungen gegenüber den Naturwissenschaften, bei einem gleichem Lerneffekt wie in inhaltlich orientierten Unterrichtsansätzen, entwickeln (z. B. Bennet, Lubben, & Hograth, 2006).

3.2 Partizipation durch digitale Medien beim Lernen naturwissenschaftlicher Inhalte (B)

Digitale Lernumgebungen ermöglichen im Gegensatz zu klassischen Unterrichtsmedien, wie Schulbüchern, multimodale Zugänge zu naturwissenschaftlichen Inhalten, die passend zur Lerngruppe ausgewählt und adaptiert werden können. So können Barrieren für Lernende mit Einschränkungen im Sehen oder Hören, Lese-/Rechtschreibschwäche oder eingeschränktem Wortschatz durch neue Zugänge abgebaut werden (Ulrich, 2017). Die barrierefreie Gestaltung digitaler Unterrichtsmaterialien, z. B. im Sinne des Universal Design for Learning (Hall, Mayer & Rose, 2012), sowie multimodale Präsentations- und Bearbeitungsformen ermöglichen Partizipation für alle Lernenden. Binnendifferenzierungsangebote und Unterstützungsangebote können zusätzlich z. B. in Form von digitalen Hilfestellungen mit Augmented Reality angeboten werden. Hierbei zeigen sich positive Effekte auf die Motivation, Selbstwirksamkeitserwartung und der Leistung der Lernenden (Huwer, Lauer, Dörrenbächer-Ulrich & Thyssen, 2019). Insbesondere der für viele Lernende schwierige Erwerb und Umgang mit der Fachsprache kann durch digitale Medien unterstützt werden (Ulrich, 2017), z. B. durch integrierte Vorlese- oder Übersetzungsfunktionen in E-Books. Beispiele für bereits im naturwissenschaftlichen Unterricht erprobte digitale Unterrichtsmaterialien sind unter anderem das BioBook NRW (Meier, Aßent & Schaub, 2017), das iBook zum Thema optische Instrumente (Wollny, 2015) und die digitale Lernumgebung zu chemischen Reaktionen (Baumann & Melle, 2019) sowie das eChemBook, ein digitales Schulbuch mit interaktiven Lernaufgaben zur Einführung des Teilchenkonzepts und dem Dalton'schen Atommodell (Ulrich & Schanze, 2015). Begleitstudien haben mehrere positive Effekte aufgezeigt: eine positive Einstellung der Lernenden gegenüber den digitalen Unterrichtsmaterialien selbst (Meier et al., 2017), eine hohe Motivation bei der Arbeit mit den Materialien (Meier et al., 2017; Wollny, 2015), die Annahme der multimodalen Angebote sowie signifikante Fachwissenszuwächse (Baumann & Melle, 2019).

Auch die problematische Arbeit auf der Modell- bzw. submikroskopischen Ebene (Sach & Heinicke, 2019) kann durch digitale Medien wie Bilder, Videos, Simulationen, Virtual oder Augmented Reality um neue Zugänge ergänzt werden. Die Kombination unterschiedlich komplexer Visualisierungen erleichtert dabei die Verbindung und den Übergang zwischen Realität und submikroskopischer bzw. abstrakter Modellebene (Stinken-Rösner, 2019). Erste Studien haben gezeigt, dass insbesondere männliche Lernende von der Arbeit mit AR-Repräsentationen profitieren können (Habig, 2020). Ein Beispiel ist die gezielte Erweiterung von Realversuchen durch zusätzliche Informationen wie Darstellungen der Modellebene mit Augmented Reality (Stinken-Rösner, 2019).

3.3 Partizipation durch digitale Medien beim Betreiben naturwissenschaftlicher Erkenntnisgewinnung (C)

Im Bereich der Erkenntnisgewinnung existiert ein breites Angebot an speziell für den naturwissenschaftlichen Unterricht entwickelten digitalen Medien. Neben Hardware zur Messwerterfassung gibt es eine Vielzahl an Software zur Datenauswertung, Darstellung, Modellierung und Simulation.

Die Bedienung und Erfassung von Messwerten über interne und externe Sensoren mit dem Smartphone, Tablet oder PC ist für viele Lernende intuitiver als der Umgang mit unbekannten Laborgeräten. In und außerhalb des Physikunterrichts können Lernende ein breites Spektrum an Experimenten mit in Smartphones integrierten Sensoren selbstständig planen und durchführen (Staacks, Hütz, Heinke & Stampfer, 2018), ohne von der Ausstattung der Physiksammlung abhängig zu sein. Im Biologieunterricht kann der Einsatz von Smartphonelupen Lernende bei der eigenständigen Erkundung von Organismen oder verschiedene Materialien unterstützen (Laumann & Hergemöller, 2017). Beobachtungen können von mehreren Lernenden gleichzeitig vorgenommen, als Bildschirmfotos oder Videos geteilt und als Grundlage zum gemeinsamen Lernen genutzt werden. Verschiedene Beispiele für den Einsatz von Messsensoren im Biologie-, Chemie- und Physikunterricht finden sich z. B. in Lampe, Liebner, Urban-Woldron & Tewes (2015). Durch den Einsatz von digitalen Medien können unterschiedliche Barrieren des Experiments minimiert werden: Die intuitive Bedienung der Sensoren vereinfacht die Messwerterfassung, die simultane Darstellung von Messwerten und der Wechsel zwischen verschiedenen Darstellungsformen vereinfacht den Umgang mit Daten, integrierte Regressionsfunktionen und Modelle ermöglichen die Überprüfung von vermuteten Zusammenhängen zwischen Messgrößen unabhängig von den individuellen mathematischen Fähigkeiten (Lampe et al., 2015).

Neben Realexperimenten ermöglichen Simulationen, virtuelle und ferngesteuerte Experimente Lernenden eine Auseinandersetzung mit Phänomenen, die aus verschiedenen Gründen normalerweise nicht im Fachraum dargestellt werden können (Stinken-Rösner & Abels, 2020a). Insbesondere im Chemieunterricht bieten Simulationen ein großes Potential für die Arbeit auf submikroskopischer Ebene mit allen Lernenden (Pietzner, 2014). So können Moleküle unterschiedlich dargestellt und chemische Reaktionen auf submikroskopischer Ebene nachvollzogen werden. Beispiele für den Einsatz von Simulationen sind unter anderem die Untersuchung der Eigenschaften idealer Gase (Stinken-Rösner & Abels, 2020b) oder die Funktionsweise des menschlichen Auges (Stinken-Rösner & Abels, 2020a).

3.4 Partizipation durch digitale Medien beim Lernen über die Naturwissenschaften (D)

Das Lernen über die Naturwissenschaften ist in der heutigen Zeit stark durch digitale Medien geprägt. Digitale Medien werden zur Verbreitung (mehr oder weniger) wissenschaftlicher Informationen genutzt und ver-mitteln gleichzeitig (stereotypische) Vorstellungen über Naturwissen-schaftler*innen sowie deren Arbeitsweisen. Auch das von Naturwissen-schaftler*innen selbst generierte „Science Media" Angebot, in dem die Vielfalt der Beteiligten und ihrer Forschung sichtbar wird, hat in den letzten Jahren zugenommen.

Digitale Medien können ebenfalls dazu beitragen, ein angemessenes Verständnis für den naturwissenschaftlichen Erkenntnisprozess zu erwer-ben. Digitalisierte Archive ermöglichen einen orts- und zeitunabhängigen Zugang zu Originalarbeiten aus den letzten Jahrhunderten, aus denen er-sichtlich wird, dass naturwissenschaftliches Wissen vorläufig ist und sich im Laufe der Zeit verändern kann. Unterschiedliche Interpretationen empiri-scher Beobachtungen aufgrund subjektiver Ansichten und Aushandlungs-prozesse zwischen Wissenschaft, Gesellschaft, Wirtschaft und Politik sind nicht nur in historischen Quellen zu finden, sondern auch in den aktuellen Medien allgegenwärtig. Ein historisches Beispiel ist der vermeintliche Fund der Überreste eines Einhorns im 16. Jahrhundert, wobei es sich nach aktu-ellen Erkenntnissen um die falsch angeordneten Überreste eines Mammuts handelt (Nielbock, 2004). Aktuelle Beispiele sind die Diskussionen zum Einfluss des Menschen auf den Klimawandel und die Flat-Earth Theorie. Durch digitale Medien können Lernende vielfältige Einblicke in die Natur der Naturwissenschaften, typische Denk- und Arbeitsweisen sowie die Be-deutung subjektiver und gesellschaftlicher Positionen bei der Interpretation und Aushandlung von naturwissenschaftlichem Wissen erlangen. Einen bereits erprobten Rahmen für das Lernen über die Naturwissenschaften mit digitalen Medien stellen WebQuests dar (Silva, 2006).

3.5 Barrieren durch digitale Medien

Der Einsatz digitaler Medien in der naturwissenschaftlichen Bildung kann unterschiedliche Barrieren und Herausforderungen an die Lernenden stel-len. Als ‚digital divide' (digitale Kluft) wird die Chancenungerechtigkeit bezüglich des Zugangs verschiedener Gruppen zu digitalen Medien und deren Nutzung bezeichnet (van Dijk, 2017). Hierzu zählen neben dem Zugang zu Endgeräten, Software und Internet (physical access) auch digitale Kompetenzen (skill access), verschiedene Nutzungsformen (second-level divide) und daraus resultierende Vorteile (usage access) (van Dijk, 2017).

Je nach sozialem und familiärem Hintergrund können die im häuslichen Umfeld verfügbaren technischen Ressourcen und deren Nutzung stark variieren. Eine Nutzung privater Geräte im Unterricht kann die Partizipationsmöglichkeiten einzelner Lernender einschränken oder sogar zu sozialer Exklusion führen. Ebenfalls ist die Verteilung technischer Ressourcen innerhalb der Schülerschaft einer Schule nicht immer gleichberechtigt (z. B. schlechtes WLAN in einigen Räumen).

Neben dem Zugang zu digitalen Medien selbst benötigen die Lernenden grundlegende Kompetenzen im Umgang mit Hard- und Software und den gängigsten Bedienelementen, um digitale Medien zu nutzen (Stinken-Rösner & Abels, 2020a). Nicht alle Lernenden sind ‚digital natives' und bringen diese Fähigkeiten mit. Insbesondere das Alter und der Bildungsgrad haben einen Einfluss auf die digitalen Kompetenzen und die Art der Nutzung, wohingegen geschlechterspezifische Unterschiede vernachlässigbar sind, auch wenn Mädchen eine geringere Selbstwirksamkeitserwartung aufweisen (Hargittai, 2002). Analog dazu sprechen digitale Medien noch stets ein vermehrt männliches Selbstbild an. Eine authentische Repräsentation des geschlechtlichen und kulturellen Hintergrundes aller Lernender ist nötig, um ein höheres Engagement zu erzielen (Brown & Edouard, 2017).

Herausforderungen bei der Nutzung digitaler Medien liegen beispielsweise in der gleichzeitigen Darstellung vieler Informationen oder der optischen Ähnlichkeit zu Computerspielen, was zu einer kognitiven Überforderung oder ungezielten Spielereien führen kann anstatt zu einem zielgeleiteten Vorgehen (Stinken-Rösner & Abels, 2020a). Vor allem Jugendliche aus bildungsfernen oder sozial benachteiligten Familien weisen eine eher unterhaltungsorientierte Nutzung digitaler Medien auf (Albert, Hurrelmann, & Quenzel, 2010) und greifen vermehrt auf klischeebehaftete Inhalte zu, ohne diese kritisch zu hinterfragen (Wagner, 2010). Lernende müssen lernen, wichtige von unwichtigen Informationen zu unterscheiden und die Vertrauenswürdigkeit der dargebotenen Informationen zu beurteilen (Höttecke & Allchin, 2020).

4. Fazit und Ausblick

Gezielt eingesetzt können digitale Medien gewinnbringende Ergänzungen zu traditionellen Unterrichtsformen darstellen, durch die naturwissenschaftstypische Barrieren im Unterricht abgebaut werden können. Anregende und relevante Kontexte unter Einsatz digitaler Medien haben das

Potential, Lernende dazu zu animieren, diese neuen Teilhabemöglichkeiten wahrzunehmen und am naturwissenschaftlichen Unterricht zu partizipieren.

Digitale Medien sollten jedoch keinesfalls zum Selbstzweck eingesetzt werden, sondern nur, wenn ein tatsächlicher Mehrwert erzielt werden kann. Dazu zählt der Erwerb einer naturwissenschaftlichen Grundbildung (scientific literacy) sowie digitaler Kompetenzen (digital literacy). Dabei muss die Wahl des digitalen Mediums sowohl auf das naturwissenschaftliche Unterrichtsziel (A-D) abgestimmt sein als auch unter Berücksichtigung der potentiellen Barrieren durch das digitale Medium selbst getroffen werden. Aktuelle Studien zum Einsatz digitaler Medien im (inklusiven) naturwissenschaftlichen Unterricht liefern vielversprechende Ergebnisse, wie z. B. eine stärkere Aktivierung der Lernenden (z. B. in Form von gesteigertem Interesse oder Motivation) durch multimediale Angebote, als auch eine signifikante Zunahme des Fachwissens (vgl. 3.1-4). Zukünftige Aufgaben der Naturwissenschaftsdidaktiken sind die Entwicklung von best-practice Beispielen für den Einsatz digitaler Medien im inklusiven naturwissenschaftlichen Unterricht, die Gestaltung angemessener Lehrkräfteaus- und -fortbildungsangebote sowie die empirische Evaluation dieser Maßnahmen unter besonderer Berücksichtigung individueller Lernender.

Literatur

Ainscow, M. (2007). Taking an inclusive turn. *Journal of Research in Special Educational Needs, 7*(1), 3–7.

Albert, M., Hurrelmann, K., & Quenzel, G. (2010). *Jugend 2010. 16. Shell Jugendstudie.* Hamburg: Deutsche Shell Holding.

Baumann, T. & Melle, I. (2019). Evaluation multimedialer Lernumgebungen im inklusiven Chemieunterricht. In C. Maurer (Hrsg.), *Naturwissenschaftliche Bildung als Grundlage für berufliche und gesellschaftliche Teilhabe* (S. 117–120). Regensburg: Universität Regensburg.

Bennett, J., Lubben, F. & Hogarth, S. (2007). Bringing science to life: A synthesis of the research evidence on the effects of context-based and STS approaches to science teaching. *Sci. Ed., 91*, 347–370.

Booth, T. & Ainscow, M. (2016). *The index for inclusion: A guide to school development led by inclusive values* (Fourth edition). Index for Inclusion Network.

Brown, B. A. & Edouard, K. (2017). Looks Like Me, Sounds Like Me! Race, Culture, and Language in the Creation of Digital Media. *Equity & Excellence in Education, 50*(4), 400–420.

Chandrasegaran, A. L., Treagust, D. F. & Mocerino, M. (2008). An Evaluation of a Teaching Intervention to Promote Students' Ability to Use Multiple Levels of Representation When Describing and Explaining Chemical Reactions. *Research in Science Education, 38*, 237–248.

Gerigny, O., Brun, M., Fabri, M. C., Tomasino, C., Le Moigne, M., Jadaud, A. & Galgani, F. (2019). Seafloor litter from the continental shelf and canyons in French Mediterranean Water: Distribution, typologies and trends. *Marine Pollution Bulletin, 146*, 653–666.

Habig, S.(2020). Who can benefit from augmented reality in chemistry? Sex differences in solving stereochemistry problems using augmented reality. *British Journal of Educational Technology,51*(3), 629–644.

Hall, T. E., Meyer, A. & Rose, D. H. (Hrsg.). (2012). *Universal Design for Learning in the Classroom: Practical Applications.* New York: Guilford Press.

Hargittai, E. (2002). Second-Level Digital Divide: Differences in People's Online Skills. *First Monday, 7*(4).

Hodson, D. (2014). Learning Science, Learning about Science, Doing Science: Different goals demand different learning methods. *International Journal of Science Education, 36*(15), 2534–2553.

Hoffmann, L., Häußler, P. & Lehrke, M. (1998). *Die IPN-Interessenstudie Physik.* Kiel: IPN.

Höft, L., Bernholt, S., Blankenburg, J. S. & Winberg, M. (2019). Knowing more about things you care less about: Cross-sectional analysis of the opposing trend and interplay between conceptual understanding and interest in secondary school chemistry. *Journal of Research in Science Teaching, 56*(2), 184–210.

Höttecke, D. & Allchin, D. (2020). Reconceptualizing nature-of-science education in the age of social media. *Science Education, 104*(4), 641–666.

Huwer, J., Lauer, L., Dörrenbächer-Ulrich, L., Thyssen, C. & Perels, F. (2019). Chemie neu erleben mit Augmented Reality. *Der mathematische und naturwissenschaftliche Unterricht, 5,* 420–427.

Krönig, F. K. (2015). Barrieren zwischen Freiheit und Faktizität. Eine phänomenologische und differenztheoretische Annäherung an einen inklusionspädagogischen Schlüsselbegriff. In I. Schell (Hrsg.), *Herausforderung Inklusion. Theoriebildung und Praxis* (S. 40–50). Bad Heilbrunn: Julius Klinkhardt.

Kultusministerkonferenz (KMK). (2005). *Bildungsstandards im Fach Physik für den Mittleren Schulabschluss (Jahrgangsstufe 10).* Wolters Kluwer.

Kultusministerkonferenz (KMK). (2016). *Strategie der Kultusministerkonferenz „Bildung in der digitalen Welt".* https://www.kmk.org/fileadmin/Dateien/pdf/PresseUnd Aktuelles/2018/Digitalstrategie_2017_mit_Weiterbildung.pdf [15.07.2020].

Lampe, U., Liebner, F., Urban-Woldron, H. & Tewes, M. (2015). *MNU Themenreihe Bildungsstandards. Innovativer naturwissenschaftlicher Unterricht mit digitalen Werkzeugen. Experimente mit Messwerterfassung in den Fächern Biologie, Chemie, Physik.* Neuss: Klaus Seeberger.

Laumann, D. & Hergemöller, T. (2017). In der Natur lernen – Experimente zur Untersuchung bionischer Phänomene mit dem Smartphone. *Naturwissenschaften im Unterricht. Physik, 28*(159/160), 49–55.

Lee, O. & Fradd, S. H. (1998). Science for All, Including Students From Non-English-Language Backgrounds. *Educational Researcher, 27*(4), 12–21.

Markic, S. & Childs, P. E. (2016). Language and the teaching and learning of chemistry. *Chemistry Education Research and Practice, 17*(3), 434–438.

Mastropieri, M. A. & Scruggs, T. E. (2014). *The inclusive classroom: Strategies for effective differentiated instruction* (Fifth edition). Boston: Pearson.

Meier, M., Aßent, R. & Schaub, D. (2017). BioBook NRW – Ein Prototyp eines digitalen Schulbuchs. In J. Meßinger-Koppelt, S. Schanze & J. Groß (Hrsg.), *Lernprozesse mit digitalen Werkzeugen unterstützen: Perspektiven aus der Didaktik naturwissenschaftlicher Fächer* (S. 95–104). Hamburg: Joachim Herz Stiftung.

Nielbock, R. (2004). Wie das Einhorn „erfunden" wurde. *Unser Harz, 52*(2), 23–24.

Priemer, B. (2006). Deutschsprachige Verfahren der Erfassung von epistemologischen Überzeugungen. *Zeitschrift für Didaktik der Naturwissenschaften, 12,* 159–175.

Price, J. F., Johnson, M. & Barnett, M. (2012). Universal Design for Learning in the Science Classroom. In T. E. Hall, A. Meyer & D. H. Rose (Hrsg.), *Universal Design for Learning in the Classroom: Practical Applications. What Works for Special-Needs Learners Series* (S. 55–70). New York: Guilford Press.

Puentedura, R. (2006). *Transformation, Technology, and Education.* http://www. hippasus.com/resources/tte/ [05.11.2020].

Sach, M., & Heinicke, S. (2019). Herausforderung Inklusion im Physikunterricht. Einblicke in Visionen und Realitäten. *Naturwissenschaften im Unterricht. Physik, 30*(170), 2–8.

Schulz, L., & Beckermann, T., (2020). Inklusive Medienbildung in der Schule. Neun Aspekte eines guten diklusiven Unterrichts. *Computer + Unterricht, 117*, 4–8.

Schumann, D., & Pusch, A. (2018). Ein Touchscreen Marke Eigenbau. *Naturwissenschaften im Unterricht. Physik, 29*(167), 20–22.

Silva, R. (2006). *As WebQuests e a promoção da imagem do cientista: Um estudo com alunos do 9o ano de escolaridade.* University of Minho.

Staacks, S., Hütz, S., Heinke, H., & Stampfer, C. (2018). Advanced tools for smartphone-based experiments: Phyphox. *Physics Education, 53*(4), 045009.

Stinken-Rösner, L. (2019). Vom Luftballon zum Van-de-Graaff-Generator. Experimente zur Elektrostatik mit Augmented-Reality-Erweiterungen. *Naturwissenschaften im Unterricht. Physik, 30*(171/172), 25–29.

Stinken-Rösner, L., & Abels, S. (2020a). „Digital GeSEHEN" Partizipatives Experimentieren im Optikunterricht mithilfe von Simulationen. *Computer + Unterricht, 117*, 19–22.

Stinken-Rösner, L., & Abels, S. (2020b). Gase auf submikroskopischer Ebene untersuchen. Einbinden von Simulationen in den Chemieunterricht. *Naturwissenschaften im Unterricht. Chemie, 31*(177/178), 47–51.

Stinken-Rösner, L., Rott, L., Hundertmark, S., Baumann, T., Menthe, J., Hoffmann, T., Nehring, A., & Abels, S. (2020). Thinking Inclusive Science Education from two Perspectives: Inclusive Pedagogy and Science Education. *RISTAL, 2020*(3), 30–45.

Ulrich, N. (2017). E-Books – Potenziale für den Umgang mit Diversität. In J. Meßinger-Koppelt, S. Schanze, & J. Groß (Hrsg.), *Lernprozesse mit digitalen Werkzeugen unterstützen: Perspektiven aus der Didaktik naturwissenschaftlicher Fächer* (S. 81–80). Hamburg: Joachim Herz Stiftung.

Ulrich, N., & Schanze, S. (2015). Das eChemBook. Einblicke in ein digitales Chemiebuch. Naturwissenschaften im Unterricht Chemie, 26(145), 44–47.

Van Dijk, J. A. G. M. (2017). Digital Divide: Impact of Access. In *The International Encyclopedia of Media Effects* (S. 1–11). American Cancer Society.

Wandersee, J., Mintzes, J. J., & Novak, J. D. (1994). Research on alternative conceptions in science. In D. L. Gabel (Hrsg.), *Handbook of research on science teaching and learning. A project of the National Science Teachers Association* (S. 177–210). New York: Macmillan.

Wagner, U. (2010). Das Medienhandeln der Jugendgeneration – Potentiale zur Verstärkung oder zum Aufbrechen von Ungleichheit. In H. Theunert (Hrg.), *Medien. Bildung. Soziale Ungleichheit. Differenzen und Ressourcen im Mediengebrauch Jugendlicher* (S. 81–96). München: kopäd-Verlag.

Robin Schildknecht, Sarah Hundertmark,
Vanessa Seremet, Xiaokang Sun, Sandra Nitz,
Alexander Kauertz, Bettina Lindmeier,
Christian Lindmeier und Andreas Nehring

Entwicklung eines Kompetenzmodells zur multiprofessionell-kooperativen Gestaltung von inklusivem Naturwissenschaftsunterricht

Zusammenfassung: Das Gelingen schulischer Inklusion erfordert die Kooperation von Naturwissenschaftslehrkräften und Lehrkräften für Sonderpädagogik. Bislang ist jedoch unklar, wie eine erfolgreiche multiprofessionelle Kooperation aussieht, welche Kompetenzen von den Lehrkräften zur Gestaltung von inklusivem Naturwissenschaftsunterricht benötigt werden und wie diese modelliert werden können. Aus diesem Grund liefert der folgende Artikel ein Kompetenzmodell, welches die Kompetenzen von Regelschullehrkräften und Lehrkräften für Sonderpädagogik zur multiprofessionell-kooperativen Gestaltung von inklusivem Naturwissenschaftsunterricht operationalisiert und modelliert.

Schlagwörter: Kompetenzmodell, Multiprofessionalität, Kooperation, Inklusion, Naturwissenschaftsunterricht

Development of a competence model for designing inclusive science lessons professionally and cooperatively

Abstract: The success of inclusive education in schools requires the cooperation of regular school teachers and teachers of special needs education. However, it is unclear what a successful multi-professional cooperation looks like, which competencies are required by teachers to design inclusive science lessons and how these can be modeled. For this reason, the following article provides a competency model that operationalizes and models the competencies of regular school teachers and teachers of special needs education for multi-professionally and cooperatively designing inclusive science lessons.

Keywords: competence model, multi-professionalism, cooperation, inclusion, science lessons

1. Einleitung

Eine chancengerechte Gestaltung von inklusivem Unterricht stellt das Regelschulsystem (immer noch) vor große Herausforderungen (Lütje-Klose & Miller, 2017). In einem breit gefassten Verständnis von Inklusion konzentriert sich die inklusive Pädagogik nicht nur auf die Diversitätsdimension des sonderpädagogischen Unterstützungsbedarfs, sondern bezieht sämtliche Diversitätskategorien mit ein. Inklusion wird als die Herausforderung für den Umgang mit Diversität bzw. Heterogenität und als ein „Miteinander der Verschiedenen" verstanden (Lindmeier & Lütje-Klose, 2015, S. 8).

Für einen inklusiven naturwissenschaftlichen Unterricht verbinden Stinken-Rösner et al. (2020) die Perspektiven inklusiver und naturwissenschaftlicher Bildung miteinander. Das Erlernen naturwissenschaftlicher Inhalte gilt als komplex, weil zum Beispiel mathematisch-naturwissenschaftliches Denken sowie experimentelle Fähigkeiten für einen Zugang notwendig sind (ebd.). Aus dieser Komplexität folgt nach wie vor der Ruf der naturwissenschaftlichen Fächer, langweilig, schwierig und abschreckend zu sein (Abels, 2015). Stinken-Rösner et al. (2020) sehen inklusive naturwissenschaftliche Bildung nur dann als realisierbar, wenn explizit die Perspektiven beider Fachdomänen Berücksichtigung finden. Ein Zugang zu den naturwissenschaftlichen Inhalten aus Sicht der inklusiven Pädagogik erfordert 1.) zunächst die Anerkennung von Diversität im Kontext der naturwissenschaftlichen Bildung, 2.) das Identifizieren und den expliziten Abbau von Barrieren im naturwissenschaftlichen Unterricht, um dann 3.) die gleichberechtigte Partizipation aller Schüler*innen zu ermöglichen (Lindmeier & Lütje-Klose, 2015; Stinken-Rösner et al., 2020).

Diese Anforderungen sind für alle Beteiligten (Naturwissenschaftslehrkräfte und Sonderpädagog*innen) gleichermaßen hoch und erfordern den gleichwertigen Einbezug beider Lehrämter (Heimlich, 2011). Als Konsequenz für die Neugestaltung von inklusivem Fachunterricht und die Professionalisierung der Lehrkräfte hat sich das Modell der multiprofessionellen Kooperation bewährt (vgl. Arndt & Werning, 2016; Lütje-Klose & Urban, 2014). Aus dem Ziel, eine gemeinsame Unterrichtsgestaltung in multiprofessioneller Kooperation zu fördern und einen inklusiven naturwissenschaftlichen Unterricht zu ermöglichen, ergeben sich Fragen für die Lehrkräftebildung (Heinrich, Urban & Werning, 2013; Hillenbrand, Melzer & Hagen 2013): Wie kann eine multiprofessionelle Kooperation zwischen sonderpädagogischen und naturwissenschaftlichen Lehrkräften erfolgreich umgesetzt werden? Welche Kompetenzen müssen hierfür aus der fachimmanenten Perspektive eingebracht und aus der jeweils fachfremden Perspektive erworben werden? Derzeit fehlen Erkenntnisse darüber, wie sich diese Kompetenzen operationalisieren lassen. Offen ist ebenfalls, wie notwendige kooperative Kompetenzen bereits im Studium angebahnt werden können (Filipiak, 2020). Das Ziel des vorliegenden Beitrags ist deshalb die Darstellung eines Modells zur Konkretisierung multiprofessioneller Kompetenzen zur kooperativen Gestaltung von inklusivem Naturwissenschaftsunterricht.

2. Professionalisierung für inklusiven Naturwissenschaftsunterricht

In der aktuellen Literatur besteht Einigkeit darüber, dass die professionelle Kompetenz von Lehrkräften neben Professionswissen, organisiert aus fachdidaktischem, fachlichem (naturwissenschaftlichem) und bildungswissenschaftlichem Wissen, auch motivationale Orientierungen, Überzeugungen und Wertehaltungen sowie selbstregulative Fähigkeiten enthält (Baumert & Kunter, 2011). Harms und Riese (2018) entwickelten in Anlehnung an Weinerts Kompetenzbegriff (2001) und das COACTIV-Modell (Baumert & Kunter, 2011) ein dichotomes Modell der professionellen Kompetenz (vgl. Abb. 1). Die Autor*innen beziehen sich hierbei auf Kompetenzbereiche, in denen (angehende) Naturwissenschaftslehrkräfte kompetent sein müssen, um (später) gut und erfolgreich unterrichten zu können (Fischer & Kauertz, 2020).

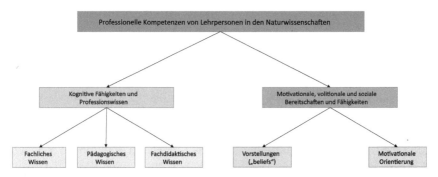

Abb. 1: Modell professioneller Kompetenz nach Harms & Riese (2018) (in Anlehnung an Weinert, 2001 sowie Baumert und Kunter, 2006)

Auch Blömeke, Gustafsson und Shavelson (2015) beschreiben ein Modell der professionellen Kompetenz von Lehrkräften (Abb. 2). Dieses berücksichtigt neben den kognitiven und affektiv-motivationalen Voraussetzungen auch handlungsbezogene Facetten (ebd.). Treisch (2018, S. 25) beschreibt Blömekes P-I-D-Modell als Kontinuum zwischen Disposition und Performanz durch eben jene situationsspezifischen Fähigkeiten (situation specific skills), die als „Vermittler zwischen Voraussetzungen sowie den persönlichen Gegebenheiten der Lehrperson und der Praxis im Klassenzimmer" fungieren. Die professionellen Kompetenzen einer Naturwissenschaftslehrkraft werden hierbei einerseits durch das unterrichtliche Handeln (performance) und zum anderen durch situations- und verhaltensnahe kognitive Fähigkeiten der Diagnose (perception), Interpretation (interpretation) und Entscheidung über Handlungsoptionen (decision-making) modelliert (ebd.).

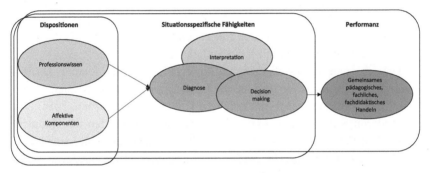

Abb. 2: P-I-D-Modell – Transformation von Kompetenzen in Performanz (geändert nach Blömeke et al., 2015)

Die Stärke des P-I-D-Modells liegt, im Vergleich zum Kompetenzmodell von Harms und Riese (2018), in der Berücksichtigung der situationsspezifischen Handlungskompetenz (performance) einer Naturwissenschaftslehrkraft. Beide Modelle berücksichtigen jedoch den in der Literatur geforderten multiprofessionell-kooperativen Charakter zur Gestaltung von inklusivem naturwissenschaftlichem Unterricht nicht. Zur Förderung von Handlungskompetenzen im inklusiven Naturwissenschaftsunterricht gibt es sowohl auf Seiten der Naturwissenschaftsdidaktiken als auch auf Seiten der Sonderpädagogik kompetenzspezifische Ansätze (Melzer & Hillenbrand, 2013).

Vor dem Hintergrund dieser sowie den Standards zur Lehrkräftebildung werden professionelle Kompetenzen von (angehenden) Lehrkräften als „zentrale Handlungsressource für das unterrichtliche Handeln" verstanden (Harms & Riese 2018, S. 285). Im schulunterrichtlichen Kontext stehen v. a.

Lehrkräfte der Naturwissenschaften vor der Aufgabe, Schüler*innen einen systematischen als auch empirischen Bezug zur Welt zu vermitteln (Fischer & Kauertz, 2020). Nach Stinken-Rösner et al. (2020) zählen hierzu 1) die Auseinandersetzung mit naturwissenschaftlichen Kontexten, 2) das Lernen naturwissenschaftlicher Inhalte, 3) das Betreiben naturwissenschaftlicher Erkenntnisgewinnung und 4) das Lernen über die Naturwissenschaften.

Mit dem Ziel, sonderpädagogische Handlungskompetenzen zu definieren, erarbeitet Moser (2014) sieben sonderpädagogische Aufgabenfelder (Lernstands- und Entwicklungsdiagnostik, Beratungs- und Organisationskompetenz, Lern- und Entwicklungsförderung, binnendifferenzierte Unterrichtung, behinderungsspezifische Kommunikation, interdisziplinäre Kooperation sowie Förderung des sozialen Lernens). Die daraus resultierenden Kompetenzen sind inzwischen zunehmend Teil inklusionsbezogener Kompetenzen aller lehrkräftebildenden Studiengänge. Allerdings kommen Moser, Schäfer und Kropp (2014) zu dem Ergebnis, dass sich die Verteilung von Aufgabenfeldern hinsichtlich der Professionen im alltäglichen Unterricht unterscheidet, wodurch sich mit zunehmender Berufspraxis die Kompetenzprofile entsprechend unterschiedlich ausprägen.

Die Übernahme des allgemeinen Unterrichts für die gesamte Lernendengruppe durch sonderpädagogische Lehrkräfte geschieht vor allem in den von ihnen studierten Unterrichtsfächern (Lütje-Klose & Urban, 2014). Auf der anderen Seite werden sonderpädagogischen Lehrkräften die Hauptzuständigkeit für Lernstands- und Entwicklungsdiagnostik (ebd.) sowie Förderplanung und individuelle Förderung für Schüler*innen mit sonderpädagogischem Förder- bzw. Unterstützungsbedarf zugewiesen (Kreis, Wick & Kosorok Labhart, 2014).

Je nach Fall ist eine sonderpädagogische Diagnostik und Förderplanung in Form einer Kind-Umfeld-Analyse notwendig (Sander, 2000). Hierfür wird entwicklungspsychologisches Wissen über spezifische Beeinträchtigungen benötigt, um die kognitiven, sozio-emotionalen und motivationalen Voraussetzungen sowie die behinderungsspezifischen Lern- und Entwicklungserfordernisse zu diagnostizieren. Weiter ist eine Barrierenanalyse im Sinne des Erkennens und Analysierens der hinderlichen und förderlichen Bedingungen sowie Umwelteinflüsse und -verhältnisse in ihrer Wirkung auf die Lern- und Entwicklungsprozesse von zentraler Bedeutung (Bundschuh & Winkler, 2019). Dabei stellt die Kind-Umfeld-Analyse im Sinne des Fallverstehens mithilfe der Ermittlung eines möglichst umfassenden Gesamtbildes der Lernenden die diagnostische Grundlage dar, welche auf einem Verständnis von Behinderung als relationaler Kategorie fußt (Sander, 2000). Die Diagnose im Rahmen der Kind-Umfeld-Analyse hat letztendlich Konsequenzen hinsichtlich der didaktisch-methodischen Planung und Unterrichtsgestaltung.

Die spezifischen Wissensbestände und Kompetenzen spiegeln sich in den Beliefs der sonderpädagogischen Lehrkräfte dahingehend wider, dass sie sich im Bereich der schulischen Förderung an Individualität, Förderung, Beziehung, Lebenslagen und Bildungschancen der Lernenden orientieren, während sich Naturwissenschaftslehrkräfte stärker auf Gruppennormen, Bildungsstandards und kriterialen Normen der Leistungsbeurteilung fokussieren (Kuhl, Moser, Schäfer & Redlich, 2013; Moser et al., 2014).

Naturwissenschaftsunterricht unter Berücksichtigung des gemeinsamen Lernens und der individuellen Förderung zu planen, stellt (angehende) Lehrkräfte noch immer vor eine große Herausforderung (Greiten, 2014). Diese betrifft u. a. Fragen der diagnostischen Kompetenzen sowie Fähigkeiten zur Gestaltung adaptiven Unterrichts (Wember & Melle, 2018). Einigkeit besteht darin, dass bereits in der ersten Phase der Lehrkräftebildung sowohl naturwissenschaftsdidaktische als auch sonderpädagogische Kompetenzen einschließlich Formen der multiprofessionellen Kooperation erlernt werden müssen (z. B. Radhoff, Buddeberg & Hornberg, 2018).

3. Multiprofessionalität als Gelingensbedingung für inklusiv-naturwissenschaftlichen Unterricht

Die Bildung angehender Fachlehrkräfte sowie von angehenden Sonderpädagog*innen ist an zahlreichen Universitäten getrennt institutionalisiert. Der Aufbau der akademisch fundierten Wissensbasis, aber auch die Entwicklung von Einstellungen und Berufsverständnissen verläuft großenteils getrennt (Oelkers, 2013). Möglichkeiten und Notwendigkeiten einer multiprofessionellen Kooperation zwischen Fachlehrkräften und Sonderpädagog*innen ergeben sich erst unter den Bedingungen des Handlungsdrucks in der Schulpraxis.

Aus dieser Sicht erscheint es umso notwendiger, dass bereits im Studium kooperative Lern- und Arbeitsprozesse initiiert werden. Hier kann eine Begegnung mit der jeweils anderen Profession in einem geschützten und komplexitätsreduzierten Rahmen stattfinden. Aber auch hier besteht das Ziel einer multiprofessionellen Kooperation nicht allein nur in einem arbeitsteiligen Zusammenwirken. In Anschluss an Lütje-Klose und Urban (2014, S. 3) wird eine gelingende Kooperation im vorliegenden Ansatz verstanden als ein „auf demokratischen Werten basierendes, auf der Gleichwertigkeit und gegenseitigem Vertrauen der Kooperationspartner/-innen beruhendes, zielgerichtetes und gemeinsam verantwortetes Geschehen [...], in dem aufgrund von Aushandlungsprozessen die Schaffung bestmöglicher Entwicklungsbedingungen aller Kinder einschließlich derjenigen mit besonderen Bedürfnissen angestrebt wird". Eine derartige Form der Kooperation erscheint insbesondere geeignet, inklusives (naturwissenschaftliches) Lehren und Lernen umzusetzen. Jedoch wird mit dieser Definition noch nicht die Frage beantwortet, welche fachspezifischen und welche gemeinsamen Kompetenzen dazu nötig sind.

In einer äußerst knapp skizzierten Perspektive zeichnet sich naturwissenschaftliches Lehren und Lernen in der Sekundarstufe I unter anderem durch die Anwendung experimenteller Zugänge, durch die Abstraktion und modellbasierte Betrachtung, durch die Diskussion der Vorstellungen von Lernenden zu naturwissenschaftlichen Inhalten, Denk- und Arbeitsweisen sowie durch das Entwickeln zunehmend abstrakter und komplexer Betrachtungsebenen aus, auf denen ein Phänomen zunehmend vertieft verstanden werden kann (Heinitz & Nehring, 2020). Für einen inklusiven Fachunterricht ergeben sich damit Herausforderungen, die vielfach auf fachdidaktischer Ebene (z. B. Nehring & Walkowiak, 2017) und unterrichtspraktischer Ebene (z. B. Menthe & Sander, 2016) beschrieben worden sind.

Damit ein inklusiver naturwissenschaftlicher Unterricht mit Blick auf diese Merkmale und Herausforderungen erfolgreich kooperativ geplant, umgesetzt und reflektiert werden kann, ist ein gemeinsamer Rahmen von Einstellungen, fachlichem Wissen, aber auch von situationsspezifischen Fähigkeiten (Blömeke et al., 2015) eine Grundvoraussetzung. Während auf der Ebene der Einstellungen und Selbstwirksamkeitserwartungen positive Ausprägungen für beide Professionen als wünschenswert beschrieben werden können, bestehen über den Grad der Expertise der jeweils anderen Profession kaum fundierte Annahmen. Vor dem Hintergrund der Komplexität der jeweiligen Professionen ist ein weitgehendes Angleichen von Expertisen im jeweiligen Bereich der Kooperationspartner*innen nur in Teilen möglich und wird auch nicht angestrebt. Ein Aufbau grundlegender Kenntnisse der jeweils anderen Expertisebereiche wird jedoch als ein Ziel beschrieben, da eine erfolgreiche Kommunikation, eine bewusste Entscheidung über geteilte oder gemeinsame Arbeitsschritte in der Kooperation und eine auf Gleichwertigkeit und auf gegenseitigem Vertrauen beruhende Arbeitshaltung ermöglicht werden soll. Die Frage nach dem notwendigen Grad der Kompetenzausprägung in der jeweils anderen Profession kann nach aktuellem Forschungsstand kaum theoretisch fundiert beschrieben werden. Sie sollte und kann für einen gelingenden inklusiven Fachunterricht empirisch geklärt werden.

4. Kompetenzmodell zur multiprofessionell-kooperativen Gestaltung von inklusivem Naturwissenschaftsunterricht

Das aus dem Projekt GeLernt (Gestaltung inklusiver Lerneinheiten in den naturwissenschaftlichen Fächern) resultierende Kompetenzmodell zur kooperativen Gestaltung inklusiven Naturwissenschaftsunterrichts (vgl. Abb. 3) versteht sich als Erweiterung der Kompetenzmodelle von Harms und Riese (2018) und Blömeke et al. (2015). Das Verständnis von Kompetenz als Kontinuum zwischen Disposition, situationsspezifischen Fähigkeiten und Performanz, welches im P-I-D-Modell von Blömeke et al. (2015) strukturell abgebildet wird, dient dem vorliegenden Kompetenzmodell als Grundgerüst. Dieser Unterteilung wurden weitere vier Komponenten (K1–K4) zugeordnet, die die domänenspezifischen Kompetenzen jeweils für beide Professionen (Naturwissenschaften und Sonderpädagogik) weiter ausdifferenzieren (siehe linke Seite Abb. 3). Die ersten zwei Komponenten (K1, K2) entsprechen den Dispositionen im P-I-D-Modell. Die affektive Komponente (K1) beinhaltet für beide Professionen gleichermaßen Konstrukte wie Kooperationsbereitschaft, Einstellungen zu Naturwissenschaft/Technik und Inklusion sowie Selbstwirksamkeitserwartungen gegenüber Naturwissenschaften und Inklusion. Das Professionswissen (K2) gliedert sich professionsspezifisch jeweils in fachbezogenes, fachdidaktisches und pädagogisches Wissen, wobei sich die Wissensdimensionen in ihren fachspezifischen Inhalten unterscheiden. Für die Lehrkräfte der naturwissenschaftlichen Fächer werden alle fachwissenschaftlichen Inhalte unter fachbezogenem Wissen verstanden, wie zum Beispiel für die Biologie das Wissen über die Anpassung von Lebewesen (Chemie: chemische Reaktionen; Physik: Wechselwirkung). Das fachspezifische sonderpädagogische Wissen umfasst demgegenüber z. B. Kenntnisse über die internationale Klassifikation der Funktionsfähigkeit, Behinderung und Gesundheit (ICF). Fachdidaktische Wissensanteile liegen bei den naturwissenschaftlichen Lehrkräften zum Beispiel im Umgang mit Schüler*innenvorstellungen oder dem Wissen über naturwissenschaftliche Denk- und Arbeitsweisen sowie deren Förderungsmöglichkeiten. Bei den sonderpädagogischen Lehrkräften sind hier zum Beispiel Wissen über die Kind-Umfeld-Analyse sowie daraus resultierende Förderungsstrategien zu nennen. Das pädagogische Wissen kann für beide Professionen aufgrund der im Studium häufig gemeinsam institutionalisierten Vermittlung als sehr ähnlich angenommen werden und beinhaltet zum Beispiel Wissen über Binnendifferenzierung und Unterrichtsformen oder -methoden.

Unter den Komponenten K1 und K2 definiert sich damit der fachliche, fachdidaktische und pädagogische subjektive Rahmen, auf den sich eine

Lehrkraft zur Einschätzung einer Lernsituation – einer Diagnose – bezieht. Eine Diagnose ist als eine situationsspezifische Fähigkeit zu verstehen, bezieht sich auf den subjektiven Bezugsrahmen einer Lehrkraft, und wird in Abb. 3 unter K3 aufgeführt. Das Anfertigen einer Diagnose beinhaltet den Prozess der Wahrnehmung und Interpretation einer Unterrichtssituation sowie die daraus resultierende Planung einer Handlung. Aufgrund der sich unterscheidenden subjektiven Bezugsrahmen beider Professionen entsteht eine Diagnose, die je nach Profession einen deutlichen Bezug zu einem naturwissenschaftlichen oder sonderpädagogischen Bezugsrahmen aufweist.

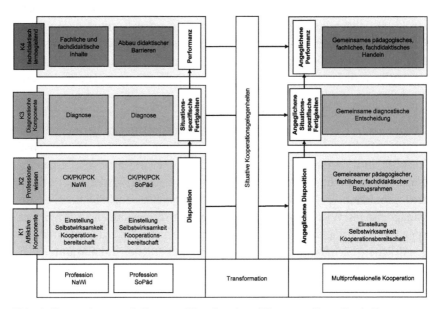

Abb. 3: Kompetenzmodell zur multiprofessionell-kooperativen Gestaltung von inklusivem Naturwissenschaftsunterricht

Die tatsächliche Durchführung der Handlung, die Performanz, rundet die Komponenten K1 bis K3 ab und wird der fachdidaktisch, lernbegleitenden Komponente (K4) zugeschrieben, die als Ergebnis der Komponenten 1–3 aufgefasst wird. Eine naturwissenschaftliche Lehrkraft wird sich dabei auf Barrieren fokussieren, die z. B. in Schüler*innenvorstellungen begründet in Bezug auf Fachinhalte oder in den naturwissenschaftlichen Denk- und Arbeitsweisen liegen. Eine sonderpädagogische Lehrkraft hingegen wird eher (Teilhabe-)Barrieren und Potenziale analysieren, die im Zusammenspiel des Unterrichtsarrangements mit motorischen oder kognitiven Beeinträchtigungen oder geringem Leseverständnis entstehen.

Arbeiten Lehrkräfte beider Professionen im Team zusammen, so kann dieses Ungleichgewicht der Kompetenzausprägungen zunächst die Zusammenarbeit erschweren und zu einer Dilemma-Erfahrung führen (vgl. Transformatives Lernen nach Mezirow, 1997). Werden allerdings daraus resultierende begrenzte, verfälschte und willkürlich ausgewählte Wahrnehmungs- und Erkenntnismodi durch erfolgreiche Kommunikations- und Kooperationsprozesse überwunden und in funktionale Bedeutungsperspektiven transformiert, dann kann dies eine Chance für die Unterrichtsgestaltung werden. Dies bedingt allerdings, dass die multiprofessionelle Kooperationssituation effektiv und effizient gestaltet wird.

Auf der rechten Seite in Abb. 3 werden die aus der Transformation resultierenden Kompetenzen auf den einzelnen Komponenten (K1–K4) für eine multiprofessionelle Kooperation zwischen Lehrkräften für Naturwissenschaften und Sonderpädagogik beschrieben. Die professionsspezifischen Komponenten werden in diesem Schritt nicht mehr getrennt voneinander betrachtet, da es durch Kommunikations- und Kooperationsprozesse vielmehr zu näherungsweise angeglichenen Ausprägungen auf den einzelnen Komponenten kommen sollte. Daraus resultieren gemeinsam verantwortete diagnostische Entscheidungen und die Umsetzung (Performanz) in Form einer kohärent geplanten Unterrichtssituation.

Das hier präsentierte Modell beruht auf der Annahme, dass die Kompetenzen in der jeweils anderen Profession so weit ausgeprägt sein sollten, dass verständnisvolle Kommunikation und respektvolles „Begegnen auf Augenhöhe" möglich werden. Kooperation im oben beschriebenen Sinne kann nur dann gelingen, wenn der*die jeweilige Kooperationspartner*in nicht nur als zusätzliche Last im Schulalltag, sondern als Mehrwert im Sinne eines Gewinns an Expertise im Team erlebt wird.

Da es sich in diesem Fall um Expert*innen unterschiedlicher konzeptueller Perspektiven handelt, wird die Relevanz der Disposition für den Erfolg der Kooperation deutlich. Die Expert*innenrolle in einer multiprofessionellen Kooperation ist dabei nicht fest zugeschrieben, das heißt, während man Expert*in für sein eigenes Fachgebiet sein kann, ist man gleichzeitig Laie für ein anderes Fachgebiet. Die Expertise liegt zu einem entscheidenden Anteil im methodischen Wissen der Person, welches auf eigenen Erfahrungen beruht und in komplex organisierten Strukturen miteinander vernetzt ist (Bromme, Jucks & Rambow, 2003). Eine erfolgreiche interdisziplinär-multiprofessionelle Kommunikation kann also nur dann gelingen, wenn beide Kommunikationspartner*innen ihre eigene Perspektive dem Gegenüber offenlegen und die andere Perspektive einzunehmen suchen (ebd.). Im vorliegenden Ansatz nimmt daher die erfolgreiche Kommunikation eine besondere Rolle ein. Durch Antizipation und Adaption wird in der interdisziplinären Kommunikation sichergestellt, dass sich die Kooperationspartner*innen gegenseitig in Bezug auf fachliche Konzepte und situationsgebundene Informationen folgen und auf eine gemeinsame Wissensbasis zurückgreifen können. Vor allem die Einschätzung des vorhandenen Wissens des*der Kooperationspartner*in und damit die Adaption der eigenen Beiträge stellt die Experten*innen vor besondere Herausforderungen (vgl. z. B. Jucks, 2001).

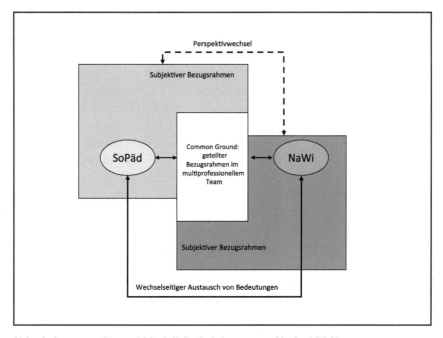

Abb. 4: Common-Ground-Modell (in Anlehnung an Clark, 1996)

Das Common-Ground-Modell nach Clark (1996) ist ein Kommunikationsmodell, welches Kommunikation als gemeinsame Arbeit an einem Ziel ansieht und zur Begegnung der weiter oben aufgeführten Schwierigkeiten bereits erfolgreich in Trainingsprogrammen eingesetzt wurde (Bromme et al., 2003). Das Kommunikationsmodell folgt der bereits erläuterten Voraussetzung, dass jede*r der Kommunikationspartner*innen zunächst über seinen subjektiven Bezugsrahmen verfügt (vgl. Abb. 4).

Dieser ist gekennzeichnet durch seine Motivation, Werte, Einstellungen, sowie fachliches Vorwissen und weitere kognitive und metakognitive Komponenten, z. B. situationsspezifische Fähigkeiten, aber auch das Wissen über den Wissensstand des*der Kommunikationspartner*in. Außerdem verfügen die Kommunikationspartner*innen über einen geteilten Bezugsrahmen, den sogenannten Common Ground. Dieser geteilte Bezugsrahmen stellt eine Überlappung der subjektiven Bezugsrahmen dar und beschreibt den

Anteil an Wissen und Informationen, der aktiv über Kommunikation gemeinsam erarbeitet wurde. Ziel ist es, die subjektiven Bezugsrahmen beider Personen durch Wissenskommunikation so weit zur Deckung zu bringen, dass das gemeinsam vereinbarte Ziel der Kommunikation erreicht wird (Kramer, 2009). Zusammenfassend zeigt das Common-Ground-Modell Herausforderungen, aber auch Chancen und Lösungen für die interdisziplinäre Kommunikation auf und gilt demnach als zentraler Baustein für eine erfolgreiche multiprofessionelle Kooperation.

5. Fazit

Für eine zufriedenstellende Bewältigung des Schulalltags in inklusiven Lernsettings bedarf es der Kooperation von Regelschullehrkräften und sonderpädagogischen Lehrkräften, um einen inklusiven und effektiven Fachunterricht zu gewährleisten. Diese Aufgabe stellt sowohl jeweils (domänen-) spezifische Kompetenzanforderungen als auch domänenunabhängige Anforderungen an Naturwissenschaftslehrkräfte und sonderpädagogische Lehrkräfte. Wenn z. B. die fachliche oder fachdidaktische bzw. inklusionspädagogische beziehungsweise sonderpädagogische Expertise einer Lehrkraft sehr hoch ist, es ihr aber nicht gelingt, entsprechend des oben dargestellten Common-Ground-Modells eine gelingende Kommunikation zu gestalten, dann können diese (geteilten) fachlichen, fachdidaktischen und/oder inklusionspädagogischen beziehungsweise sonderpädagogischen Kompetenzen nicht im Sinne des P-I-D Modells zur Anwendung gebracht werden. Das hier vorgestellte Kompetenzmodell erlaubt dabei sowohl die Berücksichtigung individueller Kompetenzprofile und deren Modellierung als auch eine darüber hinausgehende Betrachtung von kommunikativen bzw. transformativen Prozessen und die Modellierung von geteilten Kompetenzen und Performanzen. Dies ist insbesondere wichtig, da es nicht Ziel der Lehrkräftebildung in erster, zweiter oder dritter Phase sein kann, Naturwissenschaftslehrkräfte zu Sonderpädagog*innen auszubilden bzw. umgekehrt. Um eine gemeinsame Unterrichtsgestaltung im Sinne des oben skizzierten Inklusionsverständnisses zu realisieren, bedarf es eben genau der Kooperation zwischen verschiedenen Professionen. Interessante Ansätze für weitere Forschung ergeben sich dabei aus der Fragestellung, wie einzelne Kompetenzprofile ausgeprägt sein sollten, um eine möglichst gelingende Kooperation und damit eine möglichst effektive Unterrichtsgestaltung zu ermöglichen. Auch der explizite Einbezug von Kommunikations- und Transformationsprozessen in die Kompetenzmodellierung stellt insofern eine Neuerung dar, als diese Prozesse und deren Einfluss auf die individuelle Kompetenzentwicklung und die Entwicklung im Team ebenfalls modelliert und überprüft werden können. Das Common-Ground-Modell ist hierbei ein valider und erfolgversprechender Ansatz, nach dem auch Aspekte der Förderung eben dieser Prozesse strukturiert werden können. Auf Basis des hier vorgestellten Modells können die skizzierten Forschungsaufgaben realisiert werden. Hierbei müssen zunächst die einzelnen Kompetenzprofile einer Messung zugänglich gemacht und anschließend in Beziehung gesetzt werden. Das Modell trägt dann dazu bei, die Lehrkräftebildung zu professionalisieren, so dass ein erfolgreicher inklusiver Schulunterricht in multiprofessioneller Kooperation gelingen kann.

Literatur

Abels, S. (2015). Der Entwicklungsbedarf der Fachdidaktiken für einen inklusiven Unterricht in der Sekundarstufe. In G. Biewer, E. Böhm & S. Schütz (Hrsg.), *Inklusive Pädagogik in der Sekundarstufe* (S. 135–148). Stuttgart: Kohlhammer.

Arndt, A.-K. & Werning, R. (2016). Unterrichtsbezogene Kooperation von Regelschullehrkräften und Sonderpädagog/innen im Kontext inklusiver Schulentwicklung. Implikationen für die Professionalisierung. In V. Moser & B. Lütje-Klose (Hrsg.), *Schulische Inklusion*. Weinheim; Basel: Beltz Juventa 2016, (Zeitschrift für Pädagogik, Beiheft; 62, S. 607–623).

Baumert, J. & Kunter, M. (2011). Das Kompetenzmodell von COACTIV. In M. Kunter, J. Baumert, W. Blum, U. Klusmann, S. Krauss und M. Neubrand (Hrsg.), *Professionelle Kompetenz von Lehrkräften. Ergebnisse des Forschungsprogramms COACTIV* (S. 29–53.). Münster u. a.: Waxmann.

Blömeke, S., Gustafsson J. E. & Shavelson R. (2015). Beyond dichitomies. Viewing competence as a continuum. *Zeitschrift für Psychologie, 233*(1), 3–13.

Bromme, R., Jucks, R. & Rambow R. (2003). Wissenskommunikation über Fächergrenzen: Ein Trainingsprogramm. *Wirtschaftspsychologie, 5*(3), 96–104.

Bundschuh, K. & Winkler, C. (2019). *Einführung in die sonderpädagogische Diagnostik* (9. Aufl.). München, Basel: UTB (Reinhardt Verlag).

Clark, H. (1996). *Using language*. Cambridge: Cambridge University Press.

Filipiak, A. (2020). Kompetenzmodellierung in inklusionsorientierter Lehrer*innenbildung. Konstruktion eines kompetenzorientierten Lehrkonzepts zur Entwicklung und Förderung (multiprofessioneller) Kooperationsfähigkeit und -bereitschaft bei Lehramtsstudierenden. *Qualifizierung für Inklusion, 2*(1).

Fischer, H. E. & Kauertz, A. (2020). Kompetenzen und Anforderungen an Lehrkräfte. In E. Kircher, R. Girwidz & H. E. Fischer (Hrsg.), (S. 97–126). Springer Spektrum, Berlin, Heidelberg.

Greiten, S. (2014). Welche Kompetenzen für die Unterrichtsplanung benötigen Lehrer-Innen an Regelschulen für einen inklusiven, auf individuelle Förderung ausgerichteten Unterricht? Erste Ergebnisse aus einer qualitativ-empirischen Studie. In S. Trumpa, S. Seifried, E.-K. Franz & T. Klauß (Hrsg.), *Inklusive Bildung: Erkenntnisse und Konzepte aus Fachdidaktik und Sonderpädagogik* (S. 107–121). Weinheim: Beltz Juventa.

Greiten, S., Geber, G., Gruhn, A. & Köninger, M. (2017). Inklusion als Aufgabe für die Lehrerausbildung. Theoretische, institutionelle, curriculare und didaktische Herausforderungen für Hochschulen. In S. Greiten, G. Geber, A. Gruhn, & M. Köninger (Hrsg.), *Lehrerausbildung für Inklusion. Fragen und Konzepte zur Hochschulentwicklung* (S. 14–36). Münster u. a.: Waxmann.

Harms, U. & Riese, J. (2018). Professionelle Kompetenz und Professionswissen. In D. Krüger, I. Parchmann, & H. Schecker (Hrsg.), *Theorien in der naturwissenschaftsdidaktischen Forschung* (S. 283–298). Berlin: Springer Spektrum.

Heinitz, B. & Nehring, A. (2020). Kriterien naturwissenschaftsdidaktischer Unterrichtsqualität – ein systematisches Review videobasierter Unterrichtsforschung. *Unterrichtswissenschaft, 48*(3), 319–360.

Heinrich, M., Urban, M. & Werning, R. (2013). Grundlagen, Handlungsstrategien und Forschungsperspektiven für die Ausbildung und Professionalisierung von Fachkräften für inklusive Schule. In H. Döbert & H. Weishaupt (Hrsg.), *Inklusive Bildung professionell gestalten. Situationsanalyse und Handlungsempfehlungen* (S. 69–133). Münster u. a.: Waxmann.

Heimlich, U. (2011). Inklusion und Sonderpädagogik. Die Bedeutung derBehindertenrechtskonvention (BRK) für die Modernisierung sonderpädagogischer Förderung. *Zeitschrift für Heilpädagogik, 2,* 44–54.

Hillenbrand, C., Melzer, C. & Hagen, T. (2013). Bildung schulischer Fachkräfte für inklusive Bildungssysteme. In H. Döbert & H. Weishaupt (Hrsg.), *Inklusive Bildung professionell gestalten. Situationsanalyse und Handlungsempfehlungen* (S. 33–68). Münster u. a.: Waxmann.

Jucks, R. (2001). *Was verstehen Laien? Die Verständlichkeit von Fachtexten aus der Sicht von Computer-Experten.* Münster u. a.: Waxmann.

Kramer, G. (2009). *Entwicklung und Überprüfung eines Strukturmodells der fachlichen Kommunikationskompetenz im Biologieunterricht* (Doctoral dissertation, Christian-Albrechts Universität Kiel).

Kreis, A., Wick, J. & Kosorok Labhart, C. (2014). Wahrgenommene Zuständigkeiten von pädagogischem Personal in integrativen Schulen des Kantons Thurgau. *Empirische Sonderpädagogik, 6*(4), 333–349.

Kuhl, J., Moser, V., Schäfer, L. & Redlich, H. (2013). Zur empirischen Erfassung von Beliefs von Förderschullehrer/innen. *Empirische Sonderpädagogik, 3,* 3–24.

Lindmeier, C. & Lütje-Klose, B. (2015). Inklusion als Querschnittsaufgabe in der Erziehungswissenschaft. *Erziehungswissenschaft, 26*(51), 7–16.

Lütje-Klose, B. & Urban, M. (2014). Professionelle Kooperation als wesentlicheBedingung inklusiver Schul- und Unterrichtsentwicklung. Teil 2 – Forschungsergebnisse zu intra- und interprofessioneller Kooperation. *Vierteljahresschrift für Heilpädagogik und ihre Nachbargebiete, 4,* 283–294.

Lütje-Klose, B. & Miller, S. (2017). Kooperation von Lehrkräften mit allgemeinem und sonderpädagogischem Lehramt in inklusiven Settings. Forschungsergebnisse aus Deutschland, Österreich und der Schweiz. In B. Lütje-Klose, S. Miller, S. Schwab, & B. Streese (Hrsg.), *Inklusion: Profile für die Schul- und Unterrichtsentwicklung in Deutschland, Österreich und der Schweiz* (S. 203–213). Münster und New York: Waxmann.

Melzer, C. & Hillenbrand, C. (2013). Aufgaben sonderpädagogischer Lehrkräfte fürdie inklusive Bildung: empirische Befunde internationaler Studien. *Zeitschrift für Heilpädagogik, 64*(5), 194–202.

Menthe, J. & Sander, R. (2016). Mit Heterogenität umgehen. Sicheres Arbeiten im inklusiven und zieldifferenten Chemieunterricht. *Naturwissenschaften im Unterricht Chemie, 27*(156), 45–46.

Mezirow, J. (1997). Transformative learning: Theory to practice. *New directions for adult and continuing education, 1997*(74), 5–12.

Moser, V. (2014). Forschungserkenntnisse zur sonderpädagogischen Professionalität in inklusiven settings. In S. Trumpa, S. Seifried, E-K. Franz & T. Klauß (Hrsg.), *Inklusive Bildung. Erkenntnisse und Konzepte aus Fachdidaktik und Sonderpädagogik* (S. 92–106). Weinheim u. a.: Beltz Juventa.

Moser, V., Schäfer, L. & Kropp, A. (2014). Kompetenzbereiche von Lehrkräften in inklusiven settings. In M. Lichtblau, D. Blömer, A.-K. Jüttner, K. Koch, M. Krüger & R. Werning (Hrsg.), *Forschung zu inklusiver Bildung: Gemeinsam anders lehren und lernen* (S. 124–143). Bad Heilbrunn: Klinkhardt.

Nehring, A. & Walkowiak, M. (2017). Eine inklusive Lernumgebung ist nicht genug: Fachspezifik, Theoretisierung und inklusive Unterrichtsentwicklung in den Naturwissenschaftsdidaktiken. *Zeitschrift Für Inklusion (3)*. https://www.inklusion-online. net/index.php/inklusion-online/article/view/450 [11.09.2020].

Oelkers, J. (2013). Geschichte der Erziehung. In S. Andresen, C. Hunner-Kreisel & S. Fries (Hrsg.), *Erziehung. Ein interdisziplinäres Handbuch* (S. 3–9). Wiesbaden: Springer VS.

Radhoff, M., Buddeberg, M. & Hornberg, S. (2018). Inklusion in der Lehrerbildung im Spannungsfeld unterschiedlicher Professionen. *heiEDUCATION Journal. Transdisziplinäre Studien zur Lehrerbildung,* (1–2), 197–219.

Sander, A. (2000). Kind-Umfeld-Analyse: Diagnose bei Schülern und Schülerinnen mit besonderem Förderbedarf. In W. Mutzeck (Hrsg.), *Förderdiagnostik* (2. Aufl., S. 25–38). Bad Heibrunn: Klinkhardt.

Stinken-Rösner, L., Rott, L., Hundertmark, S., Baumann, T., Menthe, J., Hoffmann, T., Nehring, A. & Abels, S. (2020). Thinking Inclusive Science Education from two Perspectives: Inclusive Pedagogy and Science Education. *RISTAL, 3,* 30–45.

Treisch, F. (2018). *Die Entwicklung der Professionellen Unterrichtswahrnehmung im Lehr-lern-Labor Seminar.* Berlin: Logos.

Weinert, F. E. (2001). *Leistungsmessung in Schulen.* Weinheim u. a.: Beltz.

Wember, F. B. & Melle, I. (2018). Adaptive Lernsituationen im inklusiven Unterricht: Planung und Analyse von Unterricht auf Basis des Universal Design for Learning. In S. Hußmann & B. Welzel (Hrsg.), *Dortmunder Profil für inklusionsorientierte Lehrerinnen-und Lehrerbildung* (S. 57–72). Münster: Waxmann.

Laura Ferreira González*, Larissa Fühner*,
Laura Sührig, Hannah Weck, Katja Weirauch und
Simone Abels

Ein Unterstützungsraster zur Planung und Reflexion inklusiven naturwissenschaftlichen Unterrichts

Zusammenfassung: Das DFG-geförderte Netzwerk inklusiver naturwissenschaftlicher Unterricht (NinU) stellt in diesem Beitrag ein fragengeleitetes Unterstützungsraster vor, das Lehrpersonen bei der Planung und Reflexion eines inklusiven naturwissenschaftlichen Unterrichts unterstützen kann. Zunächst werden die Lesenden mit den theoriebasierten Fragestellungen vertraut gemacht, die auf einer Verknüpfung von inklusionspädagogischen mit naturwissenschaftsdidaktischen Perspektiven basieren. Anschließend wird anhand einer kurzen Anleitung verdeutlicht, wie das Raster praktisch anzuwenden ist. Das Unterrichtsbeispiel zum Kontext „Popcorn poppen" verdeutlicht abschließend, wie das Unterstützungsraster im Rahmen der Unterrichtsplanung angewandt werden kann.

Schlagwörter: Inklusion, Unterstützungsraster, Unterrichtsplanung, inklusive Fachdidaktik

A Support Grid to Plan and Reflect Inclusive Science Education

Abstract: In this article, the DFG-funded Network of Inclusive Science Education (NinU) presents a question-guided practice support grid that provides teachers with a framework to plan and reflect on inclusive science education. Readers are introduced to the theory-driven questions from the grid, these questions draw on a combination of inclusive pedagogy and

---

* Beide Autor*innen haben gleichermaßen zu der Publikation beigetragen.

science education theories. Applying the discussed theories, a short instructional guide informs practitioners as to how the grid can be applied in practice. Building upon this, an example based on the content of about popping popcorn illustrates how the support grid can be used to plan inclusive science education.

Keywords: inclusion, support grid, lesson planning, inclusive science education

1. Einleitung

Die Planung inklusiven naturwissenschaftlichen Fachunterrichts erfordert zum einen fach- und gegenstandsspezifische Überlegungen (Prediger & Aufschnaiter, 2017), zum anderen die Berücksichtigung inklusionspädagogischer Zielsetzungen. Diese Doppelperspektive spiegelt sich bisher in wenigen theoretischen Konzeptionen wider (z. B. Abels, 2015; Scruggs, Mastropieri, Bekeley & Graetz, 2010). Das DFG-geförderte Netzwerk inklusiver naturwissenschaftlicher Unterricht (NinU) hat mit der Intention, diese beiden Perspektiven zu vernetzen, ein zweiachsiges Schema entwickelt (Stinken-Rösner et al., 2020), das Lehrpersonen sowohl bei der Planung als auch der Reflexion inklusiven naturwissenschaftlichen Unterrichts unterstützen kann.

Im Folgenden wird ein kurzer Überblick über das Schema gegeben, das sich an der Darstellung von Stinken-Rösner et al. (2020) orientiert.

2. Ein erster Überblick: vertikale und horizontale Logik

Zur grundlegenden Orientierung werden zunächst die beiden Achsen des Schemas vorgestellt.

Die vertikale, inklusionspädagogische Achse des Schemas bezieht sich in ihrem ersten Punkt darauf, die *Diversität* der Lernenden *anzuerkennen*. Damit ist gemeint, dass die Vielfalt einer Lerngruppe wahrgenommen wird und Lernende als Individuen und nicht als eine homogene Gruppe gesehen werden. Lerngruppen sind divers in ihren Ressourcen und Voraussetzungen. Die Lehrperson identifiziert die Potenziale und Ressourcen der Lernenden wertschätzend und nutzt diese für den Unterricht (Booth & Ainscow, 2016; Mastropieri & Scruggs, 2014), indem die Lernenden kooperativ und ko-konstruktiv (Florian & Spratt, 2013; Sliwka, 2010) lernen. Um möglichen Benachteiligungen entgegenwirken zu können und der Diskriminierung Einzelner vorzubeugen, ist es notwendig, *Barrieren* zu *erkennen*.

Diese können bspw. den Lernangeboten und Gegenständen selbst innewohnen, durch Rahmenbedingungen gegeben oder auch auf Seiten des Lehrpersonenhandelns vorhanden sein. Barrieren finden sich außerdem in unterschiedlichen Bereichen des Lehrens und Lernens, z. B. im sozialsprachlichen, kognitiven oder affektiven Bereich aller Akteur*innen (Stinken-Rösner et al., 2020).

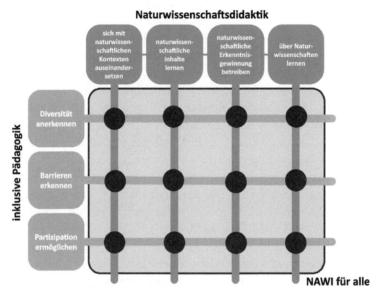

Abb. 1: Vernetzung der inklusiven und naturwissenschaftsdidaktischen Perspektive im Schema (übersetzt nach Stinken-Rösner et al., 2020, S. 37)

Inklusionspädagogisch gestalteter Unterricht verfolgt die übergeordnete Zielsetzung, *Partizipation zu ermöglichen*, d. h., dass allen Lernenden die Möglichkeit gegeben wird, Inhalte aktiv mitzugestalten und dabei ihre Interessen und Fähigkeiten einzubringen. Booth konkretisiert dies folgendermaßen: „Participation in education involves going beyond access. It implies learning alongside others and collaborating with them in shared lessons. It involves active engagement with what is learnt and taught, and having a say in how education is experienced. But participation also involves being recognized for oneself and being accepted for oneself" (Booth, 2003, S. 2). Insbesondere offene Unterrichtskonzepte sind geeignet, Partizipation zu ermöglichen, da sie selbstgesteuerte Lernprozesse und die Wahl von Differenzierungen berücksichtigen (Abels & Minnerop-Haeler, 2016).

Die horizontale Achse des Schemas berücksichtigt in Anlehnung an Hodson (2014) die fachdidaktischen Ziele eines naturwissenschaftlichen Unterrichts.

Das Ziel *sich mit naturwissenschaftlichen Kontexten auseinandersetzen,* bezieht sich darauf, dass der Unterricht für alle Lernenden relevante naturwissenschaftliche Kontexte und Fragen aufwirft, die zur kritischen Auseinandersetzung anregen und motivieren sollen. Die Auseinandersetzung mit ökologischen, politischen, sozialen oder historischen Kontexten kann die Lernenden dabei unterstützen, im Sinne einer naturwissenschaftlichen Grundbildung aktive und reflektierte Bürger*innen zu werden (Bybee, 1997).

Die zweite naturwissenschaftliche Dimension *naturwissenschaftliche Inhalte lernen* fokussiert die Entwicklung eines konzeptuellen Verstehens. Dabei ist besonders der Wechsel zwischen der beobachtbaren Phänomenebene und der abstrakten Ebene zu berücksichtigen, der zu einer kognitiven Überforderung führen kann (Johnstone, 1991; Taber, 2013). Naturwissenschaftlicher Unterricht versetzt Lernende in die Lage, ihre (individuellen) (Prä-)Konzepte zu hinterfragen, zu modifizieren und zu entwickeln, um zu einem wissenschaftlich angemessenen Verständnis zu gelangen.

Das Ziel *naturwissenschaftliche Erkenntnisgewinnung betreiben* steht für die Anwendung „spezifischer [wissenschaftlicher] Vorgehensweisen und Methoden" (Hodson, 2014, S. 2546, Übersetzung durch die Autor*innen). Lernende setzen sich dabei sowohl theoretisch als auch praktisch mit naturwissenschaftlichen Phänomenen sowie Denk- und Arbeitsweisen auseinander. Der Schwerpunkt liegt nicht auf dem Erlernen von Methoden oder Techniken, „sondern auf der praktischen Untersuchung von Phänomenen, um das eigene Verstehen zu überprüfen und zu entwickeln, Probleme zu lösen und Interessen zu verfolgen" (Hodson, 2014, S. 2545 f., Übersetzung durch die Autor*innen).

Die vierte Zieldimension *über Naturwissenschaften lernen* bezieht sich auf das Verstehen des Wesens der Naturwissenschaften. Damit die Lernenden dies erreichen können, sollte der naturwissenschaftliche Unterricht „Kenntnisse über naturwissenschaftliche Prozesse, die Gewinnung, Überprüfung und Weiterentwicklung von Ergebnissen, verschiedene Arten wissenschaftlicher Erkenntnisse, den Stand der wissenschaftlichen Auffassungen und Merkmale stichhaltiger Argumente" (Millar, 2006, S. 1507, Übersetzung durch die Autor*innen) vermitteln. Hodson (2014) verweist darauf, dass nicht alle vier Ziele parallel im Unterricht verfolgt werden können.

Tab. 1: Das Unterstützungsraster
(übersetzt nach Stinken-Rösner et al., 2020, S. 38)

	A. sich mit naturwissenschaftlichen Kontexten auseinandersetzen	B. naturwissenschaftliche Inhalte lernen	C. naturwissenschaftliche Erkenntnisgewinnung betreiben	D. über Naturwissenschaften lernen
I. Diversität anerkennen	1. Welche naturwissenschaftlichen Kontexte sind für alle Lernenden anregend und relevant?	1. Welche Inhalte sind für alle Lernenden relevant?	1. Welche Aspekte der naturwissenschaftlichen Erkenntnisgewinnung sind für alle Lernenden relevant?	1. Welche Aspekte sind beim Lernen über die Naturwissenschaften sind für alle Lernenden relevant?
	2. Welche Diversitätsdimensionen spielen bei der Auseinandersetzung mit dem naturwissenschaftlichen Kontext eine Rolle?	2. Welche Diversitätsdimensionen spielen beim Lernen des naturwissenschaftlichen Inhalts eine Rolle?	2. Welche Diversitätsdimensionen spielen beim Betreiben naturwissenschaftlicher Erkenntnisgewinnung eine Rolle?	2. Welche Diversitätsdimensionen spielen beim Lernen über die Naturwissenschaften eine Rolle?
	3. Welche individuellen Vorstellungen, Fähigkeiten und Überzeugungen der Lernenden sind relevant für die Auseinandersetzung mit dem naturwissenschaftlichen Kontext?	3. Welche individuellen Vorstellungen, Fähigkeiten und Überzeugungen der Lernenden sind relevant für das Lernen des naturwissenschaftlichen Inhalts?	3. Welche individuellen Vorstellungen, Fähigkeiten und Überzeugungen der Lernenden sind relevant für das Betreiben von naturwissenschaftlicher Erkenntnisgewinnung?	3. Welche individuellen Vorstellungen, Fähigkeiten und Überzeugungen der Lernenden sind relevant beim Lernen über die Naturwissenschaften?
	4. Welches Wissen, welche Fähigkeiten und Erfahrungen der Lernenden können als Ressourcen für die Auseinandersetzung mit dem naturwissenschaftlichen Kontext gesehen werden?	4. Welches Wissen, welche Fähigkeiten und Erfahrungen der Lernenden können als Ressourcen für das Lernen des naturwissenschaftlichen Inhalts gesehen werden?	4. Welches Wissen, welche Fähigkeiten und Erfahrungen der Lernenden können als Ressourcen für das Betreiben von naturwissenschaftlicher Erkenntnisgewinnung gesehen werden?	4. Welches Wissen, welche Fähigkeiten und Erfahrungen der Lernenden können als Ressourcen für das Lernen über die Naturwissenschaften gesehen werden?
II. Barrieren erkennen	1. Was sind Barrieren und/oder Herausforderungen für die Lernenden bei der Auseinandersetzung mit dem naturwissenschaftlichen Kontext?	1. Was sind Barrieren und/oder Herausforderungen für die Lernenden beim Lernen des naturwissenschaftlichen Inhalts?	1. Was sind Barrieren und/oder Herausforderungen für die Lernenden beim Betreiben naturwissenschaftlicher Erkenntnisgewinnung?	1. Was sind Barrieren und/oder Herausforderungen für die Lernenden beim Lernen über die Naturwissenschaften?
III. Partizipation ermöglichen	1. Wie kann der naturwissenschaftliche Kontext und/oder die Auseinandersetzung mit diesem für alle Lernenden zugänglich gemacht werden?	1. Wie kann das Lernen des Inhalts für alle Lernenden zugänglich gemacht werden?	1. Wie kann das Betreiben von naturwissenschaftlicher Erkenntnisgewinnung für alle Lernenden zugänglich gemacht werden?	1. Wie kann das Lernen über die Naturwissenschaften für alle Lernenden zugänglich gemacht werden?
	2. Wie können die vorhandenen Ressourcen genutzt werden, um Barrieren und/oder Herausforderungen bei der Auseinandersetzung mit dem naturwissenschaftlichen Kontext zu überwinden?	2. Wie können die vorhandenen Ressourcen genutzt werden, um Barrieren und/oder Herausforderungen beim Lernen des naturwissenschaftlichen Inhalts zu überwinden?	2. Wie können die vorhandenen Ressourcen genutzt werden, um Barrieren und/oder Herausforderungen beim Betreiben naturwissenschaftlicher Erkenntnisgewinnung zu überwinden?	2. Wie können die vorhandenen Ressourcen genutzt werden, um Barrieren und/oder Herausforderungen beim Lernen über die Naturwissenschaften zu überwinden?
	3. Wie können alle Lernenden bei der Auseinandersetzung mit dem naturwissenschaftlichen Kontext aktiv eingebunden werden?	3. Wie können alle Lernenden beim Lernen des naturwissenschaftlichen Inhalts aktiv eingebunden werden?	3. Wie können alle Lernenden beim Betreiben naturwissenschaftlicher Erkenntnisgewinnung aktiv eingebunden werden?	3. Wie können alle Lernenden beim Lernen über die Naturwissenschaften aktiviert werden?
	4. Wie können alle Lernenden zur Ko-Konstruktion und Kollaboration in der Auseinandersetzung mit dem naturwissenschaftlichen Kontext angeregt werden?	4. Wie können alle Lernenden zur Ko-Konstruktion und Kollaboration beim Lernen des naturwissenschaftlichen Inhalts angeregt werden?	4. Wie können alle Lernenden zur Ko-Konstruktion und Kollaboration beim Betreiben naturwissenschaftlicher Erkenntnisgewinnung angeregt werden?	4. Wie können alle Lernenden zur Ko-Konstruktion und Kollaboration beim Lernen über die Naturwissenschaften angeregt werden?
	5. Wie können alle Lernenden bei der Auseinandersetzung mit dem naturwissenschaftlichen Kontext individuell unterstützt werden?	5. Wie können alle Lernenden beim Lernen des naturwissenschaftlichen Inhalts individuell unterstützt werden?	5. Wie können alle Lernenden beim Betreiben naturwissenschaftlicher Erkenntnisgewinnung individuell unterstützt werden?	5. Wie können alle Lernenden beim Lernen über die Naturwissenschaften individuell unterstützt werden?

3. Das Schema im Detail: ein Unterstützungsraster

Die Kombination inklusionspädagogischer und naturwissenschaftsdidaktischer Ziele ergibt die im Schema schwarz dargestellten Knotenpunkte (Abb. 1). Jeder Knotenpunkt ist mit einer bis fünf Fragen hinterlegt. Die Fragen sollen Lehrpersonen dabei unterstützen, ihren Unterricht systematisch inklusiv zu planen bzw. zu reflektieren. Im Folgenden wird ein Gesamtüberblick über die relevanten Fragestellungen gegeben und die Leselogik des Rasters erläutert (Tab. 1).

Das Raster beinhaltet in jeder Spalte die gleichen zehn Fragen. Hierbei wird der Kern der Frage an die jeweilige Spalte angepasst. Vier Fragen thematisieren den Aspekt *Diversität anerkennen* (Tab. 1, I), eine Frage adressiert die *Identifikation von Barrieren* (Tab. 1, II) und fünf Fragen das *Ermöglichen von Partizipation* (Tab. 1, III).

Die Fragen zum inklusionspädagogischen Gesichtspunkt *Diversität anerkennen* fokussieren zunächst die Aspekte der jeweiligen naturwissenschaftsdidaktischen Dimension, die für alle Lernenden relevant und anregend sind, sodass eine gemeinsame Basis für den Unterricht gelegt wird (I.A-D.1). Weiterhin wird geklärt, welche Diversitätsdimensionen eine Rolle spielen (I.A-D.2). Hierbei dienen die dem Diversity Management entlehnten Diversitätsfacetten, die sogenannten „Big 8", z. B. Geschlecht und Alter (Krell, Riedmüller, Sieben & Vinz, 2007, S. 9) als Orientierung. Konkretisiert werden diese Dimensionen mithilfe der nachfolgenden Frage zu relevanten Potentialen, also Lernendenvorstellungen, -fähigkeiten und -überzeugungen (I.A-D.3) sowie der Frage nach möglichen Ressourcen (I.A-D.4). Intention der Fragen ist nicht nur, bei einer schlichten Identifikation der Diversität zu verharren, sondern eine Anerkennung und Wertschätzung ebendieser anzustreben.

Die inklusionspädagogische Dimension *Barrieren erkennen* wird durch die Frage nach Barrieren und Herausforderungen der jeweiligen naturwissenschaftsdidaktischen Dimension abgedeckt (II.A-D.1).

Die inklusionspädagogische Dimension *Partizipation ermöglichen* bildet ab, wie die Aspekte der jeweiligen naturwissenschaftsdidaktischen Dimension allen Lernenden zugänglich gemacht werden können (III.A-D.1). An dieser Stelle sollen konkrete Maßnahmen benannt werden, um die zuvor identifizierten Barrieren zu überwinden. Es folgt somit die Frage, inwiefern vorhandene Ressourcen für diese Überwindung genutzt werden können (III.A-D.2). Es wird deutlich, dass eine Partizipation sich nicht nur auf ein einfaches Dabeisein der Lernenden beschränkt (Booth, 2003). Stattdessen sollen auf individueller Ebene Wissen und Fähigkeiten wertgeschätzt und als Ressourcen eingesetzt werden (Sliwka, 2010). Weiterhin wird eine angestrebte Partizipation durch die aktive Einbindung der Lernenden erzielt

(III.A-D.3). Diese konkretisiert sich in der Anregung zur Ko-Konstruktion und Kollaboration (III.A-D.4). Abgeschlossen wird die Dimension *Partizipation ermöglichen* mit der Frage nach Maßnahmen zur individuellen Unterstützung (III.A-D.5). Zur Beantwortung der Frage sollen sich die Anwendenden an spezifischen Unterstützungsbedarfen Einzelner in der Lerngruppe orientieren, die zuvor identifiziert wurden, aber nicht für alle relevant sind (z. B. Armbruch, Lese-Rechtschreib-Schwierigkeiten).

3.1 Anwendung des Rasters

Der Überblick zeigt, dass die inklusionspädagogischen Dimensionen (I, II, III) bei Anwendung des Rasters strukturell aufeinander aufbauen. Die Bearbeitung der Dimension *Partizipation ermöglichen* ist demnach nur sinnvoll, wenn vorhandene Barrieren zuvor identifiziert wurden. Die Identifikation der Barrieren basiert wiederum auf dem (An-)Erkennen der Diversität. Infolgedessen ist die Einhaltung der Reihenfolge I-III bei der Bearbeitung notwendig. Die Anwendenden beginnen bei jeder naturwissenschaftsdidaktischen Dimension mit der Bearbeitung der ersten Frage der Spalte und bearbeiten die Fragen dann bis zum unteren Ende.

Für die Anwendung des Rasters im Rahmen der Unterrichtsplanung ist die naturwissenschaftsdidaktische Dimension A als erstes zu bearbeiten (Abb. 2). Ziel ist eine Kontextualisierung des Unterrichts. Denn Kontexte, die von Lernenden als besonders oder aktuell empfunden werden, können ihr situatives Interesse wecken (van Vorst et al., 2014) und langfristig sinnstiftend für die vermittelten naturwissenschaftlichen Inhalte wirken (Gilbert, 2006).

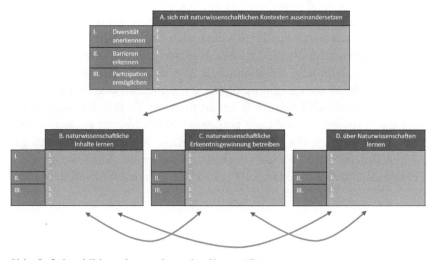

Abb. 2: Schaubild zur Anwendung des Unterstützungsrasters

In einem zweiten Schritt wird je nach Schwerpunktsetzung der zu planenden Stunde mit einer weiteren naturwissenschaftsdidaktischen Dimension (B, C, D) fortgefahren und eine Bearbeitung der inklusionspädagogischen Dimensionen I, II und III durchgeführt (Abb. 2). Die übrigen naturwissenschaftsdidaktischen Dimensionen können anschließend bearbeitet werden.

Dabei sollte nicht der Anspruch bestehen, im zweiten Schritt mit jeder einzelnen Unterrichtsstunde allen noch fehlenden Dimensionen (B, C, D) des Modells gleichermaßen gerecht zu werden. Die skizzierte systematische Vorgehensweise soll vielmehr helfen, alle relevanten Aspekte im Blick zu behalten und eine bewusste Entscheidung für bestimmte naturwissenschaftsdidaktische Dimensionen zu unterstützen.

Das folgende Kapitel zeigt exemplarisch auf, wie das Raster im Rahmen einer Unterrichtsplanung für eine fiktive Lerngruppe ausgefüllt werden kann. Dabei haben wir bewusst nicht eine bestimmte Unterrichtsstunde oder -reihe geplant, sondern haben zum hier gewählten Kontext jede Frage des Rasters ausführlich beantwortet, um Nutzenden einmal umfassend aufzuzeigen, welche Antworten in den jeweiligen Zellen denkbar sind. Wird das Raster zur Unterstützung einer konkreten Unterrichtsplanung verwendet, würde in der entsprechenden Phase der Planung auf die zutreffenden Fragen eingegangen werden, also z. B. im Rahmen der fachlichen Klärung auf die Spalte B. Dadurch reduziert sich auch der Umfang der zeitgleich zu adressierenden Aspekte.

4. Exemplarische Anwendung des Rasters

Ausgangspunkt der Anwendung bildet das Finden eines für alle Lernenden anregenden und relevanten Kontextes. Wenn die Antworten in der ersten Spalte nicht zufriedenstellend sein sollten, d. h. bspw. unüberwindbare Barrieren auftreten, dann ist der Kontext als ungeeignet einzustufen. Der Kontext dient als Rahmung der gesamten Unterrichtsreihe. Zugleich kann der Kontext auch für die Gestaltung der Einstiegsphase in das Thema genutzt werden. Deshalb wird bei der Beantwortung der Fragen darauf geachtet, dass die Antworten sowohl die konkreten Möglichkeiten eines Einstiegs erfassen als auch die übergeordneten Potentiale des Kontextes für den gesamten Unterricht und für alle Lernenden. Je vertrauter die Lerngruppe der Lehrperson ist, desto konkreter können die Fragen beantwortet werden.

Das Beispiel zeigt exemplarisch auf, wie das Raster gefüllt werden könnte (Tab. 2), dabei wurden bewusst Schwerpunktsetzungen vorgenommen.[1]

Tab. 2: Anwendungsbeispiel „sich mit naturwissenschaftlichen Kontexten auseinandersetzen"

		A. sich mit naturwissenschaftlichen Kontexten auseinandersetzen
I. Diversität anerkennen	**1. Relevante Kontexte**	**„Popcorn poppen" oder Welche Wege gibt es, um Mais zum Poppen zu bringen?** – Popcornmaschinen im Kino können das Interesse der Lernenden an dem Kontext Popcornherstellung wecken. – Wie bei einer Blackbox ist nicht einsehbar, was in dem eingehängten Topf/Kessel passiert. Es ist nicht klar, welche Produkte zur Herstellung eingefüllt wurden (z. B. Öl) bzw. hinterher zugegeben werden (z. B. Zucker). – Videos (z. B. Popcornherstellung mit einem Glätteisen[2]) können als mögliches Einstiegsphänomen dienen.
	2. Diversitätsdimensionen	– Ggf. sind Lernende der 7. Jahrgangsstufe nur bedingt interessiert am Kontext, weil er z. B. nicht spannend genug ist. – Das Geschlecht kann eine Rolle spielen, z. B. wenn das Video mit dem Glätteisen zum Einsatz kommt. – Die Lernenden kennen Popcornmaschinen zur Popcornherstellung aus dem Kino. – Die Wahrnehmung des Phänomens mit allen Sinnen kann das Interesse beeinflussen. – Der Konsum von Popcorn ist unterschiedlich stark verbreitet.
	3. Relevante Vorstellungen	– Lernende könnten bspw. mit der Vorstellung am Unterricht teilnehmen, dass es sich bei Popcorn ausschließlich um ein Industrieprodukt handelt. – Vorstellungen davon, wie Popcorn hergestellt wird (Mikrowelle, Glätteisen etc.) variieren.
	4. Wissen u. Erfahrungen	– Lernende wissen bspw. von Jahrmärkten oder aus dem Kino, dass Popcorn in Popcornmaschinen hergestellt werden kann. – Lernende haben bereits ausprobiert, Popcorn auf unterschiedlichen Wegen (Topf etc.) herzustellen.

---

1 Eine Langversion der Tabellen wurde auf der Homepage des NinU-Netzwerkes zur Verfügung gestellt. https://www.cinc.uni-hannover.de/fileadmin/cinc/ Veroeffentlichungen_des_Netzwerkes/Tabellen_Langversion.pdf (21.11.2020).

2 Z. B. https://www.tiktok.com/@frankieelicious/video/6729142873863769350?lang=de [29.06.2020].

			A. sich mit naturwissenschaftlichen Kontexten auseinandersetzen
II. Barrieren erkennen	**1. Barrieren**		– Die Zweideutigkeit des Begriffs ‚poppen' kann herausfordernd sein. – Stereotype wie „Glätteisen sind Mädchensache" könnten in der Lerngruppe verbreitet sein. – Lernende, die Popcorn nicht kennen, fehlt die Grundvoraussetzung, um sich mit dem Kontext auseinanderzusetzen. – Lernende könnten sich weigern, selbstgemachtes Popcorn zu probieren. – Die Angst vor dem Popp-Geräusch/eine eingeschränkte Sinneswahrnehmung können das Interesse einschränken. – Lebensmittelunverträglichkeiten können die Lernenden in der Begegnung mit Popcorn einschränken. – Kulturbedingt kann die Einstellung bestehen, dass die Zubereitung von Nahrungsmitteln (z. B. Popcorn) „Frauensache" sei. – Der Kontext „Welche Wege gibt es, um Mais zum Poppen zu bringen?" könnte eine ablenkende Hürde (seductive details) für manche Lernenden durch die konkrete Fragestellung darstellen.
III. Partizipation ermöglichen	**1. Zugänglichkeit**		– Zugänge zum Kontext werden ermöglicht, z. B. Schmecken und Riechen (basal-perzeptiv); verschiedene Eigenschaften (bspw. Härte, Farbe etc.) handelnd erkunden (konkret-handelnd); Bild/Video von Popcorn poppen bzw. -herstellung angucken (anschaulich-bildhaft); Artikulation von Erfahrungen bei der Popcornherstellung (symbolisch-abstrakt). – Popcorn kann zum Essen an die Lernenden verteilt, gegessen und der Anfang des TikTok-Videos zum Thema „Wir stellen Popcorn mit dem Glätteisen her" geschaut werden.
	2. Barrieren überwinden		– Lernende artikulieren, was sie bereits über den Kontext Popcorn poppen wissen und berichten von ihren Erfahrungen. – Für Lernende, denen Herstellungswege unbekannt sind, werden Informationen durch Bilder, Filme etc. ergänzt. – Maiskörner werden zur Verfügung gestellt, um einen Vergleich zum gepoppten Korn herzustellen. – Die Thematisierung der Zweideutigkeit des Begriffs ‚Poppen' sowie der entspannte Umgang hilft, Barrieren zu reduzieren. – Geschlechterstereotype, wie z. B. nur Frauen kochen, können diskutiert und kritisch reflektiert werden.
	3. Aktivierung		– Angebot entsprechender Impulse, z. B. Bilder von Popcornmaschinen, Feedback durch Lehrpersonen. – Aufgaben, die alle Lernenden einbinden, indem sie sich positionieren müssen, bspw. die Frage, welche geschmackliche Präferenz sie haben oder mit welchem Gerät sie bereits Popcorn hergestellt haben. – Die Lernenden entscheiden sich individuell für eine Ebene der Auseinandersetzung (s. III.A.1).
	4. Ko-Konstruktion		– Der Verzehr kann einen Austausch anregen und durch Leitfragen zu einem ko-konstruktiven Lernprozess führen. – Falls Lernenden Popcorn unbekannt ist, wird das Vorbild der Anderen ihnen verdeutlichen, dass man es essen kann. – Ein Austausch, z. B. durch Think-Pair-Share-Verfahren zur Popcornproduktion kann angestoßen werden. – Unklarheiten zu Popcorn können durch diese unmittelbare Begegnung von den Mitlernenden beantwortet werden.

A. sich mit naturwissenschaftlichen Kontexten auseinandersetzen		
5. Individuelle Unterstützung	– Lernende, die den Vorgang der Popcornherstellung nicht visuell beobachten können, bekommen eine eingesprochene Beschreibung, was in der Popcornmaschine, dem TikTok-Video o. ä. zu sehen ist. – Bei Angst vor dem Popp-Geräusch können z. B. Ohrenschützer angeboten werden. – Lernende können bei der Kommunikation, mit Talkern oder von Begleitpersonal unterstützt werden.	

Bei dieser Anwendung des NinU-Unterstützungsrasters wurde als erster Schritt der Kontext „Popcorn poppen" oder „Welche Wege gibt es, um Mais zum Poppen zu bringen?" vorgeschlagen und entlang der Fragen geprüft. Mit der Spalte *naturwissenschaftliche Inhalte lernen* setzen sich die Anwendenden in diesem Beispiel als nächstes mit dem fachlichen Inhalt auseinander, der dem Kontext innewohnt (Tab. 3).

Der Bearbeitung der Spalte B geht die Erstellung einer Sachanalyse voraus, welche hier in grafischer Form dargeboten wird (Abb. 3). Dieser Planungsschritt wird bei der konventionellen Unterrichtsplanung häufig als Ausgangspunkt genutzt.

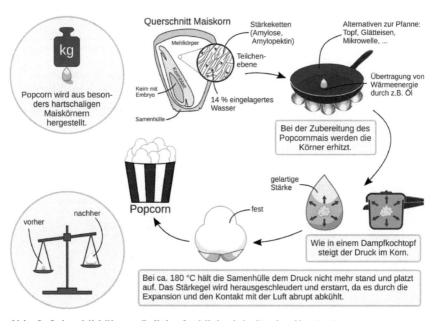

Abb. 3: Schaubild über mögliche fachliche Inhalte des Kontextes

Tab. 3: Anwendungsbeispiel „naturwissenschaftliche Inhalte lernen"

		B. naturwissenschaftliche Inhalte lernen
I. Diversität anerkennen	1. Relevante Inhalte	– Maiskörner als exemplarisches stärkehaltiges Nahrungsmittel bzw. Getreide (z. B. ISB, 2020). – Zusammenhang zwischen Druck, Temperatur und Phasenübergängen des im Maiskorn eingelagerten Wassers. – Übertragung von Wärmeenergie →Veränderungen des Maiskorns zum gepoppten Korn (Volumen, Masse, Dichte; z. B. Hessisches Kultusministerium, o.J.). – Molekularer Aufbau von Stärke, Einlagerung von Wasserteilchen zwischen Stärkeketten; zwischenmolekulare Wechselwirkungen.
	2. Diversitäts-dimensionen	– Die Lernenden bringen verschiedene kognitive Voraussetzungen mit, um z. B. den Prozess der Popcornherstellung auf abstrakter Ebene und damit verbundene naturwissenschaftliche Inhalte zu erfassen. – Die Bereitschaft, sich mit Inhalten kritisch auseinanderzusetzen, z. B. welchen Zuckergehalt gesüßtes Popcorn aufweist, wird ggf. von den häuslichen Umständen beeinflusst.
	3. Relevante Vorstellungen	– Die Vorstellung über den Aufbau eines Maiskorns (Mikro-Ebene) und Materie wie z. B. Stärke (submikroskopische Ebene). – Die Vorstellungen z. B. vom Unterschied zwischen den Aggregatzuständen und den Übergängen zwischen ihnen spielt beim Lernen des Inhalts eine wichtige Rolle. – Maßgeblich für das Erfassen des Inhalts kann u. a. auch das Verstehen vom Konzept „Druck" und dessen Zusammenhang mit Wärme sein.
	4. Wissen und Erfahrungen	Einzelne Lernende verfügen möglicherweise bereits über Vorwissen, wie z. B. über – den Aufbau eines Maiskorns und Kenntnis einzelner Fachbegriffe. – den Aufbau von Stärke (z. B. aus der Kartoffel) und/oder den molekularen Aufbau von Wasser. – dass das Erhitzen (des Wassers im Korn) zum Platzen des Pericarps führt und zu dem Geräusch und der Umformung des Korns. – den Zusammenhang zwischen Wärme und Ausdehnung bzw. Druck.
II. Barrieren erkennen	1. Barrieren	– Ggf. ist nicht für alle auf abstrakter Ebene nachvollziehbar, wie aus dem Maiskorn das gepoppte Korn entsteht. – Die Kausalkette (Wärmeübertragung →Expansion des erhitzten Wassers zum Dampf →Ausschleudern und Verändern der Stärke) kann z. B. ein zu umfangreiches oder komplexes Geschehen sein. – Die Begriffe Stärke und poppen sind zweideutig belegt.

		B. naturwissenschaftliche Inhalte lernen
III. Partizipation ermöglichen	1. Zugäng-lichkeit	– Verschiedene Zugangswege, z. B. über ein aufgeschnittenes Maiskorn und eine verbale Beschreibung des Maiskorns anbieten. – Das Vorwissen wird aktiviert, indem z. B. der stärkehaltige Aufbau thematisiert und dabei ein Transfer zur Kartoffel hergestellt wird.
	2. Barrieren überwinden	– Übergang vom Maiskorn zum Popcorn anhand eines Slow-Motion-Videos[3] verzögert und vergrößert zeigen. – Stoffebene anhand von Anschauungsmaterialien (flüssiges Wasser und Wasserdampf) visualisieren. – Illustration der submikroskopischen Ebene über entsprechende Medien, z. B. eine Animation, die den Übergang zwischen flüssigem und gasförmigem Aggregatzustand und dessen Zusammenhang mit der zugeführten Wärme zeigt.[4] – Wortspeicher, auf dem der Alltagsbegriff (bspw. Samenhülle) und der Fachbegriff (bspw. Pericarp) festgehalten werden. – Synonyme Begriff zu „Poppen" wie „Ploppen" oder „Platzen" verwenden.
	3. Aktivierung	– Individuelle inhaltliche Schwerpunktsetzung, z. B. zu biologischen (Aufbau des Maiskorns) oder physikalischen (Aggregatzustandsänderung) Zusammenhängen. – Entscheidungsfreiheit bzgl. des Abstraktionsniveaus (z. B. Rolle des Wasserdampfs auf Phänomen- oder Teilchenebene).
	4. Ko-Kon-struktion	– Diskussion inhaltlicher Fragestellungen und/oder Austausch individueller Vorstellungen, Erklärungen auf kooperativen Wegen (z. B. Erstellen einer Bild basierten Concept-Map, vgl. Abb. 3). – Inhalt (z. B. Aufbau eines Maiskorns, Verdampfen von Wasser) durch eine selbstgewählte Präsentationsform darstellen.
	5. Individuelle Unterstützung	– Kognitiven Barrieren und/oder längerer Konzentration auf einen Inhalt können bspw. durch verstärkt handelnde Zugänge begegnet werden (z. B. Rollenspiel zur Illustration der Vorgänge auf Teilchenebene) (s. Spalte C). – Verbaler Austausch kann z. B. durch Computer/Talker oder in Form von Gebärdendolmetschenden unterstützt werden.

Die Spalte *naturwissenschaftliche Erkenntnisgewinnung betreiben* charakterisiert, ausgehend vom naturwissenschaftlichen Kontext, eine mögliche Erarbeitungsphase für die Lernenden. Für den ausgewählten Kontext kann dies bspw. bedeuten, dass die Lernenden mithilfe naturwissenschaftlicher Denk- und Arbeitsweisen individuellen Fragen nachgehen wie z. B. „Auf welchen unterschiedlichen Wegen kann ich Mais zum Poppen bringen?". Im Rahmen des Beispiels (Tab. 4) wird aufgezeigt, welche konkreten Möglichkeiten bestehen, anhand des gewählten Kontextes, naturwissenschaftliche Erkenntnisgewinnung zu betreiben.

---

3   Z. B. https://www.youtube.com/watch?v=TlkNgRMkdtE [13.07.2020].
4   Z. B. https://www.leifiphysik.de/waermelehre/innere-energie-waermekapazitaet/versuche/aggregatzustaende-simulation-von-phet [13.07.2020].

Tab. 4: Anwendungsbeispiel „naturwissenschaftliche Erkenntnisgewinnung betreiben"

		C. naturwissenschaftliche Erkenntnisgewinnung betreiben
I. Diversität anerkennen	**1. Relevante Aspekte**	– Der Umgang mit Modellen anhand einer Modellvorstellung auf Teilchenebene, z. B. wie Wasser zwischen den Stärke-Ketten eingelagert ist. – Das Mikroskopieren, indem der Querschnitt des Korns und Popcorns unter dem Mikroskop betrachtet wird. – Das Beobachten anhand der Veränderungen des Maiskorns im Vergleich zum gepoppten Korn (Volumen, Masse, Dichte).
	2. Diversitäts- dimensionen	– Mit welchen Materialien dürfen und wollen die Lernenden experimentieren (Glätteisen, Waffeleisen etc.)? – Lernende bringen unterschiedliche Erfahrungen mit, z. B. im Umgang mit Nahrungsmitteln oder elektrischen Geräten. – Die Lernenden bringen verschiedene relevante motorische Fähigkeiten für das Hantieren mit dem Maiskorn mit. – Die Lernenden haben unterschiedlich ausgeprägte Sinneswahrnehmungen (z. B. Hören, Sehen), um Experimente durchzuführen bzw. Ergebnisse wahrzunehmen (Popp-Geräusch hörbar).
	3. Relevante Vorstellungen	– Lernende haben bereits Erfahrungen im Umgang mit den zur Verfügung gestellten elektrischen Geräten. – Lernende könnten unterschiedliche Zubereitungswege kennen. – Verschiedene Präkonzepte („Popcornmachen funktioniert mit jedem Mais", „das Maiskorn besteht aus einer Schale und ist mit Stärke gefüllt") sind für das Betreiben von naturwissenschaftlicher Erkenntnisgewinnung relevant.
	4. Wissen und Erfahrungen	– Lernende wissen um die Sicherheitsregeln beim Experimentieren mit elektrischen und hitzeerzeugenden Geräten. – Lernende haben schon mal Popcorn hergestellt und wissen, worauf zu achten ist (z. B. dass ausreichend Hitze übertragen wird, die passende Maissorte gewählt wird). – Lernende haben eine Modellvorstellung vom Aufbau der Materie aus kleinsten Teilchen.
II. Barrieren erkennen	**1. Barrieren**	– Bestimmte Geräte zur Hitzeerzeugung könnten unbekannt/herausfordernd für einen sicheren Umgang mit diesen sein. – Lernende, die die vorgestellten Geräte und ihre Bedienung zur Herstellung von Popcorn nicht kennen, könnten sich von der Situation überfordert oder auch durch/vor anderen Mitlernende(n) gehemmt fühlen. Kognitive Fähigkeiten können zur Barriere werden, wenn – die Funktionsweise bestimmter Geräte zur Popcornherstellung und deren Bedienung nicht erfasst werden kann. – es zu einer Überforderung in Bezug auf experimentelle Kompetenzen kommt, wie z. B. auf das Verstehen und Durchhalten eines variablenkontrollierten Vorgehens, bei dem nur die abhängigen Variablen (z. B. Temperatur, Zeit) verändert werden.

		C. naturwissenschaftliche Erkenntnisgewinnung betreiben
III. Partizipation ermöglichen	**1. Zugänglichkeit**	– Verschiedene Niveaustufen, Aneignungsebenen und Zugänge könnten z. B. sein: das Popp-Geräusch hören, den Unterschied zwischen den Geschmacksrichtungen durch riechen/schmecken erfahren (basal-perzeptiv); als Einstiegsexperiment Popcorn herstellen z. B. in der Mikrowelle/im Kochtopf oder verschiedenen experimentellen Ansätzen praktisch nachgehen (konkret-handelnd); Comic oder Video zum Thema „der verrückte Professor poppt Popcorn" ansehen oder modellhafte Darstellung der Vorgänge auf Teilchenebene betrachten (anschaulich-bildhaft); Darstellung des Zusammenhangs von Temperatur und Anzahl der poppenden Maiskörner in Form eines Diagramms (symbolisch-abstrakt).
	2. Barrieren überwinden	– Lernende können Geräte zur Herstellung von Popcorn in der Schule (z. B. Schulküche) suchen. – Es können verschiedene Experimentiermaterialien, z. B. Waffel- und Glätteisen, Herdplatte, Kochtöpfe und andere hitzebeständige Gefäße, Mikrowelle, Maissorten, vor- und zur Verfügung gestellt werden. – Es werden verschiedene Beobachtungsmöglichkeiten, bspw. eine SloMo-Kamera angeboten.
	3. Aktivierung	– Alle Lernenden formulieren Vermutungen zu einer ausgewählten Fragestellung, bspw. welches Gerät am „schnellsten" Mais zum Poppen bringt. – Es stehen genügend elektrische Geräte zur Popcornherstellung zur Verfügung, sodass mehrere Kleingruppen gleichzeitig arbeiten können.
	4. Ko-Konstruktion	– Positive Interdependenzen in Kleingruppen schaffen, z. B. bei der Fragestellung zur Intensität der Geräuschentwicklung kann jedes Mitglied der Kleingruppe ein Experiment/eine Messreihe durchführen, bei dem eine mögliche Ausprägung (z. B. ofenfestes Glasgefäß, Edelstahltopf) untersucht wird und nur der gemeinsame Vergleich aller Ergebnisse zu einer Lösung führt.
	5. Individuelle Unterstützung	– Wenn die Funktionsweise bestimmter Geräte und deren Bedienung nicht erfasst werden kann, können andere (bspw. Mitlernende) bei der Anwendung assistieren oder assistive Hilfsmittel (bspw. Powerlink) eingesetzt werden. – Bei affektiven Barrieren, wie zum Beispiel Angst vor Strom oder Hitze, kann ein Zuschauen ermöglicht werden und eine sukzessive Hinführung an den Experimentierprozess mit Strom bzw. Hitze erfolgen.

Spalte D widmet sich dem Wesen der Naturwissenschaften (Nature of Science, NOS). Es wird die Frage fokussiert, was und wie die Lernenden über die Natur der Naturwissenschaften lernen können (Tab. 5).

Unter NOS wird „ein Verständnis über naturwissenschaftliche Erkenntnisgewinnung, über soziale Strukturen innerhalb der Naturwissenschaften und über den epistemischen Status naturwissenschaftlicher Aussagen" (Heering & Kremer, 2018, S. 105) verstanden. Zur Strukturierung erfolgte die Bearbeitung der Spalte D in Anlehnung an den Family Resemblance Approach (Erduran & Dagher, 2014). Der Family Resemblance Approach versteht sich als disziplinübergreifende Rahmung für die Charakterisierung von NOS. Der Ansatz betont die Ähnlichkeiten und Unterschiede der naturwissenschaftlichen Disziplinen und nutzt hierfür die Metapher von Mitgliedern einer Familie.

Tab. 5: Anwendungsbeispiel „über Naturwissenschaften lernen"

		D. über Naturwissenschaften lernen
I. Diversität anerkennen	1. Relevante Aspekte	– Die Lernenden können nachvollziehen, dass Forschung auf bisherigen Wissensständen aufbaut. Virot und Ponomarenko (2015) zeigen, dass frühere Studien sich auf die Bedingungen konzentriert haben, die für das erfolgreiche Poppen erforderlich sind und sie sich mit dem Bruch des Pericarps auseinandersetzen, da hier noch Fragen bestehen. – Wissenschaftler*innen publizieren ihre Erkenntnisse auf verschiedenen Wegen (z. B. Paper, YouTube). – Der Versuch zum Temperaturoptimum könnte endlos wiederholt und zu einer Verschwendung des Mais führen. – Der soziale Nutzen der Popcornforschung besteht insbesondere für die industrielle Zubereitung von Popcorn.
	2. Diversitäts-dimensionen	– Das Alter der Lernenden beeinflusst welche Medien sie legal nutzen dürfen oder können. – Bei dem gewählten Beispiel stellen zwei vermeintlich männliche Wissenschaftler ihre Ergebnisse vor. – Das Werteverständnis bzgl. des Umgangs mit Ressourcen kann unterschiedlich geprägt sein („Darf ich Lebensmittel wie Mais für meine Forschung nutzen?").
	3. Relevante Vorstellungen	Lernende haben eventuell die Vorstellung, dass – naturwissenschaftliche Erkenntnisse mit absoluten Fakten gleichzusetzen sind und nicht zur Diskussion stehen vs. immer diskutiert werden können (z. B. das Popp-Geräusch entsteht durch den Bruch des Pericarps). – Ergebnisse immer verallgemeinert werden können („Die Zubereitung im Topf funktioniert nur mit Öl"). – Experimente immer Theorien belegen müssen (Popp-Rate: Anzahl der Popps pro Zeiteinheit ist normalverteilt).
	4. Wissen und Erfahrungen	– Lernende sind sich darüber im Klaren, dass wissenschaftliche Erkenntnisse einen gesellschaftlichen Fortschritt auslösen können (bspw. durch das Wissen um das Temperaturoptimum bei der industriellen Popcornherstellung). Lernende, die Erfahrungen im Experimentieren mitbringen, – können nachvollziehen, wie langwierig ein Forschungsprozess sein kann (z. B. Experiment zum Temperaturoptimum). – wissen, dass Wissenschaftler*innen einen konstruktiven Umgang mit unerwarteten Ergebnissen pflegen können und es ein Anlass sein kann, weiter zu forschen („Die Aufnahmen haben gezeigt, dass das Popp-Geräusch nicht mit dem Bruch des Pericarps einhergeht, wir untersuchen also, wie bzw. wann das Geräusch entsteht").
II. Barrieren erkennen	1. Barrieren	– Das Alter der Lernenden kann die freie Suche im Internet über die Wissenschaftler*innen und wissenschaftliche Studien auf Grund rechtlicher Vorgaben einschränken. – Mädchen könnten durch das Beispiel der zwei männlichen Wissenschaftler abgeschreckt werden. – Lernende, die den Wert von Ressourcen nicht bedenken, könnten die soziale Verantwortung unterschätzen.

		D. über Naturwissenschaften lernen
III. Partizipation ermöglichen	**1. Zugänglichkeit**	– Rollenspiel einer Tagung, Präsentation der Ergebnisse aus Spalte C, kann Zugänge zu der Metaebene unterstützen. – Bilder oder Videos von Forschungsprozessen und Ergebnispräsentationen von Wissenschaftler*innen ansehen[5] (anschaulich-bildhaft). – Lernende könnten Interviews mit Wissenschaftler*innen in ihrem Umfeld führen und dadurch etwas über den Arbeitsalltag und deren Ergebnisse bspw. in Bezug auf Popcorn erfahren (symbolisch-abstrakt).
	2. Barrieren überwinden	– Lernende, die über Erfahrungen (s. I.D.4) verfügen, können von diesen berichten. – Lernende könnten sich im Internet (Texte, Videos etc.) über die Tätigkeit von Wissenschaftler*innen, insb. der Lebensmittelindustrie zum Thema Popcorn informieren und bei Bedarf personell unterstützt werden. – Der Prozess der naturwissenschaftlichen Erkenntnisgewinnung könnte explizit am Beispiel der Forschung von Virot und Ponomarenko (2015) zum Temperaturoptimum dargestellt und mit den Lernenden besprochen werden.
	3. Aktivierung	– Die Lernenden können in einem Laborsetting (z. B. bei einer Reihe zur Geschmackstestung von Popcorn, siehe III.D.1) in unterschiedliche Rollen schlüpfen, wie Laborleitung, technische Assistenz, Verbraucher*in etc. – Es wird gemeinsam mit den Lernenden überlegt und besprochen, was einen verantwortungsvollen Umgang (Verschwendung, Forschung mit Lebensmitteln, konkret Maiskörnern) im Forschungsprozess ausmacht.
	4. Ko-Konstruktion	– Die Lernenden bereiten die in der Phase der Erkenntnisgewinnung durchgeführten Experimente und die erzielten Ergebnisse wissenschaftlich auf, indem sie z. B. in Kleingruppen arbeitsteilig ein Video drehen, Poster erstellen o. ä. – Jeder erhält die Aufgabe, sich bei mind. einer anderen Gruppe aktiv in Form eines Feedbacks einzubringen.
	5. Individuelle Unterstützung	– Rollenbeschreibungen für alle/bestimmte Lernende können dabei helfen Argumentationsstrategien zu entwickeln. – Lernende, die eine vertiefende Betrachtung wünschen, könnten weiterführende Aspekte wie Kostenfaktor, Zeitfaktor, etc. von Forschungsprojekten untersuchen.

5. Reflexion der Anwendung

Anhand des Beispiels wird deutlich, dass der Einsatz des Rasters eine Stundenplanung aktiv begleiten und unterstützen kann. Der gewählte Kontext bildet den Ausgangspunkt des Rasters „um Lernwege zu gestalten, die als Idealform für gelingende Erschließungsprozesse anzusehen sind […]. Dazu ist jedoch auch zu berücksichtigen, welche Sichtweisen Lernende auf den Gegenstand einnehmen und welche Schwierigkeiten dabei auftreten kön-

---

5   Z. B. https://www.youtube.com/watch?v=i0rKj0KTq_I [11.07.2020].

nen" (Hößle, Hußmann, Michaelis, Niesel & Nührenbörger, 2017, S. 22). Für eine konkrete Stundenplanung müssen Lehrpersonen zudem methodisch-didaktische Entscheidungen treffen, wie z. B. über die Berücksichtigung individueller Niveaus.

Bei der Anwendung des Rasters können Herausforderungen entstehen, die im Folgenden am Beispiel der ersten Spalte reflektiert werden.

Die trennscharfe Beantwortung der Fragen kann die Anwendenden herausfordern, da sich Antworten zwischen den Zellen des Rasters überschneiden und wiederholen können. Dies passiert unserer Erfahrung nach dann besonders häufig, wenn Zuordnungen verwechselt oder ungenau vorgenommen werden, also z. B. individuelle Unterstützungsmaßnahmen bereits in III.2 mitgedacht werden oder der Inhalt bereits in Spalte A adressiert wird. Zudem sind situationsbedingt manche Aspekte wichtiger als andere – so ist manchmal das Wissen (Spalte B) der Lernenden ausschlaggebender und manchmal die Erfahrungen (Spalte C).

Die zweite Frage (A.I.2) nimmt die Diversitätsdimensionen wertschätzend in den Blick. Bei der Erstellung des Beispiels ist deutlich geworden, dass ein konsequenter Fokus nötig ist, um an dieser Stelle nicht bereits die Frage der Barrieren zu beantworten. Hilfreich kann die stringente Überprüfung der Diversitätsdimensionen, angelehnt an die „Big 8", sein und ein umfassendes Verständnis von Barrieren nach dem bio-psycho-sozialen Modell.

Die Fragen A.I.3 und A.I.4 bergen ein gewisses Überschneidungspotential. Frage A.I.3 bereitet Frage A.I.4 vor. Aus diesem Grund kann es zu einer Wiederholung der Antworten kommen. Die Lehrperson ist an dieser Stelle gefragt, weitere Punkte zu ergänzen und zu selektieren, welche Antworten es zu übernehmen gilt. Es bietet sich an, Frage I.3, wenn möglich, literaturgestützt entlang von Studien zu Präkonzepten zu beantworten, die dann an der eigenen Lerngruppe geprüft werden.

Die Frage A.II.1 kann dazu einladen, stereotype Antworten zu geben (z. B. Mädchen arbeiten gerne mit dem Glätteisen, Jungen nicht). Ob diese Unterstellung in der Lerngruppe wirklich zutrifft, ist zu hinterfragen. Die Lehrperson sollte sich konstruktiv mit der Diversität der Lernenden auseinandersetzen, um „Schubladendenken" zu vermeiden.

Um den Kontext möglichst für alle Lernenden zugänglich zu machen, bietet es sich an, eine Bearbeitung auf verschiedenen Ebenen anzubieten, zwischen denen die Lernenden wählen können. Als Orientierung können die von Hoffmann und Menthe (2016) genannten Ebenen 1. basal-perzeptiv, 2. konkret-handelnd, 3. anschaulich-bildhaft und 4. symbolisch-abstrakt genutzt werden.

Um Barrieren bei der Auseinandersetzung mit dem Kontext zu überwinden, können sowohl die Ressourcen der Mitlernenden als auch materielle und personelle Ressourcen zum Einsatz kommen. Eine aktive Einbindung der Lernenden basiert insbesondere auf der (methodischen) Kreativität der Lehrenden. Um die Frage der Ko-Konstruktion und Kollaboration beantworten zu können, ist es notwendig, sich bewusst zu machen, was sich hinter diesen Konstrukten verbirgt. Gräsel, Fußangel und Pröbstel (2006, S. 210) fassen unter Ko-Konstruktion, dass sich Lernende „intensiv hinsichtlich einer Aufgabe austauschen und dabei ihr individuelles Wissen so aufeinander beziehen (kokonstruieren), dass sie dabei Wissen erwerben oder gemeinsame Aufgaben- oder Problemlösungen entwickeln". Kollaboration meint ein gemeinsames Arbeiten in der Gruppe, dass zu einem Wissensaustausch zwischen den Lernenden führt. Der Unterschied zur Kooperation besteht darin, dass alle „an einem gemeinsamen Ziel/einer gemeinsamen Aufgabe arbeiten und der Beitrag jeder/jedes Einzelnen immanent wichtig für den Output der Gruppe ist. Die Herausforderung für die Lehrperson dabei ist, den jeweils einzelnen Beitrag derart zu gestalten, dass er nicht von den anderen Gruppenmitgliedern ‚mitgemacht' werden kann" (Zahlut, 2017, para. 3).

Die abschließende Beantwortung der Frage nach individuellen Unterstützungsmöglichkeiten kann erneut durch einen Blick auf die „Big 8" erreicht werden. Dabei werden insbesondere Lernende in den Blick genommen, die durch die zuvor benannten Maßnahmen noch nicht ausreichend im Fokus stehen und zur aktiven Mitarbeit weitere individuelle Unterstützung benötigen (bspw. im Bereich Verhalten oder technische Ausstattung). So kann es einzelnen Lernenden helfen, wenn individuelle Maßnahmen ergriffen werden, z. B. ein Powerlink, der beim An- und Ausschalten elektrischer Geräte unterstützt.

Darüber hinaus kann die Bearbeitung der Fragen von Spalte zu Spalte herausfordernd sein, was im Folgenden an Beispielen diskutiert wird.

Bei der Bearbeitung der Spalte B musste immer wieder darauf geachtet werden, konsequent den Inhalt im Blick zu behalten und nicht die Spalte C mitzubearbeiten bzw. als Option einzubeziehen, bspw. wenn es bei Fragen III.B.2 und III.B.3 darum geht, Zugänge zu ermöglichen und Ressourcen zu nutzen. Hier wurde überlegt, das *Lernen des Inhalts* mit Lupen zu unterstützen, dabei stolperten die Autor*innen, da das Betrachten zu den biologischen Arbeitsweisen und damit eigentlich zu Spalte C zählt. Gleichsam kann die Unterstützung der visuellen Wahrnehmung mit Hilfe der Lupe in diesem Falle als Arbeit mit einem Medium verstanden werden, die auf das Lernen des fachlichen Inhaltes abzielt. Bei der Anwendung kann es passieren, dass die klare Trennung zwischen den Spalten nicht immer eingehalten werden kann und Aspekte mehrfach im Raster aufgegriffen werden oder sich für die schwerpunktmäßige Zuordnung zu einer Spalte entschieden wird. Hilfreich ist hier auch der konsequente Blick in die entsprechenden Kompetenzbereiche der Lehrpläne (z. B. Fachwissen oder Erkenntnisgewinnung), die den Antworten im Raster zugrunde gelegt werden.

Spalte D stellte beim Ausfüllen die größte Herausforderung für die Autor*innen dar. Hilfreich für die konkrete Umsetzung war die Orientierung am Family Resemblance Approach (Erduran & Dagher, 2014). Da das Wissen über die Natur der Naturwissenschaften auf eine Metaebene abzielt und daher auch erst in späteren Stunden explizit adressiert wird, war es nicht immer leicht, (kontextorientierte) Zugänge für alle Lernenden zu generieren. Durch die Informationen der Wissenschaftler*innen, Virot und Pomarenko, können Lehrpersonen einen direkten Einblick in die Arbeit der Wissenschaftler*innen zum gewählten Kontext aus dem Klassenzimmer heraus realisieren. Für die Bearbeitung der Spalte D empfiehlt es sich, aus unserer Sicht, sich offen auf die Suche nach möglichen Forschungsarbeiten zu begeben.

Hier sei noch einmal betont, dass bei der Planung einer konkreten Unterrichtseinheit nur diejenigen Aspekte ausgewählt werden, die für die spezifische Umsetzung relevant sind. Wer in der systematischen Anwendung des Rasters noch nicht geübt ist, kann so Komplexität reduzieren.

6. Diskussion: Relevanz für die Praxis

Das NinU-Netzwerk legt mit dem Unterstützungsraster einen Vorschlag vor, der Lehrpersonen dabei hilft, inklusionspädagogische und naturwissenschaftsdidaktische Aspekte im Rahmen der Planung und Reflexion von Unterricht gezielt zu verknüpfen.

Das Unterrichtsbeispiel zeigt auf, wie Antworten in jeder Zelle des Rasters aussehen könnten, wobei der hier betriebene Aufwand für die reale Umsetzung unrealistisch ist. Die relevanten Zellen sollten je nach Fokus und Phase der Unterrichtsplanung ausgewählt werden.

Bei der Planung, Umsetzung und Reflexion inklusiven naturwissenschaftlichen Unterrichts sind Fachlehrpersonen häufig auf sich allein gestellt. Dies trifft vor allem jene, die nicht für die Arbeit in inklusiven Settings ausgebildet sind (Abels, 2019). Der Einsatz des hier vorgestellten Rasters begegnet somit einer bisher nicht geschlossenen Lücke. Die Fragen regen die Anwendenden dazu an, jeden Schritt der Planung aus naturwissenschaftsdidaktischer und inklusionspädagogischer Perspektive zu durchdenken. Dabei wird das Ziel, die Partizipation aller Lernenden an fachspezifischen Lehr-Lernprozessen zu ermöglichen (Booth, 2003; Menthe et al., 2017; Unesco, 2005), durch die sukzessive Beantwortung realisiert.

Die Anwendung des Rasters erfordert die Bereitschaft, Planungsprozesse neu zu gestalten bzw. das klassische Vorgehen zu ergänzen. Die stringente und aufeinanderfolgende Beantwortung der im Raster gestellten Fragen fordert die Anwendenden beim ersten Einsatz erfahrungsgemäß besonders heraus. Durch einen wiederkehrenden Einsatz wird die Anwendung des Rasters geübt, sodass die Fragen zu einer routinierten Unterstützung im Planungsprozess werden können. Klassische Elemente wie das Erstellen einer Lerngruppenbeschreibung, die Sachanalyse etc. bleiben natürlich erhalten, aber der Planungsprozess wird wie im hier aufgezeigten Beispiel angereichert, so dass durch den Einsatz des Rasters die Planung eines inklusiven naturwissenschaftlichen Unterrichts realisiert werden kann.

7. Ausblick

Betrachtet man die Situation der Lehramtsausbildung in Deutschland, so sind auch in den Naturwissenschaftsdidaktiken immer mehr Bestrebungen zu erkennen, Studierende auf die Umsetzung inklusiven Unterrichts vorzubereiten (Egger, Brauns, Sellin, Barth & Abels, 2019). Angehende Lehrpersonen befinden sich auf dem Weg in das Berufsleben und verfügen in der Regel über wenig Routine in Bezug auf die Planung inklusiven Fachunterrichts. Die Implementation des Rasters in die Lehrkräftebildung kann dazu beitragen, dass zukünftige Lehrpersonen von vornherein die Diversität ihrer Lerngruppen mit in den Fokus rücken und die Partizipation aller im Unterricht fördern.

Das Raster soll neben dem hier vorgestellten Unterrichtsbeispiel langfristig auf andere Kontexte unter Berücksichtigung weiterer Jahrgangsstufen angewandt werden. Neben dem Einsatz des Rasters zur Begleitung der Unterrichtsplanung soll perspektivisch auch die Reflexion inklusiven Naturwissenschaftsunterrichts erprobt und das Raster im Rahmen verschiedener inklusiver Forschungsprojekte eingesetzt werden (Sührig et al., 2020).

Die Perspektive der angehenden Lehrpersonen beim Einsatz des Rasters im Planungs- und Reflexionsprozess wird derzeit durch Evaluationsvorhaben erhoben. Weitergehend ist ein Einsatz in der Fort- und Weiterbildung geplant. In Aus- und Fortbildung soll die Praktikabilität des Rasters untersucht und darüber hinaus mit Hilfe von Fragebögen erhoben werden, inwieweit sich Veränderungen in den Bereichen eines fachdidaktischen Inklusionsverständnisses, Einstellungen und Selbstwirksamkeit zu inklusivem Fachunterricht ergeben. Dokumentenanalysen und Interviews werden zeigen, wie sich Unterrichtsplanungskompetenzen im Kontext inklusiven naturwissenschaftlichen Unterrichts bei der Arbeit mit dem Raster entwickeln.

Danksagung

Die Autor*innengruppe bedankt sich herzlichen bei allen beteiligten Personen des NinU-Netzwerkes, die an der Entwicklung des Unterstützungsrasters mitgewirkt haben. Zudem wird Laurin Pannullo gedankt, der maßgeblich an der Ausgestaltung der 3. Abbildung beteiligt war.

Literatur

Abels, S. (2015). Scaffolding inquiry-based science and chemistry education in inclusive classrooms. In N. L. Yates (Hrsg.), *New developments in science education research* (S. 77-96). New York City: Nova Science Publishers.

Abels, S. (2019). Science Teacher Professional Development for Inclusive Practice. *International Journal of Physics and Chemistry Education, 11*(1), 19-29.

Abels, S. & Minnerop-Haeler, L. (2016). Lernwerkstatt: An Inclusive Approach in Science Education. In S. Markic & S. Abels (Hrsg.), *Science Education towards Inclusion* (S. 137-156). New York City: Nova Science Publishers.

Booth, T. (2003). Inclusion and exclusion in the city: concepts and contexts. In P. Potts (Hrsg.), *Inclusion in the City: Selection, schooling and community* (S. 1-14). London: RoutledgeFalmer.

Booth, T. & Ainscow, M. (2016). *The index for inclusion: A guide to school development led by inclusive values* (4. Auflage). Cambridge: Index for Inclusion Network (IfIN).

Bybee, R. W. (1997). Toward an understanding of scientific literacy. In W. Gräber & C. Bolte (Hrsg.), *Scientific literacy: An international symposium* (S. 37-69). IPN-Leibniz Institute for Science and Mathematics Education. Kiel: IPN.

Egger, D., Brauns, S., Sellin, K., Barth, M. & Abels, S. (2019). Professionalisierung von Lehramtsstudierenden für inklusiven naturwissenschaftlichen Unterricht. *Journal für Psychologie, 27*(2), 50-70.

Erduran, S., & Dagher, Z. R. (2014). *Reconceptualizing the nature of science for science education. Scienitifc knowledge, practices and other family categories.* Netherlands: Springer.

Florian, L. & Spratt, J. (2013). Enacting inclusion: a framework for interrogating inclusive practice. *European Journal of Special Needs Education, 28*, 119-135.

Gilbert, J. K. (2006). On the Nature of "Context" in Chemical Education. *International Journal of Science Education, 28*(9), 957-976.

Gräsel, C., Fußangel, K., & Pröbstel, C. (2006). Lehrkräfte zur Kooperation anregen – eine Aufgabe für Sisyphos? *Zeitschrift für Pädagogik, 52*(2), 205-219.

Heering, P., & Kremer, K. (2018). Nature of Science. In D. Krüger, I. Parchmann, & H. Schecker (Hrsg.), *Theorien in der naturwissenschaftsdidaktischen Forschung* (S. 105-120). Berlin: Springer Spektrum.

Hessisches Kultusministerium (o.J.). *Handreichung zur Arbeit mit den Lehrplänen der Bildungsgänge Hauptschule, Realschule und Gymnasium – Physik an schulformübergreifenden (integrierten) Gesamtschulen und Förderstufen.* https://kultusministerium. hessen.de/sites/default/files/HKM/hand-physik.pdf [17.11.2020].

Hodson, D. (2014). Learning Science, Learning about Science, Doing Science: Different goals demand different learning methods. *International Journal of Science* Education, *36*(15), 2534–2553.

Hoffmann, T. & Menthe, J. (2016). Inklusiver Chemieunterricht. Ausgewählte Konzepte und Praxisbeispiele aus Sonderpädagogik und Fachdidaktik. In J. Menthe, D. Höttecke, T. Zabka, M. Hammann, & M. Rothgangel (Hrsg.), *Befähigung zu gesellschaftlicher Teilhabe. Beiträge der fachdidaktischen Forschung* (Band 10, S. 351–360). Münster: Waxmann.

Hößle, C., Hußmann, S., Michaelis, J., Niesel, V. & Nührenbörger, M. (2017). Fachdidaktische Perspektiven auf die Entwicklung von Schlüsselkenntnissen einer förderorientierten Diagnostik. In C. Selter, S. Hußmann, C. Hößle, C. Knipping, K. Lengnink, J. Michaelis (Hrsg.), *Diagnose und Förderung heterogener Lerngruppen. Theorien, Konzepte und Beispiele aus der MINT-Lehrerbildung* (S. 19–38). Münster: Waxmann.

ISB Staatsinstitut für Schulqualität und Bildungsforschung (2020). *LehrplanPlus Realschule, Fachlehrplan Biologie, Lernbereich 3.* https://www.lehrplanplus.bayern.de/fachlehrplan/realschule/7/biologie [17.11.2020].

Johnstone, A. H. (1991). Why is science difficult to learn? Things are seldom what they seem. *Journal of Computer Assisted Learning, 7,* 75–83.

Krell, G., Riedmüller, B., Sieben, B. & Vinz, D. (2007). Einleitung – Diversity Studies als integrierende Forschungsrichtung. In G. Krell, B. Riedmüller, B. Sieben & D. Vinz (Hrsg.), *Diversity Studies. Grundlagen und disziplinäre Ansätze* (S. 7–16). Frankfurt: Campus.

Mastropieri, M. A. & Scruggs, T. E. (2014). *The inclusive classroom: Strategies for effective differentiated instruction* (5. Auflage). Boston: Pearson.

Menthe, J., Abels, S., Blumberg, E., Fromme, T., Marohn, A., Nehring, A. & Rott, L. (2017). Netzwerk inklusiver naturwissenschaftlicher Unterricht. In C. Maurer (Hrsg.), *Implementation fachdidaktischer Innovation im Spiegel von Forschung und Praxis. Gesellschaft für Didaktik der Chemie und Physik, Jahrestagung in Zürich 2016* (S. 800–803). Regensburg: Universität.

Millar, R. (2006). Twenty First Century Science: Insights from the Design and Implementation of a Scientific Literacy Approach in School Science. *International Journal of Science Education, 28*(13), 1499–1521.

Prediger, S. & Aufschnaiter, C. v. (2017). Umgang mit heterogenen Lernvoraussetzungen aus fachdidaktischer Perspektive: fachspezifische Anforderungs- und Lernstufungen berücksichtigen. In T. Bohl, J. Budde & M. Rieger-Ladich (Hrsg.), *Umgang mit Heterogenität in Schule und Unterricht* (S. 291–307). Bad Heilbrunn: Klinkhardt.

Scruggs, T. E., Mastropieri, M. A., Berkeley, S. & Graetz, J. E. (2010). Do Special Education Interventions Improve Learning of Secondary Content? A Meta-Analysis. *Remedial and Special Education, 31*(6), 437–449.

Sliwka, A. (2010). From homogeneity to diversity in German education. In OECD (Hrsg.), *Educating Teachers for Diversity: Meeting the Challenge* (S. 205–217). OECD Publishing.

Stinken-Rösner, L., Rott, L., Hundertmark, S., Baumann, T., Menthe, J., Hoffmann, T., Nehring, A. & Abels, S. (2020). Thinking Inclusive Science Education from two Perspectives: Inclusive Pedagogy and Science Education. *Ristal, 3,* 30–45.

Sührig, L., Hartig, K., Erb, R., Horz, H., Teichrew, A., Ullrich, M. & Winkelmann, J. (2020). Schülerexperimente im inklusiven Physikunterricht. In V. Nordmeier & H. Grötzebauch (Hrsg.), *PhyDid B, Didaktik der Physik, Beiträge zur DPG-Frühjahrstagung Bonn 2020* (S. 461–465). http://www.phydid.de/index.php/phydid-b/article/view/1065/1155 [18.11.2020].

Taber, K. S. (2013). Revisiting the chemistry triplet: drawing upon the nature of chemical knowledge and the psychology of learning to inform chemistry education. *Chemistry Education Research and Practice, 14*, 156–168.

UNESCO (2005). *Guidelines for Inclusion: Ensuring Access to Education for All.* http://unesdoc.unesco.org/images/0014/001402/140224e.pdf [22.07.2020].

van Vorst, H., Dorschu, A., Fechner, S., Kauertz, A., Krabbe, H. & Sumfleth, E. (2014). Charakterisierung und Strukturierung von Kontexten im naturwissenschaftlichen Unterricht – Vorschlag einer theoretischen Modellierung. *Zeitschrift für Didaktik der Naturwissenschaften, 21*(1), 29–39.

Virot, E. & Ponomarenko, A. (2015). Popcorn: critical temperature, jump and sound. *Journal of The Royal Society Interface, 12*(104), 1–6.

Zahlut, A. (2017). *Der Unterschied zwischen Kooperation und Kollaboration!* https://www.innovationsschule.at/2017/02/28/der-unterschied-zwischen-kooperation-und-kollaboration/ [22.07.2020].

Empirische Beiträge

Claudia Schenk und Christoph Ratz

Was befindet sich im Inneren des menschlichen Körpers?

Vorstellungen von Kindern und Jugendlichen mit dem sonderpädagogischen Schwerpunkt geistige Entwicklung

Zusammenfassung: Der Beitrag betrachtet die Vorstellungen von Schüler*innen mit dem sonderpädagogischen Schwerpunkt geistige Entwicklung zum Inneren des menschlichen Körpers. In einem leitfadengestützten Interview fertigen Schüler*innen Zeichnungen an und erläutern daran individuelle Konzepte. Die videographisch aufgezeichneten Interviews werden inhaltsanalytisch aufbereitet, mit dem Ziel, bereichs- und themenspezifische Denkweisen zu identifizieren. Systematisiert werden diese gemäß der Theorie des erfahrungsbasierten Verstehens und vor dem Hintergrund fachdidaktischer Publikationen werden Ähnlichkeiten in den Zugangsweisen ermittelt sowie deren Bedeutung für den Unterricht an der Förderschule und in inklusiven Settings diskutiert.

Schlagwörter: Schülervorstellungen, Förderschwerpunkt geistige Entwicklung, naturwissenschaftliche Bildung, Körperinneres

What is inside the human body?
Conceptions of pupils with intellectual disabilities

Abstract: This study investigates conceptions and mental representations of pupils with intellectual disabilities on the inside of the human body. The research strategy is based on drawings and guided interviews. This design allows a qualitative analysis of the portraited ideas and present concepts. The aims are to identify field- and subject-specific mindsets and to systematize these according to a metaphor-based theory. Against the background of found publications, similarities in the approaches are identified and their relevance for teaching at special schools and in inclusive settings is discussed. Keywords

Keywords: students' conceptions, intellectual disabilities, science education, human body

1. Einleitung

Seit über 50 Jahren existieren zahlreiche Publikationen zur Erforschung von Schüler*innenvorstellungen in der naturwissenschaftlichen Fachdidaktik. Laut Gropengießer und Marohn (2018) handelt es sich mittlerweile um den wichtigsten Zweig der Forschung. Eine Vielzahl von Begriffen (Präkonzepte, Alltags-, Fehlvorstellungen u. a.) wurden teilweise synonym, aber auch in Abgrenzung zueinander verwendet, zum Teil stehen unterschiedliche didaktische bzw. pädagogische Ideen hinter den Bezeichnungen (Gebhard, Höttecke & Rehm, 2017). Bis in die 80er Jahre ging man davon aus, dass sog. „misconceptions" eliminiert und durch den Unterricht in die richtigen Konzepte überführt werden müssen (Gebhard et al., 2017). Die Bezeichnung ‚Schüler*innenvorstellungen' dagegen betont die Koexistenz alltäglicher und wissenschaftlicher Konzepte (Schecker & Duit, 2018) und wird in diesem Beitrag als Oberbegriff für alle „subjektiven gedanklichen Konstruktionen" der Schüler*innen verwendet (Gropengießer & Marohn 2018, S. 51). Diese Konstruktionen haben eine wichtige situationsadäquate Funktion, machen in lebensweltlichen Kontexten durchaus Sinn und gelten als „grundlegende Bausteine für die Neukonstituierung von Wissensstrukturen" (Gebhard et al., 2017, S. 150).

2. Theoretischer Bezugsrahmen

Im Modell der Didaktischen Rekonstruktion nach Kattmann (2007) werden fachliche Konzepte der Wissenschaft und lebensweltliche Vorstellungen als gleichwertige Konstrukte bei der Unterrichtsplanung und als Basis für die didaktische Strukturierung betrachtet. Im Sinne einer Metatheorie bilden ein konstruktivistisches Verständnis von Lernen, die Theorie des erfahrungsbasierten Verstehens (TeV) (Gropengießer, 2007) und Theorien zu Vorstellungsbildung und -änderung (Conceptual Change Ansatz, z. B. Krüger, 2007) die Grundlage dafür. Im vorliegenden Beitrag liegt der Fokus auf der Diagnose und dem Verstehen von Vorstellungen vor dem Hintergrund der TeV. Hiernach bilden „Erfahrungen die Grundlage unseres Verständnisses und unser Verstehen funktioniert in vielen Wissensgebieten weitgehend imaginativ durch die Verwendung von Metaphern, Analogien oder Metonymien" (Riemeier et al., 2010, S. 78). Metaphern tragen dazu bei, „eine Sache im Sinn einer anderen Sache zu verstehen" und durch metaphorische Übertragung der Struktur wird ein Ursprungsbereich imaginativ auf einen Zielbereich projiziert (Gropengießer & Marohn, 2018, S. 55). Gropengießer (2007) unterscheidet:

Verkörperte Vorstellungen: Unser mentales System entwickelt sich durch – bereits in frühester Kindheit erlebte – sensomotorische Erfahrungen in der Auseinandersetzung mit unserer Umwelt. So werden durch manifeste Begegnungen bedeutungsgeladene Begriffe generiert. Solche Begriffe können unmittelbar verstanden werden. Sie bilden den Ursprungsbereich, aus welchem heraus komplexere und abstraktere Begriffe (z. B. fachwissenschaftliche und technische Begriffe) verstanden werden können.

Imaginative Vorstellungen: Zum Verständnis von Bereichen und Themen, die nicht unmittelbar erfahrbar sind, benötigt man die Fähigkeit zur Imagination. Ein Zielbereich wird durch metaphorische Konzepte erschlossen, um so ein Verständnis über die Welt zu erlangen. Riemeier et al. (2010, S. 78) erläutern dies am Beispiel von biologischen Zellen, die „imaginativ als Personen verstanden [werden], die ‚essen' und miteinander ‚kommunizieren' können". Menschliche Verhaltensweisen werden damit imaginativ auf den Bereich „Zellen" übertragen.

3. Die Schülerschaft mit sonderpädagogischem Schwerpunkt geistige Entwicklung

Während Forschungsvorhaben der Fachdidaktik vorrangig Vorstellungen von Schüler*innen aus allgemeinen Schulen untersuchen, richtet dieser Beitrag den Blick auf die Schülerschaft mit „sonderpädagogischem Schwerpunkt geistige Entwicklung" (sSgE) (KMK Bezeichnung ab 2021). Dieser Personenkreis ist schwer zu definieren. Aus medizinisch-psychologischer Sicht steht nach ICD-10 eine Intelligenzminderung mit einem IQ unter 70 im Vordergrund. Versteht man Behinderung gemäß der ICF (WHO, 2001) als „Zusammenwirken von Schädigungen physischer und mentaler Strukturen und Funktionen, Aktivitätsbegrenzungen und Teilhabebeschränkungen in Verbindung mit Umweltfaktoren und personalen Faktoren" (Biewer & Koenig, 2019, S. 37) ergibt sich ein umfassenderes Bild.

In Anlehnung an die ICF zeigen Dworschak, Kannewischer, Ratz und Wagner (2012) in ihrer Untersuchung zur „Schülerschaft mit dem Förderschwerpunkt geistige Entwicklung", dass soziokulturelle Bedingungen, Diagnosen, Pflegebedarf sowie zusätzliche Beeinträchtigungen im Sinne eines bio-psycho-sozialen Geflechts berücksichtigt werden müssen. Die

Autoren geben an, dass bei 33% der Schüler*innen eine leichte Form, bei 36% eine mittelgradige und bei 30% eine schwere bzw. schwerste Form der Intelligenzminderung gemäß ICD-10 vorliegt. 57% der Schüler*innen haben laut den Lehrkräften zwischen 8 und 13 Uhr einen Pflegebedarf unterschiedlicher Ausprägung. Gleichzeitig zeigen 68% der Kinder und Jugendlichen Auffälligkeiten beim Sprechen und 31% können von Fremden nicht verstanden werden und sind auf Unterstützte Kommunikation angewiesen.

4. Ziel

Obwohl Schüler*innen mit dem sSgE nicht als „unbeschriebene Blätter" in den Unterricht kommen und Schüler*innenorientierung als zentrales Unterrichtsprinzip gilt, erstaunt es, dass trotz vereinzelter Publikationen (z. B. Seitz, 2003) die Vorstellungen dieser Schüler*innen bislang wenig Beachtung fanden. Wenngleich das Thema „Fächerorientierung" innerhalb der Sonderpädagogik in den letzten Jahren stärker in den Fokus rückt (Ratz, 2011; Riegert & Musenberg, 2015) und sich einzelne Fachdidaktiken vermehrt mit inklusivem Unterricht und verschiedenen sonderpädagogischen Schwerpunkten befassen (Menthe, Höttecke, Zabka, Hammann & Rothgangel, 2016). Menthe und Hoffmann (2015, S. 137) beklagen die bislang geringe Auseinandersetzung mit den sonderpädagogischen Schwerpunkten in der Vorstellungsforschung und vermuten, „dass hier andere Vorstellungen vorliegen als im Regelschulbereich und dass je nach Förderbereich (…) auch sehr unterschiedliche Vorstellungen eine Rolle spielen". Aus dieser These leitet sich das Desiderat dieser explorativen Untersuchung ab. Ziel ist, bereichs- und themenspezifische Denkweisen von Schüler*innen mit sSgE zum Inneren des menschlichen Körpers zu identifizieren.

5. Methodisches Vorgehen

Methodische Orientierung bietet der Forschungsrahmen der Didaktischen Rekonstruktion (Kattmann, Duit, Gropengießer & Komorek, 1997). Der Fokus liegt auf der Perspektive der Lernenden.

5.1 Literaturanalyse

Zur Ermittlung des Forschungsstands in der Fachdidaktik werden unter anderem die Bibliographie von Duit (2009), Publikationen von Hamman und Asshoff (2014) sowie die Dokumentenanalyse von Riemeier et al. (2010) einbezogen. Mit Hilfe dieser Analyse konnte eine Vielzahl an nationalen wie internationalen Studien zum Inneren des menschlichen Körpers in den letzten 70 Jahren ermittelt werden. In der Regel betrachten die Studien, welche und wie viele Organe bzw. Organsysteme von den Proband*innen genannt bzw. gezeichnet werden (Gellert, 1962; McEwing, 1996), ob Verbindungen zwischen den Organen bestehen (Cuthbert, 2000; Reiss & Tunniscliffe, 2001) und inwiefern Entwicklungen im Altersverlauf erkennbar sind (Sterk & Mertin, 2016). Die Ergebnisse zeigen, dass für jüngere Kinder meist Erfahrungen mit dem Körperinneren im Vordergrund stehen. Sie benennen Dinge, die in den Körper hineingelangen oder aus dem Körper austreten und beschreiben fühlbare Aspekte (Hammann & Asshoff, 2014). Laut Carey (1985) kommt es im Alter von ca. 9–10 Jahren zu einer Umstrukturierung der Vorstellungen (Conceptual Change), welche zunehmend theorieähnlicher und detailreicher werden.

5.2 Stichprobe

Teil der Stichprobe waren 52 Schüler*innen (23 w., 29 m.) mit sSgE im Alter zwischen sechs und 18 Jahren. Alle Kinder und Jugendlichen besuchten zum Zeitpunkt der Durchführung eine Förderschule mit sSgE in Bayern. Einzige Bedingung für eine Teilnahme am Interview war, dass die Schüler*innen sich in „Einwortsätzen" ausdrücken können. Bezüglich motorischer Fähigkeiten wurden keine Vorgaben gemacht.

Vor dem Interview erhielten die Lehrkräfte für jede*n Schüler*in einen Fragebogen der SFGE-Studie (Dworschak et al., 2012). Die Lehrkräfte gaben an, dass bei 56% der befragten Schüler*innen eine leichte, bei 31% eine mittlere und bei 13% eine schwere Form der Intelligenzminderung gemäß ICD-10 vorliegt. Bei 58% der Schüler*innen bestand eine unklare Genese oder eine idiopathische Form der geistigen Behinderung. Während 40% der befragten Schüler*innen keinen Pflegebedarf (gemäß § 14 SGB XI) am Schulvormittag haben, sind 59% der Schüler*innen auf Pflege unterschiedlichen Ausmaßes angewiesen, 15% davon benötigen Pflege im Umfang von über drei Stunden. Nach Einschätzung der Lehrkräfte sind bei 42% der Schüler*innen Störungen der Artikulation vorhanden, 15% davon können von Fremden teilweise nicht verstanden werden.

5.3 Leitfadengestützte Interviews

Die Gestaltung der leitfadengestützten Interviews erfolgte in Anlehnung an den Gellert-Index of Body Knowledge (Gellert, 1962). Die Schüler*innen mit sSgE wurden gefragt, was sich im Inneren des Körpers befindet und aufgefordert, dies in eine Körperkontur einzuzeichnen. Aufgrund unterschiedlicher sprachlicher Ausdrucksmöglichkeiten und um individuelle

Denkstrukturen, Handlungen sowie nonverbale Kommunikationsformen bei der Datenauswertung besser nachvollziehen zu können, erfolgte eine Triangulation der Methodik (Flick, 2011) durch Zeichnungen, Einzelinterviews und deren videographischer Aufzeichnung. Vor dem Hintergrund dieser enorm heterogenen Schülerschaft war ein offenes Interviewkonzept nötig, welches Sensibilität, Einfühlungsvermögen und Spontaneität gewährleistet und je nach Schüler*in sprachliche sowie materielle Anpassungen erlaubt (Schallenkammer, 2016).

Die Daten wurden mit Hilfe der Qualitativen Inhaltsanalyse (Mayring, 2015) und den von Gropengießer (2008) formulierten Arbeitsschritten aufbereitet. Demgemäß erfolgte nach Transkription der Interviews deren Redigierung, die Ordnung der Schüleraussagen, die Explikation und die Einzelstrukturierung auf Ebene der Konzepte.

5.4 Entwicklung des Kategoriensystems

Bei der Entwicklung des Kategoriensystems wurden zunächst zentrale menschliche Organsysteme unterschieden. Auf Basis aktueller Anatomie-Lehrbücher (z. B. Drenckhahn & Waschke, 2014) erfolgte die Einteilung der einzelnen Organe entsprechend der paraphrasierten Schüler*innenaussagen in das jeweilige System. Dabei wurde innerhalb der Subkategorien sowohl zwischen sicht- und fühlbaren Aspekten als auch zwischen Struktur und Funktion unterschieden. Vor dem Hintergrund der eingangs beschriebenen TeV wird die Beschreibung von sicht- und fühlbaren Aspekten den erfahrungsbasierten Konzepten zugeordnet und die Erläuterung funktionaler Zusammenhänge schließt imaginative Konzepte ein. Die Subkategorie „Struktur" bezieht sich auf die Benennung der anatomischen Teile des Körpers und kann sowohl vor dem Hintergrund erfahrungsbasierter als auch imaginativer Konzepte erfolgen. Die Kategorienbildung verlief abduktiv, d. h. aus bekannten Publikationen (z. B. Gellert, 1962; McEwing, 1996) wurden deduktiv Kategorien gewonnen und gleichzeitig wurden induktiv Kategorien aus dem Material generiert. In einem iterativen Prozess mit Expert*innen aus Sonderpädagogik und Fachdidaktik wurde das Kategoriensystem kommunikativ validiert (Mayring, 2015). Einen Ausschnitt aus dem Kategoriensystem zeigt Tab. 1.

Tab. 1: Einblick in das Kategoriensystem zum Inneren des menschlichen Körpers

Haupt- und Subkategorien	Kategoriedefinition	Ankerbeispiele
K.1 Sichtbare Objekte	Benennung von äußerlich sichtbaren Objekten (unabhängig von Körperstrukturen)	31-m (138-141): Arm, Uhr drin, Finger und Hose (zeigt auf Körperkonturzeichnung und malt eine Hose).
K.2 Sichtbare Körperteile	Benennung von äußerlich sichtbaren Körperteilen, z. B. Haare, Hände usw.	02-m: (115-122) Hand, Finger, Arme (deutet auf Hand, Finger und Arme und benennt diese).
K.3 Objekte, gelangen von außen in den Körper	Benennung von Objekten, die von außen in den Körper gelangen, z. B. durch die Nahrungsaufnahme	01-m: (62-84) Nudeln sind im Bauch und überall und Fleisch, Trinken geht auch in den Bauch.
K.4 Herz-Kreislauf-System		
K.4.1 Sichtbare Aspekte	Benennung und/oder Zeigen von sichtbaren Körperstrukturen, z. B. Deutung auf blau durchscheinende Adern	37-m: (87-89) Einmal habe ich mir mal mein Knie aufgeschürft, deshalb weiß ich, dass da Blut drin ist.
K.4.2 Fühlbare Aspekte	Hinweis auf die Fühlbarkeit, z. B. Klopfen des Herzens	52-m: (220-222) Da ist das Herz (legt Hand auf die Brust und klopft auf die Brust).
K.4.3 Benennung der Struktur	Reine Benennung der einzelnen Organe, wie Herz, Blut und Blutgefäße oder synonyme Begriffe	38-m: (107-116) Die Gefäße. In den Gefäßen ist das Blut drin. Das kann man von außen nicht sehen.
K.4.4 Beschreibung der Funktion	Beschreibung von Funktionen der einzelnen Organe, z. B. Funktion des Herzens	48-m: (162-166) Und das Herz verbinden und Herz pump machen. Wieder neues Blut und dann wieder das alte Blut sauber und dann wieder neues Blut (macht Kreisbewegungen).
K.8 Nervensystem		
K.8.3 Benennung der Struktur	Reine Benennung von Strukturen, wie Gehirn, Rückenmark und Nerven oder synonyme Begriffe	27-m: (14-19) Im Kopf ist das Hirn (malt den Kopf gelb aus).
K.8.4 Beschreibung der Funktion	Beschreibung von Funktionen der einzelnen Organe, z. B. Funktionen des Gehirns	32-m: (111-114) Das Gehirn ist da, um zu lernen. Und um viel zu merken. Und da drin behalten (deutet auf seinen eigenen Kopf).

Haupt- und Subkategorien	Kategoriedefinition	Ankerbeispiele
K.10 Sonstiges		
K.10.1 Besondere Begriffe	Schüler*innen verwenden seltene oder besondere (Fach-)Begriffe	04-w: (107-113) In den Fingern sind Zellen. Die sind so kugelrund die Zellen.
K.10.2 Besonderheiten der Zeichnung	Seltene oder besondere Formen der Darstellung in den Zeichnungen	(220-225) Fleisch haben wir auch noch. Fleisch ist braun. Das sieht so wie ein Toastbrot aus, wie Tierfleisch (zeichnet runde Fleischstücke ähnlich wie Steak in den kompletten Körper).
K.10.3 Das wichtigste Organ	Beschreibung oder Benennung des wichtigsten Organs für uns Menschen	40-m: (159-161) Das Herz und das Gehirn ist am wichtigsten. Weil das Gehirn steuert uns und das Herz hält uns am Leben.
K.10.4 Herkunft der Vorstellungen	Jegliche Äußerung, woher das Wissen bzw. die Vorstellung stammt	45-w: (242-248) Da ist die Leber. Die Leber hat die Nummer 10. In einem Film gesehen. So lustige Sachen.

Betrachtet man die Aussagen der Schüler*innen in einem Organsystem oder zu einem spezifischen Organ, zeigen sich verschiedene dazugehörige Konzepte. Im Folgenden werden exemplarisch erfahrungsbasierte Konzepte bezogen auf das häufig thematisierte Herz-Kreislauf-System und imaginative Konzepte am Beispiel der Funktionen des Gehirns näher beschrieben.

6. Ergebnisse

6.1 Erfahrungsbasierte Konzepte am Beispiel des Herz-Kreislauf-Systems

Inwieweit die Schüler*innen durch eigene Erfahrungen geprägt werden, lässt sich am sehr präsenten Herz-Kreislauf-Systems (Tab. 1; K.4.) zeigen. Durch Verletzungen, Schnitte und Wunden wird Blut als sichtbare, rote Flüssigkeit wahrgenommen. Teilweise befindet sich Blut nur an den Stellen, aus denen sie bereits selbst geblutet haben. Der Schüler 51-m (14;7 J.[1]) schildert, dass er aus der Nase geblutet hat und lokalisiert Blut nur in der Nase. 08-m (14;1 J.) deutet auf seinen Finger und erklärt *„Blut in Finger, Aua".* Neben eigenem körperlichen Erleben beziehen die Schüler*innen auch Erfahrungen anderer mit in ihre Erklärungen ein: *„Blut ist rot, Hand*

---

1 Angegeben wird der entsprechende Schüler*innencode bestehend aus Zahl-Geschlecht. Die zweite Zahl bezieht sich auf das Alter (Jahr;Monat) zum Zeitpunkt der Durchführung des Interviews.

schneiden kommt Blut, Arm schneiden kommt Blut. Ist da Auge, kommt Blut, Messer stechen, kommt Blut, ist da Baby kommt Blut" (28-m; 14;11 J.). 18-w (8;2 J.) erklärt: *„Blut, da ist überall Blut. Blut ist rot. Im Kopf ist auch Blut. Menschen haben im Körper Blut"* und dieses rote Blut, *„das schwimmt da einfach rum"* (12-m, 12;3 J.). Mitunter greifen die Schüler*innen das Konzept „Blut fließt" auf: *„Das ist überall. Das fließt immerzu"* (39-m; 16;3 J.) oder *„das fließt im ganzen Körper"* (45-w; 13;5 J.). Der Schüler 37-m (11;4 J.) geht davon aus, dass Blut nur dann in Bewegung ist, wenn sich der Körper bewegt, *„wenn wir still sind, fließt das nicht"*. Zum Teil fehlen passende Begriffe und so erläutert 32-m (10;9 J.) unter Zuhilfenahme seiner Gestik, die Zustandsform flüssig wie folgt: *„Im ganzen Körper ist Blut und Wasser, nur Blut, Wasserblut, also ist so wie Wasser* (hält rechte Hand waagrecht vor die Brust und bewegt diese, gemäß der Gebärde für Wasser)".

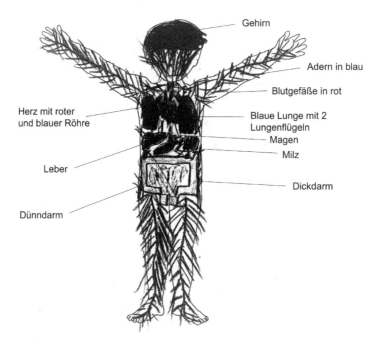

Abb. 1: Zeichnung der Schülerin 47-w (14;2 J.)

In Bezug auf den Blutkreislauf machen die Schüler*innen Erfahrungen mit Adern, welche als blaue Linien durchscheinen. Zum Teil haben sie gelernt, dass man diese Linien am Handgelenk „Adern" nennt und lokalisieren sie nur dort. Anderen fehlt der Begriff Adern: *„Guck, da ist ein Schlauch. Da kommt Blut rein. Dann geht das bis zum Herz. Auch von den Füßen bis zum Herz ist das Blut"* (22-m; 6;7 J.) oder 48-m (15;10 J.) erläutert, *„da sind blaue Blutlinien"*. Die Tatsache, dass das Blut blau durch die Adern scheint, aber als rote Flüssigkeit aus dem Körper austritt, scheint zu verwirren. Die Schülerin 47-w (14;2 J., s. Abb. 1) klärt diesen Widerspruch mit bekannten Abbildungen zum Beispiel aus Büchern, in welchen die Blutbahnen im Körper häufig als rote und blaue Linien dargestellt werden.

Neben einer Vielzahl an Fachwörtern wie Venen, Adern, (Blut-)Gefäße oder Gewebe ist auch die Art der Darstellung der Schüler*innen sehr vielfältig. Sie kennzeichnen Stellen, an denen sie bereits geblutet haben, malen den Körper im Sinne des verkörperten Behälter-Schemas flächig (s. Abb. 2) aus oder zeichnen rote und/oder blaue Blutbahnen in alle Körperteile und Organe (s. Abb. 3).

Puloŧ (Blut: komplette Fläche ist rot ausgemalt)

Knuɭhen

(Knochen: In Armen, Beinen und am Oberkörper befinden sich miteinander verbundene gerade Linien)

Abb. 2: Zeichnung des Schülers 12-m (12;3 J.)

Im Zusammenhang mit fühlbaren Aspekten wird das Herz häufig genannt bzw. gezeichnet. Die Schüler*innen zeigen das Herz zunächst bei sich selbst und machen Klopfbewegungen mit der Hand. Viele Aussagen betonen die Lebensnotwendigkeit des Herzens, wie *„da ist unser Herz, das Wichtigste auf der Welt"* (32-m, 10;9 J.), *„wenn das aufhört zu pumpen, dann sind wir tot"* (22-m, 6;7 J.) oder *„das Herz ist am wichtigsten, damit das klopfen kann"* (44-w, 13;9 J.). Auch der Schüler 40-m (13;11 J.) betont *„das Herz hält uns am Leben"* (40-m, 13;11 J.) und schildert weiterhin Erfahrungen zur Veränderung der Herzschlagfrequenz: *„Das tut arbeiten, also wenn man jetzt zum Beispiel Sport gemacht hat, dann tut es schnell bumbern. Das pumpt Luft und so"*. Die Darstellung als Valentinsherz findet sich unabhängig vom Alter der Schüler*innen am häufigsten. Mitunter zeichnen sie das Herz als Kreis oder sie versuchen es, mit Röhren oder Kammern nachzustellen. Tab. 2 zeigt einen Überblick über vorhandene Konzepte der aufgeführten Bereiche des Herz-Kreislauf-Systems.

Tab. 2: Überblick über erfahrungsbasierte Konzepte zum Herz-Kreislauf-System

Bereich	Konzept
Blut	Blut als rote Flüssigkeit
	Blut fließt (Blutfluss)
	Blut ist lebensnotwendig
	Blut nur an Stellen, aus denen bereits geblutet wurde (Eigen- und Fremderfahrung)
	Blut ist überall
Adern	Blut in Adern
	Adern sind nur am Handgelenk
	Blaues Blut
Herz	Herz als Mitte
	Herz ist lebensnotwendig
	Herz als Antrieb bzw. Pumpe

6.2 Imaginative Konzepte am Beispiel der Funktionen des Gehirns

Die Schüler*innen nutzen durchaus imaginative Konzepte und funktionale Beschreibungen und vereinzelt beeindrucken sie mit ausgesprochenem Detailwissen. Verweise auf funktionale Aspekte werden meist nur auf konkrete Nachfrage beschrieben. Am häufigsten erläutern die Schüler*innen Funktionen des Gehirns, wobei vereinzelt auch andere Organe eine Rolle spielen, jedoch wesentlich seltener. Im Folgenden werden aus diesem Grund die imaginativen Konzepte der Subkategorie K.8.4. (Tab. 1) dargestellt.

Die Schüler*innen, die das Gehirn aufgreifen, lokalisieren es ausschließlich im Kopf und bezeichnen es entweder als Gehirn, Hirn oder Gedächtnis. Dargestellt wird es in der Regel als Wolke oder durch eine ovale Form. Häufig wird es als Ort des Denkens beschrieben, denn hier befinden sich laut 30-w (15;2 J.) die „Gedanken". 43-w (15;10 J.) erklärt: „Das Gehirn denkt, macht, dass du denken kannst" und für die Schülerin 34-w (12;4 J.) ist klar, „dass strengen wir gerade also an". Auch Speicherfunktionen, wie „das ist wichtig, so ein Ding. Für Denken, Mathe, oder Deutsch oder Geometrie oder Geburtstag oder Filme. Für alles was man weiß" (35-w, 12;10 J.) werden beschrieben. Der Schüler 48-m (15;10 J.) verwendet imaginativ die Metapher einer Speicherkarte, deutet auf seinen Kopf und erklärt: „*Gehirn wie Sammler, wie Film, Speicher, wenn ich Bilder sehe, dann da Bilder drinnen ist*". Gleichzeitig wird das Gehirn als zentrales Steuerorgan verstanden, denn es „*kann alles steuern*" (40-m, 13;11 J.), es ist für Sprache verantwortlich, „*dass man reden kann*" (41-m; 14;9 J.) und es sorgt dafür, dass man „*die Arme und Beine bewegen kann*" (43-w; 15;10 J.) oder „*das [Gehirn] dreht den Kopf*" (17-w; 14;9 J.). Die Tatsache, dass das Gehirn mal nicht funktioniert, wie es soll, greift der Schüler 13-m (15;2 J.) auf: „*Manchmal hat das Gehirn auch Probleme. Dann wird man geisteskrank, also geistig gestört*".

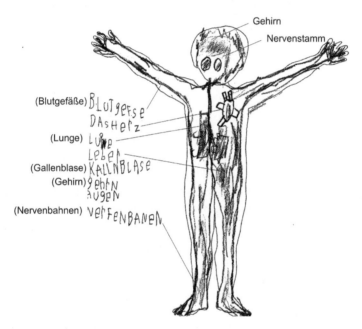

Abb. 3: Zeichnung des Schülers 11-m (17;7 J.)

Zum Teil wird das Gehirn gemäß bekannter Abbildungen mit Hirnstamm gezeichnet und in Verbindung mit Nerven, Nervenbahnen oder Gehirnzellen gebracht. Für 27-m (14;0 J.) sind im Gehirn, „*die Gehirnzellen, die denken*" und 48-m (15;10 J.) erklärt, dass „*in eine Zelle, dann Bilder drin ist*" und welche durch „*Bahn, in Linien*" in den Kopf gelangen. 11-m (17;7 J.) schildert die Verbindung zwischen Nerven und Gehirn ebenfalls, zeichnet (s. Abb. 3) und erklärt: „*Das soll das Gehirn sein. Und da hinten dran ist dieser Nervenstamm, den es da noch gibt, sonst könnte es sich ja nicht verbinden. Das sind die Nervenbahnen, die noch im Gehirn und dann im Körper verlaufen*".

Tab. 3 zeigt einen Überblick über die vorhandenen Konzepte zu Funktionen des Gehirns.

Tab. 3: Überblick über imaginative Konzepte zu Funktionen des Gehirns

Bereich	Konzept
Gehirn	Gehirn als Ort des Denkens
	Gehirn als Steuerungsorgan
	Gehirn ermöglicht Bewegung
	Gehirn besitzt Speicherfunktion
	Gehirn ist für Sprache verantwortlich
Nerven	Verbindungen zwischen Gehirn und Nerven
	Nerven verlaufen als Bahnen
Gehirnzellen	Im Gehirn sind Gehirnzellen
Dysfunktionen	Wenn das Gehirn nicht funktioniert

7. Besonderheiten

Einige Schüler*innen deuten bei der Frage nach ihrem Körperinneren entweder auf sichtbare Objekte (K.1.) oder auf äußerlich sichtbaren Körperteile (K.2.) und benennen diese als „Hand, Finger, Arme" (02-m; 12;1 J.). Dabei zeigen die Videoanalysen eine intensive Betrachtung entsprechender Körperteile, aber es bleibt unklar, inwieweit sie sich das nicht-Sichtbare vorstellen können. Andere nutzen gezielte Hilfestellung durch Verweise auf die Fühl- bzw. Sichtbarkeit. Viele Schüler*innen beginnen zunächst sichtbare Körperteile aufzulisten, davon ausgehend gelangen sie zu inneren Strukturen. Die Konfrontation mit einer Vielzahl von Fachwörtern in ihrem Alltag führt dazu, dass sie Fachwörter wie „Zellen, Kapillare, Moleküle, Sehnen, Bazillen, Bakterien" usw. nennen, welche ihrerseits durchaus imaginative Vorstellungen beinhalten, aber z. T. semantische Unklarheiten aufweisen bzw. synonym zu anderen Begriffen verwendet werden und Verstehen suggerieren können. Zur Visualisierung des Körperinneren greifen die Schüler*innen häufig auf bekanntes, gedrucktes oder audiovisuelles Material zurück und sie versuchen dies entsprechend ihrer Möglichkeiten abzubilden. Besondere Schwierigkeiten zeigen sich hinsichtlich der begrenzten Darstellbarkeit eines dreidimensionalen Körpers auf die zweidimensionale Körperkontur. Einzelne Organe zeichnen die Schüler*innen daher z. T. außerhalb der Körperkontur oder sie erläutern ihre Art der Darstellung im Interview. Die generierten Vorstellungen entstammen dabei einerseits aus spezifischen Vorerkrankungen, so zeichnet und beschreibt die Schülerin 03-

w (13;8 J.) mit Zöliakie den Magen-Darm-Trakt inklusive vorhandener Darmzotten (s. Abb. 4).

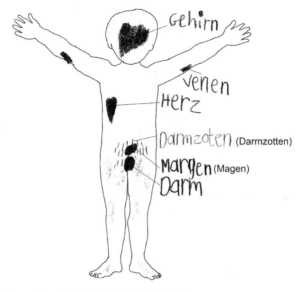

Abb. 4: Zeichnung der Schülerin 03-w (13;8 J.)

Andererseits zeigt sich, dass auch allgemeine medizinische Aspekte und Erfahrungen von Arztbesuchen, Blutabnahmen oder Verletzungen eine große Rolle spielen. Unterrichtliche Vorerfahrungen sowie die Freizeitgestaltung, durch Sport, Bücher, Spielzeug und Fernsehen sind ebenso prägend.

8. Diskussion

Neben der fachlichen Klärung von Unterrichtsinhalten ist die Diagnose von Schüler*innenvorstellungen ein notwendiger Grundpfeiler für die didaktische Strukturierung (Kattmann, 2007) des Unterrichts – dies gilt aufgrund ihrer ausgeprägten individuellen Situation insbesondere für Schüler*innen mit dem sSgE. Es wird deutlich, dass die Kinder und Jugendlichen mit einer Vielfalt an Konzepten zum Inneren des menschlichen Körpers in den Unterricht kommen, wie intensiv sie ihre Umwelt wahrnehmen, welche Rolle Erfahrungen und das individuelle Erleben spielen, aber auch zu welchen abstrakten und komplexen Erklärungsmustern sie in der Lage sind.

Die eingangs beschriebene TeV (Gropengießer, 2007) dient als „Sichtfenster", durch welches man Vorstellungen themenübergreifend einordnen und sowohl erfahrungsbasiertes als auch imaginatives Denken identifizieren kann. Die Rolle der Wahrnehmung erklärt die Dominanz verkörperter Konzepte und es verwundert nicht, weshalb das Herz-Kreislauf-System, aber auch das Stütz- und Bewegungssystem derart präsent sind. Neben kulturellen Aspekten prägen besonders die Alltagssprache, Erklärungen in konkreten Situationen sowie bildhafte Darstellungen. Für erfolgreiches Lernen ist es unabdingbar, die Schüler*innen dort abzuholen, wo sie stehen. Sowohl Unterricht in inklusiven Settings als auch in der Förderschule muss auf den Erfahrungen der Schüler*innen aufbauen und explizit daran anknüpfen. Die Kinder und Jugendlichen lernen nur, wenn wir als Lehrkräfte dazu in der Lage sind, ihren individuellen Lernweg zu verstehen. Die von der Lehrkraft identifizierten Vorstellungen gelten als Ausgangspunkt bei der Planung sowie der Sequenzierung möglicher Unterrichtsinhalte, aber auch hinsichtlich der didaktischen Umsetzung einer einzelnen Unterrichtsstunde. Beispielsweise kann die Vorstellung „Knochen sind nur an Armen und Beinen" sowohl im inklusiven als auch im Unterricht an der Förderschule explizit thematisiert und überprüft werden, indem die Schüler*innen an einem Skelett einzelne Knochen betrachten, diese soweit möglich am eigenen Körper nachspüren, fühl- bzw. sichtbare Aspekte miteinander verknüpfen und die gemachten Erfahrungen mit fachlichen Inhalten vernetzen. Ziel ist es nach Hodson (2014), dass Lernende ihre Präkonzepte erkunden, diese erweitern oder modifizieren, sie aber auch (weiter-)entwickeln und falls nötig verwerfen.

Obwohl ein tiefgreifender Blick auf die individuellen Vorstellungen in der gegenwärtigen Unterrichtspraxis vielleicht nur in Ausnahmefällen möglich ist, können Zeichnungen (abhängig vom jeweiligen Themenbereich) verbunden mit Gesprächen eine wertvolle Maßnahme zur Identifikation vorhandener Konzepte und zur Erhebung des Lernpotentials sein. Inklusive Didaktik konstituiert sich für Seitz (2006) in diesem „diagnostischen Blick, der Gemeinsamkeit und Verschiedenheit sowie deren Verflochtenheit im sozialen Feld einer Lerngruppe zu erkunden sucht". Eine pauschale Zuordnung von Syndromen, Entwicklungsniveaus oder Hierarchisierungen aufgrund des IQs mit der Gefahr einer Infantilisierung sind für die didaktische Umsetzung vor allem in inklusiven Settings wenig zielführend. Hilfreicher erscheint die bei Seitz (2006) beschriebene Suche nach „fraktalen Mustern", welche sich in den unterschiedlichen Zugangsweisen zeigen. Es geht „didaktisch [...] nicht darum, bei den Kindern perfekte ‚Übereinstimmungen' in bestimmten Dimensionen der Lernausgangslagen zu vermuten, sondern Grundmuster, die in ähnlicher und zugleich einzigartiger Weise herausgebildet werden" (Seitz, 2006). Vergleicht man vor diesem Hintergrund die Ergebnisse mit Publikationen aus der Fachdidaktik so zeigt sich, dass die von Menthe und Hoffmann (2015) geäußerte Vermutung, dass bei dieser Schülerschaft andere Vorstellungen vorliegen als im Regelschulbereich, nicht unbedingt zuzutreffen scheint. Stattdessen sind die Erfahrungen, aus welchen die Kinder und Jugendlichen ihre Vorstellungen generieren, sehr ähnlich – beispielsweise im Hinblick auf Konzepte zu Blut als roter Flüssigkeit, Blut in Adern, zum Blutfluss oder zur Blutbewegung. Die bevorzugte Lokalisation des Herzens im Brustbereich bzw. in der Mitte des Körpers, wie sie von Gellert (1962) beobachtet wurde, erklären Riemeier et al. (2010) mit einem vorhandenen Zentrum-Peripherie-Schema (Lakoff, 1987). Dem Herzen als Zentrum wird demnach eine größere Bedeutung zugeschrieben als Extremitäten der Körperperipherie. Die Darstellung der Organe ist häufig relativ klein, sie sind unverbunden und freischwebend in die Körperkontur gezeichnet (Reiss & Tunnicliffe, 2001). Laut McEwing (1996) sind bereits Kinder durchaus in der Lage, realistische Erklärungen der Funktionen einzelner Organe zu beschreiben. Vereinzelt gilt dies auch für Schüler*innen mit sSgE und analog zu McEwing (1996) beziehen sich die häufigsten Berichte auf Funktionen des Gehirns. Während die Fachdidaktik stark erfahrungsbasierte Konzepte eher in Verbindung mit jüngeren Kindern bringt (Sterk & Mertin, 2016), scheint ein solcher Rückschluss für die befragte Schülerschaft nicht gleichermaßen zutreffend. Die Analyse zeigt eine Präferenz erfahrungsbezogener Konzepte über alle Altersstufen hinweg und es relativiert sich der Aspekt des Alters gegenüber den Erfahrungen. Durch das Mehr an Erfahrungen können Schüler*innen im sSgE nicht einfach mit jüngeren Kindern gleichgesetzt werden (Fornefeld, 2020). Die imaginativen Konzepte hingegen weisen eine höhere Varianz auf und es kommt im Alter von 9–10 Jahren nicht zwingend zu einer Umstrukturierung, wie sie Carey (1985) beschreibt. Dennoch lassen Aussagen einzelner Schüler*innen vermuten, dass aufgrund der Vielzahl imaginativer Konzepte sowie detailreicher, theorieähnlicher Beschreibungen ein Conceptual Change stattgefunden haben muss.

Hinsichtlich der Repräsentativität der Stichprobe weist die Untersuchung Limitationen auf. Schüler*innen, die nicht lautsprachlich kommunizieren, auf Formen Unterstützter Kommunikation angewiesen sind oder bei denen eine schwerste Form der Intelligenzminderung vorliegt, konnten nicht einbezogen werden. Gleichzeitig gelten die Ergebnisse nur für das ausgewählte Themenfeld. Die Vielfalt an Publikationen der Vorstellungsforschung zeigt, dass je nach Inhaltsbereich andere Vorstellungen zugrunde liegen und Generalisierungen schwierig sind. Gleichzeitig lässt die Studie keine Rückschlüsse auf andere sonderpädagogische Schwerpunkte zu. Für ein umfassendes Bild benötigt es weitere Untersuchungen, die aus verschiedenen Blickrichtungen andere Themen, Förderschwerpunkte und die Erweiterung der Vorstellungen durch Unterricht im Sinne des Conceptual

Change betrachten. Die vielfältigen Forschungsbemühungen der Fachdidaktik in den letzten 50 Jahren können hierzu wertvolle Hinweise liefern.

Literatur

Biewer, G. & Koenig, O. (2019). Personenkreis. In H. Schäfer, S. Bauernschmitt & A. Beetz (Hrsg.), *Handbuch Förderschwerpunkt geistige Entwicklung* (S. 35–44). Weinheim: Beltz.

Carey, S. (1985). *Conceptual change in childhood.* Cambridge, Massachusetts: MIT Press.

Cuthbert, A. J. (2000). Do Children Have a Holistic View of Their Internal Body Maps? *School Science Review, 82*(299), 25–32.

Drenckhahn, D. & Waschke, J. (2014). *Taschenbuch Anatomie.* München: Elsevier Urban & Fischer.

Duit, R. (2009). *Bibliographie – Schülervorstellungen und naturwissenschaftlicher Unterricht.* http://archiv.ipn.uni-kiel.de/stcse/ [05.06.2020].

Dworschak, W., Kannewischer, S., Ratz, C. & Wagner, M. (2012). *Schülerschaft mit dem Förderschwerpunkt geistige Entwicklung (SFGE): Eine empirische Studie.* Oberhausen: Athena.

Fornefeld, B. (2020). *Grundwissen Geistigbehindertenpädagogik.* UTB. Ernst Reinhardt Verlag.

Flick, U. (2011). *Triangulation: Eine Einführung* (3. Aufl.). Qualitative Sozialforschung: VS-Verlag.

Gebhard, U., Höttecke, D. & Rehm, M. (2017). *Pädagogik der Naturwissenschaften. Ein Studienbuch.* Wiesbaden: Springer.

Gellert, E. (1962). Children's conceptions of the conent and functions of the human body. *Genetic Psychology Monographs, 65,* 293–405.

Gropengießer, H. (2007). Theorie des erfahrungsbasierten Verstehens. In D. Krüger & H. Vogt (Hrsg.), *Theorien in der biologiedidaktischen Forschung. Ein Handbuch für Lehramtsstudenten und Doktoranden* (S. 105–116). Berlin, Heidelberg: Springer.

Gropengießer, H. (2008). Qualitative Inhaltsanalyse in der fachdidaktischen Lehr-Lernforschung. In M. Gläser-Zikuda & P. Mayring (Hrsg.), *Praxis der Qualitativen Inhaltsanalyse* (S. 172–189). Weinheim: Beltz.

Gropengießer, H. & Marohn, A. (2018). Schülervorstellungen und Conceptual Change. In D. Krüger, I. Parchmann & H. Schecker (Hrsg.), *Theorien in der naturwissenschaftsdidaktischen Forschung* (S. 49–67). Berlin, Heidelberg: Springer.

Hammann, M. & Asshoff, R. (2014). *Schülervorstellungen im Biologieunterricht. Ursachen für Lernschwierigkeiten.* Seelze: Klett/Kallmeyer.

Hodson, D. (2014). Learning Science, Learning about Science, Doing Science: Different goals demand different learning methods. *International Journal of Science Education, 36*(15), 2534–2553.

Kattmann, U. (2007). Didaktische Rekonstruktion – eine praktische Theorie. In D. Krüger & H. Vogt (Hrsg.), *Theorien in der biologiedidaktischen Forschung. Ein Handbuch für Lehramtsstudenten und Doktoranden* (S. 93–104). Berlin, Heidelberg: Springer.

Kattmann, U., Duit, R., Gropengießer, H. & Komorek, M. (1997). Das Modell der Didaktischen Rekonstruktion – Ein Rahmen für naturwissenschaftsdidaktische Forschung und Entwicklung. *Zeitschrift für Didaktik der Naturwissenschaften, 3*(3), 3–18.

Krüger, D. (2007). Die Conceptual Change-Theorie. In D. Krüger & H. Vogt (Hrsg.), *Theorien in der biologiedidaktischen Forschung. Ein Handbuch für Lehramtsstudenten und Doktoranden* (S. 81–92). Berlin, Heidelberg: Springer.

Lakoff, G. (1987). *Women, fire, and dangerous things. What categories reveal about the mind.* London: The University of Chicago Press.

Mayring, P. (2015). *Qualitative Inhaltsanalyse. Grundlagen und Techniken.* Weinheim: Beltz.

McEwing, G. (1996). Childrens understanding of their internal body parts. *British journal of nursing, 5*(7), 423–429.

Menthe, J. & Hoffmann, T. (2015). Inklusiver Chemieunterricht: Chance und Herausforderung. In J. Riegert & O. Musenberg (Hrsg.), *Inklusiver Fachunterricht in der Sekundarstufe* (S. 131–141). Stuttgart: Kohlhammer.

Menthe, J., Höttecke, D., Zabka, T., Hammann, M. & Rothgangel, M. (2016). *Befähigung zu gesellschaftlicher Teilhabe. Beiträge der fachdidaktischen Forschung.* Münster: Waxmann.

Ratz, C. (2011). *Unterricht im Förderschwerpunkt geistige Entwicklung. Fachorientierung und Inklusion als didaktische Herausforderungen.* Oberhausen: Athena.

Reiss J., M. & Tunnicliffe, S. D. (2001). Students' Understandings of Human Organs and Organ Systems. *S.D. Research in Science Education, 3*(31), 383–399.

Riegert, J. & Musenberg, O. (2015). *Inklusiver Fachunterricht in der Sekundarstufe.* Stuttgart: Kohlhammer.

Riemeier, T., Jankowski, M., Kersten, B., Pach, S., Rabe, I., Sundermeier, S. et al. (2010). Wo das Blut fließt. Schülervorstellungen zu Blut, Herz und Kreislauf beim Menschen. *Zeitschrift für Didaktik der Naturwissenschaften, 16,* 77–93.

Schallenkammer, N. (2016). Offene Leitfadeninterviews im Kontext sogenannter geistiger Behinderung. In D. Katzenbach (Hrsg.), *Qualitative Forschungsmethoden in der Sonderpädagogik* (S. 45–55). Stuttgart: Kohlhammer.

Schecker, H. & Duit, R. (2018). Schülervorstellungen und Physiklernen. In H. Schecker, T. Wilhelm, M. Hopf & R. Duit (Hrsg.), *Schülervorstellungen und Physikunterricht. Ein Lehrbuch für Studium, Referendariat und Unterrichtspraxis* (S. 1–21). Berlin, Heidelberg: Springer.

Seitz, S. (2003). Wege zu einer inklusiven Didaktik des Sachunterrichts – das Modell der Didaktischen Rekonstruktion. In G. Feuser (Hrsg.), *Integration heute – Perspektiven ihrer Weiterentwicklung in Theorie und Praxis.* Frankfurt am Main: Lang.

Seitz, S. (2006). *Inklusive Didaktik: Die Frage nach dem ,Kern der Sache'.* Verfügbar unter https://www.inklusion-online.net/index.php/inklusion-online/article/view/184/184 [20.09.2020].

Sterk, J. & Mertin, P. (2016). Developmental Trends in Children's Internal Body Knowledge. *Children Australia, 43*(1), 66–72.

WHO. (2001). *International classification of functioning, disability and health: ICF.* World Health Organization.

René Schroeder, Joana Ernst, Rebecca Hummel,
Susanne Miller, Mona Stets und Katrin Velten

„Wieso wird der Mond immer weniger?" – Fachliches Lernen im inklusionsorientierten Sachunterricht entlang von Schüler*innenfragen

Zusammenfassung: Mit dem Ziel, Teilhabe an und durch naturwissenschaftliche Grundbildung zu ermöglichen, werden Herausforderungen für forschendes Lernen zwischen vielperspektivischer Sacherschließung und notwendiger Lernunterstützung beim Erwerb fachlicher Basiskonzepte bestimmt. Dies wird am Ansatz eines schüler*innenfragenorientierten Sachunterrichts konkretisiert. Hierzu werden Befunde aus dem Projekt FriSa zum strukturiert forschenden Lernen zu astronomischen Basiskonzepten von Schüler*innen mit heterogener Lernausgangslage analysiert. Implikationen zur Frage, ob alle Kinder von diesem Ansatz profitieren können, werden mit Blick auf Postulate inklusiver naturwissenschaftlicher Bildung diskutiert.

Schlagwörter: Sachunterricht, Inklusion, naturwissenschaftliche Bildung, forschendes Lernen

"Why's the moon gettin' less and less?" – Questions in inclusive primary science education

Abstract: Participation in and through science education is an important aim in elementary education. Challenges for inquiry-based learning arise when necessary support for learning has to match children's various perspectives towards phenomena. A teaching conception structured through students' questions may be a way to cope with these challenges. Towards this, research results from the project FriSa are analyzed giving hints for structured inquiry and development of astronomical basic concepts of students with different prerequisites. This leads to implications for supporting all children in early science education in inclusive classrooms.

Keywords: early science, inclusion, science education, inquiry-based learning

1. Naturwissenschaftlicher Sachunterricht und die Frage der Inklusion

Ausgangspunkt des Beitrags ist, die Zielsetzung „Partizipation an individualisierten und gemeinschaftlichen fachspezifischen Lehr-Lern-Prozessen zur Entwicklung einer naturwissenschaftlichen Grundbildung" (Menthe et al., 2017, S. 801) zu ermöglichen. Dieser Grundgedanke ist anschlussfähig an Zielformulierungen zu einem inklusionsorientierten Sachunterricht, wie sie etwa Pech, Schomaker und Simon (2018) explizieren. Sachunterricht folgt der Prämisse, schulische wie gesellschaftliche Teilhabe durch Umwelterschließung und eine damit einhergehende Erfahrungserweiterung zu ermöglichen. Dabei soll ein grundlegendes Wissenschaftsverständnis und eine forschende Haltung bei allen Schüler*innen aufgebaut werden (Schomaker, 2019). Grundlegende naturwissenschaftliche Bildung (Möller, 2006) schließt die Entwicklung von Interesse, Selbstvertrauen und Freude am naturwissenschaftlichen Denken und Arbeiten mit ein (GDSU, 2013). In diesem Sinne geht der vorliegende Beitrag der Frage nach, ob auf der Basis eines fragend-forschenden Unterrichtskonzepts in einem inklusiven Setting soziale Teilhabe und der Erwerb tragfähiger fachlicher Basiskonzepte ermöglicht werden kann.

2. Forschendes Lernen in seiner Bedeutung für inklusionsorientierten Sachunterricht

Mit Gillians (2020, S. 2–3) lässt sich forschendes Lernen als „an investigative approach to teaching and learning where students are provided with opportunities to investigate a problem, search for possible solutions, make observations, ask questions, test out ideas, think creatively, and use their intuition" bestimmen. Dabei lassen sich verschiedene Stufen der Strukturierung und Lenkung unterscheiden, von einer klar beschriebenen Vorgehensweise (structured inquiry) über die Vorgabe einer Problemstellung und notwendiger Materialien (guided inquiry) bis hin zur eigenständigen Entwicklung einer Frage- bzw. Problemstellung als freies Forschen (open inquiry) (Colburn, 2000). Kennzeichnend sind insbesondere für die letzten beiden Formen ein Lernen, dass von Neugierde und dem Wunsch, Lernwege mitzubestimmen, getragen wird, sodass erfahrungsbasiert Vermutungen formuliert und Sachverhalte exploriert werden können (Reitinger, 2013). Dies korrespondiert in hohem Maße mit der Forderung nach partizipativer und vielperspektivischer Sacherschließung innerhalb kooperativ-kommunikativ angelegter Lernarrangements in Ansätzen einer inklusionsorientierten Sachunterrichtsdidaktik (Pech et al., 2018; Schroeder & Miller, 2017). Allerdings ergeben sich aus den skizzierten Merkmalen forschenden Lernens – abhängig davon, wie streng diese ausgelegt werden – zahlreiche Anforderungen an die Schüler*innen in der Gestaltung ihres eigenaktiven Lernprozesses (Reitinger, 2013). Umso wichtiger ist es, wie Schubert-Lange und Tretter (2017) dies herausstellen, Befunde zum systematischen Konzeptwechsel sowie der sequenziert-strukturierten Gestaltung fachlicher Aufgaben- und Lernsettings (Möller, 2016) stärker inklusionsbezogen zu rezipieren, um tatsächlich allen Kindern die notwendige Lernunterstützung im Prozess des forschenden Lernens geben zu können (Gillies, 2020).

Für die eigene Konzeption gilt es, Hinweise auf Herausforderungen naturwissenschaftlichen Lernens insbesondere auch für Schüler*innen mit Lernschwierigkeiten in inklusiven Settings zu berücksichtigen, die primär internationale Publikationen liefern (Brigham, Scruggs, Mastropieri & Mango, 2011; Therrien, Taylor, Hosp, Kaldenberg & Gorsh, 2011; Villanueva, Taylor, Therrien & Hand, 2012). So lassen sich Vorteile für handlungsorientierte Zugänge belegen, wohingegen eine vorrangige Ausrichtung des Unterrichts auf textbasierte Medien als wenig lernwirksam zu bewerten ist (Brigham et al., 2011; Mastropieri, Scruggs & Magnusen, 1999). Forschendes Lernen kann insofern ein idealtypischer Ansatz sein, um sowohl ein hohes Maß an Handlungsorientierung zu realisieren wie auch den übergreifenden Zielsetzungen naturwissenschaftlicher Bildung gerecht zu werden. Demgegenüber steht die Skepsis, inwieweit Schüler*innen mit Unterstützungsbedarfen tatsächlich vom forschenden Lernen profitieren (McGrath & Tejero Hughes, 2018; Rizzo & Taylor, 2016; Therrien et al., 2011). Probleme können beim Verständnis fachsprachlicher Elemente oder durch fehlende inhaltliche Voraussetzungen auftreten (McGrath & Tejero Hughes, 2018). Auf Basis empirischer Befunde folgern Rizzo und Taylor (2016) „that supports for inquiry-based science instruction are necessary for students with disabilities to demonstrate progress on science achievement measures" (S. 13). Aus der Meta-Analyse von Therrien et al. (2011) ergeben sich Vorteile für strukturierte Formen forschenden Lernens (structured inquiry) mit Schwerpunkten auf aktivitätsorientiertem, angeleitetem Experimentieren, formativem Feedback, variierenden Darstellungsebenen sowie dem konzeptuellen Wissensaufbau. Sowohl peer-gestützte Instruktion (Jimenez, Browder, Spooner & Dibiase, 2012) wie auch Strukturierungshilfen im Forschungsprozess („science writing heuristics") (Taylor, Murillo, Hand, Tseng & Therrien, 2018) können als Gelingensfaktoren gelten und sollten mit Phasen qualitativ hochwertiger Instruktion (Spooner, Knight, Browder, Jimenez & Dibiase, 2011) und einer Arbeit in Kleingruppen an selbstdifferenzierenden Aufgaben (Brigham et al., 2011), z. B. durch Versuchsmaterial, das eine Auseinandersetzung mit Basiskonzepten auf unterschiedlichen Verständnisebenen erlaubt, verbunden werden. Diese Befunde zur Bedeutung des Scaffoldings für leistungsschwächere Schüler*innen korrespondieren mit Ergebnissen aus der deutschsprachigen BIQUA-Teilstudie zum Lernen im naturwissenschaftlichen Sachunterricht (Möller, Jonen, Hardy & Stern, 2002), aus der ebenfalls Vorteile einer moderat-konstruktivistischen Lernumgebung hervorgehen. Aktuelle empirische Arbeiten zum naturwissenschaftlichen Sachunterricht in inklusiven Lerngruppen (Blumberg & Mester, 2017; Rott & Marohn, 2018) bestätigen die Relevanz differenzierter, materialgestützter und strukturierter Lernaufgaben bzw. Experimentierumgebungen für das fachliche Lernen aller Kinder. An diese Erkenntnisse schließt der Aufbau und die Strukturierung des vorgestellten Unterrichts an, erweitert um eine an den Schüler*innenfragen orientierte Konzeption.

3. Orientierung an Schüler*innenfragen

In Synthese der herausgearbeiteten Prämissen erscheint uns der Ansatz eines schüler*innenfragenorientierten Sachunterrichts, wie er von Miller und Brinkmann (2013) beschrieben wird, in besonderer Weise geeignet. Die Fragen der Schüler*innen als Umschlagstelle im Erkenntnisprozess (Dewey, 2004) können als Auslöser eines intrinsisch motivierten Prozesses forschenden Lernens (Krauß, 2019) verstanden werden. Dabei sind die je individuellen Erfahrungen und Interessen bedeutsam, sie spiegeln sich in der Vielfalt der Fragen wider, sie öffnen damit den Blick für das Denken der Kinder und ermöglichen allen Kinder, sich einzubringen. Unter einer wissenschaftsorientierten Perspektive stellt die Frage in verschiedenen Sachunterrichtskonzeptionen einen zentralen Ausgangspunkt dar (Schwedes, 2001). Die Frage findet sich genauso prominent in den verschiedenen Formen des entdeckenden Lernens – wie beispielsweise dem genetisch-exemplarisch-sokratischen Lernen oder dem Lernen durch Experimentieren – wieder (Hartinger & Lohrmann, 2011). Auch für den Anspruch, Inklusion einzulösen, sieht Schomaker (2019, S. 43) es als zentrale Möglichkeit, „dass allen Kindern mit ihren Fragen und Interessen sowie Zugängen zu den Sachverhalten entsprochen wird und sie in ihren je individuellen Bildungsprozessen unterstützt werden." Die Fragen spiegeln das Vorwissen der

Schüler*innen wider, weisen aber in ihrem epistemischen Charakter darüber hinaus und erlauben es, Unterricht in Verbindung von Fragen und fachlichen Konzepten zu strukturieren (Miller & Brinkmann, 2013). Dies wird gestützt durch einzelne Befunde, wonach sich eine Orientierung an Schüler*innenfragen sowohl auf die motivationale wie auch die fachlichen Facetten des Lernens positiv auswirkt (etwa Chin, Brown & Bruce, 2002; Topping & Tricky, 2007). Brinkmann (2019) konnte Hinweise finden, dass in ihrer Konzeption eines konsequent an Schüler*innenfragen orientierten Sachunterrichts auch Schüler*innen mit wenig Vorwissen ihr fachliches Gegenstandsverständnis zu den thematisierten astronomischen Phänomenen weiterentwickelten. Hieran anschließend findet im Projekt „Fragen im inklusionsorientierten Sachunterricht" (FriSa) eine Übertragung des Ansatzes auf inklusive Sachunterrichtsettings statt. Von besonderem Interesse ist dabei die Passung der Konzeption für Schüler*innen mit Lernschwierigkeiten, worunter in einer weiten Definition „besondere Schwierigkeiten in der Auseinandersetzung mit Lernanforderungen" (Gold 2018, S. 11–12) verstanden werden. Neben den partizipativen Elementen forschenden Lernens stehen daher auch die fachlichen Lernprozesse im Fokus. Deshalb ist zunächst abzuklären, von welchen Schüler*innenvorstellungen zu den astronomischen Phänomenen bei Kindern im Grundschulalter auszugehen ist und welche Veränderungen erwartbar sind.

4. Schüler*innenvorstellungen: Tag-Nacht-Phänomen und Mondphasen

Wie Lelliott und Rollnick (2010) auf Basis ihres Literaturreviews feststellen, liegen zahlreiche Untersuchungen zu Schüler*innenvorstellungen zum Tag-Nacht-Phänomen bzw. zum Erde-Sonne-Mond-System vor. Kinder im Grundschulalter haben dabei eher intuitive Vorstellungen, indem sie z. B. das Tag-Nacht-Phänomen über die Verdeckung der Sonne durch Wolken erklären (Vosniadou & Brewer, 1992). Teils entwickeln sich diese bereits im Grundschulalter zu synthetischen Modellen weiter, bei denen Elemente fachlicher Konzepte in lebensweltliche Vorstellungen integriert werden, ohne diese vollständig zu ersetzen (auch Brinkmann, 2019). Hinsichtlich einer Erklärung der Mondphasen fällt es Schüler*innen aufgrund der Dreierkonstellation von Erde – Mond – Sonne schwer, die Ebene der reinen Phänomenbeschreibung zu verlassen (Lelliott & Rollnick, 2010; Sharp, 1996). Auch wenn Zweifel geäußert werden, ob Schüler*innen im Grundschulalter überhaupt fachlich tragfähige Konzepte zu komplexen astronomischen Phänomenen erwerben können (Lelliott & Rollnick, 2010), kann Brinkmann (2019) in ihrer phänomenografisch angelegten Untersuchung zeigen, dass sich Grundschüler*innen durch die Nutzung geeigneter Modelle und Repräsentationsformen in ihren Vorstellungen von einer stark lebensweltlich erdgebundenen zu einer astronomischen Perspektive weiterentwickeln können. Auch Mills, Tomas und Lewthwaite (2016) betonen die Bedeutung geeigneter Repräsentationsformen für erfolgreiches astronomisches Lernen.

5. Darstellung des Projektes FriSa

Aufbauend auf den skizzierten Vorarbeiten von Brinkmann (2019) geht es in dem Projekt FriSa darum, eine an den Schüler*innenfragen orientierte Konzeption zum Thema „Erde, Mond und Sonne im Weltraum" hinsichtlich ihrer Umsetzbarkeit in inklusiven Lerngruppen zu erproben sowie Erkenntnisse über die Nutzung des Lernangebotes, wie damit verbundener Entwicklungen des Gegenstandsverständnisses im Zusammenhang mit dem „Tag-Nacht-Phänomen" und den „Mondphasen", zu gewinnen.

5.1 Forschungsfragen

Entsprechend der beschriebenen Zielrichtung lauten die Forschungsfragen:

1. Welchen Einfluss haben spezifische, für naturwissenschaftliches Lernen bedeutsame, Eingangsvoraussetzungen auf die Entwicklung des Gegenstandsverständnisses?
2. Kann bei allen Kindern eine messbare Veränderung des Gegenstandsverständnisses bezüglich der bearbeiteten astronomischen Phänomene erreicht werden?

5.2 Forschungsdesign, -sample und -methodik

Die Untersuchung folgt einem Prä-Post-Design, bei dem in der Vorerhebung als relevant erachtete Eingangsvoraussetzungen klassenweise erhoben wurden. Das unterrichtliche Interesse sowie die Selbstwirksamkeit, als spezifische Determinanten für naturwissenschaftliches Lernen (z. B. Möller, 2006; Mills et al., 2016), wurden mit dem durch die Forscher*innengruppe selbst entwickelten BISS-Test (Velten, Schroeder & Miller, 2019) ermittelt. Die kognitiven Grundfähigkeiten wurden unter Einsatz des CFT-1R (Weiß & Osterland, 2012) erfasst, um für die weitergehende Analyse einen fachunabhängigen Indikator für leistungsbezogene Differenzen bzw. Lernschwierigkeiten zu erhalten. Das Gegenstandsverständnis wurde mittels eines teilstandardisierten Fragebogens[1] in Anlehnung an Brinkmann (2019) ermittelt. Dieser beinhaltet sowohl geschlossene wie offene Items zum „Tag-Nacht-Phänomen" (4 Items) und den „Mondphasen" (4 Items). In leichter Modifikation der von Brinkmann (2019) empirisch herausgearbeiteten acht Niveaustufen[2] wurden die Antworten jeweils einem Niveau zugeordnet und das durchschnittliche Niveau berechnet. Mögliche Veränderungen im Verständnis wurden mit dem gleichen Fragebogen in der Nacherhebung ermittelt. Ergänzend wurden leitfadengestützte Interviews mit ausgewählten Fokuskindern zu ihrem spezifischen Gegenstandsverständnis geführt. Weiterhin wurden die ersten Fragen der Schüler*innen vor Beginn der Unterrichtseinheit dokumentiert.

Anlage des Unterrichts

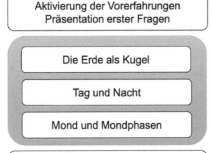

Abb. 1: Anlage des Unterrichts

Angelehnt an die Vorarbeiten von Brinkmann (2019) erfolgte die Umsetzung des Unterrichtsvorhabens über sechs Doppelstunden (siehe Abb. 1). Zunächst fand ein gemeinsamer Einstieg statt, bei dem über den fragenan-

---

1 Es wurden schriftsprachliche Anforderungen reduziert, aber auch grafische Elemente ergänzt sowie die Aufgabenpräsentation stärker vorstrukturiert. Schüler*innen ohne ausreichende Schriftsprachkompetenz wurde der Fragebogen vorgelesen sowie deren Antworten wörtlich im Fragebogen festgehalten.

2 Beispiel Niveau 1 „Tag-Nacht-Phänomen": Die Erde ist unbeweglich, die Sonne verschwindet in der Nacht hinter Wolken. Beispiel Niveau 8 „Es liegt ein astronomisches Konstellationsverständnis vor."

regenden Impuls eines Filmausschnitts mit „Astro-Alex" und seinem Astronautenblick eine Aktivierung der individuellen Vorerfahrungen angestrebt wurde. Die resultierenden Fragen wurden an einer Fragenwand gesammelt und geclustert (Erde, Sonne, Mond, Sterne, Planeten, Spezialfragen). Passend zum an der Sachstruktur vorgesehenen Aufbau der Unterrichtseinheit wurden zunächst Fragen zu den zu vermittelnden astronomischen Kernideen „Kugelgestalt der Erde", „Tag-Nacht-Phänomen" sowie „Mondphasen" gemeinsam mit den Schüler*innen gesammelt und zur Formulierung von Forschungsaufträgen genutzt. Die Erarbeitung der astronomischen Kernideen erfolgte strukturiert über die zu Forschungsaufträgen verdichteten Fragen. Gemäß den zuvor referierten Befunden zum forschenden Lernen wurden fragen- bzw. problembasierte Kreisgespräche, Repräsentationen über Modelle, Visualisierungen sowie handlungsorientierte Kleingruppenversuche genutzt und über ein Forschungstagebuch dokumentiert. Je nach verfolgter Fragestellung bewegte sich das Vorgehen zwischen gelenktem und begleitetem Forschen. Abschließend fand ein freieres Forschen in Expert*innengruppen zu den übrigen, bisher nicht berücksichtigten Schüler*innenfragen statt, wozu eine materialgestützte Lernumgebung für eigenständiges Recherchieren und Forschen bereitgestellt wurde. Es wurden Lernplakate zu den eigenen Fragen vorbereitet und in einer Abschlusspräsentation der Klasse vorgestellt und diskutiert.

Die vorliegenden quantitativen Daten zu den Eingangsvoraussetzungen wurden mittels deskriptiver Statistik aufbereitet, um nachgehend regressionsanalytisch den Einfluss der erhobenen Variablen zum ersten Messzeitpunkt auf das Gegenstandsverständnis nach der Unterrichtseinheit zu untersuchen (Frage 1). Interferenzstatistisch erfolgte zur Beantwortung der zweiten Forschungsfrage eine Prüfung auf statistische Mittelwertunterschiede des Gegenstandsverständnisses zu beiden Messzeitpunkten sowie die Bestimmung der Effektstärke Cohens d_z. Die Auswertung erfolgte auch gruppenspezifisch für Schüler*innen mit gering, mittel und stark ausgeprägten kognitiven Fähigkeiten.

Das Clustersample der Untersuchung besteht aus drei dritten Klassen unterschiedlicher Schulen mit Gemeinsamen Lernen in Nordrhein-Westfalen (n = 64). Neben der durch die sozialräumliche Lage der Schulen bedingten sozio-kulturellen Heterogenität sind insgesamt 15 Kinder mit unterschiedlichen sonderpädagogischen Förderbedarfen Teil der Klassen.

6. Befunde zu Eingangsvoraussetzungen und Gegenstandsverständnis

Entlang der in Tab. 1 dargestellten Befunde zu den erhobenen Voraussetzungen ergibt sich ein heterogenes Bild. So zeigt sich für die kognitiven Fähigkeiten eine erhebliche Spannweite der ermittelten T-Werte (21–70). Ebenso lassen sich statistisch bedeutsame Unterschiede in der sozialen Selbstwirksamkeit ermitteln. Hier zeigt sich, dass sich Schüler*innen der Klasse C am stärksten sozial selbstwirksam wahrnehmen. Für das fachliche Vorwissen lässt sich ein Mittelwert von 2,7 bestimmen. Die Streuung ist mit einem Wert von 0,9, also etwa einer Niveaustufe, eher niedrig. So kommt ein Teil der Kinder in allen drei Klassen über eine phänomenbezogene Beschreibung bzw. lebensweltliche Erklärungsperspektive nicht hinaus, jedoch finden sich auch vor der unterrichtlichen Intervention einzelne Kinder mit deutlich mehr Erklärungswissen. Bezüglich des fachlichen Vorwissens unterscheiden sich die Klassen nicht signifikant.

Tab. 1: Erhobene Eingangsvoraussetzungen nach Klassen

	Klasse A (n = 18)		Klasse B (n = 21)		Klasse C (n = 25)		Gesamt (n = 64)	
	M (SD)	R	M (SD)	R	M (SD)	R	MW (SD)	R
Kog. GF (T-Werte)	44,0*	30–54	50,0*	28–66	41,8*	21–70	45,1*	21–70
Allg. Selbstwirksamkeit	10,8 (3,1)	3–14	10,8 (3,3)	1–14	10,7 (3,0)	3–14	10,8 (3,0)	1–14
Soz. Selbstwirksamkeit	6,8 (3,4)	0–12	7,3 (2,2)	4–11	8,5 (2,5)	5–12	7,6** (2,7)	0–12
Interesse	4,0 (0,7)	3–5	3,7 (1,3)	1–5	4,2 (1,4)	0–5	4,0 (1,2)	0–5
GVt_0	2,7 (1,0)	1,0–4,9	3,2 (0,8)	1,6–4,3	2,3 (0,7)	0,9–3,5	2,7 (0,9)	0,9–4,9

Anm. * p > .05 ** p > .01 *** p >,001

Die lineare multiple Regressionsanalyse im Einschlussverfahren zeigt, dass nur die kognitiven Grundfähigkeiten mit dem Gegenstandsverständnis zum zweiten Messzeitpunkt signifikant korrelieren (ß = .500). Alle anderen Eingangsvoraussetzungen lassen sich nicht als Prädikatoren identifizieren. So ergeben sich weitere Hinweise darauf, dass es sinnvoll ist, die fachliche

Lernentwicklung differenziert entlang der kognitiven Grundfähigkeiten[3] zu betrachten (siehe Tab. 2). Über alle Gruppen hinweg liegt ein signifikanter Zuwachs im Gegenstandsverständnis zwischen den beiden Messzeitpunkten vor. Es lässt sich ein Cohens d_z von .66 errechnen, was einem mittleren Effekt entspricht und in etwa mit den in der Literatur berichteten Effektstärken für forschendes Lernen korrespondiert (vgl. Therrien et al., 2011), wenngleich sich spezifischere Aussagen zu Wirkeffekten der Intervention durch die fehlende Kontrollgruppe verbieten. Im Gruppenvergleich wird erkennbar, dass diese nicht nur mit unterschiedlichen Niveaus in Bezug auf das Gegenstandsverständnis starten, sondern sich im Vergleich der Kinder mit mittleren bzw. hohen kognitiven Fähigkeiten zu Schüler*innen mit niedrigen Testwerten ein Schereneffekt abzeichnet. Die Veränderung des Gegenstandsverständnisses fällt bei letzterer Gruppe signifikant geringer aus, was sich auch an dem niedrigeren Wert für Cohens d_z von .62 zu .70 bzw. .71 zeigt.

Tab. 2: Vergleich des Gegenstandsverständnisses in Vor- und Nacherhebung gruppiert nach kognitiven Grundfähigkeiten

Gruppe	Mprä	Mpost	T	dz
niedrig (n = 21)	2,20	2,50	2,85*	,62
mittel (n = 18)	2,69	3,72	2,85*	,71
hoch (n = 19)	3,38	4,09	2,96**	,70
Gesamt (n = 58)	2,70	3,38	4,90***	,66

Anm. * p > .05 ** p > .01 *** p >,001

Betrachtet man gruppenspezifisch die Befunde differenzierter nach den beiden erfassten Phänomenaspekten, zeigt sich, dass beim „Tag-Nacht-Phänomen" nur geringe Veränderungen gemessen werden. Im Vergleich zum Aspekt „Mondphasen", bei dem die Werte durchschnittlich über alle Gruppen um ca. eine Niveaustufe in der Nacherhebung höher ausfallen, ist dies für das „Tag-Nacht-Phänomen" nicht der Fall und kann Indiz für Schwierigkeiten, gerade bei der Gruppe der Kinder mit niedrigen kognitiven Fähigkeiten im fachlichen Lernprozess, sein.

---

3 Die vorgenommene Gruppierung ergibt sich durch Teilung des Samples in drei gleichgroße Untergruppen entlang der erreichten T-Werte.

Tab. 3: Vergleich des Gegenstandsverständnis nach Phänomenaspekten

Gruppe	$M_{\text{Tag-Nacht-Prä}}$ (SD)	$M_{\text{Tag-Nacht-Post}}$ (SD)	$M_{\text{Mond-Prä}}$ (SD)	$M_{\text{Mond-Post}}$ (SD)
niedrig (n = 21)	1,98 (0,85)	1,89 (0,93)	2,42 (1,08)	3,29 (1,23)***
mittel (n = 18)	1,93 (0,56)	2,91 (1,38)***	3,43 (1,27)	4,47 (1,33)***
hoch (n = 19)	2,88 (1,08)	3,15 (1,18)	3,88 (0,84)	5,06 (0,73)***
Gesamt (n = 58)	2,23 (0,94)	2,60 (1,26)***	3,16 (1,23)	4,17 (1,39)***

Anm. * p > .05 ** p > .01 *** p >,001

Persistierende Schwierigkeiten bei der Konzeptveränderung können beispielhaft entlang der Interviewdaten des Schülers L., einem Schüler mit sonderpädagogischem Förderbedarf Lernen, konkretisiert werden. So artikuliert L. im Vorerhebungsinterview eine Vorstellung zum „Tag-Nacht-Phänomen", bei der dieses durch die *Bewegung der Sonne* (Niveau 3) verursacht wird und aus seiner lebensweltlichen Perspektive das Erscheinen der Sonne aus dem Weltall für den Tag verantwortlich ist:

> „Ja die Sonne kommt dann auf die Seite wo wir sind die die die gestern das noch
> hell hatten die die schlafen jetzt und morgen sind die wieder am wach sein und
> heute nacht sind wir am schlafen." (Lprä_: 48–48)

In der Nacherhebung erklärt L. das „Tag-Nacht-Phänomen" weiterhin mit der *Bewegung der Sonne* und einer Differenzierung in eine Tag- und Nacht-Seite der Erde, was weiterhin einer Argumentation auf Niveaustufe 3 entspricht.

> „Dass das einfach die Sonne auf der anderen Seite? von der Erde ist und das der
> Mond gerade hier, wenn es jetzt nachts ist dass, das der Mond jetzt gerade hier
> auf uns auf unsere Seite strahlt und wenn es morgens ist dann, dann kommt die
> Sonne zu uns und scheint hier drauf […] Die Sonne dreht sich ja um die Erde."
> (L_post: 44–49)

Dieser Interviewauszug lässt erkennen, dass sich die Vorstellung zur Beziehung von Erde und Sonne um die Komponente Mond, der mit dem Phänomen Nacht assoziiert wird, erweitert hat. Im weiteren Verlauf des Interviews zeigt sich, dass L. anhand der eingesetzten Knetmodelle Erde und Sonne in einer astronomischen Perspektive in ihrer Kreisbahn zueinander beschreiben kann, jedoch weiterhin eine geozentrische Vorstellung besitzt:

„Dass das diese beiden sich hier um die Erde drehen [L. deutet mit der gelben Sonnenkugel und der schwarzen Mondkugel in der Hand eine Kreisbewegung um die auf dem Tisch liegende grüne Erdkugel an]" (L$_{post}$: 136–136)

Exemplarisch wird deutlich, dass es nicht hinreichend gelungen ist, durch den gewählten strukturierten Ansatz forschenden Lernens bei allen Schüler*innen eine Entwicklung ihres Gegenstandsverständnisses anzustoßen. Bezüglich des „Tag-Nacht-Phänomens" bleiben die Vorstellungen auf einem eher niedrigen Niveau lebensweltlicher Perspektiven bzw. geozentrischer Erklärungsmuster. Über die Gesamtgruppe hinweg konnten jedoch im Anschluss an die erste Forschungsfrage eine Weiterentwicklung des Verständnisses festgestellt werden, wenngleich Schüler*innen mit günstigeren kognitiven Voraussetzungen stärker profitieren und mögliche Schereneffekte entstehen. Dass sich die kognitiven Fähigkeiten als Prädiktor herausstellen, lässt vermuten, dass das relativ hohe Abstraktionsniveau jenseits einer reinen Phänomenebene eine Rolle spielt. Dies ist zumindest unter der Zielstellung inklusiver naturwissenschaftlicher Bildung ein Befund, der zur weiteren Diskussion Anlass gibt.

7. Implikationen und Fazit

Aus den dargestellten Befunden lassen sich Folgerungen für naturwissenschaftliches Lernen im inklusionsorientierten Sachunterricht auf zwei Ebenen ableiten. So wird bezogen auf die fachliche Weiterentwicklung des Gegenstandsverständnisses die von Abels (2020) beschriebene „Bruchlinie inklusiver Gestaltung" sichtbar, indem Kinder mit ungünstigeren Voraussetzungen auf Schwierigkeiten stoßen, lebensweltlich verankerte Vorstellungen weiterzuentwickeln, auch wenn veranschaulichende Versuche und Repräsentationsformen genutzt werden. Der enge Zusammenhang zwischen kognitiven Fähigkeiten, d. h. auch Abstraktionsvermögen, und Gegenstandsverständnis könnte in den benötigten modellhaften Vorstellungen zur Erklärung astronomischer Phänomene begründet liegen. Die Bruchstelle zwischen lebensweltlichen Erfahrungen und fachlichen Konzepten zum Verständnis dieser ist ggf. größer als bei anderen denkbaren Thematiken.

Entgegen bisheriger Befunde (etwa Lelliott & Rollnick, 2010) erwies sich aber nicht das Verständnis der Mondphasen als zentrale Problemstelle, sondern die Erklärung des „Tag-Nacht-Phänomens". Eine mögliche Begründung kann in der genutzten Modellebene liegen. So lassen sich lebensweltliche Erklärungsmuster zur Entstehung der Mondphasen (z. B. Wolken) durch den genutzten Versuch mit einer Lichtquelle (Sonne) und zwei beweglichen Körpern (Erde und Mond) relativ gut falsifizieren. Demgegenüber kann die Frage, ob das „Tag-Nacht-Phänomen" durch eine Bewegung der Erde oder der Sonnen entsteht, über einen Versuch nicht abschließend geklärt werden. Hieraus wird einerseits die hohe Bedeutung fachlich fundierter Lernunterstützung (Möller, 2016) deutlich, um durch entsprechende Versuche, Repräsentationsformen und Aufgabenformate Hilfen beim Aufbau von Konzeptwissen zu geben. Andererseits tritt die Schwierigkeit hervor, tatsächlich alle Schüler*innen zu erreichen.

Ebenso ließe sich fragen, ob die konstatierte Bruchlinie im inklusiven Unterricht nicht erst durch einen verengten Fokus auf fachliche Konzeptveränderung hervorgebracht wird und nicht durch eine stärker vielperspektivische Ausrichtung vermeidbar wäre. So wird aus den im Projekt erhobenen Schüler*innenfragen erkennbar, dass für einzelne Schüler*innen teils ganz andere Aspekte relevant sind, wenn L. fragt „Wie können Menschen im Weltall fliegen?" oder eine Schülerin wissen will „Wie können die Astronauten im Weltall schlafen und aufwachen?". Diesen subjektiv bedeutsamen Fragen wurde im Rahmen der Expert*innengruppen Raum gegeben, sodass dem zuvor formulierten Anspruch an Teilhabe in einem inklusionsorientierten Sachunterricht (Schomaker, 2019) entsprochen wurde. Somit findet forschendes Lernen auch jenseits der fokussierten astronomischen Konzepte statt. Die besondere Herausforderung bzw. Forschungsperspektive ist, wie bei einem stärker individualisierten Lernen eine jeweils passende fachliche Lernunterstützung in einem solchen Prozess freien Forschens gewährleistet werden kann. Der hier dargestellte, schüler*innenfragenorientierte Ansatz kann ein möglicher Weg sein, eine fachlich begründete Rahmenstruktur mit einem fragend-forschenden Blick der Kinder zu verbinden.

Literatur

Abels, S. (2020). Naturwissenschaftliche Kompetenzen und Inklusion – Inklusion durch Kompetenzorientierung? In S. Habig (Hrsg.), *Naturwissenschaftliche Kompetenzen in der Gesellschaft von morgen* (S. 20–30). Duisburg: Universität Duisburg-Essen.

Blumberg, E. & Mester, T. (2017). Potentielle Gelingensbedingungen im naturwissenschaftlichen Sachunterricht der Grundschule – auf dem Weg zu empirischen Evidenzen. In F. Hellmich & E. Blumberg (Hrsg.), *Inklusiver Unterricht in der Grundschule* (S. 294–312). Stuttgart: Kohlhammer.

Brigham, F. J., Scruggs, T. E. & Mastropieri, M. A. (2011). Science Education and Students with Learning Disabilities. *Learning Disabilities Research & Practice, 26*(4), 223–232.

Brinkmann, V. (2019). *Fragen stellen an die Welt: Eine Untersuchung zur Kompetenzentwicklung in einem an den Schülerfragen orientierten Sachunterricht*. Batlmansweiler: Schneider.

Chin, C., Brown, D. E. & Bruce, D. E. (2002). Student-generated questions: a meaningful aspect of learning in science. *International Journal of Science Education, 2002*(9), 521–549.

Colburn, A. (2000). An Inquiry Primer. *Science Scope, 2000*(3), 42–44.

Dewey, J. (2004). *Erfahrung, Erkenntnis und Wert.* Frankfurt a. M.: Suhrkamp.

GDSU (Hrsg.) (2013). *Perspektivrahmen Sachunterricht* (2. Aufl.). Bad Heilbrunn: Klinkhardt.

Gold, A. (2018). *Lernschwierigkeiten. Ursachen, Diagnostik, Intervention* (2. Aufl.). Stuttgart: Kohlhammer.

Hartinger, A. & Lohrmann, K. (2011). Entdeckendes Lernen. In W. Einsiedler, M. Götz, A. Hartinger, F. Heinzel, J. Kahlert & U. Sandfuchs (Hrsg.), *Handbuch Grundschulpädagogik und Grundschuldidaktik* (S. 367–371). Bad Heilbrunn: Klinkhardt.

Jimenez, B. A., Browder, D. M., Spooner, F. & Dibiase, W. (2012). Inclusive Inquiry Science. Using Peer-Mediated Embedded Instruction for Students With Moderate Intellectual Disability. *Exeptional Children, 78*(3), 301–317.

Krauß, T. (2019). Zur Entwicklung von Fragen beim gemeinsamen Forschen von Kindern. In M. Knörzer, L. Förster, U. Franz & A. Hartinger (Hrsg.), *Forschendes Lernen im Sachunterricht* (S. 114–121). Bad Heilbrunn: Klinkhardt.

Lange-Schubert, K. & Tretter, T. (2017). Inklusives Lernen im naturwissenschaftlichen Sachunterricht. Vom guten Unterricht in heterogenen Lerngruppen. In F. Hellmich & E. Blumberg (Hrsg.), *Inklusiver Unterricht in der Grundschule* (S. 268–293). Stuttgart: Kohlhammer.

Lelliott, A. D. & Rollnick, M. (2010). Big Ideas: A review of astronomy education research 1974–2008. *International Journal of Science Education, 32*(13), 1771–1799.

Mastropieri, M. A., Scruggs, T. E. & Magnusen, M. (1999). Activities-Oriented Science Instruction for Students with Disabilities. *Learning Disability Quarterly, 22*(4), 240–249.

McGrath, A. L. & Tejero Hughes, M. (2018). Students with Learning Disabilities in Inquiry-Based Science Classrooms. A Cross-Case Analysis. *Learning Disability Quarterly, 41*(3), 131–143.

Menthe, J., Abels, S., Blumberg, E., Fromme, T., Marohn, A., Nehring, A. & Rott, L. (2017). *Netzwerk Inklusiver naturwissenschaftlicher Unterricht.* https://www.gdcp.de/ images/tb2017/TB2017_800_Menthe.pdf [20.08.2020].

Miller, S. & Brinkmann, V. (2013). Inklusion durch Kommunkativen Sachunterricht: Schüler- und Schülerinnenfragen im Zentrum der Unterrichtsplanung In A. Becher, S. Miller, I. Oldenburg, D. Pech & C. Schomaker (Hrsg.), *Kommunikativer Sachunterricht. Facetten der Entwicklung* (S. 107–119). Baltmannsweiler: Schneider Verlag Hohengehren.

Mills, R., Tomas, L. & Lewthwaite, B. (2016). Learning in Earth and space science: a review of conceptual change instructional approaches. *International Journal of Science Education, 38*(5), 7677–90.

Möller, K. (2006). Naturwissenschaftliches Lernen – eine (neue) Herausforderung für den Sachunterricht. In P. Hanke (Hrsg.), *Grundschule in Entwicklung. Herausforderungen und Perspektiven für die Grundschule heute* (S. 107–127). Münster: Waxmann.

Möller, K. (2016). Bedingungen und Effekte qualitätsvollen Unterrichts – ein Beitrag aus fachdidaktischer Perspektive. In N. McElvany & W. Bos (Hrsg.), *Bedingungen und Effekte guten Unterrichts* (S. 43–64). Münster: Waxmann.

Möller, K., Jonen, A., Hardy, I. & Stern, E. (2002). Die Förderung von naturwissenschaftlichem Verständnis bei Grundschulkindern durch Strukturierung der Lernumgebung. In M. Prenzel & J. Doll (Hrsg.), *Bildungsqualität von Schule: Schulische und außerschulische Bedingungen mathematischer, naturwissenschaftlicher und überfachlicher Kompetenzen* (S. 176–191). Weinheim: Beltz.

Pech, D., Schomaker, C. & Simon, T. (2018). Inklusion sachunterrichts-didaktisch gedacht. In D. Pech, C. Schomaker & T. Simon (Hrsg.), *Sachunterricht & Inklusion: Ein Beitrag zur Entwicklung* (S. 10–25). Baltmannsweiler: Schneider.

Reitinger, J. (2013). *Forschendes Lernen. Theorie, Evaluation und Praxis.* Immenhausen: Prolog.

Rizzo, K. L. & Taylor, J. C. (2016). Effects of Inquiry-Based Instruction on Science Achievement for Students with Disabilities: An Analysis of the Literature. *Journal of Science Education for Students with Disabilities, 19*(1), 1–16.

Rott, L. & Marohn, A. (2018). choice2 explore: gemeinsam lerne im inklusiven Sachunterricht. In U. Franz, H. Giest, A. Hartinger, A. Heinrich-Dönges, & B. Reinhoffer (Hrsg.), *Handeln im Sachunterricht* (S. 223–230). Bad Heilbrunn: Klinkhardt.

Schomaker, C. (2019). Kind und Sache – Zum Verhältnis eines grundlegenden Postulats im Kontext inklusiven Sachunterrichts. In M. Siebach, J. Simon, & T. Simon (Hrsg.), *Ich und Welt verknüpfen. Allgemeinbildung, Vielperspektivität, Partizipation und Inklusion im Sachunterricht* (S. 37–46). Baltmannsweiler: Schneider.

Schroeder, R. & Miller, S. (2017). Sachunterrichtsdidaktik und Inklusion. In F. Hellmich & E. Blumberg (Hrsg.), *Inklusiver Unterricht in der Grundschule* (S. 231–247). Stuttgart: Kohlhammer.

Schwedes, H. (2001). Das Curriculum Science 5/13 – Sein Konzept und seine Bedeutung. In W. Köhnlein & H. Schreier (Hrsg.), *Innovation Sachunterricht – Befragung der Anfänge nach zukunftsfähigen Beständen* (S. 133–152). Bad Heilbrunn: Klinkhardt.

Sharp, J. G. (1996). Children's astronomical beliefs: a preliminary study of Year 6 children in south-west England. *International Journal of Science Education, 18*(6), 685–712.

Spooner, F., Knight, V., Browder, D. M., Jimenez, B. A. & Dibiase, W. (2011). Evaluating Evidence-Based Practice in Teaching Science Content to Students with Severe Developmental Disabilities. *Research & Practice for Persons with Severe Disabilities, 36*(1–2), 62–75.

Taylor, J. C., Murillo, A., Hand, B., Tseng, C.-m. & Therrien, W. (2018). Using Argument-based Science Inquiry to Improve Science Achievement for Students with Disabilities in Inclusive Classrooms. *Journal of Science Education for Students with Disabilities, 21*(1), 1–14.

Therrien, W. J., Taylor, J. C., Hosp, J. L., Kaldenberg, E., R. & Gorsh, J. (2011). Science Instruction for Students with Learning Disabilities: A Meta-Analysis. *Learning Disabilities Research & Practice, 26*(4), 188–203.

Topping, K. J. & Tricky, S. (2007). Collaborative philosophical inquiry for schoolchildren: Cognitve gains at 2-year follow-up. *British Journal of Educational Psychology, 2007*(77), 787–796.

Velten, K., Schroeder, R. & Miller, S. (2019). Kinder mit BISS – Erleben von Selbstwirksamkeit und Interesse in der Grundschule. In C. Donie, F. Foerster, M. Obermayr, A. Deckwerth, G. Kammermeyer, G. Lenske, M. Leuchter & A. Wildemann (Hrsg.), *Grundschulpädagogik zwischen Wissenschaft und Transfer* (S. 227–232). Wiesbaden: Springer.

Villanueva, M. G., Taylor, J. C., Therrien, W. & Hand, B. (2012). Science education for students with special needs. *Studies in Science Education, 48*(2), 187–215.

Vosniadou, S. & Brewer, W. F. (1992). Mental Models of the Earth: A Study of Conceptual Change in Childhood. *Cognitive psychology, 1992*(24), 535–585.

Weiß, R. H. & Osterland, J. (2012). *CFT 1-R Grundintelligenztest Skala 1 – Revision.* Göttingen: Hogrefe.

Felix Pawlak und Katharina Groß

Welche Classroom-Management-Strategien sind für das Gemeinsame Experimentieren bedeutsam? – Eine qualitative Interviewstudie mit Fachseminarleiter*innen

Zusammenfassung: Um den Herausforderungen des Gemeinsamen Experimentierens angemessen zu begegnen, müssen Lehrer*innen Überlegungen anstellen, wie das selbstständige Experimentieren aller Schüler*innen als offene Unterrichtsphase gewährleistet werden kann. Das Classroom-Management bietet einen Ansatz, der auf lernförderliche Bedingungen im Allgemeinen abzielt und auch im inklusiven Unterricht von großer Bedeutung ist. Doch wie wird das Classroom-Management im konkreten Fachunterricht lernförderlich umgesetzt?

Die bisher identifizierten chemiespezifischen Classroom-Management-Strategien werden in einer Interviewstudie mit Fachseminarleiter*innen für das Unterrichtsfach Chemie nach deren Relevanz und lernförderlichen Einsatz hin analysiert.

Schlagwörter: Classroom-Management, Schülerexperimente, inklusiver Chemieunterricht

Which classroom management strategies are essential for student experiments in inclusive school settings? – A qualitative study from the perspective of Teacher Training seminar leaders

Abstract: To meet the challenges that occur when conducting student experiments in inclusive learning groups adequately, teachers have to consider how to ensure safety and learning during these more open phases. Classroom management offers an approach that aims at creating conditions that are supportive towards learning in general. Classroom management is therefore a very important aspect in inclusive teaching. But how can classroom management be used to promote learning in specific subject areas?

The chemistry specific classroom management strategies identified so far will be analysed in an interview study with seminar leaders working in chemistry teacher training in order to determine the relevance and the use of these strategies to promote learning.

Keywords: classroom management, cooperative experimenting, inclusive chemistry teaching

1. Einleitung

Das Schüler*innenexperiment bildet einen festen Bestandteil des naturwissenschaftlichen Unterrichts, das insbesondere im inklusiven Chemieunterricht von neuen Herausforderungen sowie zusätzlichen Fragen der Sicherheit begleitet wird (vgl. Abels, 2013; Menthe & Hoffmann, 2015; Pawlak & Groß, 2020a). Um den Herausforderungen des Gemeinsamen Experimentierens[1] angemessen zu begegnen und das innewohnende Potential nutzen zu können, müssen Lehrer*innen einerseits konkrete Sicherheitsmaßnahmen berücksichtigen (vgl. Menthe & Sanders, 2016; Unfallkasse NRW, 2018), andererseits müssen sie Überlegungen anstellen, wie das selbstständige Experimentieren aller Schüler*innen im Schüler*innenexperiment als offene Unterrichtsphase lernförderlich gestaltet werden kann. In diesem Zusammenhang bietet das Classroom-Management eine vielversprechende Möglichkeit. Im Allgemeinen werden unter dem Classroom-Management all diejenigen Maßnahmen, Aktivitäten, Interaktionen und Strategien verstanden, die Lehrer*innen anwenden, um ein positives Unterrichtsklima herzustellen und Erfolgsbedingungen des Lernens zu fördern. Durch den Einsatz notwendiger Strukturierungsmaßnahmen (u. a. in Bezug auf Schüler*innenverhalten oder räumliche und zeitliche Rahmenbedingungen) werden gleichzeitig (potentielle) Unterrichtsstörungen und Konflikte reduziert (vgl. u. a. Bastians, 2016; Emmer & Evertson, 2013; Syring, 2017). In

---

1 „In Anlehnung an die Idee des Gemeinsamen Lernens kann unter dem Konzept *Gemeinsames Experimentieren* der Einsatz von Schüler*innenexperimenten im inklusiven Chemieunterricht verstanden werden, der allen Schüler*innen die Möglichkeit bietet, unter Berücksichtigung (und Förderung) ihrer individuellen lern- und entwicklungsbedingten Stärken und Schwächen gemeinsam zu experimentieren, um sich handlungsorientiert mit den Inhalten der Chemie auseinanderzusetzen." (Pawlak & Groß, 2020b, S. 215).

diesem Sinne zielt das Classroom-Management darauf ab, ein störungsarmes und lernförderliches Lernumfeld für Schüler*innen zu schaffen, das sie in ihrem (fachlichen) Lernen optimal unterstützt bzw. fördert. Insbesondere die dadurch entstehende effektive bzw. aktive Lernzeit kann als ein wichtiges Merkmal für lernförderlichen Unterricht aufgefasst werden (vgl. u. a. Hattie, 2015; Helmke, 2015) und wird auch in der chemiedidaktischen Literatur als ein bedeutsames Qualitätsmerkmal des Chemieunterrichts angeführt (vgl. Schulz, 2011).

Mit dieser Zielsetzung wird deutlich, dass das Classroom-Management gerade auch für den inklusiven (Chemie-)Unterricht von großer Bedeutung ist. Zahlreiche Studien konnten bereits belegen, dass Lehrende, die die fächerübergreifenden Strategien des Classroom-Managements in ihrem Unterricht angemessen berücksichtigen, maßgeblich den Lern- und Entwicklungsprozess ihrer Schüler*innen unterstützen und in der Folge zu ihrem Lernerfolg beitragen können (u. a. Helmke, 2017; Korpershoek et al., 2016; Oliver & Reschly, 2010).

Neben der Berücksichtigung von fächerübergreifenden Strategien des Classroom-Managements hängt die Unterrichtsqualität jedoch auch von der angemessenen Berücksichtigung der fachspezifischen Anforderungen des inklusiven Chemieunterrichts ab. Damit alle Schüler*innen in ihrem fachlichen Lernen gefördert werden können, ist es deshalb zielführend, das allgemeine Konzept des Classroom-Managements an die Besonderheiten des inklusiven experimentellen Chemieunterrichts anzupassen und es in Bezug auf die fachlichen Ansprüche chemiespezifisch auszugestalten. Mit Blick auf die Idee des Gemeinsamen Experimentierens soll daher auch die effektive Lernzeit als effektive Experimentierzeit spezifiziert werden, welche die Zeit umfasst, in der sich die Schüler*innen mit bewusster Anstrengung der Planung, Durchführung und Auswertung von Experimenten widmen.

Im Rahmen einer vorausgegangenen explorativen Vorstudie wurden Chancen und Herausforderungen des Einsatzes von Schüler*innenexperimenten im inklusiven Chemieunterricht sowie die Bedeutung des Classroom-Managements für die fachspezifische Gestaltung lernförderlicher Bedingungen aus Sicht inklusiv-praktizierender Chemielehrer*innen untersucht (Pawlak & Groß, 2020a; Pawlak & Groß, 2020c). Neben zahlreichen Chancen des Experimentiereinsatzes (u. a. Motivation und Interesse wecken, Förderung des kooperativen Lernens) stellte sich insbesondere die Gewährung der Sicherheit aller Schüler*innen beim Gemeinsamen Experimentieren einerseits als Kernanliegen andererseits aber auch als deutliche Herausforderung für die Lehrenden heraus. Um diesen Herausforderungen angemessen begegnen zu können, gewinnt aus Sicht der befragten Chemielehrer*innen insbesondere das Classroom-Management an Bedeutung. So konnten verschiedene Dimensionen des Classroom-Managements (u. a.

Regeln, Abläufe und klare Strukturen) im Rahmen der Befragung identifiziert werden, die die Chemielehrenden beim sicheren und lernförderlichen Leiten und Anleiten von Schüler*innenexperimenten in inklusiven Lernsettings als bedeutsam ansehen. Diese Dimensionen des Classroom-Managements wurden dann mit Hilfe einer theorietriangulierten Literaturanalyse zu konkreten Strategien ausgeschärft. Im Rahmen dieses iterativen Auswertungs- und Entwicklungsprozesses konnten schließlich systematisch folgende spezifische Classroom-Management-Strategien sowie weitere Substrategien und ein Classroom-Management-Modell für das Gemeinsame Experimentieren herausgearbeitet werden (vgl. Pawlak & Groß, 2020b). Im Folgenden werden die drei Strategien näher erläutert:

S1 *Experimentierregeln aufstellen und konsequent umsetzen*
Experimentierregeln stellen explizite Verfahrensweisen dar, die das Handeln und Miteinander der Schüler*innen beim Gemeinsamen Experimentieren im Fachraum steuern. Die konsequente Umsetzung dieser Experimentierregeln unterstützt ein lernförderliches Verhalten der Schüler*innen (z. B. durch Lob) und sanktioniert regelwidriges, gefährdendes Fehlverhalten situationsgerecht und zeitnah (z. B. durch nonverbale Signale oder direkte Zurechtweisung).

S2 *Experimentierroutinen entwickeln*
Experimentierroutinen stellen implizite Handlungsmuster von Schüler*innen in wiederkehrenden Situationen des Gemeinsamen Experimentierens dar.

S3 *Klarheit über den Experimentierprozess schaffen und die Struktur des Experiments grundlegen*
Diese Strategie umfasst den gesamten Prozess des Experimentierens und verdeutlicht den Schüler*innen sowohl auf der inhaltlichen Ebene als auch auf der organisatorischen Ebene die Ziele und die Struktur des Experiments.

Die aus dem Forschungsprozess abgeleiteten drei chemiespezifischen Strategien zielen in ihrem Unterrichtseinsatz darauf ab, die Schüler*innen zu einem sicherheitsgerechten Verhalten beim Gemeinsamen Experimentieren angemessen (an-)zuleiten und damit die effektive Lern- bzw. Experimentierzeit zu erhöhen, sodass das fachliche Lernen unterstützt wird.

2. Interviewstudie mit Fachseminarleiter*innen zum Classroom-Management für das Gemeinsame Experimentieren

Um die Bedeutung dieser drei Classroom-Management-Strategien für das Gemeinsame Experimentieren aus Sicht der Chemieunterrichtspraxis umfassend zu erheben und empirisch weiter abzusichern, werden Chemiefachseminarleiter*innen der Zentren für schulpraktische Lehrerausbildung des Unterrichtsfaches Chemie im Rahmen einer Interviewstudie befragt. Als Expert*innen für die Schulpraxis besitzen Fachseminarleiter*innen nicht nur praktisches Erfahrungswissen, sondern verfügen auf Grund ihrer Profession auch über theoretische Wissensbestände zum Classroom-Management. Durch ihre eigene Unterrichtstätigkeit und ihre weitreichende Erfahrung in der kriteriengeleiteten Unterrichtsbeobachtung von Referendar*innen, weisen sie darüber hinaus situatives Handlungswissen für den angemessenen Einsatz des Classroom-Managements bei Schüler*innenexperimenten auf. In diesem Sinne steht zu erwarten, dass sie nicht nur einschätzen können, wie sich diese Strategien in der konkreten Unterrichtssituation äußern, sondern auch, wie diese für alle Schüler*innen sicher und lernförderlich umgesetzt werden können. Das Ziel der vorliegenden Studie ist es deshalb, vertiefend zu untersuchen, inwiefern die chemiespezifischen Classroom-Management-Strategien für das Gemeinsame Experimentieren relevant sind. Aufbauend auf diesen Erkenntnissen sollen Aussagen darüber gemacht werden, wie die Strategien in der konkreten Unterrichtspraxis zusammenhängen und wie diese schließlich für den Einsatz des Schüler*innenexperiments in inklusiven und diversen Lerngruppen wirksam werden können. Anhand dieser Zielsetzung leiten sich folgende Forschungsfragen ab:

1. Inwiefern sind die chemiespezifischen Classroom-Management-Strategien für das Gemeinsame Experimentieren aus Sicht der Chemiefachseminarleiter*innen für die Sicherheit und effektive Experimentierzeit relevant?
2. Wie können die spezifischen Strategien des Classroom-Managements lernförderlich für alle Schüler*innen beim Gemeinsamen Experimentieren umgesetzt werden?

Mit der vorliegenden Untersuchung wird so der Aufforderung nach einer situativ-fachspezifischen Umsetzung des Classroom-Managements nachgegangen (vgl. Neumann, 2018; Walpuski, 2018).

2.1 Datenerhebung und -auswertung

Entsprechend dem Ziel der vorliegenden Studie, tiefergehende Einblicke in die Strategien aus Sicht von Chemieunterrichtsexpert*innen zu erhalten und die Zusammenhänge zwischen diesen angemessen analysieren zu können, wird ein qualitatives Studiendesign zugrunde gelegt. Um Aussagen über die Relevanz der drei Strategien treffen zu können, wird die formative Evaluation als Forschungsansatz gewählt, da sie sich in besonderem Maße für die Bewertung von neuen Maßnahmen durch Expert*innen eignet (Döring & Bortz, 2016). Als Bewertungskriterien werden dabei die Aspekte „Sicherheit" und „effektive Experimentierzeit" beim Gemeinsamen Experimentieren zugrunde gelegt. Im Sinne der formativen Evaluation sollen zudem weiterführende Erkenntnisse über den lernförderlichen Einsatz der Classroom-Management-Strategien gewonnen werden, sodass diese schließlich auch schrittweise verbessert werden können (Döring & Bortz, 2016, S. 986).

Als Erhebungsinstrument werden leitfadengestützte Experteninterviews eingesetzt und mit Chemiefachseminarleiter*innen durchgeführt ($N = 10$). Die Durchführung der Experteninterviews ist dabei in den Kontext von inklusiven Lerngruppen eingebunden, sodass diese Kontextgebundenheit auch bei der Auswertung der Aussagen der Chemiefachseminarleiter*innen entsprechend berücksichtigt werden muss (Gütekriterien für die Interviewdurchführung in der qualitativen Forschung nach Helfferich, 2014). Im Gegensatz zu einem standardisierten Interview bietet der hier eingesetzte Leitfaden die notwendige Offenheit, um eine tiefergehende Betrachtung der drei Classroom-Management-Strategien zu ermöglichen. Gleichzeitig können Rückfragen gestellt werden, durch die Erkenntnisse über potentielle Zusammenhänge der drei Strategien im Chemieunterricht gewonnen werden können (Lamnek & Krell 2016).

Die Forschungsfragen werden durch unterschiedliche Fragenformate im Interviewleitfaden operationalisiert (Interventionsmodi nach Niebert & Gropengießer, 2012). Demnach beinhaltet er sowohl grundlegende Fragen und offene Impulse zum Classroom-Management im Chemieunterricht als auch konkrete Fragen zur Relevanz und zu den Einsatzmöglichkeiten der chemiespezifischen Classroom-Management-Strategien im inklusiven experimentellen Chemieunterricht (vgl. Tab. 1). Der Datenerhebung wird zudem eine Pilotierung (bzw. Pretest) vorgelagert, sodass sowohl der eingesetzte Leitfaden als auch die Operationalisierung der Forschungsfragen vor ihrem endgültigen Einsatz erprobt und entsprechend angepasst bzw. verbessert werden können (Bogner, Littig & Menz, 2014).

Zur Beantwortung der beiden Forschungsfragen wird das gewonnene Datenmaterial mit Hilfe der qualitativen Inhaltsanalyse nach Mayring (2015) strukturierend ausgewertet. Ziel der *Strukturierung* ist es, bestimmte Aspekte aus dem Material nach vorher festgelegten Ordnungskriterien herauszufiltern (deduktive Kategorienanwendung). Die Struktur wird in Form eines Kategoriensystems bzw. Kodierleitfadens an das Material herangetragen. Die Auswertungssoftware MAXQDA unterstützt die Datenauswertung hinsichtlich der Kategorienzuordnung. Zur Beantwortung der zwei Forschungsfragen wird im Speziellen *skalierend* und *inhaltlich strukturierend* vorgegangen.

Durch den Einsatz der *skalierenden Strukturierung* sollen Erkenntnisse über die Einstufung der Relevanz des Classroom-Managements für die Sicherheit (KS) und die effektive Experimentierzeit (KE) gewonnen werden (1. Forschungsfrage). Die Einschätzungsdimensionen sind dabei in ordinalskalierter Form dreigestuft (hohe – mittlere – niedrige Relevanz). Im Rahmen der skalierenden Strukturierung wird das Datenmaterial nach der jeweiligen Ausprägung in Form von Skalenpunkten geordnet (Mayring, 2015).

Tab. 1: Ausschnitt aus dem Interviewleitfaden

Interventionen	Nebenfragen	Bemerkungen
Einstiegsimpulse		
Beschreiben Sie, wie Sie die Bedeutung des Classroom-Managements beim Schüler*innenexperiment für die **Sicherheit der S*S** einschätzen.	Wie kann das Classroom-Management aus Ihrer Sicht zur **Sicherheit** in der Durchführung von Schüler*innenexperimenten beitragen? Nennen Sie konkrete Beispiele.	• Beschreibung von einzelnen Strategien • ggf. Definition von Classroom-Management
Beschreiben Sie, wie Sie die Bedeutung des Classroom-Managements beim Schüler*innenexperiment für die **effektive Experimentierzeit** der S*S einschätzen.	Wie kann das Classroom-Managements aus Ihrer Sicht zur **effektiven Experimentierzeit** der S*S beim Schüler*innenexperiment beitragen? Nennen Sie konkrete Beispiele.	Def.: Zeit, in der sich die Schüler*innen in bewusster Anstrengung mit der Planung, Durchführung und Auswertung von Experimenten beschäftigen.

Interventionen	Nebenfragen	Bemerkungen
Materialimpulse		
Folgende chemiespezifische Strategien haben sich in der bisherigen Forschungsarbeit herausgestellt. **Material herausgeben**		
1. Experimentierregeln aufstellen und konsequent umsetzen		
• Wie schätzen Sie diese Strategien grundsätzlich ein? • Wie realisieren Sie Experimentierregeln und deren konsequente Umsetzung in Ihrem Unterricht? • Nennen Sie Beispiele für Experimentierregeln, die im Schüler*innenexperiment wirksam werden. • Schätzen Sie die Bedeutung von Experimentierregeln und deren konsequente Umsetzung für das Schüler*innenexperiment ein.	• Welche Verbesserungsvorschläge ergeben sich von ihrer Seite aus? • Welche Relevanz hat diese Strategie für zukünftige Lehrer*innen? • Wie sieht eine konsequente Umsetzung der Experimentierregeln in der Unterrichtspraxis aus? • Wie geht man mit der „Dialektik" um: Einerseits der Ausschluss von Schüler*innen beim Experimentieren als Konsequenz bei Regelverstößen und als Mittel, um die die Sicherheit aller zu gewährleisten. Andererseits der Auftrag der Inklusion, nämlich die Partizipation aller Schüler*innen beim Gemeinsamen Experimentieren.	Einzelbeispiele für jede Strategie und Substrategie Positive und negative Konsequenzen
2. Experimentierroutinen entwickeln		
3. Klarheit über den Experimentierprozess schaffen und die Struktur des Experiments grundlegen		
Schluss		
Bewerten Sie die Relevanz des Classroom-Managements für das Experimentieren im inklusiven Chemieunterricht.	Gibt es aus Ihrer Sicht einen speziellen Förderschwerpunkt, bei dem das Classroom-Management besonders relevant ist?	

Um Aussagen über den lernförderlichen Einsatz der chemiespezifischen Strategien machen zu können (Forschungsfrage 2), wird das Interviewmaterial zusätzlich gemäß der *inhaltlichen Strukturierung* analysiert. Mit Hilfe der inhaltlichen Strukturierung sollen diejenigen Aspekte des Classroom-Managements aus dem Datenmaterial extrahiert und zusammengefasst werden (Mayring, 2015), die aus Sicht der Fachseminarleiter*innen für das Gelingen des Gemeinsamen Experimentierens von Bedeutung sind. Diese Inhalte werden in einem ersten Auswertungsschritt mit Hilfe eines Kodierleitfadens den zuvor aufgestellten, aus der explorativen Vorstudie abgeleiteten Kategorien (K1–K4) deduktiv zugeordnet. Für die deduktive Zuordnung der nominalskalierten Kategorien des Kodierleitfadens wird die Inter-Kodierer-Übereinstimmung bzw. Intercoderreliabilität zweier Kodier*innen nach Döring & Bortz (2016) bestimmt. Der Cohens Kappa-Koeffizient, der die prozentuale Übereinstimmung um die Zufallsübereinstimmungen bereinigt, liegt bei 0.795, was als gute Reliabilität gewertet werden kann (Wirtz & Caspar, 2002). In einem zweiten Auswertungsschritt wird gemäß der inhaltlichen Strukturierung das anhand der deduktiven Kategorienanwendung extrahierte Datenmaterial dann zusammengefasst, indem neue Unterkategorien induktiv gebildet werden.

Durch die zwei dargestellten Auswertungsverfahren sollen schließlich differenzierte Aussagen über die Bedeutung und die konkrete Ausgestaltung der einzelnen chemiespezifischen Strategien aus Sicht der Fachseminarleiter*innen getroffen werden.

2.2 Darstellung und Diskussion der Ergebnisse

Im Folgenden werden die Ergebnisse der Interviewstudie zur Beantwortung der 1. Forschungsfrage (Kap. 2.2.1) und der 2. Forschungsfrage (Kap. 2.2.2) dargelegt und diskutiert.

2.2.1 Die Relevanz für die Sicherheit und der effektiven Experimentierzeit beim Gemeinsamen Experimentieren

Im Rahmen des Auswertungsprozesses der skalierenden Strukturierung kann zunächst festgestellt werden, dass die Chemiefachseminarleiter*innen dem Classroom-Management für die Gewährung der *Sicherheit* beim Gemeinsamen Experimentieren eine *hohe Relevanz* beimessen (KS1, 9 von 10 Befragten geben eine hohe Relevanz an):

> „[...] Wir haben eine hohe Verantwortung in unserem Fach und ich glaube tatsächlich, dass das Classroom-Management [...] eines Experimentes eine Grundvoraussetzung ist, dass Sicherheitsvorkehrungen auch wirklich als solche eingehalten werden." (B10, KS1 – hohe Relevanz)

Auch in Bezug auf *die effektive Experimentierzeit* geben die Fachseminarleiter*innen an, dass das Classroom-Management bzw. die chemiespezifischen Strategien des Classroom-Managements eine hohe Relevanz besitzen (KE1, 10 von 10 Befragten geben eine hohe Relevanz an). Eine effektive Nutzung der Zeit zum eigenständigen Experimentieren und Lernen der Schüler*innen wird dabei erreicht, wenn den Schüler*innen von Anfang an klar ist, welches fachlich-inhaltliche Ziel das Schüler*innenexperiment verfolgt:

„Ich habe eher das Problem, wenn die Schüler total überfordert sind und die gar nicht wissen, was sie tun, dann wird die Zeit nicht effektiv genutzt. [...] Die andere Sache ist aber, effektives Experimentieren heißt für mich inhaltliche Klarheit." (B2, KE1 – hohe Relevanz)

Gleichzeitig heben die Interviewten hervor, dass die effektive Experimentierzeit neben der inhaltlichen Ebene ebenso von der organisatorischen Ebene des Classroom-Managements abhängig ist:

„Weil ich denke effektive Lernzeit heißt, die wissen, wo die Dinge stehen. Die wissen, wofür man sie braucht. Dann wird kontrolliert, bevor die weggeräumt werden. Das wäre so der Idealfall. Und dann kommen die Dinge wieder an die richtige Stelle zurück. Und dann werden auch Gruppenarbeiten funktionieren." (B4, KE1 – hohe Relevanz).

Mit den Aussagen der Befragten wird deutlich, dass die Experimentierzeit dann besonders effektiv und damit lernförderlich ist, wenn die Schüler*innen gewisse Regeln und Routinen befolgen, die sie von ihren Lehrer*innen gelernt haben:

„Je besser der Lehrer mit den Schülern klare Regeln für das Experimentieren eingeführt hat, desto effizienter wird das Ganze natürlich funktionieren." (B8, KE1 – hohe Relevanz);

„Routinen sind wichtig, [...], auch um Zeit und Aufwand zu reduzieren." (B7, KE1 – hohe Relevanz)

Demnach wird aus Sicht der Chemieseminarleiter*innen das sichere und lernförderliche Experimentieren von Schüler*innen in gleichem Maße sowohl durch die inhaltliche Ebene (u. a. Transparenz und Verständnis über Ziele und Aufgabenstellungen des Experiments) als auch durch die organisatorische Ebene des Classroom-Managements (u. a. Transparenz und Verständnis über den Abwicklungsprozess des Experimentierens) bestimmt. Damit rücken die chemiespezifischen Strategien (S1–S3) in den Mittelpunkt der Betrachtung: Durch die Aussagen der Fachseminarleiter*innen wird deutlich, dass sie den Strategien (S1–S3) einen hohen Stellenwert in Bezug auf die Umsetzung eines sicheren und effektiven Experimentierens der Schüler*innen beimessen. Mit Blick auf die Relevanz der Strategien stellt sich dann die Frage, wie eine konkrete Umsetzung in der Unterrichtspraxis aus Sicht der Fachseminarleiter*innen aussehen kann, die das fachliche Lernen aller Schüler*innen zu unterstützen vermag (vgl. Kap. 2.2.2).

2.2.2 Möglichkeiten des lernförderlichen Einsatzes der chemiespezifischen Strategien des Classroom-Managements

Mit Hilfe der inhaltlichen Strukturierung werden im Folgenden Möglichkeiten der lernförderlichen Umsetzung der chemiespezifischen Classroom-Management-Strategien beim Gemeinsamen Experimentieren aus Sicht der Chemieseminarleiter*innen dargelegt und diskutiert.

Tab. 2: Kategoriensystem zum lernförderlichen Einsatz der Classroom-Management-Strategien

K1 Experimentier-regeln aufstellen	K1.1 Umfangreiche Sicherheitsbelehrung durch schüler*innenaktivierende Methoden unter Berücksichtigung rechtlicher Vorgaben
	K1.2 Transparenz und Verständnis für die Experimentierregeln herstellen
	K1.3 Fokussierung auf die relevanten Regeln vor dem jeweiligen Experiment
	K1.4 Vorbildfunktion des Lehrenden beim Experimentieren beachten

K2 Konsequente Umsetzung	K2.1 Alles beim Experimentieren im Blick haben – Regeln und Routinen überprüfen, einfordern und daran erinnern
	K2.2 Präventive und sicherheitsbewusste Ausrichtung – Positive Lernkultur etablieren
	K2.3 Notwendigkeit von Sanktionen in Ausnahmesituationen

| K3 Experimentier-routinen entwickeln | K3.1 Organisationsroutinen für das Experimentieren bezüglich des Fachraumes, der Ordnung, der Materialien und Geräte als Lehrer*in entwickeln |
| | K3.2 Organisations- und Geräteroutinen den Schüler*innen vermitteln:
 Gezielt die Experimentierabläufe (er-)klären und üben
 Durch Mobilitätsroutinen die Bewegung im Fachraum ordnen
 Sitzordnung und Gruppenbildung als Vorstruktur für das Experiment nutzen
 Experimentierrollen einsetzen und Aufgaben klar verteilen |

| K4 Klarheit über den Experimentierprozess schaffen & die Struktur des Experiments grundlegen | K4.1 Lehrende wissen um das Ziel und die Funktion des eingesetzten Experiments |
| | K4.2 Klarheit und Struktur im Lern- und Experimentierprozess bei den Lernenden schaffen:
 Ziel und Funktion des Experiments an Schlüsselstellen verdeutlichen
 Schwerpunkte für die Aufmerksamkeit der Schüler*innen setzen
 Ziele und Aufgaben in schriftlicher und mündlicher Form (er-)klären
 Klare Instruktionen geben und auf das Wesentliche reduzieren
 Experimentierprotokoll als strukturgebendes Mittel nutzen |

In dem zweischrittigen Auswertungsverfahren (vgl. Kap. 2.1) werden zunächst die Strategien (S1–S3) als übergeordnete Kategorien grundgelegt. Die Strategie S1 „Experimentierregeln aufstellen und konsequent umsetzen" werden in zwei übergeordnete Kategorien K1 „Experimentierregeln aufstellen" und K2 „konsequente Umsetzung" ausdifferenziert. In dem zweiten Auswertungsschritt wurden dann innerhalb der übergeordneten Kategorien aus dem Datenmaterial induktiv neue Kategorien gebildet (K1.1 – K4.4), mit Hilfe derer schließlich die Forschungsfrage 2 beantwortet werden kann (vgl. Tab. 2).

Tab. 2 zeigt einen Überblick über die von den Fachseminarleiter*innen genannten Möglichkeiten, wie die chemiespezifischen Strategien lernförderlich beim Gemeinsamen Experimentieren umgesetzt werden können.

In Bezug auf die Experimentierregeln (K1) geben die Befragten an, dass die Experimentierregeln im Chemieanfangsunterricht mit den Schüler*innen über die rechtlich verbindliche Sicherheitsbelehrung hinaus umfangreich und explizit thematisiert werden müssen (K1.1). Damit die Schüler*innen diese eher allgemeinen Verhaltens- und Arbeitsweisen im Fachraum (u. a. Einsatz von Schutzbrillen und Vorbereitung des Arbeitsplatzes) verinnerlichen können, sollten Lehrende sie transparent und schüler*innenaktivierend mit Hilfe verschiedener Medien (u. a. Video oder Präsentation) sowie Visualisierungen (z. B. Piktogramme) darlegen. Um eine solche *Transparenz und das Verständnis für die Experimentierregeln herzustellen* (K1.2), werden die Regeln im besten Fall gemeinsam mit der Lerngruppe vereinbart und können durch konkrete Beispiele aus der Praxis begründet und verdeutlicht werden:

> „Aber die Regeln müssen vereinbart sein und müssen von der gemeinsamen Gruppe, nämlich Lehrer und Schüler, aufgestellt und auch verstanden sein. […] Es ist wichtig, von Anfang an die Schüler an der Stelle mitzunehmen." (B7)

Das Verständnis der Schüler*innen für diese allgemeinen Experimentierregeln stellt die Grundvoraussetzung dafür dar, dass das Gemeinsame Experimentieren sicher und in der Folge lernförderlich durchgeführt werden kann. Im Verlauf des Chemieunterrichts werden dann insbesondere spezifische Experimentierregeln, die sich konkret auf das durchzuführende Experiment beziehen, bedeutsam (K.1.3):

> „Im Chemieunterricht, wahrscheinlich von der siebten Klasse bis in die Oberstufe, gibt es raumspezifische Verhaltensweisen, Experimentierregeln allgemeiner Art bis hin zu Fluchtwegen. Das wird dann erläutert. In der siebten Klasse noch sehr umfangreich. Vielleicht mit einem Puzzle, einem Memory. […] Und dann gibt es noch die spezifischen Experimentierregeln ganz konkret für den Ver-

such. [...] Man muss es allgemein einmal im Halbjahr unterrichten und dann immer auf die Gefahren hinweisen, die jetzt von dem Experiment ausgehen" (B4).

Die Fachseminarleiter*innen heben auch die Bedeutung der eigenen Rolle
als Vorbild hervor (K1.4), indem die Chemielehrenden ihren Schüler*innen
selbst ein sicherheitsgerechtes und respektvolles Verhalten vorleben. Die
angemessene Berücksichtigung der Experimentierregeln durch die Chemielehrenden resultiert allerdings nicht zwingend in einem durchgängig
angemessenen Lern- und Arbeitsverhalten der Lernenden. Erst durch eine
konsequente Umsetzung (K2) der Experimentierregeln, die im besten Fall in
Experimentierroutinen der Schüler*innen übergehen, kann ihr Einsatz in
einem lernförderlichen Unterrichtsklima münden. Eng mit der konse-
quenten Umsetzung von Experimentierregeln verbunden ist deshalb die
Allgegenwärtigkeit des Lehrenden beim Gemeinsamen Experimentieren
(K2.1):

> „Mit einem wachen Blick. Ich berate [meine Referendar*innen] immer: Stellen
> Sie sich so, dass Sie die Lerngruppen komplett im Blick haben." (B4)

> „Raumregie. [...] Also, nach all den Jahren, wenn der Bunsenbrenner läuft, wenn
> irgendeine gefährliche Situation ist [...] habe ich dann eine Art Überblicksposition
> und kriege dann durch Unruhe mit, wo was ist." (B9)

Indem der Chemielehrende die Experimentierregeln und -routinen seiner
Schüler*innen stets überprüft und bei Bedarf einzelnen Schüler*innengruppen Hilfestellungen anbietet (z. B. Schutzbrille aufzusetzen), kann er möglichen Gefahrensituationen oder lernhinderlichen Störungen frühzeitig entgegenwirken. Zudem sehen die Fachseminarleiter*innen insbesondere in
der *Etablierung einer positiven Lernkultur* (K2.2) eine Möglichkeit, die Experimentierregeln konsequent umsetzen zu können. Wenn dies gelingt,
können auf diese Weise nicht nur Sanktionen vermieden, sondern auch die
Motivation der Lernenden am Experimentieren gesteigert werden. Denn
die *Notwendigkeit von Sanktionen in Ausnahmesituationen* (K2.3) sollte die
letzte didaktische Konsequenz darstellen:

> „Die negativen Konsequenzen sind immer problematisch, weil sie natürlich das
> letzte Mittel sind." (B3).

Nach Ansicht der Fachseminarleiter*innen entfalten die *Experimentierroutinen* (K3) insbesondere dann ihre Wirkung, wenn einerseits die Lehrenden
selbst gewisse *Organisationsroutinen für das Experimentieren bezüglich des
Fachraumes, der Ordnung, der Materialien und Geräte* entwickelt haben

> „Ich glaube, man muss dann in dem Raum oder der Umgebung angekommen sein, wo man arbeitet. [...] Für eine effektive Lernzeit ist es wichtig, dass man den Raum gestaltet, in Absprache mit den Kollegen, sodass man zügig in die Experimentierphase einschreiten kann." (B4)

und wenn sie diese andererseits auch an ihre Schüler*innen aktiv vermitteln. Solche *Organisations- und Geräteroutinen* (K3.2) erklären den Schüler*innen gezielt die jeweiligen Experimentierabläufe und müssen gemeinsam mit den Lernenden eingeübt werden. Der Lehrende kann die Organisation des Gemeinsamen Experimentierens zusätzlich steuern, indem die Bewegungen der Schüler*innen im Raum durch sog. Mobilitätsroutinen geordnet und begrenzt werden.

Darüber hinaus sollten die Chemielehrenden das Gemeinsame Experimentieren sowohl durch eine gezielte Gruppenbildung als auch durch eine überlegte Sitzordnung strukturieren, sodass Störungen präventiv reduziert werden können. Weiterhin bietet die konkrete Verteilung von Aufgaben und Experimentierrollen (Sicherheit, Zeit, Material, Dokumentation, Durchführung) die Möglichkeit, das offene Arbeiten beim Experimentieren lernförderlich für alle Schüler*innen zu gestalten. Die Fachseminarleiter*innen weisen jedoch explizit darauf hin, dass die Experimentierrollen ausreichend mit Aufgaben und Inhalt gefüllt sein müssen, um die Schüler*innen während des Experimentierens stets zu aktivieren.

> „Nur ich finde, dass alle eine aktive Rolle haben müssen. [...] Das heißt, wichtig ist, dass diese Rollenkarten immer auch heißen: Du trägst die Verantwortung dafür, dass tatsächlich aufgebaut wird und nicht irgendwie andere Sachen gemacht werden." (B10)

Das Ziel der Experimentierroutinen ist ein reibungsloser Ablauf des Gemeinsamen Experimentierens und die Vermeidung von Gefährdungen. Durch eine solche organisatorische Entlastung ist es schließlich möglich, den Fokus auf das fachlich-inhaltliche Lernen beim Experimentieren zu legen, sodass bei den Schüler*innen kognitive Kapazitäten für die Klarheit und Struktur des Experimentierens frei werden.

Dabei beginnt die *Klarheit über den Experimentierprozess und die Grundlegung der Struktur des Experiments* (K4) bei den Lehrenden selbst, die um das *Ziel und die Funktion ihres eingesetzten Experiments genau wissen* (K4.1). Erst wenn das Ziel des Experiments für den Lehrenden klar ist, kann die notwendige *Klarheit und Struktur im Lern- und Experimentierprozess bei den Lernenden geschaffen* (K4.2) werden. Dafür gilt es, das Ziel für die Schüler*innen zum Beispiel durch eine klare Unterrichtsgesprächsführung anhand des Prozesses der (idealisierten) naturwissenschaftlichen Erkenntnisgewinnung oder mit Hilfe der Struktur von Versuchsprotokollen zu verdeutlichen.

Zusammenfassend zeigt die Auswertung der Interviews verschiedene Möglichkeiten auf, wie die chemiespezifischen Strategien so umgesetzt werden, dass sie aus Sicht der inklusiv praktizierenden Lehrer*innen und der Chemiefachseminarleiter*innen lernförderlich für alle Schüler*innen sein können. Damit untermauern sie die grundlegende Bedeutung dieser fachbezogenen Strategien für einen qualitativ hochwertigen Chemieunterricht, der die notwendige Grundvoraussetzung für die Initiierung von (experimentellen) Lernprozessen in inklusiven Lernsettings darstellt.

3. Fazit

Der kurze Auszug aus den Ergebnissen der qualitativen Interviewstudie zeigt, dass die Chemieseminarleiter*innen den fachspezifischen Classroom-Management-Strategien (S1–S3) nicht nur einen hohen Stellenwert zuweisen, sondern auch Möglichkeiten aufzeigen, wie ihr Einsatz lernförderlich für alle Schüler*innen wirksam werden kann. Die Ergebnisse der formativen Evaluation liefern demnach weitere Hinweise auf die hohe Bedeutung der Strategien, die sich ebenfalls mit den Erkenntnissen aus der Befragung von inklusiv-praktizierenden Chemielehrer*innen decken (Pawlak & Groß, 2020c). Inwiefern und wie genau die identifizierten Dimensionen und Strategien des Classroom-Managements für das Gemeinsame Experimentieren tatsächlich auch in der Unterrichtspraxis ein- bzw. umgesetzt werden, stellt den Gegenstand derzeit durchgeführter Studien dar.

Obwohl die 10 Studienteilnehmer*innen der Interviewstudie grundsätzlich eine kleine Stichprobe darstellen, ist dennoch hervorzuheben, dass es sich dabei um 10 Chemiefachseminarleiter*innen von acht verschiedenen Ausbildungsstandorten/-bezirken handelt und demnach eine breite Sicht aus dieser Professionsgruppe aufgezeigt werden kann.

Auch weil es bisher kaum empirische Erkenntnisse über die fachspezifische Ausgestaltung des Classroom-Managements gibt, ist mit diesem Forschungsprojekt ein erster Weg bestritten worden, um darzulegen, welche Faktoren im Sinne der Classroom-Management-Strategien für die Umsetzung des Gemeinsamen Experimentierens aus Sicht von Expert*innen der Unterrichtspraxis von Bedeutung sind. In dem gesamten Forschungsprojekt und damit auch im Rahmen der Durchführung der leitfadengestützen Experteninterviews wurde ein weites Inklusionsverständnis zugrunde gelegt. Dass die identifizierten Strategien auch bei einem engen Inklusionsverständnis im „regulären" Chemieunterricht von Bedeutung sind, ist unbestritten. In diesem Sinne sollten Chemielehrer*innen ihr fachspezifisches

Classroom-Management unabhängig von pauschalen Eigenschaftszuschreibungen wie „inklusive*r" oder „nicht-inklusive*r" Schüler*in für alle Schüler*innen lernförderlich gestalten und damit auch aktiv zur Auflösung möglicher Differenzlinien im Chemieunterricht beitragen.

Literatur

Abels, S. (2013). Differenzierung und Individualisierung – Individuelle Lernvoraussetzungen als Orientierung für die Unterrichtsplanung. *NiU – Chemie, 24*(135), S. 31–35.

Bastians, J. (2016). Klassenführung. Zur Gestaltung eines Rahmens für lernförderliche Arbeitsbedingungen – Partizipativ, kooperativ und individuell. *Pädagogik, 1'16*, 6–13.

Bogner, A., Littig, B. & Menz, W. (2014). *Interviews mit Experten: Eine praxisorientierte Einführung*. Wiesbaden: Springer.

Emmer, E. T. & Evertson, C. M. (2013). *Classroom management for middle and high school teachers*. Boston: Pearson.

Döring, N. & Bortz, J. (2016). *Forschungsmethoden und Evaluation in den Sozial- und Humanwissenschaften*. Berlin, Heidelberg: Springer.

Hattie, J. (2015). *Lernen sichtbar machen*. Schneider.

Helmke, A. (2017). *Unterrichtsqualität und Lehrerprofessionalität: Diagnose, Evaluation und Verbesserung des Unterrichts*. London. New York: Klett.

Helfferich, C. (2014). Leitfaden- und Experteninterviews. In N. Baur & J. Blasius (Hrsg.), *Handbuch Methoden der empirischen Sozialforschung* (S. 559–574). Wiesbaden: Springer.

Korpershoek, H., Harms, T., de Boer, H., van Kuijk, M. & Doolaard, S. (2016). A Meta-Analysis of the Effects of Classroom Management Strategies and Classroom Management Programs on Students' Academic, Behavioral, Emotional, and Motivational Outcomes. *Review of Educational Research, 86*, 643–680.

Lamnek, S. & Krell, C. (2016). *Qualitative Sozialforschung: Mit Online-Material*. Weinheim: Beltz.

Mayring, P. (2015). *Qualitative Inhaltsanalyse: Grundlagen und Techniken*. Weinheim: Beltz.

Menthe, J. & Hoffmann, T. (2015). Inklusiver Chemieunterricht: Chance und Herausforderung. In O. Musenberg & J. Riegert (Hrsg.), *Inklusiver Fachunterricht in der Sekundarstufe* (S. 131–141). Stuttgart: Kohlhammer.

Menthe, J. & Sanders, R. (2016). Mit Heterogenität umgehen. Sicheres Arbeiten im inklusiven und zieldifferenzierten Chemieunterricht. *NiU – Chemie 27*(156), 45–46.

Neumann, K. (2018). Unterrichtsqualität in den Naturwissenschaften – Die Suche nach dem Heiligen Gral. In C. Maurer (Hrsg.), *Qualitätsvoller Chemie- und Physikunterricht – Normative und empirische Dimensionen* (S. 5–18). GDCP.

Niebert, K. & Gropengießer, H. (2014). Leitfadengestütze Interviews. In D. Krüger, I. Parchmann, & H. Schecker (Hrsg.), *Methoden in der naturwissenschaftsdidaktischen Forschung* (S. 121–132). Wiesbaden: Springer.

Oliver, R. & Reschly, D. (2010). Special Education Teacher Preparation in Classroom Management: Implications for Students With Emotional and Behavioral Disorders. *Behavioral Disorders, 35*, 188–199.

Pawlak, F. & Groß, K. (2020a). Einsatz von Schülerexperimenten im inklusiven Chemieunterricht – Chancen und Herausforderungen aus Sicht der Chemielehrenden. *CHEMKON*, Version of Record online: 25 May 2020.

Pawlak, F. & Groß, K. (2020b). Das Experimentieren in inklusiven Lerngruppen (An-) Leiten lernen. In *k:ON – Kölner Online Journal für Lehrer*innenbildung*, 2, 2/2020, 214–232.

Pawlak, F. & Groß, K. (2020c). Classroom-Management für das sichere und Gemeinsame Experimentieren. In S. Habig (Hrsg.), *Naturwissenschaftliche Kompetenzen in der Gesellschaft von morgen* (S. 94–97). GDCP.

Schulz, A. (2011). *Experimentierspezifische Qualitätsmerkmale im Chemieunterricht: Eine Videostudie*. Berlin: Logos.

Syring, M. (2017). *Classroom Management: Theorien, Befunde, Fälle – Hilfen für die Praxis*. Göttingen, Bristol: Vandenhoeck.

Unfallkasse NRW. (2018). *Gemeinsames Lernen im Chemieunterricht der Sekundarstufe I. Unterstützungsmaterialien für den Experimentalunterricht*. Düsseldorf: F & D.

Walpuski, M. (2018). Qualitätsmerkmale im naturwissenschaftlichen Unterricht. In C. Maurer (Hrsg.), *Qualitätsvoller Chemie- und Physikunterricht – Normative und empirische Dimensionen* (S. 27–32). GDCP.

Wirtz, M. A. & Caspar, F. (2002). *Beurteilerübereinstimmung und Beurteilerreliabilität*. Göttingen: Hogrefe.

Larissa Fühner und Susanne Heinicke

Erst inklusiv dann exklusiv – Experimentelle Unterrichtsphasen in einem inklusiven Physikunterricht: Eine Fallanalyse

Zusammenfassung: Die Gestaltung inklusiven Fachunterrichts stellt für die einzelnen Fachdidaktiken eine herausforderungsvolle Aufgabe dar (Menthe et al., 2017). Dabei bietet der Naturwissenschafts- und in besonderer Weise auch der Physikunterricht eine Vielzahl von Möglichkeiten, der aus inklusionspädagogischer Perspektive geforderten Handlungsorientierung in der experimentellen Unterrichtspraxis zu begegnen. Anhand einer rekonstruktiven Fallanalyse von Unterrichtsvideographien werden in diesem Beitrag unter Zuhilfenahme der von Leisen (2010) postulierten Darstellungsebenen Momente von Exklusion und Inklusion herausgearbeitet und die dazwischenliegenden Prozesse beleuchtet.

Schlagwörter: Inklusion, Exklusion, Handlungsorientierung, Darstellungsebenen

First inclusive then exclusive – Experimental teaching phases in an inclusive physics class: A case analysis

Abstract: The design of inclusive education constitutes challenges for the different subject-matter educations (Menthe et al., 2017). Science and in particular physics education offers a variety of opportunities for active learning which is demanded by inclusive pedagogy. On the basis of a reconstructive case analysis of classroom videographies, this article uses the levels of representation postulated by Leisen (2010) to identify moments of exclusion and inclusion and illuminates the processes in between.

Keywords: inclusion, exclusion, active learning, representational levels

1. Momente der Inklusion und Exklusion

Die Antworten des deutschen Bildungssystems auf die im Zuge der Inklusionsdebatte geforderten Bildungsreformen stellen die einzelnen Fachdidaktiken und so auch die Naturwissenschaftsdidaktik vor neue Herausforderungen (Menthe et al., 2017). Der Begriff Inklusion bleibt dabei im wissenschaftlichen Diskurs aufgrund von Mehrdeutigkeiten und fehlender Präzisierung weitestgehend diffus (Grosche, 2015; Werning, 2010).

Auf der Basis eines sozialwissenschaftlich fundierten Verständnisses kann Inklusion als „Überwindung von Benachteiligung und Behinderung" verstanden werden (Ainscow, 2008). Behinderung wird in Interaktionen verortet und als etwas sozial Hervorgebrachtes verstanden, welches eine Wechselwirkung verschiedener sozialer Ungleichheitslagen umfasst (Sturm & Wagner-Willi, 2016). Vorrangiges Ziel bei der Umsetzung schulischer Inklusion ist, dass alle Lernenden in einem gemeinsamen Setting bestmöglich unterrichtet, vorbehaltlos anerkannt und optimal gefördert werden (Grosche, 2015). Es soll eine Gemeinschaft entstehen, in der die Vielfalt aller Lernenden als Normalität verstanden wird (Hinz, 2002). Der Umgang mit der Heterogenität der Lernenden erfordert dabei eine komplexe Differenzierung (Wember, 2013), die gleichzeitig das Lernen mit- und voneinander möglich machen soll (Florian & Spratt, 2013).

MOMENTE DER...

	INKLUSION	EXKLUSION
Definition	Teilhabe und Partizipation	Diskriminierung aufgrund sozial konstruierter Differenzlinien führt zu Behinderung der Teilhabe/ Partizipation
Merkmale/ Kriterien	Alle Lernenden lernen: - miteinander - voneinander - und werden dabei optimal gefördert	Lernende lernen: - alleine/ für sich - mit wenig Bezug zu den Mitlernenden - und werden dabei nur eingeschränkt gefördert

Abb. 1: Definition und Merkmale von Momenten der Inklusion und Exklusion (eigene Darstellung)

Aus der von Piezunka, Schaffus und Grosche (2017) entwickelten Kategorisierung des Inklusionsverständnisses von Expert*innen und den oben angeführten Begriffsvorstellungen entwickelt sich das diesem Artikel zugrunde liegende Verständnis von Momenten der Inklusion und Exklusion (s. Abb. 1). Ein Unterricht ist dabei als Abfolge verschiedener Momente zu sehen, deren zeitlicher Umfang je nach unterrichtlicher Praxis etc. variieren kann.

2. Inklusiver Physikunterricht und der Fokus auf experimentelle Unterrichtsphasen

Im Sinne eines inklusiven Fachunterrichts gilt es nun die genannten Zielsetzungen schulischer Inklusion mit fachspezifischen Überlegungen zu verbinden (Stinken-Rösner et al., 2020). Dabei tritt nicht nur im allgemeinpädagogischen Diskurs über Prinzipien inklusiven Unterrichts immer wieder die Forderung einer Handlungsorientierung und einer multisensorischen Aufbereitung in den Vordergrund (Heimlich, 2019). Auch einzelne Teildisziplinen inklusiver Pädagogik schreiben der Handlungsorientierung ein enormes Potential zu (bspw. Heimlich & Wember, 2007; Löser, 2013; Pitsch & Thümmel, 2005). Die aus inklusionspädagogischer Sicht geforderte Handlungsorientierung kann im Physikunterricht maßgeblich durch den Einsatz von Schüler*innenexperimenten realisiert werden. Ein experiment-orientierter naturwissenschaftlicher Fachunterricht bietet demnach Potential zur Umsetzung eines inklusiven Physikunterrichts.

Zusätzlich stärkt ein weiteres Argument die Bedeutung des Experiments für den inklusiven Unterricht: Aus fachdidaktischer und fachlicher Perspektive stellt das Experiment einen zentralen Baustein der Physik und des Unterrichts dar, sodass ihm eine wesentliche Bedeutung in Hinblick auf die naturwissenschaftliche Grundbildung (scientific literacy) zukommt. Die Leitidee einer naturwissenschaftlichen Grundbildung fasst Hodson (2014) in vier formulierten Zieldimensionen eines naturwissenschaftlichen Unterrichts zusammen (*reasoning about scientific issues, learning science content, doing science, learning about science*). Aus der Überlagerung dieser naturwissenschaftsdidaktischen Perspektive (scientific literacy) und der inklusionspädagogischen Perspektive (Teilhabe und Partizipation) resultiert die Forderung einer naturwissenschaftlichen Grundbildung für alle Lernenden (Stinken-Roesner et al., 2020). Das Experiment als ein wesentlicher Mittler naturwissenschaftlicher Grundbildung steht somit in einem unmittelbaren Zusammenhang mit einem inklusiven Naturwissenschaftsunterricht.

Die theoretischen Überlegungen werden auch durch erste empirische Erhebungen bestätigt, die ebenfalls eine Besonderheit des Experiments im inklusiven Unterricht vermuten lassen (Fühner & Heinicke, 2019).

3. Darstellungsformen in experimentellen Unterrichtsphasen

Auf Grund der dargestellten Vorüberlegungen wurde eine Fokussierung auf experimentelle Unterrichtsphasen vorgenommen. Trotz Einigkeit der Fachdidaktik über die Relevanz des Experiments ist keine einheitliche Definition des Begriffs vorhanden (Muth, 2018). Wir legen ein Verständnis zugrunde, das experimentellen Unterrichtsphasen jegliche Tätigkeiten zuweist, bei denen die Lernenden unter einer fachlichen oder fachmethodischen Zielsetzung mit Materialien in Aktion treten. Diese Tätigkeiten können in sehr unterschiedlichen Situationen stattfinden. Um die Vielzahl der Tätigkeiten kategorisieren zu können, nutzen wir die von Leisen (2010) postulierten Darstellungsebenen. Die Darstellungsebenen sind dabei nicht nur im Sinne sprachlicher Abstraktionsebenen zu verstehen, sondern als Kategorisierungshilfe der einzelnen Bearbeitungs-/Arbeitsebenen der Lernenden, auf denen Aushandlungsprozesse erfolgen und Repräsentationen vorgenommen werden.

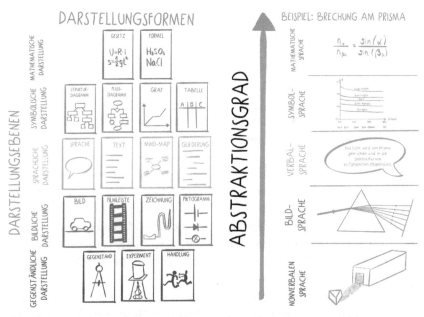

Abb. 2: Eigene Darstellung der Darstellungsebenen und -formen nach Leisen (2005) sowie eigene beispielhafte Ausführung für das Unterrichtsthema „Lichtbrechung am Prisma" (Leisen, 2015, S. 133)

Nach Leisen (2005, 2015) bringt jedes Fach spezifische Darstellungsformen und -ebenen mit, die in fünf sprachlichen Ebenen zusammengefasst werden

269

können (Abb. 2). Die einzelnen Darstellungsebenen unterscheiden sich in ihrem Abstraktionsgrad und bestehen jeweils aus verschiedenen Darstellungsformen, die sich beispielsweise auf der gegenständlichen Ebene in Form von Gegenständen, Experimenten oder Handlungen wiederfinden lassen, wodurch sie den Lernenden individuelle Zugänge ermöglichen (Leisen, 2015). Eine in der Hierarchisierung von Leisen abstraktere Ebene ist dabei nicht per se schwieriger. Ziel des Fachlernens im Bereich fachsprachlicher Kommunikation ist es, die Lernenden zu einem sicheren Wechsel der Darstellungsebenen zu befähigen (ebd.).

4. Grundlagen der Dokumentarischen Methode

Die Dokumentarische Methode fußt auf der Wissenssoziologie Karl Mannheims (1980). Ausgangspunkt der Methodik ist die Unterscheidung zwischen einem kommunikativen (expliziten) und konjunktiven (impliziten) Wissen (Mannheim, 1980). Während das kommunikative Wissen explizit zur Verfügung steht, verbalisiert wird und die WAS-Ebene der Interaktion beschreibt, grenzt sich das konjunktive Wissen davon ab. Konjunktives Wissen beschreibt das unmittelbare Verstehen zwischen den Akteurinnen und Akteuren derselben milieu- oder gruppenspezifischen Erfahrungen (Bohnsack et al., 2013). Es ist handlungspraktisch und nicht auf expliziter verbaler Ebene verfügbar, sondern beschreibt auf Ebene des dokumentarischen Sinngehaltes das WIE der Handlung. Dieser Unterscheidung zwischen der WAS- und der WIE-Ebene begegnet die Dokumentarische Methode mit der Unterscheidung einer formulierenden und reflektierenden Interpretation. Ziel ist es, die habitualisierten Orientierungsrahmen der Akteurinnen und Akteure zu rekonstruieren. Diese sind den Teilnehmenden weder bewusst und noch explizit zugänglich, sondern werden nur in ihrer habitualisierten Praxis sichtbar. Durch den Zugang zu impliziten Wissensbeständen der Teilnehmenden grenzt sich die Methode klar von anderen qualitativen Verfahren ab. So verharrt beispielsweise die qualitative Inhaltsanalyse von Videomaterial auf der Sichtstruktur des Materials, der expliziten Ebene.

Die Dokumentarische Methode ist insbesondere im Themenfeld einer inklusiven Pädagogik geeignet. Das angelegte sozialwissenschaftliche Verständnis legt eine Fokussierung auf die interaktive schulische und unterrichtliche Hervorbringung und Bearbeitung von Behinderung und Inklusion nahe, der mithilfe der Dokumentarischen Methode begegnet wird (Sturm, 2016). Es besteht die Möglichkeit, zwischen der schulischen Programmatik und der unterrichtlichen Praxis der Inklusion zu unterscheiden und das soziale Handeln in seinem performativen Vollzug zu rekonstruieren (Wagener & Wagner-Willi, 2017). So gelingt es mithilfe der Dokumentarischen Methode Orientierungsrahmen kooperierender Lehrpersonen eines inklusiven Unterrichts (Sturm & Wagner-Willi, 2016), die Herstellung von Differenz im Unterricht als unterrichtliche Praxis der Lehrenden (Wagener & Wagner-Willi, 2017) und die Vereinbarkeit der Normen des Faches und inklusiver Pädagogik (Abels, Heidinger, Koliander & Plotz, 2018) zu rekonstruieren.

5. Das Forschungsvorhaben

In einem Kooperationsprojekt der Erziehungswissenschaft und Physikdidaktik der Martin-Luther-Universität Halle-Wittenberg und der Westfälischen Wilhelms-Universität Münster wird naturwissenschaftlicher Unterricht rekonstruktiv analysiert. Ziel ist es, auftretende Differenzlinien im Unterricht zu rekonstruieren und damit einhergehende Momente der Inklusion und Exklusion zu identifizieren.

Die ausgewählte Videosequenz entstammt dem Naturwissenschaftsunterricht eines Wahlpflichtkurses der Jahrgangsstufe 7 einer Gesamtschule in Nordrhein-Westfalen. Die Gesamtschule zeichnet sich durch ein am gemeinsamen Unterricht orientiertes Schulprogramm aus. Die spezifische Unterrichtsstunde ist in der Unterrichtseinheit „Licht und Farben" verankert und thematisiert die Zerlegung weißen Lichtes in die Spektralfarben mithilfe eines Prismas. Sie wird von der unterrichtenden Lehrperson geplant und durchgeführt und bietet so einen authentischen Einblick in den Unterrichtsalltag einer inklusionsorientierten Gesamtschule.

Als Ergebnis der Fallanalyse der vorgestellten Unterrichtsstunde zeigt sich unter anderem, dass die kontrastiv analysierten Sequenzen A und B ein inklusives und ein exklusives Moment darstellen. Während das Moment der Inklusion in der gemeinsamen Durchführung des Experiments verortet wird (Sequenz A 24:26 min – 25:11 min), zeigt sich in der Bearbeitungsphase der dazugehörigen Arbeitsmaterialien ein exklusives Moment (Sequenz B 42:40 min – 44:53 min). Aus der Gesamtanalyse ist bekannt, dass das inklusive Moment schon vor der ausgewählten Sequenz A zu sehen ist und dass das exklusive Moment auch nach Ende der Sequenz B weiter anhält.

Im Analyseprozess wurde deutlich, dass ein fachdidaktisches Interesse darin besteht, den Weg zwischen den beiden Gegenpolen Inklusion und Exklusion genauer zu verstehen. Auch wenn die Fragestellung nicht direkt eine Rekonstruktion von Orientierungsrahmen vorsieht, wurde für die Fallanalyse der Logik der Dokumentarischen Methode Folge geleistet. Grund dafür ist die Möglichkeit, mit der Dokumentarischen Methode nicht auf bloßer Sichtstruktur (expliziter Ebene) zu verharren, sondern einen Zugang zu den impliziten Wissensbeständen zu finden. Als Basis der Analyse dienen der im inklusiven Moment rekonstruierte Orientierungsrahmen der Gruppe an der gemeinsamen Aufgabenerledigung und die im exklusiven Moment rekonstruierte Sonderstellung von einem der vier Schüler (Levin).

6. Auszüge der reflektierenden Interpretation

Abb. 3: Fotogramm 1 [25:13 min] und Fotogramm 2 [34:21 min]

Als übliches Format der Veröffentlichung rekonstruktiver Fallanalysen mit der Dokumentarischen Methode werden im Folgenden Auszüge der reflektierenden Interpretation vorgestellt. Erst im Anschluss werden die vorgestellten und weitere Analyseergebnisse in einer Gesamtanalyse konkret auf die Fragestellungen zum Übergang vom inklusiven zum exklusiven Moment bezogen. Die Transkriptausschnitte werden aus Gründen der Anschaulichkeit um die nonverbale Ebene ergänzt. Akteure[1] der folgenden Sequenzen sind die Schüler Levin, Timo, Jakob und Ben sowie die Fachlehrkraft Herr Gärtner und der Schulbegleiter Markus (nur in der Gesamtanalyse). Für einen besseren Einblick in die Unterrichtssituation werden der Logik der Methode folgend zwei für die Sequenzen repräsentative Fotogramme[2] angefügt (Abb. 3).

Nachdem die Schüler einen Versuchsaufbau zur „Erzeugung der Spektralfarben" gemeinsam erarbeitet haben, rufen sie Herrn Gärtner zum Gruppentisch (Levin: „Herr Gärtner, wir haben es schon."). Herr Gärtner schaut sich den Aufbau an und formuliert den Folgeauftrag, „es [das

---

1 Alle Namen sind pseudonymisiert.
2 Die reflektierende und formulierende Interpretation wird an dieser Stelle nicht angefügt.

aufgefächerte Lichtspektrum] noch deutlicher" einzustellen. Daraufhin arbeiten die Schüler an einer weiteren Anordnung der Materialien. Als Herr Gärtner ein weiteres Mal gerufen wird, bringt er das erste Arbeitsblatt mit und verlässt den Gruppentisch mit den Worten „Ich meine, es geht noch deutlicher. Man muss n' bisschen rumprobieren". Daraufhin verschieben die Schüler weiter die Materialien. Während Jakob und Ben sich nach kurzer Zeit einen Stift nehmen und beginnen zu lesen, verändern Levin und Timo weiterhin den Versuchsaufbau und warten auf Herrn Gärtner, den sie ein drittes Mal gerufen haben. Die Szene beginnt als Jakob und Ben ihre Blicke vom Arbeitsblatt heben und zum Versuchsaufbau schauen.

Levins Forderung („Lass es.") hat propositionalen Gehalt und ist (Kontextwissen) explizit an Timo gerichtet. Timo reagiert antithetisch und „spielt Disco". Jakob und Ben haben während der Diskussionen zwischen Levin und Timo ihre Köpfe gehoben und auf den Versuchsaufbau geschaut. Jakob reagiert antithetisch und reguliert sich selbst in seinem Arbeitsprozess („Okay.") indem er wieder auf das Arbeitsblatt schaut. Nachdem sowohl Ben verbal als auch Levin nonverbal Timo reglementieren, hört dieser auf zu singen und seine Hand vor der Öffnung der Lichtbox auf und ab zu bewegen. Während sich eine parallele Aushandlung zwischen Ben und Timo bzgl. der Reglementierung Timos abspielt, beginnt ein Gespräch zwischen Levin und Herrn Gärtner. Levin ist daran interessiert, Herrn Gärtner das Ergebnis zu zeigen (homolog zu weiteren Passagen anderer Ausschnitte). Levin lässt sich von Herrn Gärtner explizit die Erkennbarkeit des Lichtspektrums bestätigen. Aus dem Kontextwissen ist bekannt, dass das Kriterium der Deutlichkeit von Herrn Gärtner eingeführt wurde. Timo fordert ebenfalls, angelegt an das Deutlichkeitskriterium Herrn Gärtners, eine Bestätigung ein. Homolog dazu dokumentiert sich auch in Levins folgender Äußerung das angelegte Kriterium der Deutlichkeit („Wir konnten mit 'nem Bleistift die Trennung von den Farben machen."). Timo reagiert veralbernd („Magie") homolog zu einigen anderen Stellen im Material. Herr Gärtner geht weder verbal noch nonverbal auf Timos Äußerungen ein. Er elaboriert Levins Kommentare und formuliert die Idee, es „auf der Rückseite" für eine spätere Aufgabe zu behalten. Ben fokussiert sich währenddessen wieder auf sein Arbeitsblatt und Timo auf den Versuchsaufbau. In Levins Verhalten dokumentiert sich ambivalent zu der anfänglichen Freude über das Ergebnis eine Unsicherheit. Herr Gärtner rahmt ihn als einen Lernenden, der Aufgaben zu bewältigen hat, indem er auf das kommende Arbeitsblatt zwei verweist. Es zeigt sich eine Ambivalenz zwischen normativen Ansprüchen (Arbeitsblatt bearbeiten) und Individualität, hier im Sinne der eigenen Idee Levins „die Trennung mit 'nem Bleistift zu machen" (keine

Tab. 1: Sequenz 1 [28:33 min – 29:26 min]

	Jakob und Ben haben einen Stift in der Hand und schauen auf die Arbeitsblätter vor ihnen. Timo und Levin schauen auf den Versuchsaufbau. Timo hat seine linke Handfläche hochkant vor der Öffnung der Lichtbox positioniert.
Levin	Levin greift mit der linken Hand zu Timos Hand vor der Lichtbox. Ben und Jakob schauen zum Versuchsaufbau. **Lass es.**
Timo	Timo lässt seine Handfläche vor der Öffnung der Lichtbox auf und ab gleiten und schaut auf die linke Tischseite. **Äh äh äh äh äh äh äh äh! Wir sind hier in der Disco!**
Jakob	Jakob wendet seinen Blick vom Versuchsaufbau ab und schaut auf das Arbeitsblatt vor ihm. **Okay.**
Ben	**Timo.**
Levin	**Lass es.** Schaut in den hinteren Teil des Raumes.
Timo	**Di di di di di** Singt bekannte Rock-Melodie und lässt dabei seine Handfläche schnell vor der Öffnung des Prismas auf und ab gleiten.
Ben	Ben schaut zu Timo. **Timo. Timo.**
Timo	Levin greift Timos bewegte Hand vor der Lichtbox. Timo zieht seine Hand zurück und schaut zu Ben. **Ja?**
	Herr Gärtner kommt zu dem Gruppentisch. Levin schaut zu Herrn Gärtner und zeigt auf den Versuchsaufbau.
Levin	**Hier, guck mal.**
Timo	**Was?** Timo dreht sich auf seinem Stuhl nach hinten.
Herr Gärtner	**Ja wunderbar.** Levin schaut zwischen Herrn Gärtner und dem Versuchsaufbau hin und her.
Timo	Dreht seinen Stuhl wieder nach vorne und schaut zu Ben. **Ähä.**
Levin	**Erkennt man das so?**
Herr Gärtner	**Das erkennt man gut.**
Timo	**Ich muss das- Sieht das gut aus?** Timo schaut zu Herrn Gärtner.
Levin	**Wir konnten mit 'nem Bleistift die Trennung von den Farben machen.** Levin fährt dabei mit seinem Zeigefinger über das gebrochene Lichtbündel auf der linken Tischseite.
Timo	**Magie.** Timo dreht sich dabei leicht auf seinem Stuhl und schaut zu Herrn Gärtner.
Herr Gärtner	**Das find ich gut. Das find ich gut, weil dir das hilft dir hier** Herr Gärtner tippt mit dem Finger auf das Arbeitsblatt vor Levin **und nachher** Ben schaut auf sein Arbeitsblatt und beginnt zu schreiben. **wenn du das jetzt schonmal machst und auf der Rückseite behältst,**
Levin	**Ja.**
Herr Gärtner	**könntest du äh das benutzen** Timo beginnt das Prisma zu bewegen **für das Arbeitsblatt zwei.**
Levin	**Hmh.** Levin schaut erst zu Herrn Gärtner, dann auf den Versuchsaufbau.
Herr Gärtner	**Oder? Das kommt gleich,** Herr Gärtner beginnt in die Mitte des Raumes zu laufen **genau denn da musst du was ähnliches -**
Timo	**So, jetzt mal mal ab. Levin. Abmalen. Los.**
Levin	**(flüsternd) Willst du es machen?** Levin steht auf und beugt sich zu seiner Federmappe. Timo dreht das Prisma.
Timo	**Ne du brauchst 'nen anderen Stift.**

konkrete Aufgabenstellung). Levin löst seinen Blick von Herrn Gärtner und Herr Gärtner verlässt, während er redet, den Gruppentisch. Die Interaktion der beiden wird in gewisser Weise ab- oder unterbrochen. Nachdem Herr Gärtner den Gruppentisch verlässt, fordert Timo Levin mehrmals auf zu malen, sodass auch Timo Levin als jemanden rahmt, der Aufgaben zu erledigen hat. Levins Versuch, Timo ebenfalls zum Malen zu bewegen, scheitert. Es wird (homolog zu weiteren Stellen) eine entscheidungsbezogene Autonomität Timos deutlich.

Tab. 2: Sequenz 2 [34:14 min – 35:06 min]

Ben	Ben hebt seinen Blick und schaut auf das Prisma. **Wie viele Zentimeter sind das ungefähr gewesen? 10?** Jakob und Timo heben ihren Blick, schauen erst Ben und dann das Prisma an.
Timo	**Ja, ist ja egal auf welche Distanz.** Timo greift das Prisma in Levins Hand. Levin lässt es los und schaut dabei auf sein Arbeitsblatt. **Darf ich einmal? Ist ja egal, ob ich das jetzt hier oder hierhin-** Timo legt das Prisma vor die Öffnung der Lichtbox und führt es langsam weiter weg.
Ben	Ben schaut auf sein Arbeitsblatt und notiert etwas. **(unv.) vor dem Lichtstrahl.**
Timo	Timo positioniert das Prisma direkt vor der Öffnung der Lichtbox. Jakob greift das Prisma, Timo löst seine Hand vom Prisma, Jakob dreht das Prisma. **Oder nach hier ganz vorne.** Timo greift zum Prisma. **Ey warte, leg das mal nach hier ganz vorne, so, warte.** Jakob löst seine Hand vom Prisma. Timo dreht das Prisma.
Jakob	**Jetzt brauchen wir nur noch diesen (unv.)** Jakob steht auf und schaut von oben auf das Prisma.
Timo	**Boar ey, der sieht geil aus. Warte da war eben so ein-**
Herr Gärtner	**Ja super.** Herr Gärtner tippt Jakob auf den Rücken. **Und was meinste jetzt?** Herr Gärtner zeigt auf Jakobs Arbeitsblatt. Jakob setzt sich hin und schaut auf sein Arbeitsblatt.
Jakob	**Öhm…** Herr Gärtner schaut auf Jakobs Arbeitsblatt, dreht sich dann um und geht in die Mitte des Raumes.
Timo	**Herr Gärtner?** Timo löst seine Hände vom Prisma, lehnt sich zurück und schaut in Richtung Herrn Gärtner. **Herr Gärtner.**
Herr Gärtner	**Ja?** Herr Gärtner dreht sich um, geht zu Timo und schaut zwischen Jakob und Timo auf das Prisma.
Timo	**Sieht das da nicht gut aus?**
Herr Gärtner	**Ja. Öhm** Herr Gärtner beugt sich näher zum Prisma. **Ja! Jetzt interessieren mich natürlich Worte, ne?**

In der zweiten Sequenz bearbeiten alle Lernenden die erste Aufgabe des Arbeitsblattes 1, welche eine Skizze des Versuchsaufbaus fordert. Die Lernenden haben alle einen Stift in der Hand und schauen jeweils auf das vor ihnen liegende Arbeitsblatt.

Bens Aussage hat propositionalen Gehalt. Ben stellt eine Verbindung zwischen der geforderten Skizze und dem gegenständlichen Versuchsaufbau her. Timo elaboriert und enaktiert Bens Fragestellung („Wie viele Zentimeter sind das ungefähr gewesen? 10?"). Er positioniert das Prisma systematisch in unterschiedlichen Entfernungen zur Lichtbox, sodass er sowohl verbal als auch nonverbal auf Bens Frage reagiert. Ben elaboriert Timos Antwort und beginnt, etwas auf seinem Arbeitsblatt zu schreiben bzw. zu malen. Jakob reagiert antithetisch und greift zum Prisma. Timo differenziert seine Elaboration weiter aus und weist Jakob an, das Prisma „ganz vorne" vor der Lichtbox zu positionieren. Jakob löst daraufhin seine

Hand vom Prisma, stellt sich hin und fordert ein, dass „wir" noch etwas „brauchen". In Timos anschließender Äußerung dokumentiert sich Begeisterung über das zu Sehende. Die beiden Gesten von Herrn Gärtner – das Tippen auf Jakobs Rücken und Deuten auf sein Arbeitsblatt, haben propositionalen Gehalt. Jakob elaboriert Herrn Gärtners Gesten, indem er sich hinsetzt. Seine verbale Äußerung lässt eine Unsicherheit gegenüber Herrn Gärtners Forderung vermuten. Timo fokussiert derweil die Positionierung des Prismas.

Herr Gärtner elaboriert Timos folgende an ihn gerichtete explizite verbale und nonverbale Adressierung und kommt zurück zum Gruppentisch. Timo fordert explizit eine Rückmeldung zu dem momentanen Versuchsaufbau ein. Herr Gärtner ratifiziert Timos Frage und betont sein Interesse an „Worten" der Lernenden. Es dokumentiert sich ein Verständnis der Akteure, dass Unterricht Forderung (hier schriftliches Fixieren durch das Arbeitsblatt stellvertretend für Herrn Gärtner) an die Lernenden stellt und diese bislang noch nicht erfüllt wurden.

7. Gesamtanalyse unter Berücksichtigung der vollständigen Unterrichtssequenz

Nach der ausschnitthaften reflektierenden Interpretation der exemplarischen Transkriptausschnitte werden die Ergebnisse dieser und des gesamten rekonstruktiv analysierten Materials (Zeitabschnitt 25:11 min bis 42:40 min) in eine Gesamtinterpretation zusammengeführt und die Orientierungsrahmen der Akteure beschrieben.

Insgesamt wird Unterricht als ein Handlungsrahmen verstanden, innerhalb dessen Forderungen an die Lernenden gestellt werden, die es zu bewältigen gilt. Das inklusive Moment ist von einer Orientierung an der gemeinsamen Aufgabenerledigung geprägt. Die Lernenden teilen ihre Wissensbestände, arbeiten kooperativ, gehen aufeinander ein (wenn auch antithetisch) und kommen zu einer gemeinsamen Lösung (hier: Einstellung des Versuchsaufbaus). Aufgrund der konkreten Arbeit am Material wird deutlich, dass sich alle Lernenden auf einer gegenständlichen Ebene befinden. Es zeigt sich im weiteren Verlauf, dass die Arbeit auf gegenständlicher Ebene variieren kann. So lässt sich für das inklusive Moment für alle Lernenden ein exploratives Vorgehen rekonstruieren, welches durch zufällig eingestellte Aufbauten zum Ziel hat, das Phänomen zu finden. Im Kontrast dazu zeigt sich in Sequenz 2 ein zielgerichteteres Vorgehen, welches durch überlegte Einstellungen der Materialien systematisch das gefunden Phänomen erkundet und optimiert. Während alle Lernenden im inklusiven Moment das explorative Vorgehen gemeinsam erleben, sind an dem anschließenden systematisierten Vorgehen hauptsächlich Timo und Jakob beteiligt.

Mit fortschreitender Zeit wird eine zweite Forderung der Aufgabenerledigung an die Lernenden gerichtet. Neben dem experimentellen „Erzeugen" der Spektralfarben, gilt es, das Arbeitsblatt 1 zu bearbeiten. Es wird eine Differenz zwischen Ben und Jakob zum einen und Levin und Timo zum anderen sichtbar. Während Ben und Jakob sich bereits vom Versuchsaufbau abwenden, sind Timo und Levin weiterhin auf den Versuchsaufbau fokussiert. Alle Lernenden zeigen zwar eine Orientierung an der Aufgabenerledigung, jedoch unterschiedlichen Zielperspektiven folgend. Während Ben und Jakob auf die Erledigung des Arbeitsblattes fokussiert sind, zeigt sich bei Timo und Levin weiterhin die Orientierung an der Erledigung der Einstellung des „deutlicheren" Versuchsaufbaus. Erst nachdem Herr Gärtner den Versuchsaufbau als dem Anspruch der Deutlichkeit genügend („gut zu erkennen") rahmt, beginnen die beiden mit der Bearbeitung der Arbeitsblätter. Dadurch verharren sie deutlich länger auf der gegenständlichen Ebene als Jakob und Ben, die bereits auf bildlicher und schriftlicher Ebene arbeiten.

Im weiteren Verlauf sind die Lernenden alle mit der Bearbeitung des ersten Arbeitsblattes beschäftigt. Dabei wird bereits auf der Ebene der Sichtstruktur erkenntlich, dass Levin im Vergleich zu seinen Mitschülern deutlich seltener seinen Zeichenprozess unterbricht. Es dokumentiert sich eine Orientierung an Sorgfalt und Akribie auf bildlicher Ebene. An Parallelgesprächen der anderen drei nimmt er kaum teil. Ihm bleiben dadurch wichtige Erkenntnisse verwehrt bspw. eine genauere Klärung der Aufgabenstellung und die Frage was „vor und nach dem Prisma" bedeutet.

Bei allen vier Schülern zeigt sich ein Verständnis, dass die Bearbeitung der bildlichen Ebene (Skizze des Versuchsaufbaus) in Verbindung mit dem Originalversuchsaufbau bearbeitet werden muss, wodurch ein häufiger Wechsel zwischen der bildlichen und gegenständlichen Ebene von allen Lernenden vollzogen wird. Obwohl alle Lernenden gleichzeitig auf bildlicher Ebene arbeiten, wird eine erste Differenz zwischen Levin und seinen Mitschülern deutlich. Levin schafft durch das Abmalen der Originalgegenstände auf der von Herrn Gärtner empfohlenen „Rückseite" eine Nähe zum originalen Versuchsaufbau (Abmalen des gebrochenen Lichtbündels, das auf seinem Blatt zu sehen ist und Abmalen des auf seinem Blatt liegenden Prismas). Die anderen zeichnen hingegen innerhalb des für die Skizze vorgesehenen und für ein Versuchsprotokoll üblichen deutlich kleineren, abgegrenzten Bereich. Eine Darstellung in Originalgröße ist für sie dabei nicht möglich. Sie können die Aufgabe folglich nur mithilfe einer Reduktion der gegenständlichen Ebene auf die bildliche Ebene bewältigen. Gleichzeitig fällt auf, dass sich Ben und Timo immer wieder durch einen Blick auf

Jakobs Arbeitsblatt bzgl. der Richtigkeit (im Sinne einer Übereinstimmung mit Jakobs Lösung) ihrer eigenen Bearbeitung vergewissern. Diese direkte Hilfe bleibt Levin aufgrund seiner von den anderen dreien in Ausführung und Skalierung abweichenden Zeichnung verwehrt.

Die Bearbeitung der ersten Aufgabe verläuft weiter getrennt. Aufgrund von Levins längerer Bearbeitungszeit (Akribie und keine Möglichkeit für einen Abgleich mit den anderen) bearbeiten die anderen ohne Levin die zweite Aufgabe. Auch hier zeigt sich, dass Timo und Ben ihre Antworten mit Jakobs vergleichen. Bereits auf Sichtebene wird die Exklusion Levins aufgrund der Bearbeitung unterschiedlicher Inhalte sichtbar. Da Levin den Vorsprung der drei anderen kooperativ Arbeitenden aller Voraussicht nach nicht wieder aufholen kann, wird aufgrund der situativen Voraussetzungen die getrennte Arbeit nun weiterlaufen, bis ein inklusiver Moment konkret wieder herbeigeführt wird. Dies geschieht, indem Levin die zweite Aufgabe überspringt und Levin zeitgleich mit Timo die dritte Aufgabe (Benennung der zu sehenden Farben) bearbeitet. Es zeigt sich ein kooperativer Austausch zwischen Levin und Timo. Gleichzeitig wird das Auslassen der Aufgabe, welches eine Inklusion erst möglich macht, wiederum Ausgangspunkt für die anschließende erneute Exklusion. Im Sinne der oben zugeschriebenen Rahmung von Unterricht als etwas, das Forderungen zur Aufgabenbewältigung an Lernende stellt, agiert jetzt auch der zwischenzeitlich hinzugekommene Schulbegleiter Markus: Er kann eine unbearbeitete Aufgabe bei Levin nicht stehen lassen und arbeitet mit ihm diese nach – während Timo, Jakob und Ben bereits Arbeitsblatt 2 beginnen.

Es wird ein Wechselspiel sich gegenseitig bedingender inklusiver und exklusiver Momente sichtbar.

8. Fazit und Ausblick

Durch eine rekonstruktive Fallanalyse und Interpretation im Sinne der Dokumentarischen Methode wurden Übergänge zwischen inklusiven und exklusiven Momenten in einem experimentellen Physikunterricht analysiert. Obwohl das Erkenntnisinteresse nicht der konkreten Rekonstruktion von Orientierungsrahmen entspricht, wurde den methodischen Standards der Dokumentarischen Methode Folge geleistet. Zur besseren Strukturierung des Übergangs wurden die Darstellungsebenen von Leisen (2010) als Bearbeitungsebenen der Lernenden herangezogen.

Insgesamt wurde deutlich, dass der Übergang vom inklusiven zum exklusiven Moment von einem individuellen Wechsel der Darstellungsebenen (Leisen, 2010) durchzogen ist. Die Lernenden zeigen dabei unterschiedliche Verhalten bzgl. der gewählten Ebenen und Wechsel der Darstellungsebenen. Daraus ergeben sich verschiedene Arbeitsbündnisse untereinander. Die zu einem späteren Zeitpunkt in der Unterrichtsstunde rekonstruierte Sonderstellung Levins kann demnach nicht allein mit der Wahl der Darstellungsebenen zusammenhängen, da sowohl Timo als auch Jakob und Ben teilweise allein auf einer Darstellungsebene agieren.

Vielmehr wird Levins Exklusion an anderen Stellen vorbereitet. So konnte er beispielsweise seine Zeichnung nicht mit denen seiner Mitschüler vergleichen. Während sich die anderen mit Blick auf das Arbeitsblatt des Nachbarn unauffällige Unterstützung holen konnten, war Levin stärker auf sich allein gestellt. Zwar arbeiten alle auf einer bildlichen Ebene, dennoch unterscheiden sich die Ebenen in ihrer Komplexität (abmalen und systematisch abzeichnen), was keinen gemeinsamen Bezugspunkt mehr bietet. Die unterschiedliche Skalierung (Rückseite und Skizzenbereich im Versuchsprotokoll) mündete in einer ersten Differenz / Exklusivität Levins.

Die Unterscheidung der inneren Komplexität der Darstellungsebene wurde homolog zu der beschriebenen Szene an weiteren Stellen für die gegenständliche (Explorieren und systematisch Optimieren) und sprachliche (Beschreiben und Begründen) Darstellungsebene sichtbar. Daraus entwickelt sich der Vorschlag, die von Leisen (2010) etablierten Ebene nicht nur vertikal in ihrem Abstraktionsgrad zu unterscheiden, sondern auch horizontal (Abb. 4).

Abb. 4: Ausgewählte Darstellungsebenen nach Leisen (2010) in Ergänzung einer horizontalen Differenzierung des Abstraktionsgrades

Die Erweiterung der Darstellungsebenen nach Leisen (2010) haben eine Kategorisierung und Identifikation der einzelnen Arbeitsebenen ermöglicht. Aus den Rekonstruktionen wird ein Zusammenhang zwischen der Benachteiligung/Behinderung von Partizipation und der Bearbeitung dieser unterschiedlich abstrakten (vertikal und horizontal) Darstellungsebenen sichtbar. Für die unterrichtliche Praxis lassen sich daraus erste Schlüsse ziehen.

Ein Unterricht kann nur dann inklusive Momente aufweisen, wenn die Lernenden in ihrem Lernprozess gemeinsame Bezugspunkte haben. Ziel sollte es sein, dass die Lernendengruppe gemeinsam handlungsfähig bleibt. Diese gemeinsame Handlungsfähigkeit basiert auf einer Anschlussfähigkeit der individuellen Ergebnisse. In dem angeführten Beispiel führt konkret die Tatsache, dass Ergebnisse (nicht) verglichen werden können, zu Momenten der (Exklusion) Inklusion. Das ist zunächst nicht weiter verwunderlich. Es wird jedoch deutlich, dass gerade in dem „alltäglichen" Gebrauch der Differenzierung (Lückentexte vs. selbstständig Texte formulieren; mehr Platz zum Zeichnen) die Tücken des gemeinsamen Arbeitens liegen können. Die Anwendung der erweiterten Darstellungsebenen nach Leisen (2010) macht deutlich, dass die Bearbeitung auf vermeintlich gleicher Ebene (bspw. bildlicher Ebene) durch den Abstraktionsgrad der Bearbeitung (abmalen oder systematisch abzeichnen) eine Anschlussfähigkeit behindern und so einen inklusiven Moment ausschließen kann. Differenziertes Lernmaterial muss demnach hinsichtlich dieser gemeinsamen Bezugspunkte evaluiert werden, um die Initiierung inklusiver Momente zu verstärken.

Der Methode entsprechend soll in einem nächsten Schritt das Verfahren kontrastiv auf die Analyse weiterer Videographien anderer Lernendengruppen ausgeweitet werden, um den Zusammenhang der Darstellungsebene und auftretenden Momente der Inklusion und Exklusion weiter auszudifferenzieren sowie die vorgeschlagene Erweiterung der Darstellungsebenen nach Leisen zu überprüfen und für die bislang fehlenden Ebenen zu ergänzen. Es bleibt zu beantworten, inwiefern Momente der Exklusion einen inklusiven Unterricht gänzlich verhindern oder auch bereichern und welche konkreten Möglichkeiten es gibt, auftretenden Momenten der Exklusion wieder hin zu einem inklusiven Moment der Gruppe zu wenden.

Literatur

Abels, S., Heidinger, C., Koliander, B. & Plotz, T. (2018). Die Notwendigkeit der Verhandlung widersprüchlicher Anforderungen an das Lehren von Chemie an einer inklusiven Schule – Eine Fallstudie. *ZISU, 2018*(1), 135–151.

Ainscow, M. (2008). Teaching for diversity. The Next Big Challenge. In F. Michael Connelly, Ming Fang He & JoAnn Phillion (Hrsg.), *The Sage Handbook of Curriculum and Instruction*, (S. 240–258). Los Angeles, London, New Delhi, Singapore: SAGE.

Bohnsack, R., Nentwig-Gesemann, I. & Nohl, A.-M. (2013). *Die dokumentarische Methode und ihre Forschungspraxis: Grundlagen qualitativer Sozialforschung*. Berlin Heidelberg New York: Springer.

Florian, L. & Spratt, J. (2013). Enacting inclusion: a framework for interrogating inclusive practice. *European Journal of Special Needs Education, 28*, 119–135.

Fühner, L. & Heinicke, S. (2019). Unterricht unter der Lupe. Beobachtungen und Empfehlungen zu inklusivem Physikunterricht. *Naturwissenschaft im Unterricht Physik: Herausforderung Inklusion annehmen, 19*(170), 10–16.

Grosche, M. (2015). Was ist Inklusion? Ein Diskussions- und Positionsartikel zur Definition von Inklusion aus Sicht der empirischen Bildungsforschung. In P. Kuhl, P. Stanat, B. Lütje-Klose, C. Gresch, H. A. Pant & M. Prenzel (Hrsg.), *Inklusion von Schülerinnen und Schülern mit sonderpädagogischem Förderbedarf in Schulleistungserhebungen* (S. 17–39). Wiesbaden: Verlag für Sozialwissenschaften.

Heimlich, U. & Kiel, E. (2019). *Studienbuch Inklusion*. Parderborn, München: UTB.

Heimlich, U. & Wember, F. (2007). *Didaktik des Unterrichts im Förderschwerpunkt Lernen: ein Handbuch für Studium und Praxis*. Stuttgart: W. Kohlhammer Verlag.

Hinz, A. (2002). Von der Integration zur Inklusion – terminologisches Spiel oder konzeptionelle Weiterentwicklung? *Zeitschrift für Heilpädagogik, 53*, 354–361.

Hodson, D. (2014). Learning Science, Learning about Science, Doing Science: Different goals demand different learning methods. *International Journal of Science Education, 36*(15), 2534–2553.

Leisen, J. (2005). Wechsel der Darstellungsformen. Ein Unterrichtsprinzip für alle Fächer. In *Der Fremdsprachliche Unterricht Englisch, 78*, 9–11.

Leisen, J. (2015). Fachlernen und Sprachlernen. *Verband zur Förderung des MINT-Unterrichts, 68*(3), 132–137.

Löser, R. (2013). *Besondere Schüler – was tun? Rund um den Förderschwerpunkt Lernen* (1. Aufl.). Mühlheim an Der Ruhr: Verlag an der Ruhr.

Menthe, J., Abels, S., Blumberg, E., Fromme, T., Marohn, A., Nehring, A. & Rott, L. (2017). Netzwerk inklusiver naturwissenschaftlicher Unterricht. In C. Maurer (Hrsg.), *Implementation fachdidaktischer Innovation im Spiegel von Forschung und Praxis. Gesellschaft für Didaktik der Chemie und Physik, Jahrestagung in Zürich 2016* (S. 800–803). Universität Regensburg.

Mannheim, K. (1980). *Strukturen des Denkens*. Frankfurt a. M.: Suhrkamp Verlag.

Muth, L. (2018). *Einfluss der Auswertephase von Experimenten im Physikunterricht: Ergebnisse einer Interventionsstudie zum Zuwachs von Fachwissen und experimenteller Kompetenz von Schülerinnen und Schülern*. Berlin: Logos Verlag.

Piezunka, A., Schaffus, T. & Grosche, M. (2017). Vier Verständnisse von schulischer Inklusion und ihr gemeinsamer Kern: Ergebnisse von Experteninterviews mit Inklusionsforscherinnen und -forschern. *Unterrichtswissenschaft, 4*, 207–222.

Pitsch, H.-J. & Thümmel, I. (2005). *Handeln im Unterricht: zur Theorie und Praxis des handlungsorientierten Unterrichts mit Geistigbehinderten*. Oberhausen: Athena.

Sturm, T. (2016). Rekonstruktiv-praxeologische Schul- und Unterrichtsforschung im Kontext von Inklusion. *Zeitschrift Für Inklusion*, (4). https://www.inklusion-online.net/index.php/inklusion-online/article/view/321 [08.12.2020].

Sturm, T. & Wagner-Willi, M. (2016). Kooperation pädagogischer Professionen: Bearbeitung und Herstellung von Differenz in der integrativen Sekundarstufe. In, A. Kreis, J. Wick, & C. Kosorok Lebhart (Hrsg.), *Kooperation im Kontext schulischer Heterogenität* (S. 207–221). Münster, New York, München, Berlin: Waxmann Verlag.

Stinken-Rösner, L., Rott, L., Hundertmark, S., Baumann, T., Menthe, J., Hoffmann, T., Nehring, A. & Abels, S. (2020). Thinking Inclusive Science Education from two Perspectives: Inclusive Pedagogy and Science Education. *Ristal, 3*, 30–45.

Wagener, B. & Wagner-Willi, M. (2017). Leistungsdifferenzen im ‚inklusiven' und im gymnasialen Unterricht – Dokumentarische Videointerpretation mit Fokus auf Raum und Erfahrungsraum. *Zeitschrift Für Inklusion, 1*(4). https://www.inklusion-online.net/index.php/inklusion-online/article/view/439 [08.12.2020].

Wember, F. (2013). Herausforderung Inklusion: Ein präventiv orientiertes Modell schulischen Lernens und vier zentrale Bedingungen inklusiver Unterrichtsentwicklung. *Zeitschrift für Heilpädagogik, 13*(10), 380–387.

Werning, R. (2010). Inklusion zwischen Innovation und Überforderung. *Zeitschrift für Heilpädagogik, 60,* 284–291.